1976年デュッセルドルフデビュー。
『ライニシェ・ポスト』紙に批評と共に掲載

木之下 晃撮影

デュッセルドルフ＝カイザースヴェアトの住居から徒歩7～8分にあるラインの大河。
撮影はカメラマンのメーアブッシュさん。(1975年)

1974年6月13日デュッセルドルフ市、松永宅にて結婚式
前列左から三後勝弘、岡田裕、杉谷昭子、三後法古。後列左から松永正和(式司会、ドイツトーメン社長、デュッセルドルフ日本人学校理事長)、松永洵子、宮崎恒信(日本人学校校長)、デートレフ・クラウス教授(国立エッセン　フォルクヴァング音楽大学教授)、岡田彰(岡田の従兄弟、富士写真フィルム現像会社社長)

ドイツ・ドゥイスブルクの自宅一軒家。来客に応じる杉谷昭子と若林さつき。

ドゥイスブルクの自宅内。ソファーの奥に「どってこ」が座っている。杉谷昭子が着ているセーターは、撮影者木之下晃の妻が着ていたものだそう。稀代の名カメラマンと家族ぐるみでつきあっていたことがわかる。

月刊ショパン1998年3月号『ピアニストの部屋』掲載。木之下晃撮影

デュッセルドルフ日本人学校にマルタ・アルゲリッチとネルソン・フレイレがコンサートの練習のために来校。
左端は日本人学校音楽科の田ヶ谷省三先生

日本人学校の講堂。舞台上にはスタインウェイのグランドピアノ

ホテル・ブライデンバッハー・ホーフのレストランで。ネルソン・フレイレと杉谷昭子の可愛がっていた猫のぬいぐるみどってこがそっくりなことにマルタ・アルゲリッチも大喜び。アルゲリッチ「君に似てるネ」

クララ・シューマン国際コンクール審査員(グスタフ・アーリンク氏提供)
デュッセルドルフ旧市街のシューマン協会の建物の前
左から、審査委員長ヨアヒム・カイザー、女性指揮者シルヴィア・カドフ、アレクシス・ヴァイセンベルク、協会設立者ギゼラ・シェーファー、ボリス・ブロッホ、杉谷昭子、ネルソン・フレイレ、マルタ・アリゲリッチ
(最終審査しか参加できなかったアシュケナージの姿はない)

アルゲリッチの誕生日、デュッセルドルフの杉谷、岡田の自宅で祝った。

2018年演奏活動50周年記念ピアノコンサートプログラムより

反逆のピアニスト 杉谷昭子

Shoko Sugitani
杉谷昭子 ＋ 岡田裕
Yutaka Okada
著

ハンナ

もくじ

プロローグ

アルゲリッチからのメッセージ

Dear Mr. Okada,

Your wife Shoko was a very friendly and lively person.
I believe that her book can give energy and some ideas, especially to the young musicians. I hope that many people will read it.

I remember with special Tenderness her Doteko!

All the best to you.

Sincerely yours,

Martha Argerich

親愛なる岡田様

あなたの奥様の昭子さんは

とてもフレンドリーで元気な方でした。

昭子さんの本は、特に若い音楽家たちにエネルギーと

さまざまなアイディアを

与えることができると信じています。

この本を多くの方に読んでいただきたいと願っています。

私は昭子のドッテコのことを特別な愛情をもって

覚えていますよ。

マルタ・アルゲリッチ

(2022年アムステルダム)

第一章

反逆児の半生

杉谷　昭子

反逆児の半生　~限りなき芸術を求めて~

日刊『わかやま新報』
二〇〇三年九月四日~二〇〇六年四月二日

第一回

二〇〇三年九月四日報

［誕生と戦争と交通事故］

父が海外に行っている時、私は生まれた。

生まれるのがあと五分遅れたら命が危なかったという。尤《もっと》も私はこのあと二回死にそうな目に遭う。

二回目は第二次世界大戦のさなかである。私は二歳半だった。和歌山市の戦火につつまれた防空壕の中で煙のため、仮死状態で助けられた。

自宅は目の前で全焼した。母は私を連れて四十五日間親類の家を転々としていた。

三回目はドイツでの交通事故である。一九八二年頃日本からの帰り、過労で睡眠不足だったにもかかわらず、一刻も早く家にたどりつきたくて、レンタカーでフランクフルト空港からデュッセルドルフまで約二百五十キロメートルの途中、ボンの近くで運転しながら寝てしまい、永遠に寝てしまうところだった。アウトバーンの土手に乗り上げた車は大破し、頭を打ち、意識のない私は耳から血を流しながら、ドイツの森に散乱した楽譜を夢遊病のようになって集めていた。間もなく永遠の旅路に出るか、助かっても障害が残ると言われたが、すぐ元気になって異例の早さで退院してずっと元気である。ドイツのお医者さんが言った。「ドイツ人は石頭が多いけれど、日本人にも石頭がいるんだ」

［音との出逢い］

戦後、やっと仮住まいの住居が見つかったころ、外国にいた父がマラリアにかかって帰国した。父は伝染病をおそれて、会えない私を不憫に思ったのかベビーオルガンをプレゼントしてくれた。これが私にとって音との鮮烈な出逢いであった。母に弾き方を教わり、知っている歌を手さぐりで和音をつけて弾いていた。生きてゆくのが精一杯の時代で、ピアノの先生とは巡り会えなかった。そこで新聞のラジオの音楽番組を見てもらい、学校の先生であった両親のどちらかが楽譜を買ってきて楽譜を追うのである。六歳の頃にはベートーヴェンの「熱情ソナタ」を何とか最後まで追えたのは、子ども心にも相当嬉しかった事を覚えている。

［ピアノを習い始める］

私が小学二年生になって間もない頃、母は服部楽器店の令嬢せい先生が公園前の御自宅でピアノレッスンをしていらっしゃる事を聞いてきて私を連れていった。温厚な良い先生だった。ただ教則本の「バイエル」がつまらなくて閉口したので一日も早く終わりたくて課題以上にやっていった上に、好きに弾いていた曲も持っていった。それも全部見て下さったし音楽を心から愛していらっしゃる先生が私は大好きだった。のちにドイツに留学してわかった事は、日本で今でも使われている「バイエル」はドイツ、「ハノン」はフランス、「チェルニー」はオーストリアの作曲家だが、現地では使われていないどころか皆知らない。現在は他の教則本も使われるが、使い方とはいえ、一考の余地があると思う。このようなところに日本のピアノ教育のテクニック偏重が見られる。独学の私は幼年時代から自由な音楽性を好み、日本のテクニック偏重主義と戦う事になる。

第二回

十月二日報

［小・中・高校時代］

当時は現在のようにピアノを習っている子どもは多くはなく、四十人クラスで五人程度であった。私は小・中学校を通じて学芸会や、文化祭にかり出された。

小学校では、いつもピアノを弾く私をねたみ、学級委員をしていた二人のボスが、私の周りから友達をかっさらっていった。

ピアノを習いに行く私を電車に乗せないように、邪魔された事もあった。だから余計にピアノで見返してやろうと思った。

家へ帰っても両親が共働きなので帰りが遅かったが、祖母が可愛がってくれたし、ピアノや他の事をこまごまとしているのが好きだった。こんなところから孤独に強い性格になったと思う。

中学になったらなったで、特定の男の子に白墨《チョーク》をぶつけられたり、とがった鉛筆の先で首筋をつっつかれたりした。私が泣くとやめるので、毎日ウソ泣きをしていたら、上着の袖が光ってきたものだった。

高校時代は、この種のいじめはなかったが、「東京藝大を受けたい」と先生方に相談したら「ダメだろう」と言われ、反骨の血が騒いでくるのであった。

［学生音楽コンクールから東京藝大へ］

ピアノは和歌山音楽教室（当時の内田ピアノ同好会）の主宰者で、相愛学園大学教授の矢田暎子先生に中学生から変わって、さらに高校二年からはわが国ピアノ界の重鎮のお一人、井口秋子東京藝大教授に矢田先生から御紹介いただき、ダブルレッスンを受けていた。

井口先生は、たいへんお忙しいので、レッスンが突然入ってくる。和歌山から東京への指定券も取れず、新幹線がまだない時代で夜行の急行列車の通路に新聞を敷いて、一睡もせず座っていた事もあった。

こんなにまでして受けた学生音楽コンクール西日本大会では、大きな音で、ただバタバタ弾くだけの人が一位で、音楽的に弾いたつもりの私は三位だった。

悔しかったが、それがバネになって藝大受験に突き進む事になった。友達付き合いが悪いと思われていたようだが、私は「我関せず」で学校からどこにも行かず直行で帰宅しては、音楽に夢中になっていった。といっても、弾くだけではなく、他の分野を聴くのも含めて就寝まで音楽漬けになっていた。

入試は三月七日からなので、二月二十五日（誕生日）に上京して、先生から隔日毎にレッスンを受けたが、はじめは叱られて毎日泣いていた。最後のレッスンの日、「もしかしたら大丈夫かもしれない」と先生に言われて、すこしうれしかった。

入試当日は無我夢中で弾いた。結果は合格であった。十八名は藝大附属高校から入り、残りの数名のところに全国から五十六名が受けたのであった。

あとで知ったのだが、学生コンクール西日本大会で一位の人も受けたのだが、ダメだったらしい。

和歌山では矢田先生のレッスンのたびにつきそいで来てメモを取っていた父が、「ありがとうございました。最後のレッスンで三百六十五回目でした」とお別れのご挨拶となった。

第三回

十一月六日報

［東京藝大時代］

藝大（東京藝術大学音楽学部）に入学した私は、矢田先生のご紹介で、歩いても通学出来る東大の弥生門の前の家の離れに下宿した。

そこにピアノを入れる事が出来なかったので、半年間は藝大の練習室の良いピアノを取るために、朝七時には校門の前にいた。

半年後、親が交渉して、下宿の押し入れを改造し、吸音テックスを貼って、縦型ピアノを入れる事ができた。おかげで下宿でも学校でもよく練習した。

［開眼］

音楽の素晴らしさには高校時代に開眼してはいたが、生の音楽会の少ない和歌山では限界があった。

藝大に入学できたおかげで今は亡きピアノの巨匠、サンソン・フランソワ、アルトゥール・ルービンシュタインの演奏を生で聴けたあの感動は、今でも忘れられない。フランソワのやわらかい音は今でも耳に残っているし、ルービンシュタインの片手ずつ頭上まで上げて弾く「火祭りの踊り」は印象深く、現在の私のアンコールピースの一つとなっている。路上で毛布にくるまって徹夜して手に入れた入場券で聴いた、イタリア・オペラでは、リリコテノールのフェルッチョ・タリアヴィーニの大ファンになった。

レコードで聴くフルトヴェングラーの振るベートーヴェンの第七交響曲、バリリ弦楽四重奏団の後期の弦楽四重奏の魂の爆発と深い精神性に魅せられる一方、リリコテノールの繊細さにも同じものを感じ入るのであった。この二つの要素は私の中にあるもので、その後の私の将来の音楽方向を決定したと思う。

巨匠たちのよく通るピアノの音質は、日本の最高学府の藝大にもなかった。当時は指を高く上げて、ピアノのキー底に叩きつけるハイフィンガー奏法を要求された。それだけでは、私の求めている音楽をする事は不可能に思えた。

私は大学のレッスンより、海外の超一流の音楽家や、伴奏をしていた学生や、一緒に音楽会をしていた仲間たちの中に、その答えを探したが、どう解決したら良いか分からない。一小節に一週間をかけてさらっても何か不満だった。こんなに才能がないなら、正直ピアノはむりかもしれないと思った。

［留学準備］

二十六人中、六人の卒業演奏に選ばれはしたが、満足出来ず、先生に留学の相談をしたら「あなたは無理でしょう」と反対された。それで、自分で感動した海外来日演奏家にアタックする事にして四年目、ようやく留学して師事する先生にであった。

当時演奏活動をしながら講師をしていた武蔵野音楽大学のホールで、その先生の弾くブラームスの第二ソナタの冒頭を聴いた瞬間、電光がひらめいた。演奏会が終わるのを待って楽屋へ行き、「感動しました。弟子にして下さい」と言ってしまったのだ。翌日、ベートーヴェンのソナタ第三十一番を聴いていただき、生徒になる承諾をいただいた。

教授の名はデートレフ・クラウス。今は亡きドイツの巨匠、ウィルヘルム・ケンプの高弟で、ベートーヴェン、ブラームスの名手だった。将来、私がベートーヴェン弾き、ブラームス弾きと言われるようになった種がここでまかれたのだ。

一人っ子であるがゆえに、体の弱ってゆく両親の面倒を見たいと思っていたが、結局、母が決心してくれて、私は留学する事になる。

もう一つ、問題が残っていた。それは語学である。私は傑作な解決法を思いついた。

十二月四日報

第四回

［通訳君］

留学は決まったものの、一つ残っていた問題はドイツ語。藝大でも、もちろんドイツ語の授業は取得したが、音楽に使いたい時間の方が多く、ドイツ語を学ぶ時間がおしい。そこで思いついたのが「通訳君」である。

その頃、私の演奏会に聴きに来ては、全くほめずに文句ばかり言う学生がいた。名前は岡田裕。何でも上智大学大学院で哲学を専攻していて、ドイツへ留学するのが夢だという。これは「渡りに舟」だ。早速交渉し、二つ返事でOKをもらった。

こうして一九六九年九月、私たちはドイツへと渡った。この人と、やがて結婚するのだから人生は面白い。彼はピアニスト・杉谷昭子を多方面から支えてくれる人になる。

［ドイツへ］

南回りでフランクフルトに着き、鉄道でエッセンに向かった。夢にまで見たドイツ。ライン河畔を走る時、日本と全然違う街並みや古城に感動した。

エッセンに着いた翌日からレッスンが始まった。国立エッセン音楽大学は、現地ではフォルクヴァング音楽舞踊演劇大学といい、大きな門をくぐると石畳の広大な庭があり、それをマリア・テレージア色（黄色）の大きな建物が囲んでいた。かつてはお城だった事も、病院だった事も、監獄だった事もある建物だった。

そこには九〇〇年代初頭に建てられた教会や塔があった。クラウス教授は、その塔を指さして「下手なピアニストは、あの塔から大砲で打たれるのだ」と冗談をおっしゃったが、私は歴史の重さに打ちのめされてこの冗談に答えられなかった。

学生食堂は地下にあり、高い所に小さな窓はあったが格子がはめられていて、ここでもゾーっとさせられた。

「ドイツの音」

レッスン室は広くて、三台のスタインウェイ（ドイツの名器。世界最高のピアノメーカーの一つ）が堂々と並んでいた。

初めてこのレッスン室に入った時、ドイツ人の若い女性が弾いていたが、その音質の良さに感嘆した。

やがて自分の番になって、一音出して驚いた。天井の高い石の建物の中、空気が乾燥しているせいかドイツ人の音ほどではなくとも、自分の指から、こんな音が出るなんて信じられないような音であった。日本では力を入れて懸命に打ちおろして出していた大きな音が、楽に弾いただけで出るのだった。

先ず一日目で、これだけのカルチャーショック！　半年目には、絶望するようなカルチャーショックが来るのだが、この時点では知る由もなかった。

二〇〇四年一月八日報

第五回

「名教授とカルチャーショック」

私はドイツ・エッセン・フォルクヴァング音楽大学に留学して、わずか数週間の間に学内演奏で弾かされた。さらにその中から選ばれて、この大学と同じ名前のエッセン市内のフォルクヴァング美術館でも弾いた。

私は一回目の演奏会から評判になって、他の楽器専攻から、よく伴奏も頼まれた。ヴァイオリンのザシュコ・ガヴリロフ教授や、チェロのヤーノシュ・シュタルケル、声楽のクリスタ・ルートヴィヒなど、世界的な名演奏家がこの大学には揃っていた。この教授たちの伴奏にくっついていって、大変勉強になった。

私が留学したのは一九六九年だが、この時代にはどこの大学でもかなりの名人が揃っていた（今では、そうはいかなくなった）。留学当初は、不器用で下手に見えたドイツ人が、半年後には日本人の手の届かないほどうまくなり、器用で上手に見えた私を含めた日本人が、さして変わらずである事に気付いた。

今までと質の違うショック。大きなカルチャーショックであった。これがいわゆる血の違い？　一つ音を出すとNO！　クラウス教授の前へ行くと、全然弾けなくなる。

その頃の私はもがいていた。ミュンヘンのルートヴィヒ・ホフマンやハンブルクのエリーザ・ハンゼンを訪ねてはレッスンを受けたが、言われる事が正直よくわからず、どうして良いか分からなくなるばかりであった。

［真の芸術］

私には真の意味の芸術家の指導者が欠けていた。基本や型が出来たならば、自分で苦しみつつも自分の道を開拓できたであろう。東京藝大時代は音楽の作り方で苦しんだが、今度は何をどうして良いか分からない所へ落ち込んでいた。

クラウス教授は、そんな私をどうする事も出来ず週二回、常に新曲を暗譜して持ってこさせるというレッスンを崩さず、コンサートにもどんどん出演させた。断ると破門。それは何を意味するかというと、市から滞在許可がもらえない。すなわち帰国を意味した。

クラウス教授の芸術を私の力では盗む事も出来ないが、止める事も出来なかった。ただ、この頃の私の演奏は、あとで聴くと私としては完成された芸風を持っているのが不思議であった。

結構難しいベートーヴェンの最後のピアノ・ソナタをノーミスで、すごい完成度で弾いているのであるが、なぜ自分は満足出来ないのだろう。多分一般的には、ここで線を引き帰国するのだろう。

［留学期間］

留学期間は、親との約束で一年半。その後は、親の決めた人と結婚して家庭を作り、残された時間でピアノを弾くというもの。

留学期間は、とっくに過ぎていた。親から送ってくる片道切符を往復に変えて、日本に帰り親の薦める人とお見合いをするが、うやむやにして、コンサートがあるからと言ってはドイツに戻ってしまう、という事が続いた。一人っ子である私が帰国しないので、淋しさのあまり身体を壊してゆく母が気の毒でたまらなかったけれど、ドイツで真の芸術を知ってしまった以上、私はどうしてもそれが欲しかった。

第六回

二月五日報

［ドイツのコンサート・シリーズのしくみ］

今まではエッセン大学内で弾いてきたが、私はドイツの楽界で弾きたくて仕方がなかった。

ドイツでは次の点が日本と違うところで、自主公演は存在しなくもないが、それをしたところでドイツ楽界には登場出来ないと言って良い。

現在ドイツには十六州あるが文化にかける州の予算は莫大で、数個の町のオペラ座とオーケストラ・コンサートに使われる。

そこには監督がいて、プロのマネージャーが契約している自分の演奏家を監督に売り込む。

それだけでなく、市によって異なるがマネージャーは独自の「世界のオーケストラ・シリーズ」「ミックス・シリーズ」「ピアノソロ・シリーズ」「室内楽・シリーズ」を、向こう一カ月に一回ずつ一年間の予定を発表する。

オペラは、シーズン中はほとんど毎日で、エッセン市の場合市立オーケストラは週三回程、定期演奏会を開催している。六つ程の出し物が平行して行われているので、この中に入らないと、たとえスポンサーがついてコンサートが出来ても仕方がないのである。

聴衆は一年間の予定を見て、通しでチケットを買う人が多い。なぜならば、その方が割安だからである。当時で一年間通し券は、八〇マルク（約九千円）から五〇〇マルク（約六万円）。

出し物が良いと、年間通し券のみで会場が満席になってしまう事がある。チケットを売る苦労は必要ないが、マネージャーがつかないとシリーズに入れない、という厳しさがつきまとう。

［地方コンクール］

じりじりする悩みと演奏への飢えの中で、クラウス教授の薦めにより、フォルクヴァング・コンクールを受けたら、ピアノで私一人が優勝した。

さらに夢を実現させるため、国際コンクールも受けたいとクラウス教授に相談したが、意外にも答えは否定的であった。

あとで分かった事だが、彼は嫉妬深く、コンサートを下さっても新聞には私の名前はなく、クラウスの生徒が……という記事しか載っていなかったり、その後、私にマネージャーがついても、大切なデビュー・リサイタルで批評家に手をまわして悪い批評を書かせたりするのである。

自称反逆児はここでも自分の思う通りに行動する。国際コンクール参加は、大抵三十歳までという年齢制限があり、既に二十八歳の私には時間がなかった。

［国際コンクール］

国際コンクールは全部で七つ受けたが、五つは本選まで行けず、一九七二年、スペインのマリア・カナルスで第二位、一九七三年、イタリアのヴィオッティで、やはり銀賞がとれて次第に音楽会も得られた。しかし私は自分に納得がゆかず、ケルン音楽大学に移った。ケルン大学では面白いバッハを弾くためのチェンバロ、オルガンを、また総合的な、より幅広い音楽が出来るために指揮法、室内楽法、伴奏法などをピアノ専攻と平行して学んだ。現在では、日本の大学を卒業した者は二年しか在籍出来ないそうであるが、当時は何年でも在籍できた。

そして、ここで私は演奏家資格国家試験（コンツェルトエクサーメン）を受け、五つのリサイタル・プログラムと、二つのピアノ協奏曲を準備する。

結果は満場一致の最優秀で、この時弾いたブラームスの「第一ピアノ協奏曲」が評判となり、日本人には滅多につかないマネージャーがついたのであった。

でも仕事はハードで、傑作な事が次々と起こる。

第七回

三月四日報

［マネージャーと契約］

私の演奏を聴いたコンツェルト・ディレクツィオーン・ヴィーラッハは、私に即座に暗譜で何曲協奏曲が弾けるか、と質問してきた。

その時、私は完璧には国家試験用の二曲しか弾けなかった。

それでは契約できないと言うので、どうしたら良いかと私は彼に食い下がった。彼は二年の間に、二十五曲を勉強するように言った。私は仕事をする事で悩みを解決しようと、自力で頑張った。

ソロ曲ならばたくさん持っている私も、協奏曲となると難しかったが、手当たり次第という感じで、次々と征服していった。

二年は長いようで短く、すぐ期限が来た。日本と違って、欧米のマネージャーは、音楽に造詣が深く、楽器が弾けたりする。そのようなマネージャーのもとで、きっかり二年後に契約した。でも最初に来た二つの仕事は、その二十五曲以外であった。

［飛び入り新人！あだ名は「秘密の切り札」］

ある日曜日の朝、マチネー・リサイタルを聴きに行ったら、契約したマネージャーではない、違う主催者が私のところに飛んできた。出演予定の日本人のピアニストが来ていない、と言う。もしもピアニストが来なければ、代わりに私に弾けという。あとでわかったのだが、その人は西ドイツの滞在許可の期限が切れていたので強制帰国させられていたということであった。

本来、朝寝坊の私が、ネボケまなこをこすりこすり聴きに来たので相当びっくりしたが、たまたま弾けるソロ・リサイタルの曲を一時間半位分は持っていたので引き受けた。

そのマチネー・リサイタルシリーズは、デュッセルドルフにある、もう一つの大きなマネージャーの主催で、長く続いている定評のあるピアノソロ・シリーズであった。マネージャーにしてみれば、代役が見つかって胸をなで下ろした事であろう。

演奏はうまくいき、翌日の朝一番、まだ暗い街を走って新聞を三紙買いに行った。

「水に飛び込む岡田昭子」（その頃、私は結婚して改名していたが、やがてマネージャーの要請により、旧姓の杉谷を芸名とする事になる）、「助っ人が聴衆からやって来た」、「同国人が同国人を助ける」の見出しで、そろって興奮した、良い批評を書いていた。

こうして、本当の意味での仕事がドイツで始まっていった。

四月一日報

第八回

［秘密の切り札〜ますます好調］

ある時、マネージャーから電話がかかり、三日間でシューマンのピアノとオーケストラのための二曲「序奏と協奏的アレグロ・作品１３４」と「序奏とアレグロ・アパッショナート・作品92」を弾いてほしいとの事。

各々十五分程度の曲だが「征服しておけ」と言われた二十五曲以外の曲！「楽譜がない」とか何とか言って、断ろうと思ったが、デュッセルドルフにはシューマン協会があり、すべて揃っている。

「やるっきゃない！」初見と同時に暗譜の勢い。お腹一杯になると、頭脳の働きが鈍くなり、暗譜できないので、ほとんど空腹のままやってみたが二日目、どうしても覚えられない箇所が何カ所かあり、主人に泣き言を言ったら、「じゃ、ピアニストやめなさい」と返され、ふんばったらやっと出来た。

本番の日は、朝から恐怖でふるえていて、生きた心地なし。まさに必死で何とか出来た！

次はサン＝サーンスの「第二ピアノコンツェルト」。これは三週間あったので、三日にくらべればまァ楽。

町はハーメルン。本番の日は、主人が勤務先の日本人学校のお休みの日で、車で行く事になった。

リハーサル場所にもう少しで着くという頃、突然車輪がパンクしてしまった。二十万円で買った中古のメルセデスで、結構あたっていたので、お気に入りだった。アウトバーンは「アウト」の標識のないところでないと出られないが、たまたま不幸中の幸いで、すぐに出られる出口があり、不思議な事に出たところにベンツの修理工場があった。至急直してもらって危ないところを何とかリハーサルにセーフ。遅れるんじゃないか、と結構あせった。体力だけじゃなく、神経も太くなければやっていけない職種だ。

これには後日談がある。朝日新聞学芸部の五島氏に話したら、さすが記者。ハーメルンは、童話「ハーメルンの笛吹き」で有名な町なので「ハーメルンのネズミどもがネコ家族が来るのを邪魔した」と書いた。

［校長からの手紙］

契約当初は、飛び入りの仕事ばかりで、それもそんなに度々あるわけではないので、プライベートにまた、デュッセルドルフ音楽学校でも教えていた。そんな時シューマンの曲ばかりで、連続のリサイタルを依頼された。

それが私の好きなピアノではなかったので不遜《ふそん》にもお断りしたら、すぐ依頼者の校長先生から手紙が来て「若いアルトゥール・ルービンシュタインは、竪型ピアノでも弾いたんだよ」と私を説得した。感銘を受けた私は、もちろん不躾を謝り演奏する事を承知した。

こうしてシューマンの選曲による連続リサイタルが行われた。

デュッセルドルフはシューマンが晩年を過ごした地として有名である。その校長は、間もなくガンを患い、今はこの世にはいらっしゃらない。

四月二十九日報

第九回

［対日感情の変化］

またある時は、かつての東ドイツでハイドン、ウェーバー、チャイコフスキーのピアノ協奏曲を弾いた。

その頃の私は、まだ自分のテクニックに自信がなく、それにしては、異常に熱っぽい音楽をしたくて、そのバランスが取れず、練習量をたくさん必要とした。関係者は、私が「馬車馬のように練習している」と悪口を言った。次第に対日感情が変わってきた事を、このような時に感じた。

一九六九年、留学当時は、まだ日本人は珍しく、政府にも余裕があり、ドイツの国立の教育機関は入学金も授業料もゼロであった。その上、無返済の奨学金制度があり、私も何年間かは月々四万円程の奨学金をいただいた。当時のブラント首相に感謝している。

当時は、私たち外国人がドイツに持ち込む外貨は、三カ月で四十万円と制限されていたので、下宿代もかかるし厳しかった。話は前後するが、一万二千円の安い下宿だが、ピアノが弾ける事が先決だったので、ガマンした事がいくつもあった。

中央暖房ではなく灯油ストーブで、日本のようなすぐ暖まるものではなく、灯油のバルブをひねって灯油がしみるのを待って火をつけるのだが、しみる具合が難しく、なかなか火がつかず、ついても三時間しないと暖まってこない代物で、夜眠る時は切らなくてはいけないので、寒くて困った。

お風呂はなく、歩いて五分の学校がダンス部もあるため、いつでもシャワーが浴びられたので、まァ、これは何とかなった。その上大家は、おせっかい好きで注文が多く、面倒な人だった。すべてピアノが苦情なく弾けるためガマンした。

［持つべきものは友達］

私が幅広い勉強のため他の楽器を平行して学んだ事は、

前にも書いたが、七年間というドイツでの大学と大学院での長い学生生活にピリオドを打つ頃、東洋人留学生も増えてきた。

日本ではバブル経済の始まった頃で、私がデュッセルドルフに下宿を変えた時、日本の企業や商社が多く進出しているデュッセルドルフでは、日本企業の収める法人税額がドイツ側を上回る時期もあったらしい。

対日感情は良かったが、他の町、例えばミュンヘンでは、学生は郊外に住む事を義務づけられていたり、私が以前いたエッセン音楽大学では、テクニックは秀でているが、音楽性が疑問だった東京藝大生が入試に失敗した。

私にとっても、学生でいた頃は良かったが、いったん社会に出ると、黄色人種に対するドイツ人の侮蔑の念が、まともにぶつかってきた。

実力を持つ事、はっきり自分の意見が言える事が、何より大切であった。

ケルン音楽大学の学生には、面白い人がたくさんいて、郊外でコンサートを主催している人が私の演奏を聴いて、出演を依頼してきたり、デュッセルドルフ音楽学校のピアノ講師の就職口を紹介してくれた。

いつ誰が聞いているかもしれない。いつも全力で演奏する事。そして持つべきは友達だと思った。

多くの複雑な問題の中で、私は本当に良き友に恵まれ教職にもつけた。

第十回

六月五日報

［イルゼ・ホルヴェークの事］

日本人に対するドイツ人の嫌がらせは、日本の輸出が増えた事と、日本の秘密主義がフェアでない事などが拍車をかけた。

その半面、仕事の上ではたくさんの良い出会いがあった。音大の友達から、彼女の先生のイルゼ・ホルヴェークというドイツ人のソプラノ歌手を紹介された。

彼女はかつて、イギリスのコヴェントガーデンオペラでも歌っていた、偉大な歌手であった。たまたま私が、ロンドンのロイヤルアルバートホールでラフマニノフの「ピアノ協奏曲第二番」を弾かなくてはいけなくなったが、何しろ六千人も入る会場というので、自分の音が届くかどうか非常に心配していた。

彼女は、そのような私に「昭子、あの会場は歴史のある、良い会場で、ステージの上で針を落としても聞こえるのよ。決して頑張らないで、楽に弾いた方が良いよ」と言ったのであった。

新ロンドン交響楽団との共演、世界中から聴衆が集まり、本当に六千人満員のサンデーコンサートであった。

このような大きなコンサートは初めてだったので大変なプレッシャーで、その時ホルヴェークの言葉が、どれほど役に立ったかしれない。当時の私の力としては、精一杯出来たと思う。

休憩をはさんで、最後はオーケストラだけのラヴェルの「ボレロ」だったが、長い長いクレッシェンドの後に、最高潮に達した時のホールのあまりの響きの素晴らしさに、私はいたく感動した。なんでも、このホールは何度も修復を重ね、この響きを生み出したと聞く。ドイツに帰って彼女に報告した事は言うまでもない。

彼女の最後のコンサートは、デュッセルドルフのシューマン・ザールでのリーダー・アーベントだったが、感慨深いものであった。歌わなくなった彼女は、マンションを引き払って、親類の家に身を寄せていたが、間もなくガンで世を去った。別れたご主人も著名な歌手であったが彼女は歌に捧げた人生だった。まだ五十代で、命の短かさを思った。

［黒川剛《つよし》大使の事］

当時、一万人近い日本人が在住している、といわれたデュッセルドルフの総領事館に、歴代赴任される総領事の方々への思い出は尽きない。

その頃、文化活動を支援して下さった黒川剛大使は、かつて昭和天皇が一九七一年にドイツを御訪問なさった時の通訳もされた方でいらっしゃる。

ある音楽会の後のレセプションの席上で、大使はそれとなくドイツと日本の歴史に触れ、日本の事をドイツ人により深く知ってもらえるようにアピールされた。

その上、最後にチクッとドイツ人の本性を指摘して、思わずドイツ人が彼のドイツへの造詣の深さと、ドイツ語の堪能さに舌を巻き、「してやられた」という表情で親睦を深めるのが常であった。

現在も黒川大使は予告なしに都内の私のコンサートにひょっこり顔を出され「ベートーヴェンのソナタを四曲一晩に聴くのは、聴く方にもそれなりの覚悟がいりますね」という風なお言葉を下さる。

その後黒川剛氏は、オーストリア大使になられた。偉大な文化人でいらっしゃると共に人と人を結びつける親善大使でいらした。

第十一回

八月一日報

［パトロンとの出会い］

ある時、イルゼ・ホルヴェークは、一人の女性の誕生パーティーに私を連れていった。そこで弾いた私のピアノに惚れ込んでくれた女性がいた。Dr.ギゼラ・シェーファーという女医であった。趣味でピアノを弾く彼女は、すぐ私の生徒になり、私たちは急速に親しくなっていって、どちらからともなく何か作ろうという話になった。

私たち夫婦はブラームスが好きなので、ブラームス協会を……と言い張ったが、「二十歳のブラームスが訪ねてきたシューマンの家がデュッセルドルフにあるのに、市は何もしていない」とギゼラが言い出し、「もっともだ」という事になった。

それからというもの、ギゼラは怖いもの知らずの純粋さと聡明さと、彼女が今まで培ってきた人間関係、勤勉さ、美貌とでデュッセルドルフにやって来る演奏家と交渉し、レナード・バーンスタイン、クラウディオ・アラウ、ディートリッヒ・フィッシャー＝ディースカウといった世界の巨匠が名を連ねるシューマン協会を一九七九年に短期間のうちに作ってしまった。銀行にも交渉して、経済的な基盤を作ったのも言うまでもない。市は彼女がこのように大きいものを作れるとは思っていなかったので、最初はたかをくくっていたが、数年後には協力してきたのであった。

こうして三年に一度、約一カ月にわたって大きな音楽祭とシンポジウムが行われる事になった。彼女が、私のような新人の演奏家をもサポートしてくれた事は感謝に耐えない。

私はここでシューマン協会発足の記念演奏会を初めたくさんの演奏をさせてもらったり、多くの貴重な出会いをいただいた。まず一九七九年八月に開催された「ロベルト・シューマン協会」のオープニング記念講演は、我国の前田昭雄教授。多くのドイツ人の希望者をしりぞけて、彼女は辞退し続けた前田教授を説得した。

「現代におけるシューマン」という題のその講演は、今でもドイツ人の間で語り草になっていて、その内容はもとより「俳句のように美しいドイツ語」で、ショット社から出版された。

私は同じ日本人として大変誇りを感じたし、感動した私たち夫婦は前田先生のファンになり、家族ぐるみのお付き合いもさせていただいている。

第一回シューマンフェストのオープニング・コンサー

トはサヴァリッシュ指揮のベルリン・フィルで、私はずっとあとで日本ブラームス協会のためにサヴァリッシュ氏に講演を依頼し、通訳もさせていただいた。

また、ギゼラのお陰で、世界の大ピアニスト、クラウディオ・アラウに紹介していただき、貴重なレッスンを受ける幸運に恵まれ、デュッセルドルフに来られた時は、お供まで許された。

私が巨匠から影響を受けた事は言うまでもない。アラウ先生から私のブラームスが評価された事は意外だったが、自信につながり、目まぐるしいテクニックよりも、音楽の内容で聴衆と共に感動してゆく演奏家を私はさらに目指す事になる。

九月五日報

第十二回

「クララ・シューマン国際ピアノコンクール」

ギゼラ・シェーファーの大きなもう一つの功績は、クララ・シューマン国際ピアノコンクールの開催である。

「ロベルト・シューマンの事はシューマン音楽祭とシンポジウムで充実しているが、シューマンの妻で、作曲家・ピアニストのクララに光が当たっていない」とギゼラが言い出したのである。

言うが早いか彼女は即実行に移し、数年で素晴らしいコンクールを作り上げ、一九九四年に第一回を、三年後の一九九七年に第二回、二〇〇〇年に第三回を華々しく開催した。

何が素晴らしいか……、それは審査員である。私も末席をけがしたが、それは本当に例外として、マルタ・アルゲリッチ、アレクシス・ワイセンベルグ、ネルソン・フレイレの三人のピアニストとドイツ人評論家のナンバーワン、いや（日本から見て）「東（ニューヨーク）にショーンバーグ、西（ヨーロッパ）にカイザーあり」と言われた、その「ヨアヒム・カイザー」が審査委員長という『夢』のような大物が並ぶものであった。

世界の四大コンクールといっても、これだけの人気ピアニストと大評論家、音楽者をそろえた豪華な顔ぶれは当時はまず望めなかった。その上、本選の協奏曲にはウラディーミル・アシュケナージまで加わったのだから驚きだ。それは審査の程度が非常に高い事を意味する。

よくコンクールでは、高度なテクニックと完璧性が第一に置かれるが、このコンクールでは何か特異な才能の光る音楽性が最重視された。ロシアから来た天才的青年イリサフスキーの演奏に感銘を受けた私は、アルゲリッチと話していくうち、彼女も感銘を受けていた事を知った。その他、種々の出来事により、アルゲリッチと深い所で理解し合えた事が嬉しかった。

アルゲリッチは「ピアノ界の女王！」。一挙手一投足が魅力的で、私を深く感動させた。イリサフスキーはお金がなくて、彼の周囲の人々がこのコンクールのための交通費を作ってくれて、ドイツへ来たという。

帰りの交通費は持っていないという。命をかけての参加だ。幸い彼は二位に入賞し、その賞金でドイツに滞在し、シュトゥットガルト音大に入学した。彼は演奏活動をしているという噂を聞いたが、その後どうなっただろうか？

このような人に演奏活動をしてほしいが、「天才的なだけに現実的には難しいのか……」と思う。アルゲリッチは「彼が帰らねばならなくなって、お金がないなら私が出すわ」とまで言っていた。

私はアルゲリッチのこうした人間的な素晴らしさに毎日感動の連続だった。コンクール開催時、彼女はわざわざ私のドイツの家にいらして、遅くまで語りあった事もあった。ピアノも練習されて夜も更けた頃、彼女がポツンと言った。「今日、私、誕生日なの」。「えっ！」。急いでコンクールを受けにきていた私の生徒と、市内在住の生徒に我が家に来てもらい、冷蔵庫に入っていたシャンパンをあけ、えびのオードブルとサラダを作り、お菓子を焼いて彼女の誕生日を祝った。この生徒たちがいなかったら、お料理やお菓子が作れない私は、とても困ったと思う。お料理もお菓子も美味しくて、彼女はおかわりまでしてくれて、とても嬉しかった。彼女の日本でのコンサートの時は、私は仕事をやりくりして聴きに行く。このコンクールを機に、彼女と親しくなって理解し合えた事は私の大切な心の財産である。

第十三回

十月三日報

［大ハプニング］

ある時、マネージャーから入ってきた仕事にデュッセルドルフでクラウス・テンシュテット指揮のＮＤＲオーケストラ（ハンブルク北ドイツ放送交響楽団）とベートーヴェンのピアノコンツェルト第三番の共演があった。各地でソリストの違うＮＤＲのこの演奏旅行は、ハプニングの連続であった。

［テンシュテット怒る］

まずパリでマルタ・アルゲリッチのピアノでショパンのピアノコンツェルト二番を弾いた時の事。リハーサルでは、まともなテンポで弾いていた第三楽章を、本番でのりまくった彼女は?分も早く終わるようなテンポで弾いてしまった。

何しろ二十四歳でワルシャワのショパン国際ピアノコンクールに優勝した世界の女王は、どうなっても弾けてしまう。うまいといわれるNDRでさえついていけなくて、怒ったテンシュテットは「アルゲリッチとはやらない！」と言ってスーツケースをまとめてロンドンに帰ってしまったのだ。

［キリル・コンドラシンの急死］

次の日は、アムステルダムでのコンサート。前日すっとばしたアルゲリッチが、どう弾いたのか、まア終わってその晩、指揮者として飛び入りしたコンドラシンが、アムステルダムのホテルで急死した（一九八一年三月七日）。

キリル・コンドラシンといえば、一九一四年モスクワ生まれの著名指揮者なので世界中がびっくりした。オーケストラは再び指揮者のいないままデュッセルドルフへ。

その間、再びマネージャーは次の指揮者を探すのに躍起になっていたところ、アムステルダムの美術館でヘルベルト・ブロムシュテットが絵を見ているという情報が飛び込んできた。

ところがヨーロッパの美術館ではアナウンスが禁止されている。マネージャーは美術館の入り口でジリジリしながら待っていたらしい。夕方彼が出てきたところをつかまえて、マネージャーは必死でデュッセルドルフ行きの飛行機に彼を乗せた。デュッセルドルフのコンサートホールに彼が着いたのは、何と開演一時間前だった。

当然私とはリハーサルなし。リハーサルがないのを良い事にし（リハーサルがあってもだが）、私はベートーヴェンを生き生きと弾き、彼は見事にオーケストラを指揮してくれた。二〇〇四年九月にウラディーミル・アシュケナージが音楽監督に就任するまで、我国のNHK交響楽団の音楽監督をしていたブロムシュテットである。さすが！　こうしてこのハプニングの多かった演奏旅行は終わった。

第十四回

十一月七日日報

［男性社会］

デュッセルドルフで、イルゼ・ホルヴェーク、Ｄｒ・ギゼラ・シェーファー、マルタ・アルゲリッチといった素晴らしい女性達に私は巡り会ったし、女性議員も女性市長もいる。

しかし、ヨーロッパでも、まだまだ男性社会だと感じた事件が身近に起こった。それは、前出のギゼラ・シェーファーがデュッセルドルフ・シューマン協会の理事を事実上降ろされた事件だった。原因はいくつかあるのだろう。

［ギゼラ・シェーファーの場合］

彼女は一九九四年、第一回クララ・シューマン国際ピアノコンクールで第二位に入賞したレフ・ヴィノクーアを第三回のコンクールの審査員にした事もあるだろう。

また、音楽祭の方も回を重ねると出し物が似てきた事もあるだろう。でも、この類の事は他の音楽祭やコンクールでも起こっている。

第一回コンクールで、朝五時まで音楽ホールで祝った盛大な聴衆が、第三回には激減し、アルゲリッチが心配していたものだ。シェーファーへの妬みがどんどん増大していった。それには少し彼女の生き方に触れなければならない。

名門マールブルク大学を卒業した美貌のエリートは女医になり、ある医者と結婚した。子どもには恵まれず、彼女は彼を一生懸命助けたが、彼は十五年程して彼女を捨て、ザルツブルグで新しい女性と暮らしている。

このような不幸があると、人間は別なところで自分の存在を確かめようとするものだ。それが彼女をして芸術家擁護人（パトロン）にならせたのだと私は思う。それだけに純心で一徹なところがあり、他の理事が一般的常識人で、その間に葛藤が生まれたのかもしれない。

ある年の総会で、理事達が彼女を名誉理事にし、運営を事実上自分たちの手で行おうとした時、彼女はそれに対してあまりにも誇りがありすぎた。彼女は強くそれを否定し、確固とした足どりで悠々と歩いて部屋を出ていったきり、帰ってこなかった。

それから音楽祭は開催されているが、コンクールはその後、一度も開催されていない。

第十五回

二〇〇五年一月九日報

［女性と仕事］

　この事は私に多くの事を考えさせた。イルゼ・ホルヴェークは輝かしい歌手生活を送った人だが、五十代でガンで亡くなった。

　マルタ・アルゲリッチは、世界のピアノ界の女王である。一般的に言われている様に、彼女は奔放ゆえに、何度も結婚・離婚を繰り返したのではない。

［女性と仕事〜私の場合］

　私には演奏活動を支援してくれる夫はいるが、子どもに恵まれなかったし、別に子どもをそんなに強く欲しいとは思ってはいない。

　私は自分の事を十分女らしいと思うが、ピアノを弾いたり、生徒を教えたり、企画をしていると、同時に男らしいと思う。

　多くの女性が興味を持っている事、たとえばお料理とかより、そのような時間があったら、仕事をしていたい、本を読みたい、ニュースが知りたい、すべてに好奇心が旺盛で、知識欲、創造欲に燃えている。

　演奏している時は男性の部分が優《まさ》っていて、教えている時は女性の部分が多く活動しているように思う。演奏する事と教える事は、私を表現する二本の柱である。

［論理（ロゴス）と情感（パトス）］

　私は演奏でも、教えるのでも十分な論理を持っているが、芸術は情感が優《まさ》っている方が良いと思っている。

　私が乗っている時は、心情の上で情感が支配している。これが高じると霊感が高まり、あっちの（？）世界に行く。この時、すごい芸が生まれる。

　この世界が日常生活を支配するようになると、とりつかれた人となって、もはや普通の結婚生活は不可能となる。これは男性でも女性でも同じだと思う。男性がこの状態でも、ついてゆく女性は存在するかもしれないが、女性がこうなると難しい。

　このような、とりつかれた状態ゆえ、夫という支えはいらないという女性を私は尊敬する。もしそうなれたら、良いのだろうが、私には無理だ。私には夫も友達も必要だ。

［私の結婚生活］

　私がとりつかれている時、いつまでも待ってくれる夫がいるおかげで、私はピアニストをやっていられる。もっとも長い間、ドイツにいた夫と、日本にいた私は一年に二〜三回しか会わない。それでも夫という存在自体が私を支えてくれていて、彼に何もしてあげられないので、いつも夫には申し訳ないと思っている。

これは一人っ子である私が、今から十五年前に、この世を去ってゆく両親の面倒をみるため「日本に行きなさい」と夫が言ってくれたからだ。二人とも亡くなった時、夫は私にドイツへ帰ってくるように言ったが、私にはドイツでできなかったような、素晴らしい仕事ができる地盤が日本にできていたため、日本を基盤にして、仕事があった時だけドイツに行くという生活になった。これも運命というものだろう。

結婚してから一緒に住んでいたのはたったの一年で、ずっと別々にいる私たちだが、私たちは結婚三十五年を迎えた。夫は二〇〇七年に定年退職で、ドイツから日本に帰国したが、帰国したあとも私は東京に、主人はセカンドハウスの伊東に住み、必要な時は会うという相変わらずの別居結婚を続けている。恵まれた芸術家生活を深く感謝している。

二月六日報

第十六回

［両親の事］

私が現在、男性的創造力をもって演奏活動をし、女性的優しさをもって教職生活をしている原動力は何だろうか？

人によく「なぜ、そんなにいつも元気なの？」と聞かれる。いろいろな困難を乗り越えていく精神力、体力は亡き両親からのものだと思う。

父は明治三十九年に和歌山市山東南畑に生まれた。なんでも子どもの時から、みかん狩りや畑仕事をさせられたらしく、八十三歳で亡くなる直前まで体力はあり、足腰は丈夫だった。性格は純粋無垢、真面目な半面、冗談も好きで（あまり上手ではなかったが）情けにもろく短気だった。

母は明治四十一年に和歌山市榎原に生まれた。生まれつき病的なほど綺麗好きで、朝四時には起きてお掃除をし、学校勤務で結構遅く帰宅し、食事を作り、十二時前には就寝した事がない生活を十年余り続けるうち、胃潰瘍、心臓肥大など病気がちで、私が中学二年の時、学校勤務を辞めた。基本的には体力は非常にあり、意志の強い一徹な人だった。だんだんと体が弱ってゆく心細さにもかかわらず、私の留学を決意したのは母であった事は前にも書いた。

二人とも和歌山師範学校を出て、父は小・中学勤務で、定年前は県立ろう学校に、母は小学校勤務だった。

両親の遊んでいる姿を私は見た事がない。夢中で働く両親の背中を見て私は育った。だから私は「人間は働くものだ」と思った。

私の場合、仕事がら旅はつきものなので、たまには温泉に行ったり、おいしいものを食べたりはするが、基本的に働いている事が一番好きだ。一日中遊んでしまうと何か物足りなくて、精神までたるんでしまう。

両親は惜しみない愛情を私に注いでくれた。学校の教員では、昭和三十五年にワンレッスン三万円という、東京藝大教授の井口秋子先生のレッスン代は、とんでもない額であった。

私が中学の頃から、両親は新しい着物や服を買った事もないというが、そのような欲がないのだった。外食はレッスンの行き帰りにデパートの食堂以外した事がない。そういう時代でもあったのだ。

とにかく両親は私のために、こつこつとお金を貯め、和歌山市西汀丁に土地を買って、私が深夜でもピアノが弾けるように石の家を建ててくれた。当時にしては立派な家であった。

ぜいたくひとつせず私を育ててくれた両親をみていると、この両親のためにも私は世の中で役に立つ人になろうと子ども心に思ったものだ。そういう心が、今の私の原動力になっていると思う。

［ドイツの機械と家］

ドイツ人は大変不器用なので、良い道具がなくてはやってゆけない。だから、良い道具や機械を作る。

その上、ドイツ人の質実剛健な国民性から、それは世界に冠たる名品になっている。家庭電器製品は日本製が良いが、車、ピアノ、歯科器械などはドイツ製が一番だ、と私は思う。

私がビックリした事がある。マヨネーズや食品を入れるビンとふたの関係が、何種類かあるが、ちゃんと規格があり、それらがピタッと合うのだ。ふたを失っても別のふたが合うのはとても嬉しいものだ。住宅はもっとすごくて、私達がドゥイスブルクの市から借りていた一軒家はかなり古い家であったが、二重窓の中側の桟には小さな穴があいていた。結露を防ぐためであった。またその家には地下に大きな灯油タンクがあり、一年に一度、油送車がやってきて灯油タンクを満杯にしてゆく。ボイラー室で灯油を燃やし、お湯を全室に送る。お部屋ではお湯のバルブを開閉して温度調節をするのである。トイレももちろん暖房できるので快適である。機械と家には関心するばかりであった。

三月六日報

第十七回

［ミニバスにピアノを積む］

心配する両親に内緒で、東京藝大の卒業前に東京で車の免許を取った私は、長い間ペーパードライバーだった。

私が留学した昭和四十四年は一九六九年外貨制限があり、ポンコツ車でさえ買う余裕がなかった。ところが、ドイツに駐在していた私たちの仲人さん一家が日本に帰国する事になり、フォルクスヴァーゲンの「かぶと虫」をいただいた。

この車は空冷式で、寒いドイツの冬でも一発でエンジンがかかるのはご存じの通りであるが、合理的簡単構造で、まず故障しない。初めての車として、私はこの車をとても愛し長期間乗った。

そろそろ大型車にあこがれ、アウディを経由してフォ

“珍道中号”はピアノのメロディ～♪にのって

ルクスヴァーゲンのミニバスを買い、座席を取り外しドイツ製のピアノを積んで、歴史旅行の好きな主人と、練習しなければいけない宿命の私は、長い夏休みを三週間の予定で旅に出る。

　別居生活をしている仲良しの私達が、唯一寝てもさめても一緒にいる時間となる。それもただの観光ではなく、その頃始めていたレコード録音「ブラームスピアノ独奏曲全集」のための、ブラームスの生誕地から終焉の地までの感激の勉強旅行である。

　日中は主人が運転してくれるので、私はバスの揺れをものともせずピアノを弾く。アウトバーンの休憩所では、車中でピアノを弾いている私を見つけて、他の車が寄ってきて「ハロー」と声をかけてゆく。運転に疲れた主人が休憩所に車を止めてタバコ休憩をしている間も、私が練習していたら、たくさんの人が聴きに来てムギワラ帽に小銭を入れていって、大道芸人をやった事になった。夕食代位はすぐできるので、私達はこれに味をしめて大道芸人をよくやった。

　夕食では主人がビールを飲むので、そのあとは私が運転し、疲れたら車の中で眠る。目がさめたら走り出す。お風呂やシャワーはウィーンの西駅やキャンピング場で借りる。ベルリンでは、ブラームスの本を書いた、九十歳のカルラ・ヘッカーさんに会った。ブラームスが肝臓ガンでやせてゆくのを気付かないようにズボンをだんだんせまくしてあげた人の末裔のイモゲンさんにも会った。感動したものである。

　自由で最高に楽しい旅。あまりに楽しいし、楽屋にピアノのない時など練習できるので、車にピアノを積むのは日本でもしばらくやっていた。

　そのあと、ドイツではやはり日本へ帰国する知人から中古のメルセデスを二十万円で譲り受けた。その後、この車の修理は八十万円かかる事が分かり、廃車にした。

四月三日報

第十八回

「ドイツのピアノ」

　ピアノの音質に開眼したのはいつ頃だろうか？　幼少時から高校生にかけて、ラジオで聴いた名演奏家の音はドイツのピアノ、スタインウェイが多かったはずだ（スタインウェイにはニューヨーク製とハンブルク製がある。日本やヨーロッパのホールのフルコンサート・グランドはほとんどハンブルク製）。

でも私自身、幼少時代はピアノではなく足踏みオルガンで、十歳頃やっと買ってもらったピアノはヤマハの小さな縦型だった。その後、東京藝大三年生の時、免税で買える最後のチャンスに同じヤマハの小さなＧ２Ａというグランドピアノを買った。

和歌山の発表会は、今の二の丸広場にあった市民会館で、ヤマハのフルコンサート・グランドピアノを弾いた。東京藝大の試験も多分ヤマハだったと思う。

卒業演奏会で選ばれた六人のうちの一人として、東京文化会館小ホールで弾いた時は、スタインウェイのフルコンサートピアノだったと思う。ムソルグスキーの「展覧会の絵」を弾いたのだが、大変まろやかな音色で「ほおーっ、ドイツ製のピアノって、こんなに良い音なのか……」と思った。

「ドイツと日本の環境の違いからくる音楽の違い」

二十六歳でドイツに留学した時、天井の高い石の建物の広いレッスン室で、初めて音を出した時の驚きは、今もしっかり脳裏に焼き付いている。

まろやかさはもとより、その余裕のある響きは日本での五倍は確実にあると思った。日本で全身の力をふりしぼって出していた大きな音が、ポンと触っただけで出る感じだった。「無理をしないで音の彩を楽しめる」という感じ。

ドイツの乾燥した空気、石の建物など、物理的環境の違いと、精神的な音楽のとらえ方の違いである。乾燥した空気中ではピアノが育ってゆくが、日本の湿気のある空気ではピアノが湿度を吸って、だんだん鳴らなくなっていくのである。

外貨が制限されていた留学の下宿に入れる貸しピアノですら、食費を削っても良いピアノを使いたくてスタインウェイの縦型を入れたほど、私の音色へのこだわりは大きかった。

ある時、メンヒェングラートバッハという町でのコンサートを聴いた私は、そのピアノの響きに釘付けになった。そのピアノの調律をしていた業者をよく知っていたので、聞いてみると「三年後には譲れる」と彼は言った。そして本当に、三年後にそのピアノは私のドイツの下宿にやって来た。何とそれは一九〇二年のハンブルク製だった。何でも戦前のピアノは、本当に良いルーマニアの松の木を使用しているそうで、特に良質といわれている。

このようなすごい楽器を手にして、私はこの楽器から多くの事を学んだ。毎日楽器の状態が違うし、私が乗ってくるのか、楽器が私を乗せるのか……。とにかく魔性的な音楽をする瞬間があって「ハッ」とするような事を何度も体験した。まさに「名器に教えられ」の毎日を送ってきた。

　スタインウェイ・フルコン病にかかった私は三重に借金をして、新品やニューヨーク製のフルコンを買った。一時はドイツにハンブルク製二台、東京にハンブルクとニューヨーク製を一台ずつ二台持っていた。帰国してからドイツにあった二台は真鶴の丘絵画館と熊本の知人にお譲りした。今もそこでピアノコンサートを開いている。

五月一日報

第十九回

「いい音への感覚の芽生え」

　ところで、名器を名器として生かすには、良いメンテナンスをする事である。幼少の頃、オルガンで自己流に弾いていた自分だが、なぜこのように音色にうるさくなったのか分からない。すべて感覚だと思う。

　藝大で（ひどい音で）「鍵盤を深く、大きい音で……」と仕込まれていた時、「うん？　そうかなァ……」と思ったから、巨匠の生演奏や、今は亡き往年のピアノを含め、他分野の巨匠のレコードを自発的に聴いたのだ。先生がおっしゃる事に疑問を抱いても、巨匠は巨匠、自分は自分とあきらめる人が多いと思うが、私は巨匠の真似をしたいと思った。

　私がまだ和歌山にいた高校生の時、私にとって唯一の「良い音楽との出会い」は、和歌山放送のクラシック・リクエスト・コンサートだった。和歌山放送にはすごく感謝している。

　母と私は、そこでハイフェッツの「ツィゴイネルワイゼン」や、フルトヴェングラーの「ベートーヴェン第七交響曲」を聴いたのだった。

　ドイツで、よく響いて弾きやすかったホールのピアノが、同じスタインウェイの名器でも、日本のホールに入っているものはなぜかあまり響かず困っていた。調律師の方に申し上げても「これ以上、なんともなりません」との返事だったり、言えば言う程、やって下されば下さる程悪くなった事が多い。

　ちょうどその頃、平島達司さんの「ゼロビートの再発見」（東京音楽社、ショパン社）という本に出合い、調律法を「古典調律1の3」という方法に変えたら、音の通りが良くなったのでそうしていた時期もあった。ただ、この方法はあるところだけ大幅に狂っているのが問題で、百パーセント納得ではなかった。

［調律の狂人と出会う］

そうこうしているうち、山口県のピアノレスナーの方から、ある調律師を紹介された。私はその調律を聴いた時、驚いた。音はパワーがあって、輪郭がはっきりしていて上品で、しかも歌う事を知っていた。

それまで私は演奏者が一生懸命に演奏すれば、その演奏者の言いたい事が伝わると思っていたが、それは甘かった。その先乗りが来ないのだ。

大体、物事は良くなればなる程、ちょっとした変化が大変大きな違いになる。素人の聴衆（の方が怖いと私は思っている）の方にもすぐ分かってしまうものなのだ。

かくして、この調律師の調律で演奏した時、いつも異常な乗り、人を狂わせる何かが宿る事を知った。カザルスホールに、この調律師の持つピアノを運んでもらって行った演奏会は「杉谷昭子イン・ライヴ」というＣＤになったが、これは銀座の山野楽器で、その月間の売り上げトップを記録した。

その調律師の名前は、知る人ぞ知る闘士、山口市に住む松永正行《ただゆき》氏である。

山口県に帰る事になっていたそのピアノを、頭金十万円しかなかったのに、急遽東京の自宅へ運び込んでもらった。「ベートーヴェン・ピアノソナタ全集」録音に会場に持ち込んだ事のあるピアノである。そのあと、松永さんは、調律師なら一度はやってみたい事（自分の作ったアクションをはめ込んで気に入ったピアノを鳴らす事）をやった。スタインウェイにはマニュアルがなく、同じフルコンでも微妙に違うので、新しいフルコンを買うとまた、新しいのに合わせなくてはいけないのだが、買った新品についているアクションと、松永特製アクションを、同じピアノに入れて比較コンサートを行い、アンケートをとった。松永アクションがダントツであった私はこの松永特製アクションを入れたフルコンを録音会場やコンサートホールに持ち込んで、ＣＤを作り、コンサートをしている。そして私は人を狂喜させる一瞬一瞬にかけている。

六月五日報

第二十回

［調律師、松永正行の生き方］

山口県で出会った調律師・松永正行氏は、根っからの職人であり、自由人である。地位、権力、名誉、お金のために流される事なく、調律の事は常に勉強し、冒険実験を繰り返し、感動するコンサートを作るためには、損得をかえりみず意見を言い、粘りを持って正義のために闘ってゆく。

一度、彼の調律を経験すると、人を狂わせる魔法にかかってしまう。

[種々の問題]

日本はもとより、世界の多くのホールにはお抱えの調律師がいて、演奏家の好みの調律を依頼しても拒否される事が多い。

私の好みの音を作ってくれる松永氏は、スタインウェイ・アカデミー認定技術者で、山口県正規特約店なのに、調律や製音の上手いのをやっかまれて「ピアノを壊す」などと言われ、ホールから閉め出される。

ホールは、一体何を考えているのだろう? より良いものになればなる程、細かいニュアンスが大切となる。

人間の美意識には、もともと遺伝子の中に組み込まれた共通の感性がある。調律と整音は重要で、コンサートの成功の鍵を握ると言っても過言ではない。

音楽家でさえ、この認識が少ない。多くの音楽家が与えられた条件のもとで精一杯演奏しなければ、表現が伝わらない、と考えている。私もかつてはそうだった。松永氏と出会うまでは……。

でも、それは違っていた。これは体験しなければ分からない。松永氏の調律を体験すると、百人中九十九人が驚く。一人位は「気持ち悪い」と言う人がいるかもしれない。それ程、彼の調律は個性的だ。

楽器が新品で調整が悪く、また湿気を吸ってスコーンと音が抜けず、モコモコの音しか出ない楽器がある。このような時は、のらずに不発で終わる。松永氏はこのようなピアノも鳴らしてみせる。素人の人にもバッチリと分かる。

松永氏の調律を体験した演奏家が、再び松永氏の調律で演奏したいと思っても、実際あった話だが、演奏家のマネージャーが松永氏以外の楽器店から圧力をかけられ、松永氏をホールに入れないようにしたという。

演奏家も演奏家で、このような大切な事なのに、自分の意見を言わない。そして弾きにくいと文句を言う。

松永氏の店が所在する山口県内では、ホール、お役人、大学の教授さえ加わって、入札に圧力がかかり、山口県のホールから閉め出された過去があった。

その一方、例えば松永氏の腕を買った福岡の「あいれふホール」の稼働率はすこぶる良い。良いピアノと評判なのである。中には演奏家の好みの調律師を文句なく入れるホールもある。

ベルリン・フィルハーモニーのメンバーによるアマルコルド・クワルテット・ベルリンと共演の時は、コンサートの二日前まであるホールの許可が下りず、交渉を続けて現在の総代理店のスタインウェイ・ジャパンの協力により松永氏を入れた。

ベルリン・フィルのメンバーたちが「そんな当たり前の事が、なぜできないのか? ベルリン・フィルでは、五～六台あるピアノと調律師は演奏家が自由に選べるよ」と言った。

松永氏を閉め出すホールならば、松永氏のピアノを持ち込んでもらう。お金はかかってもコンサートの成功のために……。松永氏よりも、もっと良い調律、整音ができる人が現れれば、私はその調律師と仕事をするであろう。ここに妥協はない。

二〇〇五年七月三日報

第二十一回

［フランスの名器］

楽器店はもちろんの事、日本には個人でも大変な楽器を購入する方がいる。当時八十歳の広島の眼科女医、田中早苗先生で、御自分が亡くなったら出身の女学校に寄附する気持ちで、フランスの名器エラールを所有されていた。十九世紀のパリで、プレイエルと共にショパンも弾いていた銘柄である。

縁があって、その先生の自宅で定期的にホームコンサートをする事になった。

広島のピアノは桜の木が使われていて、足のところには十四金合金の彫刻が施されている、一九〇〇年製のものである。音色は細やかで軽く、上品。

コンサート当日の先生は、友達や子供達に囲まれて幸せそうで、一曲が終わるごとに手を合わされ、音楽と私から「偉大なパワーをいただいています」と言われた。私にとっても、そのような先生のために演奏するのは、音楽の原点に触れるようで、生きている喜びをひとしお感じる日であった。

［病に倒れられて］

五～六回のコンサートを終えた頃、先生は足を骨折して立つ事ができなくなり、隣の部屋のベッドの中で聴かれる事になった。そのうちペースメーカーも付けて、老衰も加わり、数回のコンサートの後、入院された。

お見舞いに行った時は、まだ意識があり、かすかに微笑まれた。

［奇跡］

東京に嫁いでいたお嬢さんは、音楽に全く無関心のサバサバした方だった。先生が大切にされていた、一枚のＣＤが病室に持ち込まれていて、最初はそれが何なのか分からなかった。

ある時、このＣＤをかけてみたところ、意識のない先生がうっすらと目を開けて、何かおしゃべりをしたという。

その事があってから、お嬢さんは先生の中で音楽の占める位置を知り、このＣＤを何度もかけられた。ＣＤは私のベートーヴェン・ピアノソナタ全集の一枚目であった。ベートーヴェンの音楽が、先生の魂を揺り動かしたのだろうか？

お嬢さんの看病の甲斐なく、入院して数カ月たった二月の寒い日、先生は天に召された。

音楽に無関心だったはずのお嬢さんは、楽器を寄付なさらず、毎年、私のコンサートを催しては、先生の好きだったバラの花を活け、コンサート後は皆でワイングラスを傾けるのである。今や、お嬢さんはお母様の家に住まわれ、広島駅に沖永眼科を開業していらっしゃる。私の長い演奏生活の中で、演奏家冥利につきる一つのでき事である。

第二十二回

二〇〇五年八月七日報

［発想の転換］

藝大を卒業して間もなく、井口秋子先生のお薦めで、武蔵野音楽大学の非常勤講師を勤めた事があった。

週三日、午前十時から午後四時までなのだが、東京都内の端から端まで移動に一時間半かかり、夜は仲間と室内楽をしたり、コンサートに行ったりで、下宿に帰ると十時半で、全く練習できない。

教えたい生徒もいたし、夜、仲間と室内楽をするのも、コンサートの勉強になるし、練習もしたい。これを何とか打開しないといけない。いつかしたいと思っていた留学をしたい。

武蔵野音楽大学で客演演奏されたデートレフ・クラウス先生に感動して弟子入りした事は前にも書いた。そういう意味では、武蔵野音楽大学に感謝しなくては……。ドイツでも音楽学校に勤務したが、ヨーロッパと日本の演奏旅行が始まると、定職に就く事が無理になった。

それ以来、私は音楽大学に勤務するのではなく、自分の学校を作ってしまえば良いと逆発想を思いついた。建物は何もなく、あるのは私一人の頭脳と二人のスタッフだけ。

それでも演奏・講座・執筆・教職と多忙を極める中、事務作業だけでも一日十時間もしなければいけない日もあった。マネージャーがいても、若いうちはコンサートのために自分でチケットを売らなくてはいけなくて練習ができず、疲れ果てる日が続いた。少しの練習で演奏できる能力と無限の体力と忍耐力が必要だった。

「アメリカの心理学の本」

そんなある日、私は本屋でアメリカの心理学の本を見つけた。思う自分になれるような本だったように記憶している。そこにはこんな事が書いてあった。「夢を実現するために、あなたが今している事は、今あなたがしたいと思ってしている事だから、それがあなただと受け入れなさい」このことばを読んで、私は自分が急に楽になるのを感じた。

もう一つ、私が救われたのは「夢を実現させるには、組織はできるだけ小さく、自分一人で夢と向かい合う時間を多く持てるようにしなさい。そして、夢を実現させるよう、コツコツと具体的に努力しなさい」というものだった。

「杉谷昭子ピアノアカデミーの誕生」

約二十年前、建物もなく、精神だけの自分の学校を始めた。「杉谷昭子ピアノアカデミー」も、今では日本国内に十七、ドイツに一つの〈基地〉を持つに至った。〈基地〉として私を呼んで下さる方々は、本当に良い指導者で、私の音楽を支援して下さる方々だ。東京藝術大学や同附属高校に入学させ、国内外のコンクールに毎年多数の入賞者を出している。

生徒はもがいたり苦しんでいる事が多い。でも必ず良いところがある。それを褒める。それが自信につながる。

私が長い苦労の末、身につけた音の作り方（指を高くあげずに鍵盤に沿って弾く奏法）、楽譜の読み方、和声の作り方、ハーフタッチ（アフタータッチともいわれる）、ペダルなど、具体的に話をした上、弾いて見せて、生徒が納得したらそれをさせる。「熱意」を持って一生懸命指導する。

何よりも多くの生徒が、自分の道を見い出し、充実した内的な精神生活を送っている。自分の夢の実現と共に、生徒たちの夢も実現させてゆく喜びは大きい。

九月四日報

第二十三回

［夢の実現］

夢を実現させるには、岐路に立った時、何を選択するかにかかってくる。

私の場合は、両親の夢であった「孫の顔を見たい」のを、叶えてあげられなくて、私自身ピアノをやっていく上で、その事に理解のある夫と友達関係のような結婚をし、子供を作らなかった。その事によって失ったものも大きいのだろうが、得たものも大きかった。

［ヨーロッパで活動開始の頃］

留学して、一九七六年にケルン音楽大学を卒業して活動を開始した頃は、ドイツの場合、日本人に対して「お客様」という接し方だったので、デュッセルドルフ・デビューにしろ、ロンドン・デビューにしろ、比較的やさしかった。

それから一九九〇年のバブル絶頂期に近づくにつれ、経済界、産業界での摩擦が大きくなり、それが芸術の方までとばっちりがきた。それは、つぶさに音楽評論に現れた。

卒業した頃は、「ドイツの魂を持った日本人ピアニスト」、「技巧の洗練と熟した音楽性」とか好意的なのが多かったが、それがだんだんと険悪な表現に変わってくるのが見てとれた。

「東洋の日本から来た小さな女性にベートーヴェンが弾ける!?」「我々の音楽を演奏するために、杉谷はずっと練習していた」等々。

私が留学した一九六九年頃は、まだ日本人留学生が少なく、「よく私達の国へ来てくれた」という感じだったし、何年でも希望通り在籍できたが、いつのまにか「また、日本人か！」と言われるようになり、入学が難しくなり、卒業できようができまいが、日本の大学を卒業して留学した者は、滞在できるのは四ゼメスタ（二年間）で、二十五歳までに日本へ帰国しなければいけなくなった。

思えば、私は良い時代に留学したものだ。二十六歳で留学できたから良かったけれど、今なら留学は夢に終わっていたわけだ。

［活動の中心を日本へ移す］

その頃、両親がだんだん病気がちになってきて、一人っ子の私は日本にいる時間を多くする事を選んだ。マネージャーは、ドイツの仕事は終わりになるから考え直したほうが良いと言ったが、今まで好き勝手にさせてもらった私は、この時ばかりは仕事より両親を選んだ。

看病しながら仕事はしてもよく、舞台をヨーロッパから日本に移しただけ。帰国記念リサイタルを始めとし、留学前の交友関係を復活した。

友達は本当にありがたいもので、留学中十五年ほどの空白があったにもかかわらず、何かと助けてくれた時は本当に嬉しかった。

仕事の中心を日本に移したとはいえ、その後も、ベルリンでのベートーヴェン・ピアノ協奏曲全曲や、ポーランドでのモーツァルト・ピアノ協奏曲のレコーディングなど重要な仕事も入ってきて、日本とヨーロッパを往復しながら、ほぼ理想的な仕事形態になっていった。

第二十四回

二〇〇五年十月二日報

［ベルリンでの録音］

病気がちの両親のため、活動の場を日本へ移してからも、各国のマネージャーからいろいろな仕事が入ってきて、一年に二度ほどはヨーロッパへ出かける時代がずっと続いた。その中には、私にとって重要な仕事がたくさんあった。

ベルリンのイエス・キリスト教会といえば、ヘルベルト・フォン・カラヤンが、現在のベルリン・フィルハーモニー（専属ホール）の完成前、録音で使っていた有名な教会である。

そこでの録音の仕事は、クララとロベルト・シューマン夫妻のピアノ協奏曲をベルリン交響楽団と録るというものだった。ＣＤができ上がったら、ベルリン・フィルハーモニーか、かつての東独のシャオシュピールハウスでコンサートを持つという、ワクワクするような仕事であった。

この教会の音響は、本当に良い。カラヤンが気に入っていただけの事はある。教会というと響き過ぎのように考えるが、録音には最高だった。ただ時折、車が通り小鳥が鳴く。ヨーロッパは、あまりこのような事を気にしないのは意外だった。さすが、ヘリコプターが通った時にはストップで、午前中に終わったパートの人が邪魔しているなど冗談を飛ばしながら待った。

CDは、日本ではビクター・エンタテインメントから出て、マニアの間でよく売れた。コンサートの会場は、残念ながらベルリン・フィルハーモニーではなく、シャオシュピールハウスだった。とは言っても、かつて東独のベルリンでは一流のコンサートホールである。現在ではコンツェルトハウスといい、一九九〇年の東西ドイツ統一を祝って、レナード・バーンスタインがベルリン・フィルとベートーヴェンの第九交響曲を演奏した会場である。

その後、このマネージャーからは、同じベルリン交響楽団と、ベートーヴェンのピアノ協奏曲を全曲録音するという仕事が入ってきて、非常に充実していた。

第四番と第五番を録音の日、長い入院生活の末、息を引き取った母を看取ってやれなかった事は前にも書いたが、オーケストラをキャンセルできず、どうしようもなかった。録音会場は、ベルリンのジーメンスハレという、これも音響の良いホールであった。

［オランダ演奏旅行］

この仕事のあと、オランダの大都市の大ホールを演奏旅行する、という仕事が入ってきて、ロッテルダム、デン・ハーグやアムステルダムなどでモーツァルトやベートーヴェンの協奏曲をヨーロッパ・オーケストラ・フェスティバルで弾いた。

アムステルダムでは、有名なコンセルトヘボウで、ベートーヴェンとモーツァルトの協奏曲を弾いた。あの何十段かの赤いじゅうたんの階段を聴衆の方へ向かって降りてくる演奏家冥利に尽きる大ホールで、これまた音響の良い事でも有名なホールである。

アムステルダムには、ドイツからもファンが大勢駆けつけてくれて、至福の時であった。郊外へ出れば、絵のようなオランダの光景が広がり、ゴッホの絵になった、運河を船が通る時に上がるつり橋などを見た。

充実した仕事のあとの、数時間の息抜きは最高である。生きている事に感謝すると共に、実感する瞬間である。

二〇〇五年十一月六日報

第二十五回

［ゲヴァントハウス弦楽四重奏団との出会い］

一九八〇年代に、重要な出会いの一つ、ライプツィヒ・ゲヴァントハウス弦楽四重奏団がある。

ゲヴァントハウスとは、織物会館という意。そこで約二五〇年前に始められた管弦楽団という事で、この名前がついた世界最古の市民管弦楽団である。

そのトップメンバーからなる弦楽四重奏団の定期演奏会に招かれ、私は一九八四年東ドイツの古都のライプツィヒへ、デュッセルドルフの自宅から電車で入った。

まだビザが必要な時で、国境で検査官がドヤドヤと乗り込んで来て、書類を持っていても怖かったし、ホテルも国営の薄汚い所だった。

ところが、芸術、文化、教育、スポーツなどの水準は高く、幼児期に合っているものを見い出してはスパルタ教育を行うらしい。スポーツでも音楽でも、分野が違っても同じ。二、三代にわたって楽員というケースも少なくない。

元コンサートマスターのカール・ズスケというヴァイオリニストの名手がいたが、その息子のコンラート・ズスケが現在第二ヴァイオリンだし、元チェリストのエルベンに現在のチェロの首席のティムが師事していたし、ヴァイオリンの首席が息子のエルベンという具合。

私は父のエルベンとは共演していないが、あとの四人とは共演して、歴史の重みを実感した。カール・ズスケの古いレコードは数が少ないため、日本ではほとんど買えず、マニアの間では幻のヴァイオリン弾きとなりつつある。彼は存命中なのに……。

ライプツィヒ中央駅から徒歩で数百メートルの所に大きな広場があり、オペラ劇場、ゲヴァントハウス、ライプツィヒ大学などがあり、まさに文化の広場。ゲヴァントハウスの楽屋口から舞台裏のたくさんある練習室は、不思議な事に申し込んでおけば夜中も練習でき、夜に強い私は、朝の四時まで練習していた事があった。芸術を保護する徹底した姿に感心した。

また廊下には、ブラームスやシューマン夫妻の音楽会のチラシなどが展示してあり、感銘深い。この建物の一角に、珍しいベートーヴェンの裸体像もあり、さしずめ美術館のようでもある。

弦楽四重奏団で三度、八重奏団で一度、定期演奏会に招かれた。シューマンやブラームスの「ピアノ五重奏曲」、シューベルトの「鱒《ます》」など、伝統に根ざした彼らの音楽に接していると、感動で胸が一杯になり、至福の時を過ごした。東西ドイツ統一後も、ゲヴァントハウスの精神は変わっていない。

第二十六回

十二月四日報

［コンクールの表裏］その1

五年に一度ポーランドで開催されるショパン国際ピアノコンクールは、ロシアのチャイコフスキー国際音楽コンクール、ベルギーのエリザベート王妃国際音楽コンクール、フランスのロン・ティボー国際音楽コンクールと並んで、世界の四大国際コンクールの一つである。世界的大ピアニスト、マルタ・アルゲリッチ、マウリツィオ・ポリーニを生んだことで有名なこのコンクールで事件が起きた。

当時無名の青年、イーヴォ・ポゴレリッチが一風変わった演奏をした。審査員をしていたアルゲリッチが審査委員長にむかって「ポゴレリッチを落とすのはおかしい。理由を言ってください」審査委員長は「ショパンが何度も書き直した自筆譜を元に、我々は推敲に推敲を重ねて楽譜を編纂している。その楽譜に忠実でないから彼を落とす」と答えた。アルゲリッチは非常に怒って、「こんな審査なら私はしない」と出て行ってしまってそれから後の審査はしなかった。パウル・バドゥラ・スコダ、今は亡き名ピアニストのニキタ・マガロフも同意見だったという。ポゴレリッチは落ちはしたものの、この事件が有名となり、アルゲリッチがそんなに彼を評価したのなら、ということで面白がられて現在はご存知の通り、彼は世界中で活躍している。彼の場合は例外中の例外で、幸運であったが、審査員の質によって、得意な才能が見逃されてしまった例は多い。

［価値観の違い］

審査員には、楽譜に忠実にテンポ通り、あまりくずさない演奏が好みの教授タイプと、個性的に情感をのせ、聴衆が楽しんでくれるように聴衆と共に演奏する芸術家タイプの演奏が好みの芸術家タイプとがいる。困るのは教授タイプの審査員が多いことである。ここで誤解を解くために言っておくが、芸術家といえども、楽譜を忠実に読んだ上での、それでもにじみ出てくる、その人しか表現できない個性の豊かな解釈を芸術家タイプの演奏と言わせていただいた。問題は芸術家タイプの演奏を好む聴衆が多いことである。教授タイプが名を連ねるコンクールの上位入賞者は、概ね面白くない演奏が多く、聴衆から支持されなくて、なんのためのコンクール？　ということになりかねない。私はこれを遺憾に思う一人である。

第二十七回

二〇〇六年二月五日報

［コンクールの表裏］その2

一九九五年第十三回ショパン国際ピアノコンクールでは、多大の感銘を与えたアレクセイ・スルタノフがフランスのフィリップ・ジュジアーノと第一位なしの第二位を分かち合うのが不満で授賞式に出席しなかった。その後スルタノフはヴァン・クライバーン国際ピアノコンクールで優勝してテキサス州に住んでいたが、最近は麻薬に溺れ今年の六月に死んだ。

また、一九九七年第二回のクララ・シューマン国際ピアノコンクールで第一位を取得したイタリアのコラード・ロレロは、数年後に自殺した。コンクールによっては十八日間で四回の門をくぐって常にコンディションを保って良い演奏を披露するのは余程の天才か、余程神経の図太い人か。他のコンクールは別としても、ショパンコンクールに優勝することは激しい競争の中で、ある程度演奏会が得られ、世界のスターになれる可能性があるので、皆必死なのだ。一位を取る人は天才肌の人が多く、常軌を逸しているので、並外れた演奏をするが危険も大きい。

［日本の場合］

国際コンクールと名前のつくものはいくつかあるが、水準の高いコンクールでは東京国際があったが、財政上の理由で廃止され、現在では浜松国際ピアノコンクールが成果を上げている。スルタノフや、今年二〇〇五年のショパン国際ピアノコンクールで久しぶりのポーランドからの優勝者ブレハッチも浜松国際ピアノコンクールの出身である。

［子どもや学生のコンクール］

私が経験した子どもや学生のコンクールではドイツ、フランス、ロシア、スロヴァキアなどテクニックより音楽性重視でなかなかいい雰囲気で好感がもてる。ところが日本のジュニアコンクールはいわゆる田舎の小さいのは音楽性優先で良いが、大きいものになればなるほど達者に弾きまくる者が上位入賞という残念な傾向になっている。ロシアやヨーロッパから外人教師を招聘しても、しょせん教師は教師で音楽的芸術的水準は低い。曲の程度が上がってくるとやはり教授タイプの教師の指導は、当たり前のことだが楽譜に変に忠実で、そこにその教師の主観が入っているのをそっちのけで指導してしまう。

これが大人のコンクールから海外の国際コンクールまで影響を及ぼしてしまうのが恐い。演奏家は演奏に専念したい人が多く、定期的に教えないので、演奏家のエッセンスをレッスンでもらうのは難しい。仕方のない方法として演奏家のレコードやCDを聴いて勉強し、成果をあげるのは、演奏はできないが巨匠のCDを聴かせている開けた無名の教師に習った生徒と、同じく巨匠を参考にしているアマチュア音楽家である。彼らの演奏は面白い。超一流の演奏家は教えるのがいやか、下手。教えるのが好きな人は演奏力がないのである。私の理想は、達者で図太く、無神経な演奏家でなく、その反対の、神経が細やかで演奏力のある演奏家で、しかも真の芸術を伝えられる教師の両立である。私は可能だと思う。五十一歳からの二年間で基本を自分にたたきなおしてから私もこれが可能になった。私自身質の高い演奏をめざし、夢の実現をどんどん行っていると同時に、芸術家を育てる分野でも成果を上げている。ここまでくるのに、大学を卒業してからちょうど四十年かかった。私はこれからもこうして一生懸命やってゆきたい。

第二十八回

三月五日報

［生まれた時から］

欧米では、洗礼を受ける教会で、厳《おごそ》かで豊かなオルガンや合唱の響きを聴いている。それは本当に余裕のある音だ。

日本の民謡のように単音ではなく、多声音楽である。高音の歌い方、低音の支え方、内声の美しさや重要さなど身をもって体験する。

［言葉からくるもの］

東京医科歯科大学の角田忠信教授によると、日本語とポリネシア語だけが母音から成っている言語で、これは左脳の発達は促されても、右脳の発達が促されない。

この二つの言語を除くすべての言語は、この反対なのだそうだ。何でも六歳〜九歳が影響を受けやすいそうだ。長いドイツ滞在で、デュッセルドルフのクララ・シューマン音楽学校と、デュッセルドルフ日本人学校の生徒を何十人と教えていた時期がある。

この年齢を日本語以外の言葉がよく聞こえてくる環境に育った日本人にテストしてみたところ、完全に右脳の発達した外国人型脳になっていた。

この子ども達の出す音は、多くのドイツ人のように美しかった。もちろん、例外はある。ドイツ人でも落ち着かなくて、汚い音を出す人もいる。

［生活習慣からくるもの］

狩猟民族は、大きな森のこちら側とあちら側で、お互いにラッパを鳴らし、聞き合い、同時に出発して、挟み撃ちにした。

家の後ろがすぐ森という家に住んでいた時は、隣人の撃ってきたウサギをご馳走になった。美味しくて、それ以来はまってしまった。

欧米では、余計なアナウンスや音楽が町に流れていなくて静かだ。個人主義は「自分の事は自分で責任を持つ」という側面がある。

アナウンスがなくて事故が起こっても、気をつけていない方が悪い。真の意味の個人主義が発達しないと、町は多分静かにはならないだろう。

右脳の発達した外国人型脳は、殊の外「静」を好むのである。普通のマンションでは、夜とかはほとんど楽器の音が出せない。

また宗教的理由で、キリスト教の教えである安息日の日曜日や、キリストの祭日も家では音は出せなかった。森のある家に移るまでは、このような制約でかなり練習時間の確保に困ったものだ。

第二十九回

四月二日報

［プリマ・ヴィスタ弦楽四重奏団との一週間］

毎年、秋からお正月にかけて、日本の各地で「ショパン・コンクール・イン・アジア」が行われている。その本選に通過してきた参加者の伴奏として、ワルシャワからプリマ・ヴィスタ弦楽四重奏団が招へいされている。

松の内に、アジア大会が終了してから、彼らと全国をコンサートしながら回るのが年中行事になっている。

私が今まで演奏活動してきたうちで、ベルリン・フィル、ウィーン・フィル、ゲヴァントハウスのメンバーで作られている弦楽四重奏団や、チェコ・フィル六重奏団はそれぞれの持ち味があって素晴らしい。

プリマ・ヴィスタ弦楽四重奏団は、私が三年前に知り合うまで、どういう風な演奏をするのはおろか、名前も知らなかった。

三年前に演奏してみて驚いた。繊細でかつ熱があって超一流ではないか……！　ドヴォルザークのピアノ五重奏曲を共演してみて、あまりのうまさに驚嘆した私は思わず聞いた。

「あなた方の血は？」。答えは「いろいろ混血しているかもしれないな、ワッハッハ……」。真偽の程はわからないが、とにかく分厚くて複雑な音色を持っている。

そのような彼らが、私の生徒三十人に朝十時から夜九時まで付き合ってくれたのだ。合宿を含めて合計一週間のレッスン会とコンサート四回（東京・山口・福岡・熊本）は、感動の連続。生徒の年齢は6歳から70歳。超一流の彼らと共演させるのは、杉谷ピアノアカデミーのヴィジョン。曲はバロックのメヌエット、たくさんの室内楽やピアノ協奏曲をカルテット版になおしたもので、生徒たちが得たものと感動はとてつもなく大きい。

四月二十九日報

第三十回

「教育とは」

教育とは何か？　私は、私の尊敬する人、お世話になった先生、周囲の人達、両親から多くを学び実践できるように自分を磨いてきた。

ほめられると私は嬉しくてますますやった。だから私は生徒を教える時、良いところを見つけてまずほめる。そして生徒のやりたい音楽を尊重する。指導者の方に幅が必要だと思う。その上に音楽の基本を教え込み、できるまでやらせるが、教え過ぎないように気を付ける。

教え過ぎると、その子ども自体が持っているものがなくなってしまう。日本は過保護で、子どもを甘やかしている面がある。親は人間として持たなくてはいけない責任や義務をしっかり教え込み、あとは自由にすると良いと思う。

ドイツの教育がすべて良いとは私は思っていない。戦前のスパルタ教育から戦後はあまりにもその反対にし過ぎた。が、責任や義務を心得た上で、日本よりはるかに多い自由時間を満喫している。

心に深く物事を考える余裕がある。人間が違ってくる。音楽が違ってくる。人間誰しも興味ある事は頼まれなくてもやる。面白いと思う事が良い。そうすると夢中になれる。

ノーベル賞の小柴氏は、大学院へ進んでもまだ自分が夢中になれる事を見つけていなかったそうだ。小柴氏を教えた教授が「仕方ないな、実験でもやってみるか」とやらせた事に火がついたらしい。小柴氏はおっしゃる。

「自分が夢中になれるものを探しなさい」と。

私もそう思う。私の場合も、ピアノ以外の事はすぐ飽きる。ピアノだけは夢中になって、どんどんできる。早く夢中になれるものに出合う事だ。

大人は子どもに対して、あらゆるものを準備して教えてあげると良い。その中で、子どもが夢中になれるものを見つけてくれたらしめたものだ。夢中になれるものなら努力できる。好きだから入り込んで凝る事ができる。凝る事により、その人間しかできない感動が生まれる。

私は、レッスンでよくできるようになっても、さらに本番の経験を多くさせる。ソロの発表会に至っては、全国で、また東京で年に一～二度は持つ。その上、一年に一度、各地で発表会をする。その上、海外の室内オーケストラやオーケストラと共演させて、舌を巻くほど感動させる。感動と涙の経験を、人間は決して忘れない。

六月四日報

第三十一回

「筋肉が動かない少女の事」

東大病院に、十九歳の女性が生まれた時から入院している。筋肉がだんだんと動かなくなる病気にかかった彼女は目玉しか動かず、あとはどこも動かない。病院では人工呼吸器を着け、チューブで栄養を取り生きている。

体はちゃんと成長し、頭脳も明晰で、言語も理解する。五体健全なのに筋肉が動かない。脳死の植物人間は看病するのが大変だが、御本人は分からない。十九歳の女性の場合は頭脳明晰なだけ、さぞ御本人が十九年間を生きるのも看病するのも大変だっただろう。

外出は難しい許可の上、医師が呼吸を受け持つ。そうしてディズニーランドへ行った時は、言葉を発せられない彼女は目を丸くして驚いていたそうだ。

その彼女が、私の主催するコンサートに来た。車からベッドのままホールへ入る。今回の呼吸係はお母さん。お母さんは強く生きていらっしゃるそうだ。彼女たちにどんな言葉をかけたら良いのだろう。私どもの音楽を、彼女たちはどう受けとめただろう。

音楽は受け取る側の状況によってずいぶん違うと思うが、携わる方としては、精神統一集中して最善を尽すしかない。

十九歳の女性を考えると、音楽にできる事なんて微々たるものだと思う。でも、精神の限りない活動を考えると、音楽にできる事が少しでも大きい事と念じて、私は一音一音に心を込める。

七月九日報

第三十二回

［内田進二先生を偲んで］

五月に内田進二先生が突然亡くなられた。二年前に膵臓がんの大手術をされて大変おやつれになられながらも、和歌山音楽教室と音楽会のお仕事を今までと変わらず一生懸命されていた。いや限られたお命と知られてから今までにも増して体力のないお体をおして精神力でがんばっていられた。三月十一日に和歌山県民文化会館大ホールで、私と森川隆之先生のために和歌山県文化賞受賞記念コンサートをして下さった時も、打ち合わせ会の時もあまり体調がすぐれず、無理をおしてして下さって、先生のお命を縮めたのではないかと胸が痛む。この会は大勢の方々のお世話になったが、内田先生がいらっしゃらなかったら難しかったと思う。この会が終わった時、何十年もお預かりいただいていたＣＤを一応送り返して来られた。ていねいに梱包されているＣＤを見て、私は胸がいっぱいになった――。

［和歌山音楽教室のこと］

今から七十年前のこと。一人の女性が和歌山の音楽教室にたずさわれ、「内田ピアノ同好会」を主宰、その方こそ進二先生のお母さまの内田文（芙美子）さんで、県の文化功労賞を受賞された方である。進二先生のお姉様が矢田映子先生で、厳しいお母さまの教育のもと、当時の「上野音楽学校」（現在東京藝術大学）に入学され、日本のピアノ界の大御所井口基成・秋子御夫妻に師事されたのである。やがて相愛学園大学の教授に就任された矢田先生は当時まだ和歌山にお住まいで、和歌山で矢田先生の息のかからない人はいないといっても過言ではない程多くの弟子を育てられた。私もその一人で、私の場合は中一から高三までお世話になり、東京藝大へ入学させていただいた。矢田先生が御結婚後は西宮にお住まいになりながら和歌山とを往復され、神戸や大阪に教え子は拡がっていき、その功績がたたえられ、県の文化功労賞を受賞された。三十八年前には「内田ピアノ同好会」から

「和歌山音楽教室」に名称を改められ、初代室長が映子先生で、先生亡きあと二代目室長が進二先生でいらした。その進二先生も逝ってしまわれ、奥様の敦子先生が進二先生の御意志を継いで教室を続行されている。

　進二先生の御功績は大きいが、その中でも特筆すべきことは、毎年十二月二十五日県民文化会館で行われる「クリスマス・チャリティコンサート」を三十五年間続けてこられた事である。進二先生は和歌山県民文化会館大ホールを満員にできる数少ない方のお一人で、数多い行事を通じて深く和歌山の文化の発展に長い間貢献してこられた。私達は偉大な方を失った。天国の進二先生、やすらかにお眠り下さい。心から御冥福をお祈り申し上げます。合掌。

八月六日報

第三十三回

［第九回モノポリ国際ピアノコンクールを審査して］

　今年の五月、イタリアのバルレッタ（長靴のかかとの少し上）という、アドリア海に面した町で、第九回モノポリ国際ピアノコンクールの審査をして感じた事がある。

　日本国内では、ガリガリと汚い音でピアノを弾く人が多いが、今回参加した日本人でヨーロッパにいる人は、ヨーロッパ仕込みの美しい音色と和声感を持った人が二人もいて、私の知らないところで良いピアニストが育っている事を知り嬉しく思った。

　ただ第一次から五次まで、五回の試験を一週間という短時間のうちに弾きこなす事は、音楽する細やかな神経と、いつも上がらず、ちゃんと弾ける図太い神経と体力が必要である。

　この二人の日本人、富田寛と富永俊は、共に美しい音を持っていて細やかなのだが、同時に欲しい表現の大きさや熱意が不足する。しかも四次と五次は、オーケストラとの共演なのだが、日本人はいかにもオーケストラと合わせた経験がない事が暴露されてしまった。

　ハチャメチャのスケールの大きさと熱さが足りない……。世界をわかせたサッカーW杯と似ていると思った。

　それに比べると、第一位を獲得したロシアの二十二歳の青年スタニスラフ・クリステンコは、必死に練習している日本人を尻目に余裕があり、堂々とした音楽作りで審査員全員一致で第一位。第二位はウクライナの二十五歳の女性マリア・キムで、とても二十五歳とは思えない体格と情感の深さで圧倒的な支持を聴衆からも得て、堂々の二位。その後に続くものは正直いなかった。

つくづく思ったのは、育て方、育ち方に、個性と主張の強さ・熱さが必要という事である。

九月三日報

第三十四回

［パリのコンクールツアー］

杉谷昭子ピアノアカデミーの恒例になっている「海外コンクールツアー」を、以前毎年五月に行っていた。

小学三年生から五年生までの子ども六人と大人二人、地区の担当の先生と保護者の一行十六人で、目指すはパリのピアニスト、アンヌ・ケフェレックが開催している「イル・ド・フランス国際ピアノコンクール」！　コンクールの四日前にパリ入りし、三日間楽器店を借りて全員に練習させ、私がレッスンして回り、毎日夕方には皆で弾きあって刺激と気合いを与えていく。遠くパリまで飛ぶので時差とも戦いながら、小学生が一日四時間位、一生懸命練習している姿はけなげだ。

四日目に迎えたコンクール当日、パリから郊外電車で二十五分程の「芸術家の島」と呼ばれるアーティストの大勢住んでいる町の教会に向かった。

パリの参加者は、普段着で生活の一部としてコンクールを受けに来ていて、ピアノを弾く事を自己表現のひとつとして楽しんで弾いているのを間近に見た日本の参加者は感激！

私は日本の中では珍しい程、生徒が持っている個性を尊重するのだが、ここでも同じくらいだ。そのような自由な雰囲気の中で、私の生徒たちも楽しく生き生きと弾けて、六つのカテゴリーで六人の子どもは、一人は等級なしの合格、あと五人は全員一位を、審査員全員一致と賞賛付きでいただいた。本当に感動的なでき事だった。

次の日は一日中パリの市内観光で、平生の多忙さを忘れて、この日だけは皆ではしゃぎまわった。かつてショパンが住んでいたパリは、今でも多くの芸術家が住んでいる魅力的な街だ。このコンクールと、パリの街の素晴らしさを皆一生忘れないだろう。

十月一日報

第三十五回

［向山精二氏のこと］

和歌山新報社の久保瑠璃子記者から一昨年、向山精二さん（キロステック株式会社社長・海南市下津町在住）

を紹介された。

向山さんは世界遺産登録の熊野古道高野山や南方熊楠など、紀の国を題材に作曲をしておられ、現在まで何度も有名オーケストラを招聘している。

昨年12月には、地元、下津のあわしま合唱団（向山精二団長）と、ベルリンフィルのメンバーからなるゲヴァントハウス弦楽四重奏団、私による演奏会を開催した。

さらに向山さんは、12月1日にロシア・サンクト・ペテルブルグ（旧レニングラード）から国立歌劇場管弦楽団を招聘し、和歌山県民文化会館でコンサートを開催する（県民文化祭参加）。

演奏曲は、向山さん作曲の「紀伊の国交響組曲」と、有名なチャイコフスキー作曲の「ピアノ協奏曲第一番」などであるが、懐かしいサンクト・ペテルブルグのことが思い出される。

［サンクト・ペテルブルグの思い出　その一］

私はコンクールの審査員、白夜祭コンサート、新春コンサートと過去三回訪れている。

コンクールは、ラフマニノフ国際コンクールで、ウラディーミル・ミシュークが審査委員長で、ロシア系の参加者の演奏はドラマティックで圧倒的であった。審査員のみのコンサートも行われ、各々得意な曲を弾くので聴き応えがありとても楽しかった。

コンクールの合間にエルミタージュ美術館を訪れた。ネヴァ河のほとりにあり、白と水色の壁が夜もうっすらと明るい白夜に映えて、本当に美しい建物である。

ロシア人の入場料は何百円かなのに、外国人は何千円もかかるので、ロシア人の審査員は真ん中に私を隠してくれて、ロシア人の様子をしているように言った。美術館からは、ロシアの底力が伝わってきて大変感動した。

二〇〇〇年の白夜祭コンサートに私達が招かれたのは、ステイツ・アカデミック・カペラホール（国立カペラ・アカデミーホール）。十五世紀から存在したが、このホールが現在の建物になったのは今から一〇〇年前、建築家のベアヌによってである。マリインスキー劇場より新しいが、フィルハーモニーより古いことになる。

ステージの床の下の空間には、たくさんの壺を埋めてあって、その壺が響いて理想的な音響を作るのだそうだ。確かに弾いてみて感じたのは、ヨーロッパのどこにもない独特の深みのある音響だった。壺が効を奏しているのならば、それはなんと素晴らしいアイディアなのだろう。

十一月三日報

第三十六回

［サンクト・ペテルブルグの思い出　その二
〈大晦日の大騒ぎ〉］

床の下に壺を埋めて、良い音響を作っている国立カペラ・アカデミーホールで、今度は大晦日と元旦のコンサートである。

シンフォニックオーケストラ・オブ・スティツ・アカデミック・カペラ・サンクト・ペテルブルグを、アレキサンドロ・チェルノシンコが指揮して、ピアノ協奏曲やヨハン・シュトラウス等、盛り上げるのがうまい選曲。一人一人が強い個性を持ち、皆で燃えるロシアの底力を知り、またしても圧倒的な感動を味わった。

大晦日コンサートが終わって、キャビアとイクラでシャンペンを抜いて大晦日を祝っていたら、もう外で花火の音がしてきたので、大急ぎで外に繰り出した。

エルミタージュ美術館の大きな広場を、大勢の人の間を通り抜けて、ネヴァ河のほとりに行った。二〇〇一年の年明けを祝って、普段は閉じていて両岸に渡っている橋が、氷が積ったまま勝どき橋のように上がり、美しい照明と共に『Happy New Year』と書かれた文字が燃え、大きな花火が次から次へと上がり、ベートーヴェンの第九のジャズ風な音楽が絶好調で最高潮を迎え、壮大なスケールで、すごい人波の大歓声と共に新年を迎えた。

私が今までに経験した中でも最もすごい盛り上がりで、このパワーがそのまま音楽でも炸裂するのがロシア音楽だと思った。

それからも大変で、その広場に作られた仮設ステージで唄と踊りと花火が延々と続いた。明日のコンサートのことがあるので、私達は間もなく引き上げ、そのすごい騒ぎの中で眠りに就いた。

［サンクト・ペテルブルグの思い出　その三
〈元旦のコンサート〉］

翌元旦の打って変わっての静けさと雪の中、聴衆はやって来た。何でも私のベートーヴェンピアノ協奏曲全集が海賊盤で出回っていて、ベートーヴェンが聴きたい、ということで、今回は三大ソナタを望まれた。

アンコールも三曲弾いて、ニューイヤーコンサートは終わった。まだまだ貧しい生活状態の中でも、芸術に対する熱意は素晴らしく、またしても感心した。

ホールでの練習は夜中でも可能で、音楽学校には響きの良いグランドピアノや、ベヒシュタインのアンティークまであった。
この旅には、すごいおまけまでついた。帰りの飛行機は、晴れた夜の静寂の中を快適に飛行していた。と突然「オーロラが見えます」とのアナウンスで、機内は大騒ぎになったが、三十分ほども続いただろうか……。あまりの幻想的な美しさに一同感嘆の声をあげた。オーロラを見に行ったツアーでも見られない時があるそうだが、機内からとはいえ本当に美しかった。

十二月二日報

第三十七回

［真鶴の丘絵画館をたずねて］
真鶴の丘絵画館をたずねた。とても瀟洒《しょうしゃ》な美しい個人の方の館で、間《ま》紀《き》徹《とおる》さんの素敵な絵が沢山かかっている。
絵画館を建てられたのは佐野正義・由子御夫妻だが、奥様の由子さんは間紀さんの絵をお気に召して二十年間買い続け、お父様の遺産で、この絵画館を建てられたそうだ。
それはそれは美しい館で、窓の向こうが真鶴の海で、窓が額の役目を果たしている設定になっている。

［間紀徹さんの事］
私が伺うというので、間紀徹さんがその日お見えになっていた。私が「カタリ・カタリ」を弾くと、それに乗って間紀さんが歌い始められた。
それはそれは見事なお声で、失恋の歌の最高音をすごい声で、きれいに出された。驚いた事に、東京藝大の美術学部と音楽学部にいらっしゃったそうだ。しかも声楽の方は、ご自分でイタリアに行かれ、ご自分に合った発声法を研究されたので、七十五歳を過ぎた今でも、朗々と良い声が出て、しょっちゅうテノール・リサイタルをされている。
私もドイツに滞在中も、日本にいても一生懸命自分に合ったテクニックを開発して、六十三歳の今、ますます楽にピアノを弾いている。何かとても似ている。

［一九〇一年製スタインウェイ・フルコンサートがお嫁入り］
「ここにスタインウェイ・フルコンサートがあると良いでしょうね」と私が思わず申し上げたら、「その様な世界最高の楽器を欲しいと思っていました。いただきます」と即座におっしゃったので、私の方がびっくりしてしまった。

こうして私の一九〇一年製の大切なピアノは、佐野さんならとお譲りする気持ちになったのだった。このピアノは、一九八〇年頃、ドイツのある街のコンサートホールにあった。その音が忘れられなくてそれから三年後、私はこれを手に入れたのだった。

このピアノには音霊が住んでいて、それはそれはすごい音を出す。このピアノが佐野さんの所に行くのは、そうなるべくしてなった様に思う。日本にもヨーロッパの様に、このような素晴らしいパトロンの方がいらっしゃるのを驚きと感動で迎えている。

二〇〇七年一月六日報

第三十八回

［姉妹校締結］

今から二十五年前、デュッセルドルフの日本人学校と、ツェツィーリエンギムナージウムが姉妹校締結をした。

当時は例外を除き、学力においてもスポーツや音楽の方面においても優っているのは日本人学校の方であった。ところが徐々にそれが逆転していった。

ツェツィーリー（以下省略）の現校長カイザー・ヘルシャー先生（女性）の政策であったのである。

戦前は日本でもドイツでも飛び級もあったし、能力において優れた者は優遇されていたが、戦後は平等になった。平均より下の能力を上げようという考えに変わったのは、両国とも同じである。

それも大切だが、それだけでは不充分とカイザー・ヘルシャー先生は考えた。彼女は能力の優れている生徒をどんどん飛び級させた。

政府にかけあったがダメばかりか、周囲からも猛烈な反対にあった。優遇された子はいじめにも遭ったが、とにかく成果をあげようとした彼女の意志は固かった。

成果が上がり、優遇された子の生き生きとした目の輝きに、周囲がどんどん変わっていったという。

二十五年たった今、違う分野の秀でた子どもが集まるようになり、ツェツィー校の評判は上がる一方で、また政府からも、その成果を認めて援助金が下りるようになっているという。お父さんが中国で料理店をやめてまで家族で渡独し、この学校に息子を入れた例や、十歳の男の子が大学生を打ち負かした数学の能力の持主の例がある。

私は尋ねた。

「これを、あなたはたった一人でやられたのですか？」

答えは

「はい。私はたった一人でやりました」。

勇気ある人は、そんなにいない。勇気と信念があれば、こんな大変な事でもたった一人でできるのだ……。やっぱりそうか……。私はとても感動した。私もそのように生きたいと思っているから。

「敵千人といえども我ゆかん」は誰の言葉だったたっけ……？　よく母が口にしていた言葉だ。だからカイザー・ヘルシャー先生と私は同感し合っており、このような二十五周年演奏会には、私を日本から呼び演奏させるのだ。実にさわやかな感動を覚えたでき事であった。

二月三日報

第三十九回

［デリカシーと情熱の音楽使節団］

五年に一度開かれるポーランドはワルシャワのショパン国際ピアノコンクール、世界の四大コンクールの一つで、ここで圧倒的な優勝をすれば、即、世界のスターの誕生である。マルタ・アルゲリッチ、ポリーニ、ブーニンなどを輩出し、日本人に特に大人気で参加者、聴衆共に大勢で押しかけるのは良いが、日本人がたくさんのチケットを買い占め、地元ポーランド人がチケットを購入できなくて困ったほどだ。

東京ＩＭＣと東京音楽大学の菊地麗子先生が中心となり、この大コンクールに向けて日本やアジアでピアニストを育てるという主旨のもと、「ショパンコンクール・イン・アジア」が毎年暮れから新年にかけて行われている。ポーランド本国から本ショパンコンクールの審査委員長アンジェイ・ヤシンスキー教授、副審査委員長ピエトル・パレチニ教授以下数人のポーランド人と中国、マレーシア、日本人の審査員で私も末席をけがして毎年多くの参加者を得て行われている。

予選本選を通過して全国大会に進むとポーランドから来たプリマ・ヴィスタ弦楽四重奏団と共演できるのだ。コンクール終了後、私は彼らと演奏旅行に出る。私も今まで、ベルリン・フィル、ウィーン・フィル、ゲヴァントハウス等世界の一流のオーケストラのメンバーから成る弦楽四重奏団と共演してきた。それぞれに違う味わいがあって興味深い。

プリマ・ヴィスタは、他にはないほどの郷愁と情熱がある。ある評論家が言った。

「鳴り物入りで来る演奏家がまぁまぁの事もある。宣伝も何もないプリマ・ヴィスタ弦楽四重奏団だが、その音楽は、遠いポーランドから来て、音楽を伝えようという使命感に燃えていて印象深かった」。そう、まさに使命感！ ある冬、御殿場の秩父宮記念公園で行った演奏会は圧巻だった。ブラームス、シューマン、ドヴォルザークのピアノ五重奏曲と、四十分もかかる曲をたて続けに弾いたが、会場はまるで聖地のようだった。

　第一ヴァイオリンのメロディーがくるたび、あまりの切なさに涙をこらえながら演奏したのに彼はこう言った。「三曲目になると疲れてきて自分としては不満だ。ゴメン」と。すごい演奏なのにこの謙虚さに私は言うべき言葉が見つからなかった。

　朝移動、午後まるまるリハーサルで軽食を口にして夜すぐ本番。一時間移動して明日の公演に近い宿へ着いて夕食なしというハードスケジュールでも文句ひとつ言わない。ポーランドで仕事をしている日本人によるとずるい事やひどい事が起こるらしいが、少なくとも彼らに関しては、人間的に立派でエレガントでいらした。二〇〇九年一月には、彼等とドヴォルザークのピアノ五重奏曲を録音した。CDをお楽しみに。

三月三日報

第四十回

［三匹の生猫と一匹の干し猫］

　私は今、三匹の生猫と、一匹の干し猫を飼っている。生猫は日本猫雑種白母猫六歳と同じく雑種真黒猫一匹、真白猫一匹五歳、干し猫はスコティッシュ・フォールド灰色しましまで、演奏旅行中どこへでも二十一年間ついてくる「どってこ」君である。

　母猫はやさしく、賢く、やきもち焼きで三階のスタッフと暮らしているが、一日中出かけてかまってもらえないと、抵抗の粗相をする。その子どもの白猫は母に似合わず間抜けで食べる事にかけては猫一倍敏感、どさくさにまぎれてくっついてきた黒猫は母親から早く離されたらしく、だっこが好き、私の胸でふみふみする甘えん坊でゴロゴロを大声で発し、知能は高い。この二匹が二階のスタジオにいてレッスン生をニャッニャッと迎え、遊んでもらってレッスン生の緊張をときほぐす。一石二鳥。VTRを録画している生徒の譜面台の前をゆっくり移動していたりして笑わせる。二匹はいつもお互いを思いあっている（気にし合っている）し、私の心も言葉もよくわかる。干し猫どってこ君は、広島の原爆を受けたピアノレスナー高橋高代さんにいただき、よく私とペアルックで私とお話しながらどこへでもついてくる。私は小さい時から何かこういうものを持っている。人の前へ出すのは止すように言われる事もあるけれど、どうしても連れて行ってしまう。名前は宮澤賢治の「どんぐりと山猫」からとった。人の役に立ちたい願いをこめて。子どもがいないから淋しさを満たす部分と、半面、人の話をよく聞き、また、言わなければいけない時は自分の意見を言える人間になりたいと思っている。この子の事は、アルゲリッチさんも大好きでいらして、毎年会わなくても〈どってこ〉という変な名前を覚えていて下さる。とても嬉しい。

五年弱にわたる大きなプロジェクト「誰も弾かなかった（解釈の）ベートーヴェン・ピアノソナタ全集」も完成した。ＣＤの帯をならべると愛猫「くく」の顔が浮かび上がる。

三匹の猫と一匹の干し猫君、うちに来てくれてほんとうにありがとう。

最終回

四月七日報

［東京大学　こころとからだ若手演奏家 ピアノコンクール２００７］

三月二十九日、一風変わったコンクールが行われた。ピアノを弾く先生はピアノを弾く事だけ、筋肉の使い方などはスポーツ系で研究していて、その両者の結合はほとんどないといえるのが日本はもとより世界の傾向である。

ピアノを弾く人が、運動の原理や筋肉の使い方を分かって弾くというより、なんとなく弾いている人が多く、無理をしてどこかをこわしてあわてる。というと一般の方は「えっ！」とお思いでしょうが事実そう。また体育系の人は実際楽器を弾けない人がほとんどだ。スポーツのフォームなどは比較的よく研究されていて、プロのスポーツ選手にはトレーナーが付いているのに、音楽大学では指先のテクニックや曲の解釈はやってもトレーナーほどの役はしていないし、プロのピアニストにトレーナーはまず付いていない。

両方の結びつきを長い間待っていた私は、このコンクールの審査委員長の依頼を喜んで引き受けた。依頼主は東大の総合文化研究科の大筑立志教授の生徒で修士一年の吉江路子さん。前日までのリハーサルと当日本番の両方とも、心拍計、発汗計、筋肉計を取り付け、心理的身体的状態とパフォーマンスとの関係を検討する実験を兼ねたコンクールである。

　私も審査員としてこのコンクールを受けた。総合的結果が出るまで時間がかかるが、今言える事は、普通の生活ではあり得ないほど、全ての数値が上がる事。心理によって個人差が大きい事。力の使い方に関しては初心者と名人ではかなり曲線が違う事。常時力が入っている人と必要な瞬間だけ力を入れて常時抜いている人と……。この研究により合理的な奏法が確立される日が早く来る事を祈っている。

　なお、副審査委員長に同科助教授のヘルマン・ゴチェフスキー、ピアニストの遠藤郁子、小柳信道、樋口恵理子の諸氏があたって下さった事に感謝している。

　また、私の生徒で早稲田大学の理工学部化学科出身の山根理恵さんは、彼女の音楽工房と私の事務所を使って色々な実験をしている。机の上に体重計を置き、それをピアノの鍵盤と見立てて指で押してみる。椅子は高いほうが指にかかる体重が重い。ＭＰ関節（指のつけ根の関節）を意識して飛び出させた方がたくさんの圧力をかける事ができる。指の先よりも指のお腹の方が重さを重くかける事ができる。また、打鍵を下に向かって打ち込むよりは、打鍵点（鍵盤が底まで行かない中間点でアクションが弦にふれて音が出る、いわゆるアフタータッチ点）に最高のスピードになるように打って、そのまま上方の空中へ手首を持ってゆく方が大きな音が出る。また、オシログラフで見ると人によって音が細ってゆく人と、打鍵したあと大きく拡がる人がいるのは興味深い。

音楽と健康　～ピアノを通して感じる癒しの半生～

『現代のエスプリ』二〇〇二年十一月号

［音楽との出会い］

私は二歳半の時、戦災にあった。家は目の前で全焼し、多くの人が死んだ。仮死状態でみつけられた私は、足をつかまれて近くの川に頭をどぶんとつけられ、生き返った。母が小学校の教員をしていたので、教え子の紹介で、住友金属が建てたばかりの住宅に入れたのは四十日後であった。外国にいてマラリアにかかって帰国した父は、伝染病のため私に会えず、それをあまりにふびんに思ったのか、私に足で踏むベビーオルガンをプレゼントしてくれた。それが私と音楽との出会いだった。着のみ着のまま焼け出されたので、オモチャもなく、あるのはベビーオルガンだけ。すぐ私はベビーオルガンのとりこになった。母が歌ってくれる子守唄や童謡を、メロディーだけ手さぐりで弾いては、ああでもない、こうでもないと伴奏らしきものをつけていった。和音をすぐに見つけて、どんどん弾いていったと後に母は言っていた。両親とも教員のため祖母に育てられ、性格的にも社会性のない子どもであった私は、家の中で一人で遊んでいることが多く、オルガンがただ一つの遊び相手であった。幸いにもこれは音楽を遊びの感覚でとらえてゆく習慣のもととなった。日本の多くの子どもが習いごととして入門するのに、私は最初から遊びとして自分で楽しんでいた。楽譜が読めたわけではない。耳で聴いたものを覚えて、伴奏を考えて作っていたのである。子ども心にとても癒されていた。

［日本で師事した三人の先生方］

そんなある日、母は私に言った。

「昭子、ピアノを習ってみない？　今は知ってる曲しか弾けないけど、習えば、知らない曲も弾けるようになのよ」

もう私は七歳になっていた。いつまでもこのままにはできない、と母は思ったのだろう。ただし、戦後の荒廃した和歌山ですぐには先生を見つけることはできなかった。そうこうしているうち、母はうわさを聞いてきた。しにせの楽器店服部楽器の服部せい先生がピアノを教えていらっしゃるという。やがて私は母に手を引かれ、その先生を訪ねる。そしてバイエルという教則本をやることになった。小二の夏である。

歌を自由に弾いていた私には、バイエルは正直つまらなかった。先生がつまらないわけではなかった。バイエル以外に自由に弾いていった曲をどんどん見て下さった優しい先生だった。教則本はさっさとすませ、私は音楽によって興奮したり、または癒されている状態が続いた。

中一から高三まで矢田映子先生にお世話になった。厳しい中にもユーモアがあり、指導力が抜群で、矢田先生門下からピアニストと教師がたくさん輩出された。矢田先生は有名な井口基成・秋子御夫妻のお弟子でいらして、私も高二の時から月一回、井口秋子先生にも師事することになった。東京藝大で井口先生は大変厳しく洗練された、なおかつ一本筋の通った演奏解釈を授けて下さった。この三名の先生方により、私のわずかしかない才能を開花していただき感謝している。

［異常ともいえる感動を受けて］

中二のある日、私はラジオから流れてきたウニンスキーというピアニストの弾くショパンの「スケルツォ」第三番のあまりの美しさに息をのんだ。それはとてもはかない美しさで、思い出すたびに鳥肌がたった。

次は高一のとき、学校から生の演奏会を聴きに行った。当時の和歌山で生の音楽を聴く機会は、ほとんどなかった上にいきなりオーケストラである。シューベルトの「ロザムンデ序曲」でアンサンブルの美しさに目覚めたと言っても過言ではない。

三回目は高二の時、再びラジオで、ベートーヴェンの交響曲第七番、この曲の第二楽章の魂の慟哭と深さ、第三楽章の面白さ、第四楽章の狂気性に、叫び出したい程の強烈な感動を味わった。体にふるえがきて、このあと三日間は異常な興奮状態が続き、ごはんもろくにのどを通らなかった。最盛期の作曲家の奇跡的なできというのがあるが、この曲はベートーヴェンの最高傑作の一つだと思う。また、私とこの曲の出会いも奇跡的なものがあると思う。私と第七交響曲との出会いは、そのような出会いだったと思う。

その後私は、何回かリスト編曲のピアノ版で、この交響曲を弾いたが、同じ様な感動を味わう反面、体と心の限界への挑戦となるので、そんなに数多くは演奏できない。この原稿のテーマは癒しであるが、私にとってはこのように、聴くのも演奏するのも、精神力と体力を使う音楽は、体の中から元気にしてくれるので、反対の意味で癒しになるのである。もっともこれは体が元気ということなのだろう。病気になったらわからないが、このような形で音楽のもつ力は大きい。

このあと東京藝大在学中は、一挙に生のコンサートを暇さえあれば、いや暇を作っては足しげく通った。その中にアルトゥール・ルービンシュタインやサンソン・フランソワを聴くことができたことはほんとうに幸であった。ルービンシュタインの弾くあの健康的な、飛び跳ねるようなリズム感ゆたかな、デ・ファリャの「火祭りの踊り」には感動した。手が頭の上まで上がり、打ちおろす演技が面白く、自分もマネをしてみたが、手の小さい私ははずしまくったので、ルービンシュタインほど手は上げられなかった。しかしそれ以来私のレパートリーになった。特に結婚式では、新生活に出発する二人のために弾くことにしている。なぜならば、この曲のカッコよさもさることながら、物語りがぴったりだからである。二人がキスしようとすると出てきて邪魔をする亡霊を、火をたいて踊って亡霊を退治し、二人はめでたくゴールインというお話。ちなみに、この曲を弾いてさし上げたカップルは、私の知る限り、みんなうまくいっている。それをスピーチしながら弾くから、その後、別れたいと思った時も、何となくこの曲のことを思い出して思いとどまった人もいるという。これも音楽のなせるワザである。また、サンソン・フランソワの太いつややかな音は今でもありありと耳に残っていて、ショパンを弾く時、心の深いところで支えられているのを感じる。

［受けた感動を再び聴衆へ］

感受性の強いその頃、イタリアのテノール歌手フェルッチョ・タリアヴィーニの大ファンになって、イタリアオペラ来日公演のチケットを得るのに、内幸町のＮＨＫに徹夜で並ぶという始末。日比谷公会堂の「ボエーム」では、なるべく端の方に席をとり、泣いても周囲に迷惑がかからないように考えたほどであった。運命は皮肉なもので、藝大に入学して初めて恋に目ざめ、真剣に結婚を考えたテノールの学生で「ボエーム」などうまかった人に、数年後にふられることになるのである。

だからタリアヴィーニや「ボエーム」を聴くたびに胸がキュンとなる。実際の経験を通じて、思春期の胸がキュンとなる音楽はどんなものか知ったわけで、その時は非常につらかったけれどこれは財産になった。私は天才ではないのでこういう経験を生かしていきたいと思っている。天才は何もしなくても、どうしていいかを知っている。極端に言えば、非常にいやな人間でも天才は天才だ。そのかわり、天才は下手になることはあり得るが、それ以上に上手になることはない。とにかく、天才は世界にたまにいるものだ。色々な経験をしたからといってそれが音楽に出てくるわけではなく、始めからできるのだ。私の場合、前にも言ったように、天才でもなければ天才的でもないので、努力、勉強、経験、年齢を重ねれば、味のある演奏をするようになるタイプである。失恋の経験を生かして、数年前に編曲した「カタリ・カタリ」（つれなき恋人、カルディッロ作曲・杉谷昭子編曲）は癒しの音楽として、今だに売れ続けている。これは私の初恋の人がよく歌っていたもので、カルディッロが有名なテノール歌手エンリーコ・カルーソーのニューヨークのカーネギーホールデビューの為に作曲したものを、私がピアノソロ用に編曲したものである。この曲を初め、シューマンのトロイメライや、ベートーヴェンのエリーゼのためになど、有名でかつ、癒されるものばかり十八曲を収めたCDであり、これを聴くとよく眠れると多くの方が言って下さる。皆様にぜひ聴いていただきたい（次ページ）。

話は前後するが、藝大を卒業し、留学先と師事する先生を探していた時、ドイツの大ピアニスト、ウイルヘルム・ケンプの高弟の、デートレフ・クラウスの弾くブラームスの「ピアノソナタ」第二番に遭遇した。まさに遭遇ともいうべきもので、一瞬私の体に電撃が走った。これが私とブラームスの運命的な出会いであった。真の意味でブラームスが弾けるようになるには、それからも長い時間を要したが、ここで私は自分自身どういう方向を向いてゆきたいかの種がまかれたのだと思う。クラウス教授はなんでも勘で弾けてしまう方で、テクニックの説明はなく、「弾いてあげるから聴いてなさい」といった方であった。教会の鐘の鳴る夕やみせまる時刻に、マリア・テレージア色にぬられた素晴らしい建物で、彼のブラームスを聴いていると、いつのまにか涙がにじんでくるのであった。

珠玉の名曲選“カタリ・カタリ” 杉谷昭子

　それから約十年後、日本にフォンテックというレコード会社が生まれた時、さて誰を起用するかという段になり、当時御存命の音楽評論家の大家、野村光一先生に相談されたらしい。野村光一先生は私を推薦して下さったそうで、営業部長から、ドイツにいた私へ長い手紙をいただき、レコードを作りたいとのことであった。そこでデビュー盤ができたのだが、その中で特にブラームスがいいから、ブラームスのピアノ独奏曲全集を作りたいと、吉村社長がおっしゃった。こうして私は一九八二年頃から二年間にわたって帰国のつど、ブラームスを録音し続けた。拙い私のことをほんとうに励まし続けてくださったフォンテックのスタッフに、今思い出しても頭が下がる。その上編集は社長が自らやって下さった。当時は現在のようにデジタル録音ではなく、私の立ち会いの上テープを切断してゆくという気の遠くなるような作業の連続であった。レコードにして九枚組の全集は、みなさんのお蔭で、一九八四年にできあがった。もともと音と語り口のやわらかい私は、ブラームスに向いているので、この全集はまさに癒しの全集と言える。ブラームスを弾いている時の一体感は特別なものがあり、ブラームスを弾くために生まれてきたとまで思ったものである。

　蛇足ながら、これはフォンテックとしても初の大仕事のみならず、女流で世界初の仕事で、大変勉強になった私は、全集を作る仕事にはまってしまい、それから約十年後に今度はベートーヴェンのピアノ協奏曲全集を完成させるのである。ベートーヴェンのピアノ協奏曲は五曲であるが、元々ヴァイオリン協奏曲をベートーヴェン自身が編曲したピアノ協奏曲を入れて六曲で、どうせやるなら徹底的にと思い、全六曲にした。全集というのは結構苦しい仕事なのだが、やっているうちに脳内アドレナリンが出て、苦しみが喜びに変わるのがこたえられない。これも音楽の持つ力なのだろう。ベートーヴェンの企画話がオランダ人のマネージャーからあった時、私はおたけびを上げてこの仕事にとりかかった。相手はベルリン交響楽団、指揮はオスカンプ氏。彼らとそれまでも少なからず仕事を一緒にしてきたので不安はなかった。ベートーヴェンの音楽の偉大さと深さに、録音しながら何度も感動したものである。

ブラームス：ピアノ独奏曲全集　杉谷昭子

二曲ずつ三回おこなった中で、非常につらいことがあった。それは母の死である。父はこの仕事の始まる前の平成元年に亡くなっていた、二人共ガンで、亡くなる日はあらかじめ医師から知らされていた。この仕事をしにベルリンへ行くならば、母の死に目には会えないことは明白であった。ブラームス全集の録音は日本で、その頃ドイツにいることが多かった私は、帰国して録音していたが、両親が病気になってから、一人っ子の私は日本にいることが多くなり、ベルリンでの仕事は日本から渡欧して行っていた。

　幸か不幸かベルリンへ飛ぶ一週間前、母は意識をなくした。故郷和歌山の病院で意識のない母に向かって、私は付添いの方にすべて頼んだ後、「私を生み育ててくれたお母さん、長い間ほんとうにありがとう。そのお母さんと永遠の別れだというのに、いられなくてごめんね。最後まで親不幸者の私を許してください」と心の中で言って、涙ながらに別れてきた。あまりの苦痛のため「殺してくれ」と言う父に対して私は、ありとあらゆる可能性にかけて延命を願ったが、ガンの末期でどうしようもない時は、何をしてもダメだと悟ったので、母に対しては「生きたい」と言っているのにもかかわらず、医者には「とにかく苦痛のないようにしてやって下さい」とお願いした。ところが医師が私の意見とは反対に、しなくてもいい（と思われる）治療をしたため、母の意識が戻ってしまった。何もわからない母が、私に会いたがっていることを電話で付添いの方から伝えられた時はほんとうにつらかったが、母にはすぐ行くよと言ってもらい、泣く泣く成田を発ったのであった。私のような身分で、オーケストラをキャンセルすることは到底できないことであった。

SHOKO SUGITANI BEETHOVEN

ベルリンについて録音へ出かける三〇分前、母の訃報が入ってきた。ちょうど母が好きだった第五番「皇帝」と、第二楽章の素晴らしい第四番を録音する時だった。指揮者もマネージャーもオーケストラ団員もみんなそれを知っていただけに、それは感動的な録音となった。第四番の第二楽章では、私はどうしても涙を止めることができず、感情のこもったものになった。

人生には何度か非常に難しい選択をしなければならないことがある。一九八八年、マネージャーの止めるのも聞かず、一人っ子である私は、両親の願いを聞き入れ、主人の理解もあって、大半を日本で過ごすことに切りかえ、両親のためにできるだけのことはしたつもりだ。大腿骨骨折その他で母は八年間の入院生活を余儀なくされた。そのような母をどうして見捨てることができよう。日本で大半を過ごすとなれば、だんだんとドイツの仕事が入らなくなることを意味する。その反面日本では様々なコンサートができた。

皇太子様御臨席のもとサントリーホールで行ったモスクワ室内管弦楽団との共演は、モスクワの全員が一騎打ちのような力強いアンサンブルで、お腹の底から響いてきた。このツアーの直前、指揮者が亡くなり、指揮者なしの演奏なのにである。

やはりオーケストラとの共演は醍醐味がある。六千人収容のロンドンのロイヤル・アルバートホールでのラフマニノフのピアノ協奏曲第二番も超満員で、弾いたあと「もう死んでもいい」とまで思ったものだ。このような大きなホールでオーケストラと共に大音響を発する雄大さは、音楽の持つ魅力のひとつだ。

また、アムステルダムのコンセルトヘボウでも二回協奏曲を弾いた。このホールの音響のよさは抜群で、ホールのどこにいてもステージの音が目の前で発せられているように聴こえるのだ、それにこのホールのアーティストの登場の仕方はかっこいい。客席に向かって二十七段（たしか）の階段に赤いじゅうたんが敷いてあるのを降りてくるのだ。バレリーナならともかく、おっちょこちょいの音楽家の私なぞ、お客様の方を見てかっこよく降りようなんて思ったら、ころげ落ちるにきまっているから、足元を見て降りるようにとマネージャーが教えてくれた。でも上る時はドレスのすそを踏んでころげそうになった。おまけにそれで動揺した私は急いでかけ上がり、ドアマンがまだドアを開けていないのにもかかわらず、暗いこともあって頭をゴチンとぶつけてしまった。そんなことがあってもここの階段はかっこいい。そういうものが全部プラスされて音楽会をやってゆく魅力があるのである。

アムステルダム・コンセルトヘボウのコンサート　木之下 晃撮影

［忘れられない思い出］

ドイツでの下積み時代、老人ホーム・学校・病院へ出張コンサートを行った。老人ホームや病院などでは、病気の人や、自分で先が長くないと感じている人は、コンサートのあと感動して、私の手をとって、離そうとせずに涙を流している時もあった。

感動的な場面は、ヨーロッパで師事した先生とはよくあった。私はケルン音大大学院を卒業してから、かの有名な作曲家のフランツ・リストの孫弟子のクラウディオ・アラウ教授に師事していたが、彼のコンサートでは私が感動して動けなくなることがあったが、逆に教授の前で私が弾く時、教授がそこにいらっしゃるだけで、偉大なインスピレーションともいうべきものが飛んできてよく弾けるのであった。こういう事はとても大切だと思うので、私が今生徒を教える時も、感動に貫かれて生徒が音楽の素晴らしさを知るようにしむけるようにしている。今私にはたくさんの生徒が育っているが、生徒がいい演奏をするためには、私の方が落ち着いて霊感に富んだ状態で接することが必要であることを痛感する。これは不思議である。自分が落ち着いていない状況は生徒にすぐに伝わってしまう。

生徒が育ってきたので、ファンの方々も御一緒に、一年に何回か海外旅行することが多い。それはベートーヴェンのゆかりの地を訪ねたりするので、これまた心打たれる旅になる。

日本で予行練習し、現地に到着してリハーサル、そしてコンクール、コンサートと続くうち、現地の雰囲気、実際そこでベートーヴェンが演奏したのだから感無量で、どの生徒も自分の限界に挑んで信じられないような演奏ができるのを私は何度も体験した。もちろん私自身も体験したことである。二〇〇一年などは、連れていった十二名全員がフンメル国際コンクール・ジュニア部門で各カテゴリーで入賞した。また、クララ・シューマン国際コンクールでは（下記）、当時神戸大学発達科学部四年生の赤松林太郎が一位なしの三

1994年第1回クララ・シューマン国際コンクール結果発表　杉谷は右から二人目
左からシルヴィア・カドフ、ネルソン・フレイレ、マルタ・アルゲリッチ、立って発表するヨアヒム・カイザー、アレクシス・ヴァイセンベルク、右端がボリス・ブロッホ、ヨアヒム・カイザーの後ろにヴラディーミル・アシュケナージ

位に入賞。ニューヨークにショーンバーグ、ドイツにカイザーと言われた世界的音楽学者Dr・ヨアヒム・カイザー、世界のピアノの女王マルタ・アルゲリッチに絶賛された。音大出、あるいはそうでないのにもかかわらずいい音楽家は出現する。著名音大教授の中には音大出身でなければとおっしゃる方もいるが、ピアニストからみると、むしろ音大以外にとてつもなく大きな才能が育っていたりすると思う。感動する音楽はそのようなことには無関係である。なぜならば音楽は演奏者の心が表現されるものであくまで個人の問題だから。

　このような様々な活動を通じて好きな音楽を媒介に世界中の人達とすぐ仲良しになれることに感謝している。これは私の大きな癒しなのである。何もない日はすごく疲れる。世界中飛び回って音楽の仕事をしているのが一番落ち着くし、元気が出る。教えるのも好きだけれど、自分がコンサートで弾くと、体中の血流がよくなり、生きていることを実感する。正味一時間四十分のプログラムを弾くと頭と体を使う重労働で、少しやせるようだが、終了後、アルコールをいただき（という程強くない。ワインでグラス一杯程度）、食事もふだんより美味しく感じるので、減った体重もたちまちにしてもどる。翌朝の目ざめもよく、まさに健康法にもなっていると思う。

［もう一つの癒し］

　実は私にはもうひとつ癒しの源がある。それは動物である、ドイツで以前飼っていたが今は日本でも飼っている生猫（なまねこ）。おとなしく甘えてくる猫で、猫のことを書き出すと止まらず、ちがう主旨の原稿になってしまうので止めるがひとつだけお許しいただきたいのが、世界中どこでも私が常に連れ歩いている干猫《ほしねこ》（ぬいぐるみ）「どってこ」（宮澤賢治の「どんぐりと山猫」から名前をとった）。この子は十五年前、被爆された広島のピアノレスナーの高橋高代・福間早苗両先生からコンサートのお礼にいただいたのだが、ほんとうに表情があって、苦しい時つらい時慰めてくれる。ピアノの女王マルタ・アルゲリッチも「どってこ」を大好きで、みんなに大声で紹介する。紀子様のお父上、川嶋辰彦教授にもかわいがられている。「どってこ」がきっかけで、世界の心優しい方々とお知り合いになるのもすばらしい。「どってこ」を連れて宮澤賢治の心をいただきながらの楽旅は、私が元気な間続け、音楽と「どってこ」で世界の人を幸せにすることでお役に立ちたいと思っている。

二十歳からの出発

『月刊ショパン』一九八八年一月号〜六月号

●二十歳限界説

［指が動かなければピアノは弾けない？］

この題名で原稿を書くように依頼された時に、ふと思い出した事があります。それはいつ聞いた事なのかはっきりしませんが、「二十歳限界説」というもので、二十歳を過ぎたら、いくら趣味であろうともピアノは無理だというものです。

本当にそうなのでしょうか。

私の推察では、この説の根底にはまず、指が動かないとピアノは弾けないという単純な発想があると思います。もちろん鍵盤を押さなければ音はでないわけですからそうなんですが、何も速く弾く事はないのに、速く動かないと弾けないんだ、という風に考えてしまうわけです。

でも私たちが暮らしていく中で、たとえばぬいぐるみを抱っこする時に、思うように指が動かないから抱っこできない、そんな事ってあるかしらね。その他に、小さな子どもが歯を磨くとするでしょう。歯を磨くって、なかなか難しい事だと思うんですよね。始めはお母さんと一緒に、教えてもらって磨くけれど、そのうち、こうすればいいんだなって自分で考えるようになってだんだんうまくなってきます。確かに力を入れて歯ブラシをもたなくてはいけないけれど、歯ブラシを持つ手を動かす時には力を抜いた方が良いという事も、たいして日もかからないでわかってきます。難しいと思ったら余計力が入ってしまいますから、難しいと思わない事です。ピアノにも同じ事が言えます。

指が動かないと思うから、余計に動かなくなってしまうのです。

［三、四歳で始めなければいけない？］

また、わりと日本で言われている事に、三、四歳で始めなくてはいけないという考え方があります。私はドイツに長く住んでいますが、ドイツでは、三、四歳では早すぎると考えています。だいたい七、八歳くらいからでしょうか。もちろんそれまでに、家の中に音楽があったり、ピアノに触ったりという事はあっても、ピアノを弾く事は始めないようです。

私は8年間「市立青少年音楽学校」というところで教えていましたが、そこは三歳から六十歳まで、ずいぶんいろいろな人がいました。ドイツの、日本の小学校、中学校に相当する学校は午前中に終わるのですが、音楽をやりたいなという子どもは、午後このような学校に行くわけです。そこではまずリトミックとか、太鼓や木琴をみんなで叩いたりとか、ごく簡単な事をしています。それからだんだんと歌を歌ったり笛を吹いたりし始めるのですが、ピアノを弾くという事はそんなに簡単な事ではないので、やはり、七、八歳になってしまいます。ハンブルク生まれのクリストフ・エッシェンバッハなども、七歳で始めたのだそうです。ですから、三、四歳で始めなくちゃという事はあまり考えなくても良いと思います。

［好きこそものの］

私の生徒に七十三歳のおじいちゃんがいます。このおじいちゃんは、身体が固くて指などもあまり動かない。でも私と一緒によく音楽会にも行きますし、私が「良かったですね」と言うと「Ja！Ja！（はい！はい！）」と深く感動して震えているんです。このおじいちゃんが弾くのはごく簡単な曲ですが、時にはシューベルトの軍隊行進曲を、私に伴奏してちょうだい、と言って、右手だけでゆっくり弾いています。連弾のひとつ手の足りないものですね。それで結構弾けた気分になって楽しんでいるんです。私も喜んで伴奏しています。

それから日本のお母さんと子どもさんの例。お母さんが子どもさんに注意したらしいんですね。ここが汚いというような。そうしたら子どもさんに「じゃあお母さん弾いてみて」と言われたんだそうです。そこでお母さんが弾けないと、子どもがだんだん言う事を聞かなくなる。それで決心して習い始めたんだそうです。子どもが幼稚園に行っている間に練習して、それもどんどん速く上達して、今は子どもさんと一緒に楽しくやっています。

また井口基成氏は、中学からピアノを始められて、藝大生になった時はまだチェルニーを弾いていたそうです。

でも卒業の時は、スクリャービンのピアノソナタ三番を弾いたのだそう。

現在東大工学部の博士課程に在学中のある学生さんは、独学でピアノを習い、「東大ピアノの会」の卒業演奏会でヨハン・シュトラウス作曲ゴドフスキー編曲の「芸術家の生涯」を弾きましたし、明治大学経済学部を卒業した方で二十歳を過ぎてピアノを始められて半年後にメンデルスゾーンの無言歌集の「プレスト・アジタート」を弾き、ヤマハの指導者検定をとったという方も知っています。このように、何歳から始めるのでも、その人が「やりたい」と思うのであれば関係ないんですね。

［二十歳からの出発］

先程、三、四歳で始める事よりも七、八歳で始める方が良いと書きました。三、四歳というと、やっと物心ついた頃ですね。その年齢にとって、ピアノの弾き方を教わって、音符の場所を教わって、音を聴きながら、拍子を考えながら、リズムを取りながら弾くという事は、かなり難しい事だと思います。ところがこの時期、日本の音楽教室のように、音楽をグループレッスンによって身体で覚えさせ、ある程度音楽を分からせ、ピアノを弾くのを我慢させておいてから、七、八歳になって、さあ、今日から弾いても良いですよ、と弾かせますと、吸収が倍も速いんです。そういう事は大人でも言えると思います。

大人になってピアノをやりたいという人は、やはりピアノが好きなのでしょう。好きだという事は、関心があるという事です。二十歳といえば自我意識が一番充実している時だと思います。高校生になって自我意識が発達してくる人もいれば、高校の時はそういう兆候は見えてもなかなか実現せず、大学時代にやっと花開いてくる人もいます。個人差はありますけれど、目指す大学に入って、普通なら二年目というところで、精神的にも余裕がでてきます。そういう時に音楽を始めるなんて、すばらしい事ですよね。ですから『二十歳からの出発』は、とても良い事だと思います。

今回は、二十歳からピアノを始めたいという人たちへの激励の言葉を贈りました。みなさんもぜひ勇気を持って、新たに始めてみてください。きっと楽しくなりますよ。

●一日八時間信仰

［雑なさらい方はいけない］

一日八時間信仰というものがよく言われますが、そんな事を言ったら、私などピアニスト失格です。まずほとんどのピアニストの方が、お払い箱になるんじゃないでしょうか。ちなみに、マルタ・アルゲリッチやホロヴィッツなどはあまり練習しない人たちで、ホロヴィッツは一時間半がせいぜいだと言います。

　ヴァイオリンが非常に好きなあるサラリーマンで、会社を辞めてまでも、ヴァイオリニストのような生活をしてみようと決心した方がいました。会社に行くのと同じ時間に起きて朝ごはんを食べ、会社で働き始める九時からヴァイオリンを始め、十時半に小休止をとり、また一時間半さらって、お昼休みを一時間とる。ご飯を食べて、また会社で仕事をするように、朝から夕方まで、八時間ばっちりと、どんな事があっても一ヵ月くらいさらったのだそうです。そして彼が言った事は、「一日八時間も練習する演奏家っていうのは、何て偉い人なんだろう」という事。

　この人の場合は、凝り性だから続きましたけど、緊張の続く時間というのは人によって違うと思います。年齢が低ければ低いほど緊張は続かなくなる。二十歳ともなれば続くようになるとは思いますが、ただ大切な事は、雑なさらい方はいけないという事です。専門家になるというのではなく趣味でやるにしても雑なさらい方をしていると、いつまでたっても雑なままになると思います。耳、すなわち頭と心をよく澄まして、よく聴きながら弾くという事が大事ですね。そういう集中した練習をすれば、一日八時間も弾かなくても、一日十五分でも良いと思います。

［コンスタントにやっていく］

　十五分でも良いですから、コンスタントにやってください。コンスタントにやっていきますと、動かない指がだんだん動いてくるんです。これを運動学習と言います。元大阪大学教授、医学博士の塚原仲晃氏の『脳の可塑性（＊）と記憶』という本には、「小脳の中に回路ができて、複雑な行動が無意識にできるようになる」「学習によって脳の神経が変化する」とあり、これは前頭葉（前頭前野）が訓練によって、年齢に関わらず進歩していくという事で、学問的にも証明されているそうです。指先を動かす事は、脳に非常に良い刺激を与え、お年を召した方がピアノを弾いていると、ボケないと言います。それも、一日のうち、朝十分と夜五分とか、なるべく小刻みに分けた方が良いようです。今日は三十分弾いたから明日はお休み、とかではなくて、必ず毎日してください。しないと気持ち悪いくらいになってください。

［手が小さいとダメ説　省き方が問題］

手が小さいとピアノは弾けないという説も、ずいぶんはびこっているようですね。

パリ大学教授の人類学者オリヴィエによりますと、親指から小指までの手を広げた大きさ、それは身長の０・１１倍＋１センチから０・１３倍＋１センチだと言います。何故＋１センチなのかと言いますと、背の高い人はやや小さめ、低い人はやや大きめになっているからです。ピアノの１オクターヴは、ドからシまで１６４ミリありますが、身長１６０センチの人は０・１１として計算すると手の大きさは１７・６０センチ、０・１３として計算すると２０・８０センチ。ですから、日本人の身長でもそれほどオクターヴが無理だというわけではないと思います。

ラフマニノフは身長が２メートルあったと言いますから、その計算でいきますと十三度がとどいた事になります。それで十三度の音程を書いたりしましたが、それを８度しか届かない手で弾く事を考えますと、８度の音程を６度しかとどかない手で弾くのと、無理の程度は同じなんですね。そこでアルペジオを使ったり、時には音を省いて演奏されますが、ここで問題なのは省き方で、左手の重要な低部や、メロディを受けもつ右手の高部などを残すなど、音楽的にそこなわれない方法は、必ずあると思います。アリシア・デ・ラローチャなどは、身長が１４５～６センチくらいしかなくて、手もそれに応じて小さいんですが、彼女が見事に弾く事はご存じでしょう。

［音楽の障害にならない］

手が小さくてとても弾きにくい時は、小さめのピアノで練習しても良いんじゃないでしょうか。中田喜直氏は、細幅のピアノで弾いた方が、日本人には良いと提唱しています。ここで問題となる事は、いつも練習しているピアノと演奏会などの会場のピアノと、幅が違うと対応できないのではないかという事ですが、私の経験から言いますと、以前、ケルンの音大でチェンバロとオルガンを勉強した事がありました。チェンバロの鍵盤は、平均するとオクターヴが１５９ミリで、ピアノより五ミリ小さいんです。確かにチェンバロを弾いていると、オクターヴがとどきやすいなぁとは思いましたけど、すぐにピアノに移っても、ちょっと大きいなと感じるだけで、対応できないという事はまったくなかったですね。

西ドイツにいた時教えていた当時八歳の生徒は、指がとどかないので、一個の音で革命のエチュードを弾いていました。それでも強烈で、オクターヴを使っていないという事が、音楽に全然障害にならないという事を、その時はっきりと思いました。

このように、弾きたいという気持ちがあれば、ちょっとめちゃくちゃな事をしても構わないんだと、私は確信しています。ですから、手が小さいとダメなんて、そんな事はまったくないと思います。

＊可塑性……強い力が加わった時に外力を取り去っても、形が変わったまま元に戻らない性質。

●苦行説

［通奏低音］

ピアノを習う事は苦しみを耐え抜かないといけないという説が日本にはあって、難行苦行みたいになっています。これは、日本人は何かと無意識のうちに「がんばってください」という言葉をしばしば口にする、日本独得の精神主義というものに由来すると思われます。

この苦しみを美徳とする日本の精神主義は、体育の世界やビジネスの世界に限られたように思われますが、日本文化の全体に流れる通奏低音のようなものです。

当然の事ながら、この通奏低音は、日本の音楽の世界にも鳴り響いています。

例えば、重いキーで腱しょう炎を起こすほど練習するのが美徳という風潮があります。これもまさに日本の精神主義以外の何ものでもありません。

それに加えて、今世紀のコンクールの隆盛がそれに拍車をかけて、音楽の勉強は苦しいのが当然という認識が一般に広まるようになりました。

ところで、オランダの歴史学者ホイジンガーが、人間の事を「ホモ＝ルーデンス」と呼んだように、人間の行為の根本にあるものは、すべて『遊び』の精神なのです。

この事は、先にも指摘した、最も競争の発達したスポーツの世界で見直され始め、オリンピックに代表されるような、競争に勝つ事を目的として苦しみ励むチャンピオンシップのみのスポーツ観は、非常に特異で、せまいものであるように考えられています。

そこで主に体育社会学者たちを中心とした人々が、フランス人学者ロジェ・カイヨワたちの理論を採用して、スポーツの本質は、むしろ『遊び』にあると主張し、体育教育の理論をこの『遊び』の概念を中心に再構築し直し始めています。この事は、当然音楽の勉強においてもあてはまります。ただここで一つ注意をしておきたいのですが、世の音楽教育者の「音楽」とは、読んで字のごとく音を楽しむものだという主張は、皆さんもよく聞かれていらっしゃると思いますが、この主張はしばしば、音楽を非常に低次元な行為におとしめてしまう危険性があります。

そこで提唱したいのは、いわゆる芸術音楽のレベルでの遊びの音楽なのです。

[高次元の遊び]

日本人の多くは、この高次元での遊びの喜びを知らないために、お稽古ごとを中断したらそれっきりになってしまったり、学生時代を過ぎると、活字に縁のない生活を送るようになるのです。

ヨーロッパでは、コンサート会場にしろ、図書館にしろ、むしろ中高年の人が多いのが普通で、その点、日本の、ほとんどが若者ばかり（一九九〇年当時）というのとは、好対照ですが、この原因は、今言った高次元の遊びを彼らが知っているからに他なりません。

しかし、日本では『遊び』は低次元のもので、まじめに何か芸事を極めようとすると、「道」という字に代表されるように難行苦行以外は邪道とみなされてしまいます。確かに、物事を極める根底に、ある種の苦しみを伴う事も否定できませんが、その更に根底に、その極めようとする物事に対する愛着と喜びがあって、初めて成立するのです。この愛着と喜びすなわち高次元の遊びの精神をみいだす事が、成人になってから音楽をはじめる源泉となります。

この事は、何も音楽に限らず、知的活動と呼ばれるものすべてに共通する事ですが、ここでは、音楽に限定して以下のお話をします。

[高尚――低俗]

一つは、音楽の世界を知る前に、ハノンのような指の体操を始める事に、阻害の原因があります。これはちょうど一流の数学者たちが数学の世界ほど美しい体系を持った世界はないと言うにもかかわらず、多くの学生が何の目的に役立つのかも分からずに、数学の計算問題を機械的にこなし、数学ほど退屈なものはないと思うのと同じです。しかし、クラシックを聴いてみたけれど、ちっとも面白くなかったじゃないかという経験をもたれる方も多いでしょう。この事は、日本独得の文学や美術や音楽における名作全集の発想が大きな原因かと思われます。

例えば、どんな高級料理でも、必ずしも食べる人の好みに合わないものがあるように、音楽であっても、万人が名作という作品を、必ずしも面白く感じるとは限りません。

音楽に接する事が何より大事な事なのです。とは言っても、日本には、クラシックの音楽の中に、暗黙のうちに高尚――低俗という序列があるため、自分にとって本当は楽しい音楽なのにもかかわらず、こんな曲を聴いている自分は、次元が低いのではないかという劣等感を持たれる方も多いはずです。日本では、何といってもクラシックの原点に位置するといわれるのは、３Ｂ（バッハ、ベートーヴェン、ブラームス）でしょう。これに一理ある事も確かですが、クラシック音楽の発祥の地であるヨーロッパでは、日本で比較的軽視されているメンデルゾーンや、ウェーバー等が、それらに勝るとも劣らぬほど愛好されているのも事実です。

〔文化の選択的摂取〕

どうして日本ではこのような事になったのでしょうか？　それは多分、明治維新以来の急速な近代化が原因だと思います。

近代日本は、富国強兵策に代表されるように、とかく西洋に追いつく事が、何よりの課題でした。そのために日本が行った方法は、西洋のそれぞれの国において最も進んだ部分を、選択的に取り入れる事でした。

この事は、日本の産業化においては、まず成功を収めたと言ってよいのですが、文化の面でのこのような選択的摂取は、ヨーロッパに横たわる文化的背景を無視したために、日本における西洋文化は、ヨーロッパ本国のものとは似ても似つかない奇妙なものを生み出しました。

明治の初期には、不平等条約改正のために、日本は文化的にも一等国にならなければならないという考え、鹿鳴館に代表されるような、手段として西洋文化の受容を行いました。

また一つの面白い例として、発足当初の帝国大学（現・東京大学）において、一学生が、外国人教師のところにやってきて、１枚の紙に、ヨーロッパの学者や芸術家の名前を細かな字でびっしりと書いた物を見せ、「この中で誰が一番偉大な人なのでしょうか?」と聞いたというエピソードがあります。このエピソードから察せられるように、近代日本は、文化や芸術も、とにかく最も役に立ち、すぐれたものを接収しようとした訳です。

　このために、「教養」という言葉に代表されるような西洋文化に対する堅苦しい態度が生まれてしまったのです。

ですから、日本ではいまだクラシック音楽に接する時には、快いという事より、「何かためになる」という方が優先されてしまい、「何だか分からないけれどもこの名曲を無理して聴いていれば、自分の人格の向上にいつの日か、役立つ時が来る」と考えてしまうのです。

　まさに「良薬は口に苦し」の延長上の発想かと思われますが、西洋文化と言えども、人間の行為の所産であり、前にも述べましたように、人間の行為の源泉は『遊び』なのです。

　そして、この『遊び』を昇華して、高めていく事、高次元の遊び――ができあがれば、心から楽しんでピアノを弾く事ができるようになるのです。

「『苦行』のピアノから『遊び』のピアノへ」

　そのための方法として、二つの方法を提案します。

　一つは、世間体を気にせずに、「良いな」と思った曲を見つけて何度も聴きこんで、まずクラシック音楽の楽しさを体得してください。この体験を積み重ねれば、先の、とっつきの悪い「高尚」なクラシック音楽も、あなたの好みで選択して楽しめるようになります。

　二つ目は、バイエルやハノンから始めないで、自分で聴いた音楽で、気に入った作品を弾いてみる事です。といっても、最初からリストのメフィストワルツや、ベートーヴェンのソナタが弾けるはずはありませんから、難しい作品をやさしく編曲したものをお弾きになる事をおすすめします。この代表的な本としては、アメリカのジョン・トンプソンのピアノ教本などがおすすめできます。

　以上、二つの事を半年も続ければ、必ず高次元の遊びとしての「ピアノ」、「音楽」を楽しめるようになるはずです。

　そしてこのピアノで得た体験は、他の分野の知的活動――例えば読書――にも応用できるようになり、いままで難解で退屈だった「教養」の世界の中から、自分の好みで、沢山の深い楽しみを拾ってこられるようになるでしょう。

『苦行』のピアノから、『遊び』のピアノへの移行によって、あなたは、ピアノだけでなく、他の多くの人類の文化的・知的遺産を、自分の新しい宝物にする事になります。『遊び』としてのピアノ――これが、二十歳で出発する方々への4番目のささやかな提言です。

●個性について

［避けられない問題］

　音楽を始めるにあたって避けて通れない問題に、「個性」に関する事があります。

　昨年、アメリカのマサチューセッツ工科大学（ＭＩＴ）の利根川進教授が、日本人で初めてノーベル生理学賞を受賞した時、それを喜ぶと共に、日本人にとって独創性とは何かという議論が新聞等にしばらく掲載されました。実は、このような議論は、今まで何度となくなされてきたのですが、その背景には「日本人は独創性に乏しい、無個性である」という暗黙の了解があるからです。そこで今回は、何故日本人は無個性と認識されるようになってしまったのかをいくつかの視点から見ていき、その阻害条件をあきらかにし、日本人の個性化の可能性を提示し、かつ、それが二十歳からでも遅くはないのだという事を示す事にしましょう。

［個性排除の構造］

　まず最初に、日本人は決して無個性な民族ではないという事を二つの事例からお見せします。一人は南方熊楠《みなかたくまぐす》という、明治から今世紀にかけて生きた博物学者で、二人目はやはり、同時期に活躍した細菌学者、北里柴三郎です。南方の場合は、幼少の頃から異常な好奇心と記憶力の持ち主であったために、既成の学校で教授されるものに物足りなく、当時の最高学府であった大学予備門（第一高等学校の前身）に入学するも早々にあいそをつかし、渡米し、結局そこでも同様の認識をいだき、以後終生、完全に独学の道を選ぶ事になりました。

　しかし、彼の生涯に渡って残した業績は、当時のみならず、現在再評価されるという程の広範で独創的なものでした。

　一方北里の場合は、ドイツの細菌学者コッホのもとで研究し、破傷風菌の発見、血清療法を発見する等して、ノーベル生理学賞の候補に選ばれる程の業績を残しました。

　このように日本が、近代化を開始してまもない頃、すでに国際級の独創性と個性を持った人が居た事から、日本人そのものが独創性がないという事は否定されるでしょう。けれども、この二人の事例をつぶさに見ていくと、日本には、個性をつぶすさまざまな要因がある事に気がつきます。

先に北里の場合を見てみますが、彼は、東大医学部を卒業し、ドイツから帰国後も、専門において、誰からみてもナンバーワンの実力の持ち主であったのですが、ある事件によって彼は、東大医学部という体制の外におかれる事になります。

それは、北里の先輩にあたる学者の説が明らかに誤りであり、それを彼が指摘した事によります。東大医学部は、この行動を「師弟の道をわきまえぬ者」と見なして、研究者としての実力を度外視して、教授として招く事を拒否したのでした。この結果彼は別に伝染研究所（現、東大医科学研究所）を作り、そこで目ざましい研究成果を上げますが、それも東大の反感を買い、彼の知らぬまに、その研究所は東大の附属となってしまい、これを不本意に思った北里は、私財を投げ打って北里研究所（現、北里大学）を別個に作る事になりました。

この事例から分かる事は、強烈な個性や歯に衣を着せぬ批判精神が日本の体制や日本人の気質に非常に邪魔なものであり、それを排除してしまう構造が存在する事です。そのため、個性を発揮するには、体制の外におかれるか、外国において、業績を上げる以外に方法はなかったのです。

これは、先の南方の場合とりわけ顕著で、彼は終生如何なる日本の組織に属する事もなく孤立を守り、彼の画期的な業績を認めたのも、イギリスの学術雑誌「ネーチュア」を発行する海外の学会や学者だったのです。

［没個性化の進行］

こういった個性排除の構造は、日本においては、学術研究以上に、芸術の世界により強く見られます。その起源は、家元制度にあると思われますが、ひとことで言ってしまえば、師匠（先生）の教えに忠実に従い、それを摸倣するように強いられるという事です。場合によっては、弟子の技量が師匠のそれよりやや劣る場合がよしとされ、そのような弟子が愛弟子となり、後継者となり、先代の芸風の縮小再生産が行われる事すらあります。芸術のようにその成果が明確に測定できない分野では、このような過程はあらわにならないだけに、一層深刻です。

これは、世界的傾向でもありますが、例えば世界各国で催されている音楽コンクールにおいても、同様な再生産がおこなわれ、絶望的な連鎖反応を生み出し「個性」

を云々する以前の問題になっているというのが実状です。

以上、日本人の独創性の有無と、それをはばむ要因について述べてきましたが、これは次のようにまとめられます。

一つ目は最後に少しだけ触れましたが、今世紀になって、加速されてきた産業化の原理というものがあり、これは製品の大量生産を行うにあたり、個々を均質化・画一化するというものでした。この原理は、工場の中にとどまらず、特に第二次世界大戦後は、世界全体の社会の中心原理となり、こうした世界的な没個性が進行する事になりました。音楽コンクールが始まったのが一九三〇年代頃ですから、まさにこれは、産業化の進展の産物の一つであったのです。コンクールの誕生と共に、演奏の機械的な技術が上がり、傷は少なくなったのですが、ショパンならこの人の演奏で聴きたいという程の強い個性の音楽家は、ほとんどいなくなってしまいました。こういった世界的風潮に拍車をかけたのが、日本の家元制度的な、個性を抑圧する構造だったのです。結果として日本人は、個性を開花させる素質を充分に持ちながら、今述べたような、二重の手かせ足かせによって没個性化されているのです。

「「個性」の認識」

しかし以上のような問題なら、いわゆる「社会が悪い」「日本が悪い」式の議論になり、多くの人の意見とあまり変わらなくなりますが、もっと身近なところに実は、個性をつみとってしまうのを見つける事ができます。

道徳の本で、野口英世の話を多くの方は読まれていると思いますが、そこでは、彼の人生は非常な美談として描かれています。しかしながらある科学史家の評伝によれば、彼は出世の機会があれば、どんな手段でも用いるという貪欲な性格の持ち主であり、研究者としても「野口が歩いたあとには草も生えない」という程、狂人的な徹底ぶりでした。何故このような話をしたかと申しますと、個性的な人とは、多くの場合、人あたりの良い人格者というよりは、むしろ近くにいると遠ざけたくなるような、ギラギラとしたものを持っている事が多いのです。言いかえれば、「個性とは一種の毒である」といっても過言ではないのです。

この認識は非常に重要です。

というのも、日本でよく「個性」「自由」を謳い文句にしている学校がありますが、一見する限り、そこでの「個性」は牧歌的、集団的で、健康味あふれる質のもので、かつ「個性」という名のもとにおいて、これがいかにも個性であるというふうに、教師たちが選択したある種の型にはまった、別の「お手本」のように見えるのです。

この事はこれらの学校だけにみられるのではなく、一般の人々の個性観にかなり相通じるものがあると思います。「あの人は、個性的な人ね」と魅力を感じる人の中に、バランスのとれた健康な人格者がいないというわけではないのですが、多くの場合は、先程の野口英世の場合のように、実際自分が交際するとなると、遠ざけたくなるような人々に、実は個性的な人が多く存在するのです。けれど、このような人は往々にして、変人や奇人のレッテルをはられ、いじめにあうか、村八分にされてしまうのがオチです。

こうして個性的な人は、特に日本では、このような身近レベルで、無意識のうちに個性の芽をつみとられてしまっているのです。

[二十歳を過ぎて]

最初に指摘したように、日本の社会が、個性の発達に非常にマイナスに働いている事は確かで、日本社会を憂える事も無意味ではありませんが、まず、この自分の身辺に起る個性排除の構造をなくすように心がける事が大事です。また、自分が不幸にして個性的であった場合には、前に見た、いじめに代表される排除からくる疎外感に耐える覚悟が必要です。ただ日本の若い方に顕著なのですが、過去の天才の奇妙なところだけをまねして、「奇をてらった」個性を安易に示したがる人をみかけます。しかしこれは最も避けるべき事で、苦しい努力の結果のみ個性的な芽は成長し、開花するものなのです。エジソンが、「天才とは1%のひらめきと99%の汗からなる」と言いましたが、これはまさにその事です。ここまで読んでこられて、以上の事が納得できても、二十歳を過ぎた自分が今さら個性を育てようとしても無理ではないかと感じている方がほとんどでしょう。しかし、第2回でも申しましたように、人間の脳は、年と共にいくらかは劣えていくものの、非常に柔軟で可塑性に富んだものなのです。ですから、今回書きましたような、個性を阻害するような要因とそれを開花させる条件をさえはっきり心に留めておけば、今からでも決して遅くありません。

最後に、個性と並んで創造性という言葉も、比較的容易に用いられますが、個性が毒であるというパラドックスと同じように、「創造は苦である」といえます。生み出すものが新しく大きいものであればある程、その産みの苦しみは倍加します。

以上いろいろ逆説的な事を申し上げましたが、個性及び創造性にまつわる問題に対して、あなたに新しい発見ができ、これからのあなたの人生に役立つ事が提供できれば幸いです。

●日本人の西洋文化受容の一問題

［日本人は日本教徒］

日本人は古くから、外国文化を積極的に取り入れてきた民族ですが、このような異質なものをどんどん自分の中に吸収できたのは、独自の消化酵素を持っているからだと思います。かつて、イザヤ・ベンダサン著・翻訳山本七平『日本人とユダヤ人』で、『日本人は日本教徒』であり、日本に入ってくるイデオロギーや宗教等は、すべて独特に変容させられ、どれも「日本教○○派」といったものになってしまうと述べていましたが、この意見はこの事を最もよくとらえているでしょう。そして当然ながらこの種の変容は、洋楽の受容にもある明確な形でみる事ができます。

私の考えでは、次の二つの点が主要な特徴を形づくっていると思います。第一は、日本人の事物に対する好みの中庸性とも言うべきものであり、第二は、文化における貴族的なものへの志向性の弱さです。

［極端なものの受け入れにくさ］

まず第一番目の問題ですが、もう言い古された言葉として、日本人は「農耕民族的」であるとか、「和の精神」を尊ぶ民族であるとか言いますが、これを文化の好みという面に照らしてみると、多くの日本人は、一言で言えば、非常にスタンダードな好みを持っていると考えます。言い換えると極端に非主流なものをあまり受付けない傾向とも言えます。ところで、ヨーロッパの文化について考えてみると、極端なものの集合体――例えば天使と悪魔等――である事に気がつきます。つまり、非常に理想化された美の世界の背後には、冷酷で残虐な世界がとなり合わせになっているという事です。しかし、日本に取り入れられた多くの西洋文化は、このような背景を無意識的にさけた世界になっているように思います。例えば音楽の場合、そのような西洋的なものをよく表現しているアーティストとして、ホロヴィッツとハイフェッツを思い浮かべると良いでしょう。二人共、現在では、比較的確立した評価が日本で与えられていますが、しばしばこの二人は、「技巧ばかりで精神性に乏しい」とか「冷たい」というレッテルがはられてきました。もちろん好みの問題があるので一概には言えませんが、このような批判で逆に日本人が西洋音楽に何を期待しているかという事が明らかになります。こういう評価は日本人のある美的感覚からすれば、もっともな意見としてとらえられますが、明らかに西洋音楽の美学のある一面が受け入れられないという事を表明しているのです。この事を具体的に述べてみます。

　私個人の意見として、ホロヴィッツ、ハイフェッツの両者に見出す一つの美の世界について考えてみます。二人に共通しているのは楽器の持つ可能性を最大限に引き出す為にあらゆるテクニックをそこに投入している事です。そして磨き上げられた音を素材に、よく言われる意味でのドイツ音楽に代表される精神性とは別の次元で、そのテクニックを得て初めて気がつく表現の幅と深さに裏付けられていると考えます。別の次元とは何かと言うと、人間の情感が直接表現されるような美の世界ではなく、音楽という世界の中で独立した体系をもった非常に理想化され、極端に尽きつめられた世界が存在する美の世界です。この極端なものは、ホロヴィッツ自身、「私の中には天使と悪魔が住んでいる」と言っている事からも分かるように、先にあげた日本人の受容しにくい西洋文化の重要な一側面に他なりません。彼等の美の世界を一言で言うならば、「残酷な程、美しい」という矛盾した言葉でしか表現されず、これを現実の生活倫理に直接もってきたならしばしば悪の範疇に入れられるものなのです。古来、日本人は素朴に、真・善・美の三つを一つの統一体としてとらえる傾向がありますが、この考えによれば、当然「美なるものイコール善なるもの」という図式になる訳で、このような美と悪がつながるような芸術空間は、受け入れにくくなります。しかし、このような部分が西洋文化において重要な要素である事は否定できない訳で、この点を見逃してはならないと思います。

［貴族的なものに対する志向性の弱さ］

　次に第二番目の問題である貴族的なものに対する志向性の弱さについてですが、歴史的に見てみると、日本においては、ヴェルサイユ宮殿に代表されるような豪奢な文化を発達させる王権は存在せず、それを育む上流階級も生まれなかったので、他の人々とは断絶された貴族文化に対するリアリティがなく、志向される貴族性そのものが明確でなかった事からの当然の結果だったと考えられます。現代社会は世界的に平等の理念が支配的で、とりわけ日本では、この傾向が強いため、文化を論じる場合、この「貴族性」に代表される階級的要素を強調するのは、多くの場合無意味に思われるかもしれませんが、善悪を別にして、ヨーロッパの文化を考える場合には欠かせないもので、とりわけ、文化の威信の正統性の源になっている上流階級の文化の存在を見落としては、理解するのは困難になります。音楽で身近な例を上げれば、一見貴族制とは無縁にみえるベートーヴェンの生涯や作品に、この要素をはっきりと見出す事ができます。例えば彼は多くの作品を貴族に捧げていますし、恋愛の対象となった女性の多くは貴族の出身でした。また、ナポレオンに捧げようとして書いていた「英雄交響曲」をナポレオンが皇帝の位につくや否や、その計画をすててしまった事は、ベートーヴェンの皇帝崇拝の逆の表現に他なりませんでした。以上の事例から分かるようにベートーヴェンの貴族への憧れは人一倍強いものだったのです。彼の作品においても、ピアノソナタ第二十四番「テレーゼ」は、献呈した伯爵令嬢の名がつけられているように、よく知られている情熱的なソナタとは対照的に、非常にノーブルな楽曲ですが、他にも貴族的要素を少なからず見出す事ができます。

　ところが、このようなベートーヴェンの作品は比較的軽視されたり、あまり理解されずどちらかと言えば、彼自身の所属しているミドルクラスの文化と親和性を持ったタイプのものが聴かれたり演奏されたりする事が多いようです。この事実は、日本における貴族制への志向の弱さによって、ベートーヴェンの作品が、取捨選択されているのかもしれません。いずれにせよ、この貴族性を西洋音楽の中から取り除いて考えるのは困難です。

［矛盾の理解］

　以上、西洋音楽における二つの特徴について書いてきましたが、極端なものを志向する理想美の世界と貴族性は単に感覚的に日本人が受け入れにくいだけでなく、道徳的にも好ましくない面がある事を御理解いただけたと思います。しかし西洋音楽のこのような、日本人にとって矛盾したと思われる部分を見なければ深いところまで理解できないのも事実です。これから音楽を始められる二十歳代の方々には、この事を頭の隅にとどめておいて、更に広く日本が西洋から十分に受容できなかった部分に、より目を向け、その全体像をとらえるようになさる事をおすすめします。

●息の長さについて

［老いてなお活躍］

昨年来日したピアニスト、ホルショフスキーは、演奏のすばらしさと同時に九十五歳という現役としては信じられない高齢である事が話題になりました。ところが、ヨーロッパの演奏家の歴史を少し振り返ってみるとこれに似たような事例は、結構見つける事ができます。身近なところでは、アルトゥール・ルービンシュタインは、八十八歳でベートーヴェンの協奏曲全集を、八十九歳でブラームスの第一協奏曲の見事な演奏を残していますし、ヴィルヘルム・バックハウスも、死の一週間前に八十五歳で行った演奏会がレコードになっており、その時点でなお非常にすばらしい演奏を聴かせてくれていた事をうかがう事ができます。また、指揮者となると大変な高齢で活躍した人は非常に多く、ストコフスキーは九十三歳で、トスカニーニは八十七歳で、それぞれ最後のレコードを残していますし、先ごろ来日したカラヤンも八十歳になりますが、今でも新しい活動に意欲的に取り組んでいます。

［生涯設計］

ところで、日本が世界の最長寿国になって男女ともに平均寿命が八十歳を超えましたが、今見たように高齢で演奏活動をしている人を見つけるのはとても難しいと思われます。日本では極端な場合、四十代の後半頃から演奏活動を止めてしまうのも稀ではないようです。このような背景には、日本では、音楽の分野だけではなくある年齢に達すると、管理的な役職についたり様々な雑務がそれに伴って増えてくるため、物理的に本業に専念する事ができなくなるといった外からの拘束を見逃す事ができません。またこれといくらか関連するかも知れませんが、ある年齢段階に達すると、今まで行っていた事を突然やめて新しい事を開始するという習慣の存在も重要と考えます。これは具体的な例を挙げれば、小学校までたくさんやっていたおけいこ事を、中学受験のために、すべて止めさせたりする事とか、大学合格後、資格を取るのでもなければ高校時代のように勉強に励む事がおかしいと考える事とか、社会に出てから学生時代のように哲学書を読んだり議論する事を「学生気分が抜けない」と非難する事などが代表的な事例といえるでしょう。

確かに国籍を問わず、それぞれの年齢段階に応じた役割がある訳ですが、少なくとも日本に見る今のようなあり方は、やや特殊であるように思います。つまり日本の「歳相応」の振る舞い方というのは、その前後の年齢段階との関係が全くなくて、ばらばらに並べられているという事です。ですから今のような事で考えてみると、小学校でのおけいこ事は、中学では全く生かされる事がないし、大学受験の勉強は、大学入学後は不要なものとなってしまうのです。このように、短期間でしか物を考えない習慣が、西洋人の持つ大変息の長い行き方——死の直前まで現役でいる——とは異なった生き方——若くして現役を退く——を日本人に定着させる結果になっていると私は考えます。

西洋が正しく日本が間違っているなどと言いたくはないのですが、あえてこう言いますのは、多くの日本の音楽家のライフサイクルが芸を完成させるのには短すぎてとてももったいないと思う事と、これから多くの人が、長い老後を送るに当たって是非ともそういった息の長い生き方に転換しなければ生きがいがないだろうと考えるからです。このために生涯にわたる自分の計画作りが必要ですが、日本でも三十八歳でＩＢＭの重役になり現在経営コンサルタントである井上富雄さんは、若い頃二十五年にわたる生涯設計を作り現在までにそれを実現してきたという方ですが、このような生活態度をもっている日本人はやはり息の長さを感じさせるものがあり、それが西洋人の専売特許でない事を感じさせます。

［健康管理］

もう一つ、西洋人と日本人の息の長さの違いを作っている原因は、体力ではないかと私も考えます。ただ、これはよく言われるように先天的に西洋人の体力は並外れているといったものではなく、健康管理の仕方の違いに由来するものではないかと思います。私の知っているかぎり西洋人の中で特に息の長い活動を続けている方は、必ずと言って良いほど毎日適度の運動と内容の良い規則的な食事を欠かしません。

我が国では、今でこそ薄れつつあるものの、芸術と体育には大変な距離があり、一方に専念する人は他方を必要以上に毛嫌いする人が多いように思います。これにはいくつか理由がありますが、とにかく日本の芸術家や学者で大変な才能をもちその分野に一途に進まれた方に、適度な運動を全く無視したために早く引退または亡くなられた方も少なくありません。またこのような方を含め、オリンピックに出場するレベルのスポーツ選手まで、量としては十分でもバランスの片寄った内容の貧しい食事をとっているように思います。

しかし、日本人の食事はともするとほとんど炭水化物（でんぷん）だけの食事になりがちで、蛋白質がほとんどないといった事態がよく起ります。人間の体を作っている栄養素を自動車にたとえれば、ボディを作っている材料、部品が蛋白質、炭水化物はガソリンで、ビタミン、ミネラルは、エンジンオイルのようなものです。ですから蛋白質が足りなくなれば、人間の体が痛んできて早く衰えてくるのは当然の事と言えます。よく肉が体に良くないと言われるのは、蛋白質以上に脂肪を取り過ぎてしまいカロリーオーバーになったり、悪いコレステロールが体に溜まるからで、欧米の食事が蛋白質に富んでいる事は十分に評価する必要があると思います。

さらに付け加えると十分な休養も必要です。保健体育の授業のようで申し訳ありませんが、日本の精神主義を土台にしたいろいろな練習は、体を酷使するばかりで休養する事が悪い事のように考える傾向があるので少し述べておきます。日本のある一流のマラソンのランナーが、練習のやり過ぎのため、本番で十分に力を発揮できなかったという話を最近新聞で読みましたが、これとは反対に、アメリカなどではスポーツマンの養成に当たって「トレーニングをやり過ぎない」事に主力が注がれていると言います。体育の専門家は、疲労が完全に回復したところでトレーニングを行う時初めて体力が向上すると書いています。言われてみればもっともな事のようですが、私も含めて多くの日本人が、「疲れが抜けない状態」に陥りがちなので、これは十分注意しなければならないと思います。体力のある若いうちは体の内部の衰えに気付かないけれども、ある年齢になるとそのつけがいっぺんにまわってくるそうで、「老化予防は二十歳から」を忘れてはならないという事です。

以上、息の長さを保つための生涯設計と健康管理について考えてみましたが、今回は最終回という事で少しまとめをして終わりたいと思います。

［二十歳からの出発］

六回に渡って考えてきた事を並べると、「20歳限界説」「8時間信仰」「手の大きさ」「苦行説」「日本人と個性」「中庸の美学と貴族性の欠如」そして「息の長さ」となります。これらは、私なりに日本で常識化しているけれども根拠のない事や、西洋音楽をやる上でぜひとも知っておきたい日本人の特徴といった点で共通しています。これらはほんの一部で、以上の事に関してもいろいろと付け加えたい事もあるのですが、ここから毎日当たり前の事のように思っているけれども実は嘘なのではないかという事を皆さんなりに見つけられる事をお薦めします。少し生意気かも知れませんが、この事が20代から音楽を始めとする知的活動を開始する上で重要であると同時にそれ自体をおもしろくする鍵になると私は考えます。ある学者が「学問のおもしろさは、一つのものが違った二つのものに見えてくるか、違った二つのものが一つに見えてくるかのどちらかである」といっていましたが、常識を疑ってみる事にその出発点があると思います。さらに、本文でもいろいろ音楽以外の事に触れましたが、音楽を勉強するに当たって、音楽だけにのめり込みすぎるとかえって音楽がわからなくなる事もありますので、自分のやる事をあまり狭く限定しすぎないで、およそ関係ないと思われるような分野にも関心のアンテナを張り巡らす事が大事です。最後に私個人のお願いですが、皆様からこの6回の連載に関してお感じになる事がありましたら、ぜひ御連絡下さい。むしろ私はそうは思わないというタイプの意見を歓迎します。異質な意見がぶつかった時初めて議論は発展するものと考えますので。

昭子先生のお話 ~無理のないテクニックで、美しい音に感動し、永くピアノを弾き続けるために~

月刊ショパン二〇〇八年九月号～二〇〇九年十二月号

第一回　美しい音色とタッチの秘訣

二〇〇八年九月号

全国の『ショパン』読者の皆様、ピアノをこよなく愛する皆様、ピアノは楽しくうまく弾きたいですよね。そのために、これからピアノの弾き方のいろいろなお話をしようと思います。

巨匠の技を盗もう

二十年あまり前来日した、ウラディミール・ホロヴィッツ（一九〇四―一九八九）は、今でも誰も真似ができない高度な技巧と多彩な音色を持ち、繊細でロマンティックながらスケールの大きな音楽性を持ったピアニストでした。私の世代のピアニストで、ホロヴィッツに憧れない人はいなかったほどの偉大なピアニストでした。

ピアノを弾く人は皆、このような技巧と音色で演奏したいと思うでしょう。でも多くの人は、天才は違うからと最初から諦めてしまっているのではないでしょうか。でもその理屈さえわかれば、多くの技が盗めることも確かなのです。

このシリーズでは、巨匠たちの技術や音色を獲得する方法や練習法を紹介していきたいと思います。

美しい音色~タッチの不思議

［大切なキーの打点］

ピアノの音色なんてそんなに変わるのと思う方も多いでしょう。でも次に述べるようなタッチの方法を使い分けることで、ピアノの音色はすごく変わるのです。始めに、ピアノのキーを押すとどうやって音が出るのかお話しします。

ピアノの音は、キーが底に当たったときに出ると思っている方が少なからずいるのではないでしょうか。実は、ピアノの音が鳴る打点は、キーの底より三、四ミリ上のところ（アフタータッチ）にあります。キーをここまで下げたときに中にあるハンマーが弦を叩いて音を出すのです（調律のときに調律師の方に聞くといいですよ）。＊

基本的には、いつもこの打点を正確にとらえて打鍵することがタッチの一番大切なポイントになります。そしてこの打鍵の「速さ」を変えることが、音色を変えるコツになるのです。

一　打鍵の速さを変える

A　キーを最初から最後まで等速度で押す

この弾き方では、キーの打点のスピードが遅くなるので、倍音が少ない太く落ち着いた音になります。

B　キーに速度を加えて弾く

この弾き方では、打点で速いスピードが出るので、倍音の多い華やかな音が得られます。はじく感覚の弾き方です。

二　身体の重さの使い方と打鍵の仕方

A　指先や手だけによるキーの打点までの上半分の打鍵（ハーフタッチ）

あえて体の重さを使わない弾き方で、線の細いシャープな音になります。軽やかで明るい音色が得られます。スカルラッティやモーツァルトの曲に適した音色が出ます。

一方打点で速度を落とすようにすると、ショパンのノクターンを弾くのに適した、しっとりした音が得られます。

B　打点から底までの打鍵

腕や全身の重さと力を利用した弾き方で、打点のスピードを遅くすると、深みのあるしっとりした音になります。ベートーヴェン、ブラームスなどの重厚な作品を弾くのに適した弾き方です。また打点のスピードを速くすると、チャイコフスキーやラフマニノフの協奏曲などに求められる、スケールの大きな華やかな音色になります。ただし打鍵の瞬間だけ体の重さをかけるように注意しましょう。

これだけ気を付けるだけで、ピアノの音色がずいぶん変わるはずですよ。

＊アップライトピアノは構造上の理由でハーフタッチはできない。

『月刊ショパン』二〇〇二年三月号参照

第二回　椅子の座り方と姿勢の秘密

二〇〇八年十月号

ピアノを弾く際、椅子の高さや座る深さをどうするか、少し気にしながらも、適当にしている人も多いでしょう。しかしこれが正確に決まると、弾き方が格段によくなります。前号でお話ししたタッチを使い分けるうえでも大切です。

1　椅子の高さ

座る椅子の高さは床からの腕の位置で決まります。ただ腕の長さは、前腕と上腕（肘から肩までの部分）の長さの比率が人それぞれ違いますし、腕の長さも違います。また胴の長さも違うし、なで肩の人といかり肩の人では、同じ上腕の長さでも、前腕の位置が変わってきます。そのために椅子の高さは、人によってさまざまに変わってきます。

コンクールや発表会などで、前の人が弾いた椅子の高さを変えないまま弾いたりして、とても弾きづらく感じる経験をした人も多いはずです。また、何回か自分なりに調整して弾こうと思っても、どの高さにしていいのか迷うことも少なくないでしょう。

そこで、一番簡単なのが、前腕の位置を決めることです。前腕が床と並行となるか、やや高めになるように椅子の高さを決めます。これが基本になります。肘が手首より低いと、指の動く重さだけしか使えないので、とても弾きにくくなります。また、徐々に高くしていくと、弾きやすくはなって大きな音が出るのですが、あまり高くなりすぎると、タッチのコントロールがしにくくなって、音色が犠牲になってしまいます。

たとえば、モーツァルトのソナタを弾くときは、細やかなタッチを生かすために、前腕を並行にして、そしてリストやラフマニノフなどの雄大な曲を弾くときは、タッチをコントロールしながらも、やや高めの位置にするのが良いでしょう。

2　座る位置——1/3がポイント

次は、椅子のどこに座るかですが、演奏する時にソファでくつろぐように深く腰かけている方はいませんか？　実は、こう座ると一見楽なのですが、身体の重さがうまく生かせなかったり、腕や手のコントロールが難しくなって、音量やタッチが犠牲になってしまいます。そこでお勧めしたいのが、椅子の前1／3に座ることです。このときに足の下に体重計を乗せると、自分の体重の１／３位の重さがかかっているはずです。もちろんもっと浅く腰かけても構いませんが、１／３以上深く座るのはお勧めできません。

３　座る姿勢――キャット&ドッグ

次は座るときの姿勢です。皆さんが普通に立っている時は、腰のところの背骨が前に少しくぼんでいるはずです。この背骨の形をここでは「ドッグ」と言います。逆にリラックスしてソファに座っているときは、くぼんでいる腰の部分が後ろに少し丸くなっていて、この背骨の形を「キャット」と言います。ところで皆さんは、ピアノを弾いているとき、腰の形が「キャット」になっていませんか？　実は、ピアノを弾く時の姿勢で、「キャット」はＮＧです。腰が前にくぼんでいて、ちょっと胸を張った「ドッグ」でなければいけません。その理由は、やはり身体の重量をうまく使うためと、腕や手の動きを自由にして、音量や音色をうまくコントロールするためです。

私は、大のキャット・マニアですが、ピアノを弾く姿勢だけは「ドッグ」にしています。

以上、ピアノを弾くにあたって打鍵の仕方と並んで重要なのが、椅子の高さと姿勢です。「前腕」、「１／３」、ドッグの３つがいつも思い浮かぶようになれば、ＯＫです。では、忘れないうちに、ピアノに向かってすぐ試してみましょう。

第三回　効果的な身体の使い方

二〇〇八年十一月号

みなさんは、たぶんピアノを習いはじめた頃、弾くときの手の形は「卵をつかむように」と言われたのではないでしょうか？　今月は、手と指の形、肘、肩についてのお話です。

１　手と指の形

「卵をつかむような手の形」では、指の関節がすべて適度に外側に向かって曲がっていて、アーチの形になっています。このアーチ型は、一番強い力に耐えられるとても良い形なのです。私が卒業したケルン音大のそばにある、ゴシック様式の大聖堂も、丈夫な尖塔型アーチを作ることができるようになったため、高くすることができたのです。

とくに、指の付け根のMCP関節（中手指節関節）が出ていることが一番大事で、これだけで充分にアーチ型に近い強さをキープすることができます。また、親指のMCP関節が外に出せていなかったり、どうしてもへこんでしまう人が多いので、もし自分がそうであれば、意識して出すように練習しましょう。ふだんは、アーチ型を基本にしますが、MCP関節が出ていれば、いろいろなタッチのバリエーションが使えます。

たとえば、指を伸ばして浅いタッチで弾くと、軽やかなノンレガートというスタカート気味のパラパラとした音色が出せます。また指を立てて弾くと、ハイヒールの踵で踏むのと同じで、力が一点に集まって、鋭く大きな音が出せます。さらに、前に引っ掻くような弾き方は、かつてホロヴィッツがよく使った弾き方です。この弾き方を、多くの評論家の方が基本から外れた奇妙な弾き方と指摘しましたが、鍵盤に指を付けたままスタカートを出すのにとても効果的な弾き方です。

2　肘を引き締める——二の腕に意識

肘を引き締めなさいと、よく先生から言われたりしませんか？　といっても、体につけていると窮屈だし、両手が離れたポジションを弾くときには、そんなことはできませんね。そこで、基本になる肘の位置として、二の腕（上腕の裏の筋肉：上腕三頭筋）に一番力が入るポイントを見つけます。

まず、両手でドミソの和音を1、3、5の指で押さえてみてください。そして指のアーチをキープしたまま、上半身の体重を指にのせていきます。そして肘を狭めたり、拡げたりしてみてください。その中で、二の腕に一番力が入るポジションがあるはずです。ここが一番腕の力が使えるところです。なので、肘を引き締めなさいと言われたら、この位置をいつも思い出してください。このポジションを意識しながら、広いポジションでも肘の位置を調整すると、力が抜けずに大きな音も楽に出せるはずです。

3　肩——床と平行に

チャイコフスキーのピアノ協奏曲第1番やベートーヴェンの『皇帝』の冒頭みたいに、低音から高音まで一気に弾くような場合があると思います。このとき、皆さんの両肩の動きはどうなっているでしょうか？　多くの人は、低音と高音のところで、肩が左右に低く傾いて、真ん中の時だけ肩が床と平行になっているのではないでしょうか？　実は、こうなると、タッチがコントロールしにくくなって、大きなフォルテを出しにくくなります。肩は、低音・高音を弾く時も、真ん中の時と同じように両肩が床と並行になっているように動かすことが、とても大事です。

　前回のドッグの姿勢（腰がくぼんだ形）で、指のアーチ、肘のポジション、肩の位置を意識して、またすぐにピアノに向かって試してみましょう。

第四回　オクターブの魅力と奏法

二〇〇八年十二月号

　19世紀半ばにピアノがほぼ現在と同じ形となり、大きく華やかな音が出せるようになってから、オクターブを多用した作品が作られるようになりました。今回は、オクターブの奏法についてのお話です。

1　ピアノの発展とロマン派
――リストの登場とピアノの技巧の拡大

18世紀初めに発明されたピアノは、19世紀半ばに現在とほぼ同じ音域となり、弦を張るフレームが木製から鉄製に変わって、大きく華やかな音が出せるようになりました。こうしてピアノはオーケストラの代用になるような楽器に変貌します。そして同時に、ショパンやシューマンのようなロマン派の音楽様式が流行して、華やかで難しいピアノ音楽が生まれました。

　その中で、リストはヴァイオリンの演奏技術を飛躍的に高めて「ヴァイオリンの鬼神」と呼ばれたパガニーニの影響を受けて、ピアノ演奏のテクニックを限界まで拡げようと試みました。またリストは手の大きさにも恵まれていたので、作品にはオクターブがいろいろなところに出てきます。たとえば、ピアノソナタの最後では、左右のオクターブが速いパッセージで奏でられる豪快・華麗な箇所が登場します。

　リストがこのようにピアノの技巧を発展させると、多くのピアニストがリストを目指して難しい技巧を披露するようになり、とりわけオクターブが速いパッセージで奏でられる豪快・華麗な箇所が登場します。

　リストがこのようにピアノの技巧を発展させると、多くのピアニストがリストを目指して難しい技巧を披露するようになり、とりわけオクターブの魅力に取りつかれました。ドレイショックというピアニストは、ショパンの『革命のエチュード』の左手のパートをすべてオクターブで弾いたという有名なエピソードを残しています。

その後、やや遅れてロマン派が開花するロシアでは、チャイコフスキーやラフマニノフなどの作曲家たちが、オクターブの魅力を引き出した名曲を多く作曲しました。

2　オクターブの奏法——その秘密

ところで、オクターブを弾く難しさは、指先の細かな速い動きではなく、手首を中心とした特別なテクニックを使うことにあります。そしてその練習方法がよく教えられていないために、多くの人が苦労しているのが現状だと思います。練習方法は簡単に伝えにくいのですが、まずは6度のポジションで、手首をすばやく震わせる練習をすることから始めます。6度で手首がすばやく動くようになったら、オクターブで同じ動きができるようにします。それからオクターブの連打、音階と練習することで、正確な弾き方の基礎が身に付きます。（ショパン刊『コンパクト・ハノン』の33〜37番）。

3　オクターブのポジションとストレッチ

日本の多くの女性にとってオクターブの難しさのもうひとつは、その大きなポジションにあるはずです。ところが手の小さな方でも、指がよく広がるようになることで、オクターブのポジションをつかむのが楽になるようになります。スペインの有名な女流ピアニストであるラローチャは、身長１４５㎝くらいの小柄なピアニストですが、いつも指と指の間を広げる訓練をしていたそうです。その努力もあって、オクターブのポジションは楽につかめたようで、ラフマニノフのピアノ協奏曲第３番の名演をＣＤに残しています。

ここでは指を広げる簡単なストレッチの方法を紹介しましょう。まず片方の手でこぶしを作って、もう片方の手の指の間（たとえば2と3）に入れて、痛くなる直前のところまで伸ばし、そのまま20秒キープします。これをすべての指の間でおこないます。毎日、暇な時にストレッチしていると、思いのほか指が開くようになるはずです。

では、6度の練習と指のストレッチを今日から始めましょう。

第五回　豊かな和声と奏法の秘密

二〇〇九年二月号

モーツァルトのソナタや、ショパンのノクターンのような右手の旋律が際立った作品を弾いていると、つい主旋律以外の音への注意が行き届かなくなっているのではないでしょうか？　今回は、きれいな和声を響かせるためのお話です。

1　和声人間になろう――「縦の線」が大事

私は、主旋律とともに、対旋律や伴奏など他の音が溶け合って響いている状態を「縦の線」が整っていると言っていて、常にこの「縦の線」がきれいな和声になっているように意識しています。生徒へのレッスンの際にも、この「縦の線」を意識することを強調しています。というのも、多くの日本人がピアノを弾くとき、この「縦の線」がはっきりせずに、メロディーは歌っているけれど、全体としての響きの乏しい演奏になりがちだからです。ヨーロッパに行くと、指のテクニックは日本人ほど器用でないけれど、「縦の線」がよく意識されていて、ハーモニーの豊かな演奏にしばしば出会います。それは彼らが、響きの豊かな教会の中で幼いときからパイプオルガンの音に触れていることも一因でしょう。

クラシックを中心とした西洋音楽が、他の国の音楽と一番異なる点は、和声という発想にあるのです。そのため、豊かな和声感覚を表現できることが、ピアノの演奏をより深めてくれるのです。

2　和声のアナリーゼを活用しよう

たとえばモーツァルトのピアノソナタハ長調Ｋ５４５は、ソナチネアルバムにも載っている比較的シンプルなソナタですが、この曲の和声の進行（コード）の簡単なアナリーゼをして、常にどの和音がベースに鳴っているかを意識しながら弾くと、「縦の線」がはっきり見えてきます。右手の旋律と左の伴奏がひとつの和音に溶けあって、立体的な演奏になってきます。たとえば、１楽章の始まりは、ハ長調のドミソの和音がベースになっていますが、多くの人は、右手も左手も前に進むことを考えて、このドミソの響きが左右全体で充分感じられないまま、演奏しているのではないでしょうか？　ドミソの「縦の線」が充分に感じられて弾けるようになれば、この聴きなれたソナタが、とても新鮮に感じるようになるはずです。

3　より豊かな和声を得るために――和音と左右のバランス

ここでは、以上のような「縦の線」を美しく響かせるタッチについて説明します。まずは、前回までで述べてきたように、打点をきちんと捉えた「ハーフタッチ」で弾くことが重要です。そして先のドミソの和音を弾くときに、右手は、ソを弾く5の指を一番大きく、次にドを弾く1の指、最後にミを弾く3の指の順に音を微妙に弱くします（左手は1＞5＞3と逆にします）。こうすると同じ3和音でも、バランスよくきれいに響きます。これは、分散和音でも同じです。

次に重要になってくるのが、左右の音のバランスです。高音部と低音部を同じ音量で弾くと、どうしても低音部が勝って高音部が目立たなくなってしまいます。そのためピアノを弾く場合は、低音部は高音部の半分くらいの音量で弾くと、とてもきれいなバランスで響くようになります。

さらに、前回お話ししたオクターブのタッチも、基本的には高音部（右は5の指、左は1の指）を低音部より強調すると、引き締まった音色になり立体的に聴こえるようになります。

では、今練習している曲の「縦の線」を意識して、和声を感じてピアノに向かってみましょう。

第六回　「拡がり」の感覚を身につけましょう

二〇〇九年三月号

昔から、日本人を含む東洋人の手先が器用なことは経験的に知られています。今回は、そんな日本人がピアノを弾くうえでぜひ身につけたい、「拡がり」の感覚についてお話しします。

「器用」な日本人に向いたピアノ

最近ではスポーツの世界で、手先だけでなく身体全体の複雑な動きにも日本人が優れていることが指摘されています。フィギュアスケートでの浅田真央選手などの日本人選手たちの活躍を見ればよくわかるでしょう。

クラシック音楽の世界でも、ピアノやヴァイオリンなどの複雑な指先の動きを要求する楽器の部門で、日本人が国際コンクールのタイトルを受賞することは、昨今ではごく普通のことになってきています。私がドイツに留学していたころには、こんな時代が来るとはとても想像できませんでした。当時は今日のように、多くの日本人ピアニストが海外のピアニストと同じ土俵で競い、評価されるとは考えられず、またその必要もあまりない、ある意味「のどかな時代」だったのです。ところが層の厚くなった最近では、国内の小さなコンクールの地方予選に行っても、将来国際コンクールで入賞すると思われるレベルの子どもに少なからず出会うようになりました。ただ、昔から変わらない傾向として、ミスなく細部を磨き上げてくるのに、演奏全体の印象は、何かこじんまりした拡がりの乏しいものが多いということです。言いかえると、ホール全体に響く演奏というより、自分の目の前の空間だけで鳴っている演奏といった感覚です。このことは、前回にも少し触れましたが、何か日本人独特の感性によるのかと不思議に思ってきました。そして最近この点をうまく説明した本があることを思い出したのです。

「縮み」の美学と日本文化 vs 「拡がり」の美学と西洋文化

『「縮み」志向の日本人』（イ・オリョン著）という、韓国の大学の先生がずいぶん前に書かれた日本人論があります（講談社学術文庫に復刊）。改めて読んでみても、とても斬新な見方で書かれた本です。この本の内容をひとことでまとめると、日本の人には他の国には見られない、大きなものを小さくしていく「縮み」の美学があるというのです。たとえば、大辞典並みの語数が入っている外国語の小辞典や文庫本を好むことは、他の国にはみられない特徴で、コンポ並の音を歩きながら聴けるウォークマンを発明する感性は、日本人独特のものだと指摘しています。このように日本人は、多くの情報や機能を小さなものに詰め込んで縮めていくことに心地よさを感じ、手のひらに収まるような小さなものを美しいと感じるというのです。今では多機能の携帯電話がその典型でしょう。

このような、「縮み」の感覚を心地よく思うのは私も例外ではありません。ところが、西洋文化（音楽）というのは、この「縮み」の逆の「拡がり」の美学が基本となっています。今になってみると、私も留学中に身につけるのに苦労したと思うのは、作品の様式感の習得と並んで、この「拡がり」の感覚を身につけることでした。

この「拡がり」の感覚が身についてくると、ハーフ・タッチで弾いたピアノの音がホールに広がる感じがとても心地よく感じられますし、また前回述べた和声の感覚も自然と育ってくると思います。もともと器用な日本人がこの「拡がり」の感覚を身につければまさに鬼に金棒で、本当に世界で通用するピアニストになれる可能性が広がってきます。

第七回　様式感を身につけましょう

二〇〇九年四月号

前回、私が留学したときに「様式感」を身につけることに苦労したことに少し触れましたが、今回は「様式感」とは何なのかということ、「様式感」を身につけることの重要性と、その方法についてお話しします。

様式感とは

「様式感」は大きく、バロック、古典、ロマン派という歴史的なスタイルと、ドイツ的、フランス的といった各国特有（地理的）のスタイル、そしてバッハ、モーツァルト、ショパンといった作曲家ごとのスタイルの３つに分けられます。いわゆる「〜らしさ」という感覚です。

たとえば、ベートーヴェンは初期の古典的なスタイルから晩年のロマン主義的な要素が色濃くなる時期のドイツの作曲家です。ベートーヴェンをそれらしく弾こうと思うと、彼の生きた時代に共通するスタイルと、ドイツの音楽に共通するスタイルが身体に染みついていないと、いくら楽譜を丹念に読んでも「ベートーヴェンらしさ」を表現するのは難しいのです。日本の民謡とか演歌を歌おうとしたとき、楽譜には書き表せない間合いとか歌い回しがあることがわかるでしょう。日本人であれば、これらに「日本的な」独特なスタイルを直感的に感じられるはずです。これと同じことがクラシック音楽の演奏においても非常に大事なのです。

様式感の希薄化

私が40年前（１９７０年代）にドイツに留学したときには、音大での授業以外から「ドイツ的なもの」を日々の生活から感じることができ、それを自然と身につける雰囲気が色濃く残っていました。また当時活躍していたピアニストの多くは、時代的、地理的、そして作曲家固有のスタイルを代々継承してきた「様式感」あふれる演奏をしていました。私はドイツに住み彼らの演奏に接することによって、とくにバッハからブラームスにかけてのドイツのクラシック音楽の「様式感」を身につけることができたと思っています。

ところが、クラシック音楽が国際的になった今では、テクニック面では格段に進歩したと思われる反面、ヨーロッパにおいても以前ほどの濃密な「様式感」を体感するのが難しくなってきています。たとえば今10代、20代の人にとっては、実際に接するピアニストを見ると、アシュケナージやポリーニというピアニストが、ベテラン、巨匠という世代に感じられると思います。ただ私の世代から見ると、このふたりは国際コンクールに優勝することで華々しくデビューした第一世代で、彼らの世代から色濃い「様式感」が薄れはじめ、インターナショナルなスタイルが確立された印象を持っているので、彼らより若いピアニストから充分な「様式感」を感じ取ることが難しくなってきていると思うのです。

様式感を取り戻そう

そして私が、最近の国際コンクールの入賞者の多くに満たされないものを感じるのは、この「様式感」があまり感じられないことも原因だと思っています。言いかえると、優れた音楽性は持っているのに、何か「らしさ」が感じられないという感じです。とくに日本のようにクラシック音楽を輸入してきた国のピアニストには、この「様式感」が欠けているように感じられます。

「それではどうしたらいいの？」という声が聞こえてきそうですが、私がお勧めするのは、過去の名ピアニストの録音（CD）をたくさん聴くことです。ベートーヴェンでしたら、ヴィルヘルム・バックハウス、ヴィルヘルム・ケンプ、クラウディオ・アラウ、ルドルフ・ゼルキンなどの演奏はとても参考になります。たくさんの演奏を聴いて、いいなと思ったところは真似したりしているうちに、自分の個性と溶けあってきて、いつの間にか「様式感」が身についてきます。

第八回 「原典版」を使いこなしましょう

二〇〇九年五月号

最近では楽譜の研究の進歩によって、作曲家の自筆譜を忠実に再現した「原典版」がよく使われるようになってきています。今回は「原典版」が生まれた背景と、「原典版」の使い方についてお話しします。

新しい音楽の流れ～新即物主義の登場

私が学生のころ、「新即物主義（ノイエ・ザッハリヒカイト）」という言葉をよく耳にしました。これは音楽の演奏の世界では、19世紀生まれの古い世代の演奏家が、楽譜に書かれていない主観的な解釈による表現をしていて、作曲家の意図をうまく反映していないのではとの反省から、第二次大戦以降（１９４５年〜）に台頭してきた考え方です。アルフレッド・コルトー（１８７７〜１９６２）の演奏には新即物主義以前の古いスタイルを窺うことができます（名演奏ですが）。

　このような状況を正そうという流れの中で、楽譜に忠実に作曲家の意図を伝えるという「新即物主義」の立場に立ったピアニストのワルター・ギーゼキング（１８９５〜１９５６）やヴァイオリニストのヨーゼフ・シゲティ（１８９２〜１９７３）といった演奏家が登場してきて、現在の演奏のスタイルの源流を作りました。

原典版の誕生とその特徴

　このような「新即物主義」の潮流は、それまで出版されていた楽譜に対する見直しを促すことになりました。当時の楽譜の多くは「校訂版」と言われるもので、作曲家の元の楽譜に、著名な演奏家たちが自分の解釈を書き加えたものでした。また定本となる楽譜も出版社によって違ったり、自筆譜とは異なる音が記されていたりと不正確なものでした。「新即物主義」の考え方は、このような状況に対して、作曲家の自筆譜や初期の楽譜を細かく検討することで、できるだけ作曲家の意図を忠実に引き出す楽譜を作ろうという試みを促しました。そしてそれが「原典版」の誕生につながりました。

　とくに古典派を中心とした原典版としては、ベーレンライター版、ヘンレ版、ウィーン原典版の３つが代表的なものです。最近では原典版を使うことが当然のようになってきていますが、バッハとモーツァルトで非常に評価の高いベーレンライター版では、演奏指示記号も運指も書かれていなくて、普通の学習者が使用しにくいという難点があります。また実用的な原典版として評価の高いヘンレ版の中には、運指が日本人向けでないという指摘があります。同じく実用的なウィーン原典版は日本語で解説・注釈が読めることと、運指がより自然であるという点などで評価されています。しかしこのふたつの版はそれぞれに長所があるので、とくに使う楽譜の指定がないかぎり、改訂（出版）年度の新しさを目安に自分に使いやすいものを選ぶのがよいでしょう。

原典に基づいた校訂版や名演奏を参考に

　このような中で、日本人によって原典版を底本とした校訂版が作られてきています。たとえばベーレンライター版のバッハのインヴェンション、平均律やモーツァルトのピアノソナタ等を底本にしたものは、正確性とともに詳しい日本語の解説や日本人に向いた運指がなされていますので、原典版と併用したり単独で使用するのにとても便利です。

またフランスやスペインを中心とした近代ものでは、原典版としても解説・運指等の優れた改訂版としても使用できる楽譜が最近相次いで日本で出版されて、お薦めできる内容になっています。

さらに前回お話ししたことに関連しますが、名演とされている録音をたくさん聴いて「様式感」を体得することも「原典版」を活用する上でとても大事です。

第九回　演奏解釈を広げましょう
——フォルテピアノの演奏を参考に

二〇〇九年六月号

最近では、モーツァルトやベートーヴェンの作品を当時のオリジナルなピアノ（フォルテピアノ）で聴く機会も少しずつ増えてきました。フォルテピアノとは、ピアノが発明されてから19世紀前半までのピアノを主に示します。今回は、フォルテピアノの歴史と、その演奏が、現代のピアノ演奏とどのような関わりがあるかについてお話しします。

バッハと古楽復興運動——チェンバロの復活

現在もっとも偉大な作曲家として評価されるバッハ（１６８５〜１７５０）は、１８２９年にメンデルスゾーン（１８０９〜１８４７）によって再演されるまで死後しばらく忘れられた存在でした。この再演以降バッハが高く再評価されて、その演奏・研究がおこなわれるようになります。しかしフェルッチョ・ブゾーニ（１８６６〜１９２４）の有名なバッハの楽譜の校訂版や編曲からうかがえるように、本来チェンバロで演奏されていたバッハの鍵盤音楽の作品が、当時ではモダンピアノによってロマンティックなスタイルで演奏されていました。

ところが１９２０年頃になると、前回ふれた「新即物主義」と考えの似た「古楽復興運動」が盛んになり、古い時代の作品を当時の楽器、演奏法、調律法などでおこなう流れが生まれてきました。このような中で、ワンダ・ランドフスカ（１８７９〜１９５９）により、バッハがチェンバロで再演奏され大変話題となりました。さらに１９６０年代頃までには「古楽」の研究が進んで、バッハの時代のチェンバロの複製や、当時の演奏法や調律法等の知識が豊富になり、グスタフ・レオンハルト（１９２８〜２０１２）などによって、いわゆる正統的（オーセンティック）なバッハの演奏が行われるようになりました（バッハの解釈におけるチェンバロの重要性に関しては別の機会にお話しします）。

フォルテピアノの演奏をモダンピアノの演奏へ応用しましょう

　このようなバッハなどのバロック音楽の「古楽」的なアプローチが進む中で、モーツァルトやベートーヴェンの作品を、当時用いられていたピアノ（フォルテピアノ）によって演奏する試みも始まりました。ただしフォルテピアノは発展途上の中にあった楽器なので、イタリアのクリストーフォリ（１６５５〜１７３１）が初めて作成した１７００年代初頭のものから１８００年代前半のイギリスのブロードウッド社製ものまで、それぞれ比較して聴いてみると違う楽器かと思うほどに進化しています。初めてこれらの楽器の音を聴く人だったら、「これがピアノの音？」と思うほど現代のピアノのイメージから離れた印象を受けると思います。私自身が聴いても、フォルテピアノのいくつかはむしろチェンバロに近い音か、ハーモニックス奏法で弾いたハープの音のようにも感じられます。

　１９７０年代前後になるとフォルテピアノによるモーツァルトやベートーヴェンの本格的な演奏・録音がおこなわれはじめます。最近では、ショパンの作品まで当時の楽器で演奏したＣＤも見かけるようになりました。皆さんの多くは、「ショパンのピアノは今と同じじゃなかったの」と思われるでしょうが、実はピアノが現代とほぼ同じ響きになるのは、鋼鉄の弦と鋳鉄のフレームが用いられ始めた19世紀後半以降のことなのです。ショパンが愛用していたプレイエルのピアノでの演奏を聴くと、とても繊細な音色と響きを楽しむことができます。

　ところで現在ではフォルテピアノを専門とする演奏家が多く育ち、芸術性の高い演奏とともに古典派の新しい解釈が確立してきています。これらの成果は原典版の研究にも貢献して、現代のモダンピアノで演奏する際の表情づけやペダリングにも大きな影響を与えてきています。フォルテピアノによる演奏を初めて聴くと違和感を覚えるかもしれません。ただこれらの演奏を通して、当時の作曲家のイメージしていた音や響き、強弱の幅、フレージングなどへの理解が一層深まるとともに、前回お話しした原典版の用い方にも大変参考になるものと思います。

第十回　練習曲を上手に活用しましょう

二〇〇九年七月号

皆さんの多くは、ピアノ演奏技術向上のために、チェルニーやハノンなどの練習曲を当たり前のように練習しているのではないでしょうか。ところが、このような練習曲がどんな歴史的背景で出てきて、なぜ普及したのかを知っている方はあまり多くないと思います。そこで今回は練習曲の歴史や特徴と、これらをどのように使っていくかについてお話をします。

ピアニストの誕生と練習曲――サロンとピアノの進化

19世紀の初めごろから、クラシック音楽を聴く人たちの主流が、貴族の宮殿から、ブルジョワと呼ばれるクラシック音楽にはあまり詳しくないけれど、ブランド品のようにクラシック音楽に親しみたいという人たちの集うサロンに移ってきます。そしてブルジョアの人たちを相手にピアノの名手として認められることは、ピアニストにとって今のロックスターのようなセレブになる手段にもなりました。その結果ピアニストが憧れの職業になっていきました。

そして憧れの職業としてのピアニストの第1世代が、練習曲でも有名なチェルニー（１７９１〜１８５７）やモシュレス（１７９４〜１８７０）といった人たちなのです。こういった人たちが多くの練習曲を書き練習した理由のひとつとして、ブルジョアの人たちを感動させるには、とにかく鮮やかなテクニックで派手な曲を演奏できることが大事だと考えたからでした。

またこのころピアノ本体が頑丈になり鍵盤が重くなったことで、強い指の力が求められるようになったことも、練習曲を多く弾く必要が出てきたもうひとつの理由です。

練習曲の種類と問題点――楽曲型と訓練型

当時練習曲として書かれたものは、１８０４〜１８１０年に書かれたクラーマー（１７７１〜１８５８）の練習曲［１８６９年にビューロー（１８３０〜１８９４）が校訂］、そして１８３０年代頃から書かれたチェルニーの練習曲が有名ですが、これらの曲は楽曲の中でテクニックを習得していくスタイルで作られています。

ところが19世紀も半ば以降になると、より効率よくテクニックを獲得するために、楽曲の形をとらずに純粋に指を訓練しようという教本が出てきます。中でもプレディ（1810〜1874）、ハノン（1819〜1900）、ピシュナ（1826〜1896）などが代表的なものです。20世紀に入って書かれたコルトー（1877〜1962）のメソッドも同じ考えによるものです。

練習曲の問題点として、チェルニーのような「楽曲型」は、仕上げるのに時間がかかるわりに、曲自体があまり芸術的でもなくレパートリーにならないということがあります。一方ハノンのような純粋な「訓練型」では、効果はあるものの単調でつまらないということです。またどちらのスタイルの練習曲も全曲をさらうには、現在では量が多すぎると思われます。

このような事情から、最近海外では「楽曲型」の練習曲を適当に抜粋して生徒に与えることもおこなわれています。一方「訓練型」にしても、練習する楽曲に応じて独特のエクササイズを選ぶこともおこなわれています。

練習曲のダイジェスト版を用いましょう

練習曲をうまくセレクトするのも、結構難しいことです。このような中で、数は少ないものの、複数の作曲家の練習曲集を難易度別に簡潔に編集した教本もあります。中級レベルまでのテクニックを異なった時代様式の練習曲を通じて、効率よく習得できる便利な内容になっています（ロシアやハンガリーなど海外で編纂されたものが日本語版でも手に入ります）。

ところで私が『コンパクト・ハノン』（ショパン刊）を著したのは、中級レベル以上の「訓練型」教本のダイジェスト版のささやかな試みのひとつでした。そして今後上級レベル向けの「楽曲型」や「訓練型」の練習曲のダイジェスト版が同じように編纂されていくと、テクニックの習得をもっと有意義に効率よくおこなえつつ、楽曲の芸術的な解釈により多くの時間を使えることになると考えます。

二〇〇九年八月号

第十一回　あがりを克服しましょう
——自律訓練法を使って

演奏家にとって「ステージでいつもの練習のときのように演奏できたら」というのが願いでしょう。ところがあがってしまって、「頭の中が真っ白」にという悩みを持っている方は少なくはないのではないでしょうか。今回はこの「あがり」に効果的なメソッドである「自律訓練法」についてお話しします。

リラクセーションと自律訓練法

スポーツなどの世界では、過度の緊張やあがりを減らして、集中力やパフォーマンスを高めるための「リラクセーション」という技法があります。このリラクセーションの技法をマスターすることで、演奏家なら本番に備えてあまり不安にならずに準備ができて、舞台に上がってからも過度に「あがる」ことなく演奏できるようになります。ここではリラクセーション技法の中でも比較的ポピュラーな方法である「自律訓練法」について紹介します。

「自律訓練法」は、ドイツの精神科医シュルツによって「催眠療法」をヒントに作られた方法です。シュルツが研究を始めた20世紀初頭、他者から催眠状態に何度もかけられることで、疲労や緊張が軽くなっていくことが知られていました。ただ、他人が催眠をかけるのはたいへん手間がかかるので、彼は自分で催眠状態に入れる方法を患者におこなわせました。その結果、普通の催眠状態と同じ身体の感覚になることがわかりました。そこで彼は、催眠状態に感じる感覚を自分ひとりでマスターできる技法として「自律訓練法」を作り出しました。

自律訓練法の効能と進め方

この「自律訓練法」をマスターすると、いつも適度なリラックス状態で生活できるようになり、極端に緊張することがなくなってきます。実際にこの方法をマスターして、あがりを克服してコンクールに優勝したという演奏家もいます。ここでは、具体的な自律訓練法の内容とやり方について簡単に説明します。

自律訓練法は、いろいろなステップからできた技法ですが、「標準練習」という基礎的な部分をマスターすることで「あがり」には充分効果的です。この「標準練習」は7つの公式からできていますが、ここでは背景公式、第1公式、第2公式の3つを取り上げて内容とやり方を紹介します。第2公式まで習得できれば、自律訓練法の8割の効果を得られると言われていますので、ぜひマスターしたいものです。次がその3つの公式です。

(1) 背景公式：気持ちが落ちついている。

(2) 第一公式：両腕・両脚が重たい。

(3) 第二公式：両腕・両脚が温かい。

静かな部屋でいすに座るか、仰向けで寝る姿勢で目を閉じて、以上の公式を順番にマスターしていきます。ただどれも必死に努力してその感じを得ようとするのではなく、さりげなく注意を向けるようにします。具体的には、「背景公式」なら「なんとなく落ちついたかな」という感じが意識できればＯＫです。第1や第2の公式では、「利き腕」→「反対の腕」→「利き脚」→「反対の脚」という順番で意識してそのイメージを思い浮かべます。第1公式の「重い」という感じは、筋肉がゆるんでいる感じで、運動やマッサージの後のちょっとだるい感覚を思い浮かべるとよいでしょう。第2公式の「温かい」という感じは、お風呂に入ったときの温かさをイメージするとやりやすくなります。また練習が終わったら、目を開いて、腕と足の曲げ伸ばしをおこなって通常の状態に戻します。毎日できれば3回くらい継続して練習することが大事です。人によってマスターするスピードは違いますが、自律訓練法の練習を3カ月位続けることで「あがり」にくくなっている効果を感じることができると思います。

第十二回　バッハを楽しく弾きこなしましょう

二〇〇九年九月号

バッハは偉大と言われるけれど、入試やコンクールの課題曲に出るから、つまらないけど練習しているという人は少なくないのではないでしょうか。今回はそんなバッハを音楽的に楽しく弾くコツについてお話しします。

バッハとチェンバロ、パイプオルガン

私が大学生だったころにバッハの曲を弾いていると、当時ドイツ語の通訳を務めていたのちの私の主人が、私のバッハの演奏がつまらないと言いました。正直言って、私自身もピアノでバッハをどう弾いたらよいのかわからないでいました。その後ドイツに留学してケルン音大でチェンバロとパイプオルガン（以下オルガン）も専攻することになり、バッハはこうやって弾くのかということが、目から鱗といった感じで理解できたのでした。

ご存じの方も多いと思いますが、チェンバロはピアノのように音の強弱が出せません。そのために大きな音は音符を長めに、小さな音は短めにといった「揺らす」ような弾き方で（アゴーギクを用いて）演奏することによって強弱を表現します。絶妙なアゴーギクを用いてチェン

バロで演奏されたバッハを聴くと、本当に生き生きと感じられ、表現法も自然とわかってきます。一方、オルガンにも特徴はいろいろありますが、とくにストップを用いて多彩な音色で複数の声部をくっきり弾き分けられ、長い保持音を響かせることができ、バッハのポリフォニックな魅力が充分に引き出せるところがピアノとの大きな違いです。『平均律』などでは、２小節以上にわたってピアノのキーを押さえ続ける箇所が出てきますが、この保持音をピアノで体感するのは難しいでしょう。以前『平均律』をある方がオルガンで弾いたＣＤを聴いたときに、こうした保持音や多声部の響きが鮮やかに表現されていて、豊かなハーモニーを楽しむことができました（チェンバロとオルガンによるバッハの名演奏としてヘルムート・ヴァルヒャ（１９０７～１９９１）のものをお薦めします）。

以上のように、チェンバロのアゴーギクによる強弱法と、オルガンの響きを意識しながらバッハを弾くと、いかにもバッハらしい感じが出て練習も楽しくなってきます。最近では、多くの音大でチェンバロやオルガンが学べるようになってきていますので、在学中の方は積極的に授業に出ることで、バッハの解釈が広がると思います。また、そういう機会がない人は、電子ピアノについているチェンバロやオルガンの音で演奏するだけでも充分な収穫が得られるはずです。

バッハとアナリーゼ

バッハの音楽の魅力は、感覚的に美しいと感じるよりは、楽譜を丹念に読んでみて、鮮やかな対位法で書かれている作曲技法の巧みさに驚くことにあるでしょう。そのため、バッハの美点を引きだすもうひとつの大事なアプローチは、作品のアナリーゼを充分におこなうことです。ただ自力でバッハのアナリーゼをやろうとしたら、作曲科で本格的に理論の勉強でもしないと難しいのですが、幸い『インヴェンションとシンフォニア』と『平均律クラヴィーア曲集』のアナリーゼと演奏法に関しては、市田儀一郎先生の名著があります（音楽之友社）。ただこれは初めて読むのには大部の本です。同じく市田先生がベーレンライターを底本にした同曲の楽譜（全音楽譜出版社）に、日本人向けの弾きやすい運指とともに、簡潔なアナリーゼと演奏上の指針を書かれています。こちらはより実用的なものとしてお薦めできます。またグレン・グールド（１９３２～１９８２）の演奏は、バッハのこの複雑な対位法のテクスチュアを見事に表現したCDとして今でも必聴版です。

以上のことに加え、ハーフタッチを上手に用いて演奏すれば、ピアノでの美しいバッハの演奏ができることうけあいです。

第十三回　ヨーロッパのピアノ教育とコンクール

二〇〇九年十月号

クラシック音楽が国際化した今日でも、ヨーロッパにいると日本では身に付きにくい、クラシック音楽にとって重要な何かがあることをよく感じます。今回はそんなヨーロッパのピアノ教育やコンクールを中心にお話しします。

ソルフェージュ重視と身近な音楽学校

日本ではピアノを始める時期が低年齢化して、幼稚園前からということも珍しくないでしょう。それに比べるとドイツでは、ピアノに触るのは小学生になってからと、とてものんびりしています。

じゃあそれまでは何をやっているのかというと、歌ったり、踊ったり、リズムをとってみたりとソルフェージュやリトミックの初歩のようなことをやっています。日本ではソルフェージュやリトミックというと、受験のためのものとか特別な音楽教育法と思われがちですが、ドイツではごく自然におこなわれ、音楽の基礎としても重要視されています。またこういったソルフェージュやリトミックに加えて、ピアノのレッスンなどを市や町が運営している音楽学校で、優秀な先生方から安い授業料で受けられます。お隣のフランスでも、町、市レベルの音楽学校でまずは同じような教育を受けます。

そして日本と違うと思うことのひとつは、フランスではローカルな音楽学校でも成績が優秀だと、レベルが上の学校に編入できて、最後はパリの国立高等音楽院にも進める場合があることです。この点は、日本のように、ピアノの練習やその他の準備で長い期間消耗してしまうのと大きく違っています。音楽に限らず、ヨーロッパの教育は、一部を除いて高校くらいまではゆったりしていて、大学となると厳しい勉強や試験を強いられます。ただ高校まで伸びやかな環境で育つため、学生が充分なエネルギーと新鮮な感性を持っているので、音大に入学して以降、才能もテクニックもすばらしく伸びる人が多くいるのも事実です。

恵まれた音楽環境

　ヨーロッパにいると生の音楽に触れる機会が当然のことながら多く、日曜日に近所の教会に行けば、生のパイプオルガンのコンサートがタダで聴けます。また結構なレベルのピアノリサイタルやオーケストラの演奏会も、日本で映画を観る程度の値段で楽しめます。もちろん音大の学生であれば、タダ同然ということもあります（加えてドイツの音大の授業料は無料です）。

　こういった生の音楽に簡単にいつでも触れられることは、クラシック音楽の様式感を身につけ、育む上で大変役立っているように感じます。それとCDはヨーロッパで買うと日本より割高な感じがするのですが、専門家しか聴かないと思われるような古楽や現代音楽のCDも図書館にたくさん置いてあって、わずかな図書館への登録料を払えばいろいろな音楽を聴けることも、なんとも贅沢な環境です。

音楽性重視のコンクール

　最近では日本に数えきれない程のピアノコンクールがありますが、ヨーロッパでも国際コンクールレベルではない、ローカルなピアノコンクールは数多く存在します。一概には言えないのですが、ヨーロッパのこういったピアノコンクールを見ていると、きちんと弾けていても音楽的に今ひとつという人の演奏は高く評価されませんし、テクニックが未熟でも、個性的だったり、オールドスタイルの音楽的な演奏でも結構上位に入賞したりします。この点、日本での一般的な審査と随分違うなという印象を受けます。

　ヨーロッパのようなピアノ教育システム、音楽環境そしてコンクールがあれば、日本でもより多くの人が本格的なピアノの勉強ができて、もっと多彩な個性が発掘されるだろうと思います。私もこのような環境作りに一役買えればと思っているこの頃です。

第十四回　日本のピアノ教則本とピアニストの歴史

二〇〇九年十一月号

　若い読者の皆さんには、数多くのピアノ教則本が楽器店に並び、国際的に活躍する多くの日本人ピアニストがいることが当たり前に思えるでしょうが、こんな風になったのはつい最近のことです。今回はそうなるまでの簡単な歴史をお話しします。

バイエル――思いがけない贈り物

　日本の音楽教育は、東京藝術大学の前身である音楽取調掛から始まりました。ここの担当官（校長）であった井沢修二先生は、アメリカ留学の時の恩師であるメーソン先生に日本に来てくれるようにお願いしました。その結果、明治13年（１８８０年）にメーソン先生は10台のピアノとともに、20冊の『バイエルピアノ教則本』（以下、バイエル）を持って来日されました。この教則本は、ドイツのフェルディナンド・バイエル（１８０３〜１８６３）によって書かれた本の英訳版で、アメリカ東部のボストンで出版されたものでした。その後音楽取調掛が東京音楽学校となってからも、予科ではバイエルを用いてピアノのレッスンがおこなわれていました。そして東京音楽学校で使われていることがお墨付きになって、バイエルは日本のピアノ教則本のバイブル的な存在になっていきました。

　現在、バイエルはドイツ本国では忘れられた教則本ですが、偶然のいたずらで、遠い日本でこんなに広まるとは本人は想像もしなかったでしょう。

　このようなバイエルオンリーの時代が変化するのは、戦後になってからのことでした。フランスから帰国された安川加壽子先生（１９２２〜１９９６）によって翻訳・紹介された『メトードローズ・ピアノ教則本』（１９５１年）が、この変化をもたらした第1号です。そして現在ピアノ教本の原点とも言われているアメリカの『トンプソン現代ピアノ教本』の日本語版が出たのが１９７２年でした。

　今でこそ数えきれない程の教本が出ていますが、そんな時代になるのに１００年以上もかかったのですね。

日本のピアニストの演奏レベルの変化

　今の日本の若い世代のピアノ演奏技術レベルの向上は目覚ましく、小学校高学年でリストの難曲を弾きこなすことも珍しくはなくなってきています。

　でもこのようなレベルに達するまでは本当に長い時間が必要でした。『荒城の月』の作曲者として知られる瀧廉太郎（１８７９〜１９０３）はピアノでも優秀な成績を収めたと言われていますが、東京音楽学校在学中に夜中のピアノ練習室で、リストの『コンソレーション』を懸命に練習していたそうですから、どの程度だったか想像がつきますね。

日本人で初めてベートーヴェンの『熱情』を公衆の前で弾いたと言われているのが東京音楽学校の助教授であった久野久子さん（１８８６〜１９２５）で、大正時代の中頃のことです。この頃ベートーヴェンの３大ソナタが弾けるというのは、奇跡のようなことでした。

そしてピアノの演奏のレベルが急に上がったと言われるのが、昭和に入ってからといわれています。私自身、桐朋学園の初代学長になった井口基成先生（１９０８〜１９８３）が昭和の初めに録音したベートーヴェンの『皇帝』を聴いたことがありますが、確かにレベルの向上を実感させる演奏でした。

戦後になると、ピアニストの家庭に生まれた園田高広さん（１９２８〜２００４）はカラヤンと共演（１９５４年）、田中希代子さん（１９３２〜１９９６）は日本人初のショパン国際ピアノコンクール入賞（１９５５年）、松浦豊明さん（１９２９年〜２０１１年）はロン・ティボー国際音楽コンクールで大賞を獲得する（１９５９年）など、日本のピアニストのレベルは海外の音楽家に評価されるほどに高まりました。そして１９８０年代になると、多くの日本人が海外の国際コンクールで優勝、入賞するようになります。ちょうどこの頃、『ショパン』が創刊されて、毎号日本人ピアニストの華々しい活躍が報じられていたのを懐かしく思い出します。

第十五回　ショパンの不思議

二〇〇九年十二月号

来年は、５年に１度のワルシャワ・ショパン国際ピアノコンクールの年ですね。このコンクールの課題曲は、全部ショパンというある意味不思議なコンクールなのに、きら星のごとく才能のあるピアニストを輩出する、ピアノコンクールの中でもNo.１と言ってもいい存在です。そこにはショパンの作品の秘密があると思います。最終回の今回は、そのことをお話しします。

ピアニストの試金石

マルタ・アルゲリッチをはじめとして著名なピアニストたちの先生としても有名だったニキタ・マガロフは、「ショパンが弾ければ、バッハから現代曲までこなせるが、その逆はない」と言ったそうです。言い換えれば「ショパンはピアニストの才能の試金石」ということです。その理由として、ピアノがほぼ現在の形になり、ピアノの特性を充分に引き出した作品が書かれたのがロマン派の時代で、ロマン派のピアノ音楽のスタイルがショパンの作品に凝縮されているからだといわれます。それならば同時代の名ピアニスト兼作曲家であったリストの作品のほうが、ピアノの技術の可能性を徹底的に追求したという意味でよりピアニストの才能を見抜けそうです。ところがリスト国際ピアノコンクールでもリスト以外の作品を演奏できるのをみると、何かショパンの作品には他の特別な秘密がありそうです。

ピアノのための完成された作品

なによりショパンの作品は、初心者でもなじめるような美しい旋律が特徴的です（旋律の完成度が高すぎて、ソナタなどを作るには展開が難しいという嬉しいような欠点もありますが）。またショパンの作品は、ピアノ以外の楽器に編曲するのが難しいといわれます。たとえばショパンのノクターンをヴァイオリンで弾くと、妙に甘ったるい感じになってしまいます。ピアノのクールな音色と響きがあってショパンの魅力が引き出されるわけで、まさにピアノのためだけに書かれたという特徴を持っています。

そしてショパンは、バッハとモーツァルトの影響を強く受けたといわれています。『24の前奏曲』はバッハの『平均律』の影響を受けて作曲されましたし、一見シンプルそうに見えながら、ひとつも音を変えることができないほどの完成度で仕上げられている点は、モーツァルトの作品に通じるところがあります。

このように、美しい旋律の背景にバロックと古典の巨匠の要素が巧みに組みこまれているところが、ショパンの作品に、ピアニストが一生を捧げられる芸術的な深遠さを与えているのだと思います。

テンポ・ルバートとエレガンス

ショパンの作品の演奏にとくに求められるのが、テンポ・ルバート（tempo rubato）といわれる、微妙にテンポを揺らしながら演奏していく方法です。ロマン派の音楽でも他の作曲家なら、インテンポで演奏してもそれなりに音楽的に仕上がりますが、ショパンの場合、とくにノクターンのような曲になると、テンポ・ルバートなしの演奏はまったく様にならなくなってきます。さらにマズルカやポロネーズに求められる民族的なリズム感や、パリの貴族のサロンの中で育まれた洗練されたセンスも要求されてきます。

　このようにショパンの作品を演奏するには、バロック・古典派の構築性や端正美をとらえるセンス、テンポ・ルバートや民族的なリズムに対するするどい感覚、そして洗練された趣味が高度なピアノ・テクニックとともに要求されます。一見ショートケーキのようにも見える甘いショパンの作品には、ピアニストに必要とされている要素がさりげなくすべて盛り込まれています。今までなんとなくショパンを弾いてきた方は、このショパンの仕掛けに気づいて、楽譜をさらに深く読み、いろいろな名演奏に接しましょう。そして、改めてショパンの作品に向かい合うことで、本当に多くのことを学ぶことができます。

だから弾きたい『調子のよい鍛冶屋』（ヘンデル）

『月刊ショパン』二〇〇三年四月号

ピアニストにきくこだわり・ポイント

［自由な表現を楽しんで］

〔Ｉ型〕	〔Ⅱ型〕
現実肯定型	現実否定型
長生き	短命
努力型	天才型
犬派	猫派
強い	弱い
思想探求	美の追求
〔例〕バッハ ベートーヴェン ブラームス	〔例〕モーツァルト シューベルト ショパン

だいたい作曲家は、傾向として乱暴にふたつに分ける事ができます。これは演奏する時にも非常に役立つと思うので、表にしておきます（右）。

さてこの大ざっぱな分け方で、ヘンデルはどっちとあなたは思われますか？

はいっ、そうです。Ｉ型です。

曲にもよりますが、おしなべてＩ型の作曲家は、太い音色で丈夫に弾きまくって正解です。（!?）それにヘンデルやバッハの鍵盤楽曲はチェンバロのために作られています。チェンバロのあのシャカシャカした音をイメージして弾いてください。ただ、硬い音は禁物です。指のお腹でよく押さえこむのですが、押さえこみ、すなわち体重をかける音は、反対に打鍵のスピードは遅くしてください。体重とスピードを同時に最高にしないでください。同時にかけると音に美学がなくなり、硬く、時には音が割れてしまいます。打鍵の重みとスピードは相反するものです。どちらも最大１００と仮定しますと、重み１００＋スピード１００は、音が硬すぎて割れてしまいます。

スピードを上げると重みはスピードに反して下げる美学です。重み70ならスピード30、重み60ならスピード40にするという具合、または重み80にスピード１００もあり得れば重み15にスピード15もあり得ます。ただし重み０のスピード０は何も起こりません。

この曲では指の先を使った細い音よりも、指のお腹をつかった太い音が合います。変奏曲ごとにイメージを変え、イメージによって打鍵の重みとスピードを変え、自由な表現を楽しんでください。

だから弾きたい『エリーゼのために』

『月刊ショパン』二〇〇三年十月号

ピアニストにきくこだわり・ポイント

［お願い猫ちゃんのように］

「エリーゼのために」をＡＢＡＣＡとすると、Ａは指でなく体全体でしめやか、秘やかに和声的に、また一瞬長調になるところは憧れを込めて〈お願い猫ちゃん〉のように弾きたい。オクターブと、〈レ〉のシャープと〈ミ〉のくり返しはアーティキュレーションを生かして先の音より後の音を弱く抜く事に注意。Ｂは難しいからといってガタッとテンポが落ちる事のないよう軽くふわりとした感じで、リズムの強弱をよくつけて、また32分音符のきざみは超軽く、メロディー音のみを出してあとはできるだけ抜こう。Ｃは胸に熱い熱を込めて、でも一度に大きな音を出すのでなくひたひたと迫るように弾こう。バスが〈ラ〉から〈レ〉フラットに変わるのは最大の山を作るバス。もちろん右手のテーマもゆったりと強めて。三連音符はひかえめな希望と歌心をもってドキドキしながら、高いところは少し大きめに、下ってくると次第に小さくナイーヴに印象的に終りさめざめと感動して弾こう。強いベートーヴェンの違った側面〈優しさ〉が胸を打つだろう。

だから弾きたい『悲愴ソナタ』

『月刊ショパン』二〇〇五年十月号

ピアニストにきくこだわり・ポイント

［ベートーヴェン初期の自信作として］

『告別』と並んでベートーヴェン自身が名称をつけた『悲愴』は、彼が習ったラテン語の『パテティック』で、感動的、哀れを誘うという意味を持ちます。ギリシャ語の論理や言葉を『ロゴス』、情熱や苦痛の『パトス』に由来します。ですから冒頭の序奏は深い意味を込めて弾くようにしています。とくに最初の和音を鳴らすには、精神集中して威厳のある音を出すようにします。続く4小節目のレチタティーヴォは速すぎず、ひとつひとつの音に心を込めてお話をするように弾き、次のテーマは落ちついて、また否定のような突然の強音はびっくりするように鳴らします。序奏の最後は再びレチタティーヴォですが、やはり想いの深いまま言葉のように弾きます。長い序奏のあといよいよ第1楽章のアレグロに入ると、ベートーヴェンならではの推進力で強弱記号に注意しながら弾き進めます。ハ短調の和声的短音階がそのままテーマで、これが並々ならぬエネルギーを持っているので、軽いスタッカートで上行し、クレッシェンドする2分音符で厳格に下行します。しばらく激しく上下を繰り返し、変ホ短調の美しいところをピアノで弾き、スフォルツァンドも強すぎないように気をつけます。続く変ホ長調をピアニッシモで静かに調和させて弾き、右手は上へ切れ味の良いスタッカートで、左手は下へバスのニュアンスで進行させます。あとは序奏とアレグロのまぜこぜです。

私はドイツで結婚したのですが、その披露宴に、ドイツで最初に師事したデートレフ・クラウス先生にピアノを弾いていただいたのがこの第2楽章です。同じテーマを男声と女声で弾くのですが、「最初と最後が男声なのでしっかりがんばりなさい」との主人へのお祝いの言葉つきで。だから私はこの第2楽章を弾く時必ずこのお言葉を思い出し、含蓄深く哲学的に弾きます。中間の短調部分は女声として哀愁の意を込めて、男声の合の手とともに弾きます。ちなみにどう転んだか、主人の専攻は哲学、私の学生時代の哲学の成績はゼロ。男声と女声のどっちが勝ってるかって⁉　それは知りません！

第3楽章、テーマは4回繰り返されますが、そのたびに違う展開をします。

ベートーヴェンは面白いです。よくこんな展開をすると思います。その面白さは、あちこち駆けめぐるのは相変わらずですが、音符をだんだんと速いものに変えていき、3連音符でジグザグに昇ったと思ったら、一気に落ちて泡を吹きます。2回目は4度ずつのフーガテーマを生み出し展開するのですが、再び落ちて泡を吹きます。3回目は下から始まった8分音符を幾分ためて、高音に上がるにつれて小さくします。4回目は火がついて、泡吹きは一度違う調にいってしまう始末です。3つの楽章をあわせてもそんなに長くなく、密度の濃いベートーヴェンの初期の自信作として、『月光』『熱情』とともに3大名ソナタとして好んで演奏しています。

ただやみくもに弾くのでなく　～ベートーヴェン『月光』ソナタ～

『月刊ショパン』二〇〇九年二月号

楽しく弾くには、この曲に感動し、好きになり（好きこそものの上手なれ）、「弾けるかな!?」じゃなくて（そう思ったらもう弾けない）、弾きたいと強く望むことです（望めよ、さらば与えられん）。作曲の動機とか作曲者の当時おかれていた境遇を知ったほうが乗ると思う方はそうすればいいし（知的学者的タイプ）、好きな演奏家を聴いていると自分もそのように弾ける気分になってきて、弾いてみると弾けちゃったりするから（情感的、のせられやすいタイプ）、自分がどんな人間であるか知ることです。

ここでは、どのタイプの方にもぜひ知ってほしいことがあります。それは何も知らないでただやみくもに弾くのではなく、最低次のことを知っていれば理解が深まり、感動につながることです。まずベートーヴェンはこのソナタとひとつ前のソナタをセットで「幻想風」と名づけたことです。とくに『月光』については、１８０２年6月30日付の有名なライプツィヒの音楽誌『アルゲマイネ・ムジカーリシェ・ツァイトゥング』の批評に「このファンタジーは、始めから終わりまで、見事にまとまった一体であって、その全体から、深刻かつ強烈な情趣が、大きなひとかたまりの大理石から切り取ったようにほとばしっている。およそ内面的な音楽を解する人なら、誰ひとりとしてこの第1楽章のアダージョに感動しない人はいないであろう」とあり、このように当時からこの曲は高い評価を得ていました。

弾くにあたっては、まず第1楽章は、テーマがわかるように、右手の小指をやわらかく押さえこんで音を出し、伴奏にあたる3連音符は、腕や手首の力を抜いて弱い音で弾き、左手のモチーフ、嬰ハ、ロ、イ、嬰トの各音（バッハが苦悩を表すときに使ったと言われ、４つの音が下がるモチーフ。耳が聞こえなくなってくる苦悩を友人のたったひとりにしか打ち明けられず、ここに表現したのではないかと私には思われます）は、重々しく苦悩に満ちて弾きましょう。第２楽章は、テーマ自体が１楽章の左手の４つの音からできており、レガートとスタッカートを２小節ごとに交叉させ、かわいく。第３楽章は、献呈され、またレッスンを直接ベートーヴェンから受けたジュリエッタ・グィチアルディが、１８５２年68歳の時、オットー・ヤーンに語った話によると、「ほんのささいな部分でも、解釈が正しくなるまで厳しく指導しました。彼は軽いタッチを主張しました」。第３楽章は軽い16分音符と激しい８分音符のスフォルツァンドとの対比を面白く。この16分音符はまるでグリッサンドでハーフタッチを多く使うときのように。ハーフタッチではねて、フィンガースタッカートで弾くとうまく弾けます。21小節からの右手のテーマはしっとりと。これも冒頭部分との対比になります。左手伴奏部に嬰ハ、ロ、イ、嬰トの各音は相変わらずあります。

『月光』が作られた場所のひとつ、スロヴァキア、ドルナ・クルパのブルンスヴィック伯爵邸に２度行き演奏しましたが、感無量でどこよりもよく弾けました。

ピアニストにとってのソナタ　～ソナタに向かって～

『月刊ショパン』一九九六年一月号

ソナタを勉強するときは、弾きたい心はちょっとおさえてまず構成を分析する。たとえば今、全曲録音に取り組んでいるベートーヴェンのソナタの1曲『月光』であるが、譜例（次ページ）のAのテーマの根底に流れているBの要素「4つの音が下がっていく」がある。これはなんだろう⁉　と、第2、第3楽章を見ると、やはりある。これは一体どこからきているのだろう⁉　と、いろいろ本を読んでいくと、バッハが苦悩を表現するときに、4つの音を下げて使ったという事実につきあたる。この頃からベートーヴェンは耳が聞こえにくくなっていることに気がつき、誰にも言いたくなくて苦しんでいたという。それでたぶん、人にも言えない苦悩をここに音で表現したのではないかという想像が成り立つ。これはほんの一例であるが、こういうことにこだわって弾くのと知らないのとでは、演奏が当然違ってくる。

この要素から見てもわかるように、本来ソナタは全楽章がつながっているから、第一楽章が終わったといって、遅れてきたお客様が入ってこられたり、待ってましたとばかり咳があちこちで起きると、どうしてもとぎれてしまう。最近私は、たとえ汗が目に入って泣きたいほど痛くても、どこかがかゆくてもガマンして、鍵盤から指を離してしまわないようにして、緊張感を保つようにしている。

単発的な小品を弾くのも、甘くとかイキであるとか、違った難しさがあるが、ソナタは長丁場なのでそれなりの準備が必要だ。ルービンシュタインは「人前で同じ曲を5千回弾くとやっと仕上がる」と言ったが、それには何十年もかかり、死んじゃうから実際には不可能だが、そのような心構えが必要なことは確か。ああ人生は短し、芸術は長し、である。

『月光』

第１楽章

A　【譜例１】冒頭

B　４つの音が下がっていく

第２楽章

【譜例２】冒頭

第２楽章にもある（４つの音が下がっていく）

メソードは自分一人で工夫するもの

月刊ショパン別冊『ピアノ・メソード全ガイド』一九八七年一月号

メソードというものは百人ピアニストがいれば百様です。マルタ・アルゲリッチの先生はスカラムッツァですが、彼は、自身のメソードを持たず、生徒達の弾きたい様に弾かせたことで有名です。私の場合手ほどきは母でしたが、母は独学でしたし、私の出身地の和歌山の二人の先生（服部せい、矢田暎子両先生）と藝大で師事した井口秋子先生も特別なメソードをお持ちではありませんでした。また、私が１９６９年に西独に留学して最初に師事したデートレフ・クラウス教授も、自然にお弾きになれるタイプの方で、例えばテクニック上私のできない箇所を質問したら、「あゝ、30年もさらえば出来るよ」という答えが返ってきました。生徒達は、弾いて下さるのを聴いて（見て）、まねをしたりして自分でみつけていく外なかった訳です。次に師事したルートヴィヒ・ホフマン先生は私にとって初めて独特なメソードを持つ方で、長くなりますので説明はまたの機会にゆずりますが、とても興味深く受けました。そのメソードによって音が変わる程の変化を私の内部にきたしましたが、自分自身のものがなくなってしまう様な気がしてやめました。次の先生はエリーザ・ハンゼン女史ですが「テクニックのみ半年やらなければ」と言われ、「音楽はまず楽しむ事から」と考えている私はびっくりしました。先生の説明は非常に複雑でしたが、その中から、私は自分の疑問点の答えをみつけ、その１つが解けるとうその様に弾けるようになったので、”テクニックのみ半年“は幸運な事に避ける事ができました。その後は次の３人の偉大な方々にサジェスチョンを受けるだけで、平生は一人で勉強しています。お一人はクラウディオ・アラウ氏で、彼は神童でしたが、16歳の時突然弾けなくなり、今まで無意識に弾けていたのを意識下において再出発しなければいけなくて大変だったそうです。それからブルーノ・レオナルド・ゲルバー氏は、小児マヒを克服して非常な努力のうちにピアニストになったので、彼の練習をそばでうかがっていると、「ああ、練習とはあんなにしてするものか」と感心してしまいます。もうお一人はアレクシス・ワイセンベルク氏ですが、彼のコンサートについていると、すごいテクニックをお持ちなのに、4つの条件がそろわないといけない事がわかります。4つの条件とは、彼自身の調子、楽器、会場、聴衆です。滅多にないのですが、これがそろった時の彼の演奏は素晴らしく、一生忘れられないものとなりました。以上の方々から私はいいところばかりいただき、自分の中で消化吸収して、自分のしたい音楽ができる様に致しました。今度は、私が教える立場にたった時、説明の後、生徒のために弾きますが、生徒は「後ろから見ていると、先生の肩が音ほどにものを言っている」「音を出す前にすでにイメージがあって僕達の音の出し方とちがう」「音を離す時様々な離し方がある。離し方によって音までちがって聴こえてくる」「ああいう風にペダルを使うものなの？」などと言います。ところがこれらは、私がどなたからも教わったことのない事柄であり、また言われるまで自分では意識していなかった事柄です。

もしある特定のメソードがあって、その通り習ったとします。そうするとその人の個性は、それを習わずに自分で苦労して作っていった人に比べると、強烈に出てきません。決して近道をしない事です。まずメソードを完成させてから個性的な音楽をしようとか、大人になれば音楽が出てくるだろうというのは間違いです。必ず同時に、すべてが、その人だけの音とその人だけしか出来ない音楽に向けられるべきです。私達ひとりひとりがみんなちがう様に。しかもこれは最初の手ほどきからその観点に立っていないといけないと私は徹底的に考えています。たったひとつの音でもいい音を出そうとすると。自然にその人に合ったメソードが生まれてくると信じます。ヨーロッパのピアニストはなぜ息が長いのか、それに比べて日本のピアニストの息の短さ。皆様はどうお考えでしょうか？　私は、今まで述べた事が徹底してなされた時、習っている人たちが何よりも真に音楽を愛し、ひいては世界で相手にされる巨匠的存在を日本から生む素地を日本人が作ったことになると思います。

真の芸術家になるために ～「私はこうして指を強くした」～

『ムジカノーヴァ』一九九六年七月号

［ハイフィンガー奏法の問題点］

　編集部からこの標題（「私はこうして…」）で原稿依頼があった時、複雑な思いだった。日本のピアノ界の不振、個性の欠如が叫ばれて久しいが、私はその原因のひとつにハイフィンガー奏法があると思う。多くのピアノ教師がいまだに遅れているこの奏法を説く。ピアノを習ったことのない子どもにピアノをさわらせると、伸びた指でキイを押すようにする子どもが多いと思う。これが実は基本形なのに、無理に指を曲げさせ、常に指先がキイに垂直に入るようにガキッと音を出させる。これがハイフィンガー奏法の始まりである。この方法では固い音で粒がそろいすぎてしまい、音楽的に弾くことは難しくなる。音色もきつく細く変化をつけられないので音楽ができない。音の美しさや音楽の感動を初歩のうちから教えるのが大切なのに、これではそれができない。指を曲げさせることより腕に力が入り、ますます悪循環が繰り返される。これに耐えられる子どもは神経が鈍感である。芸術家に必要なこまやかさ、優しさ、夢、愛、やわらかさ、大きさ、自由が育たない。

　国際コンクールで各国の人の音を聴くと日本人はきたない音か、音がきれいすぎて内容のない音か、「演歌」の粘りかに大別される。どうしてまず音に気を使わない？　これでは優勝者が出ないばかりでなく、真の音楽家が育たない。

　しかもこの方法は筋や筋肉を痛めやすいため、若いうちはまだできても四五歳を過ぎると無理がたたり、弾けなくなってしまう。芸が一番実る五〇～一〇〇歳の日本のピアニストが少ないのもこれが原因の一つだ。他の原因はやっかいな問題なので別な機会にするが、考えてほしい。指に筋肉なんてポパイの腕みたいに付くかどうか。

付きすぎると指が太くなりすぎて黒鍵の間にはさまってとれなくて困るんじゃない？　手の平や腕、胸筋、背筋、そして体全体を使って弾くものだという考えが日本に少ないのでは。私は最初独学だったが、先生に師事してから指を高く上げてから落とすハイフィンガー奏法をさせられ、pは響かず、fは割れて困ったのでよくわかる。

［ピコピコ指は小包にして日本へ送っちゃえ］

　ドイツに留学してケンプの高弟クラウスに師事した時、「そのピコピコ指は小包にして日本へ送っちゃいなさい」と言われ、藝大で習ったことの反対をやらされた。彼はリヒター＝ハーザーやムスリンと並んで感動的な芸のできるピアニストで、どんな曲でも全曲通して弾いてくださり、知らず知らずのうちに「芸」が身についた。私が留学した二十五年ほど前にはまだそういう芸術家がいた。

　今はヨーロッパでも日本の音大でもそういう芸術家は少なくなったと思う。演奏家でも、ミスなく確実だがつまらなく、「ご苦労さま」と言いたくなるような人が多い。言っておくが私は決して好みの問題で言っているのではない。国際コンクールを聴いて「とても日本人では歯がたたない」と思ったからである。「芸」には才能が必要だ。ピアノに向いていない人に無理に心のない技術だけ教えてもダメ。西欧やロシアは見込んだ子どもに音楽と一体になった技をたたき込み、一四～一五歳で芸術家として完成させる。

［真の音楽家をめざして耳・頭・実際の訓練］

　ここにひとつの道がある。それは真の芸術家に師事することだ。有名無名にかかわらず必死で勉強している教師で真の芸が教えられる人を自分の耳で探すこと。そういう人は言行が一致し、出し惜しみせず、芸への愛、人間愛、感動を与えてくれる。いい教師がみつからない場合は自分自身で次の方法を参考にして勉強してください。

1、耳の訓練（例）トゥーレックのバッハ平均律、フランソワ、コルトー、カペルなどのショパン、ロシアものではあのたくさんのピアニストを生んだネイガウスと並んでファインベルク、ドイツものでは多くの名ピアニストの先生の先生であるエドゥアルト・エアトマンなど、時代を越え、国を越え、舌を巻くほどうまいピアノを古いレコードで聴く（『レコード芸術』に中古レコードの広告がある）。もちろん生の音楽会も他の分野もよく聴く。

2、頭の訓練（例）宇宙の規模として音楽をとらえ、感じ、どう弾きたいか考える。原典版を使い読譜を厳格に行い、作曲家に仕える。

3、実際の訓練（例）図示。大きい音も出しやすい。

日本人に多い、よくない弾き方（指をきたえて指で弾く）

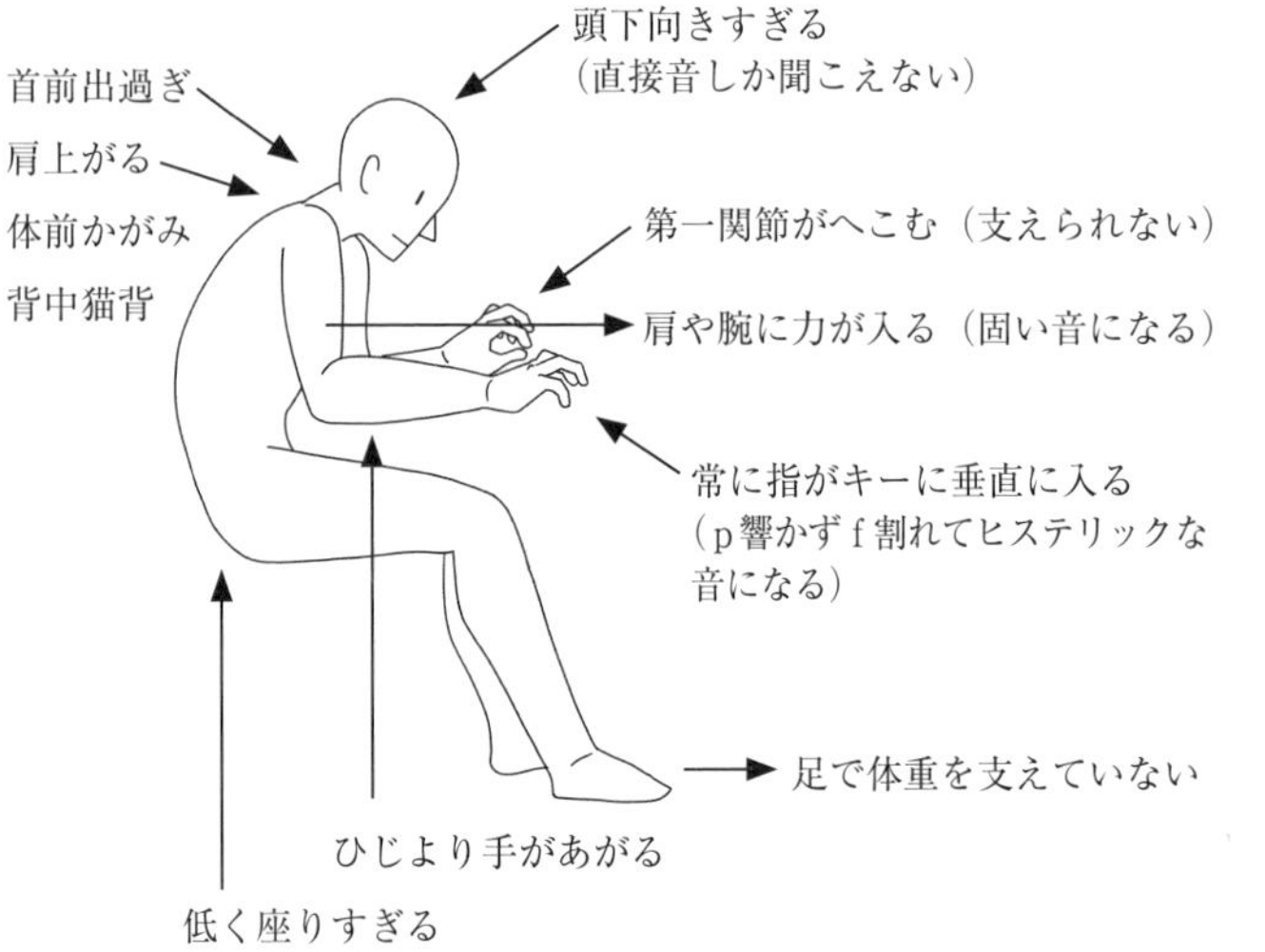

国際的超一流演奏家のよい弾き方（体を支えて体全体で弾く）

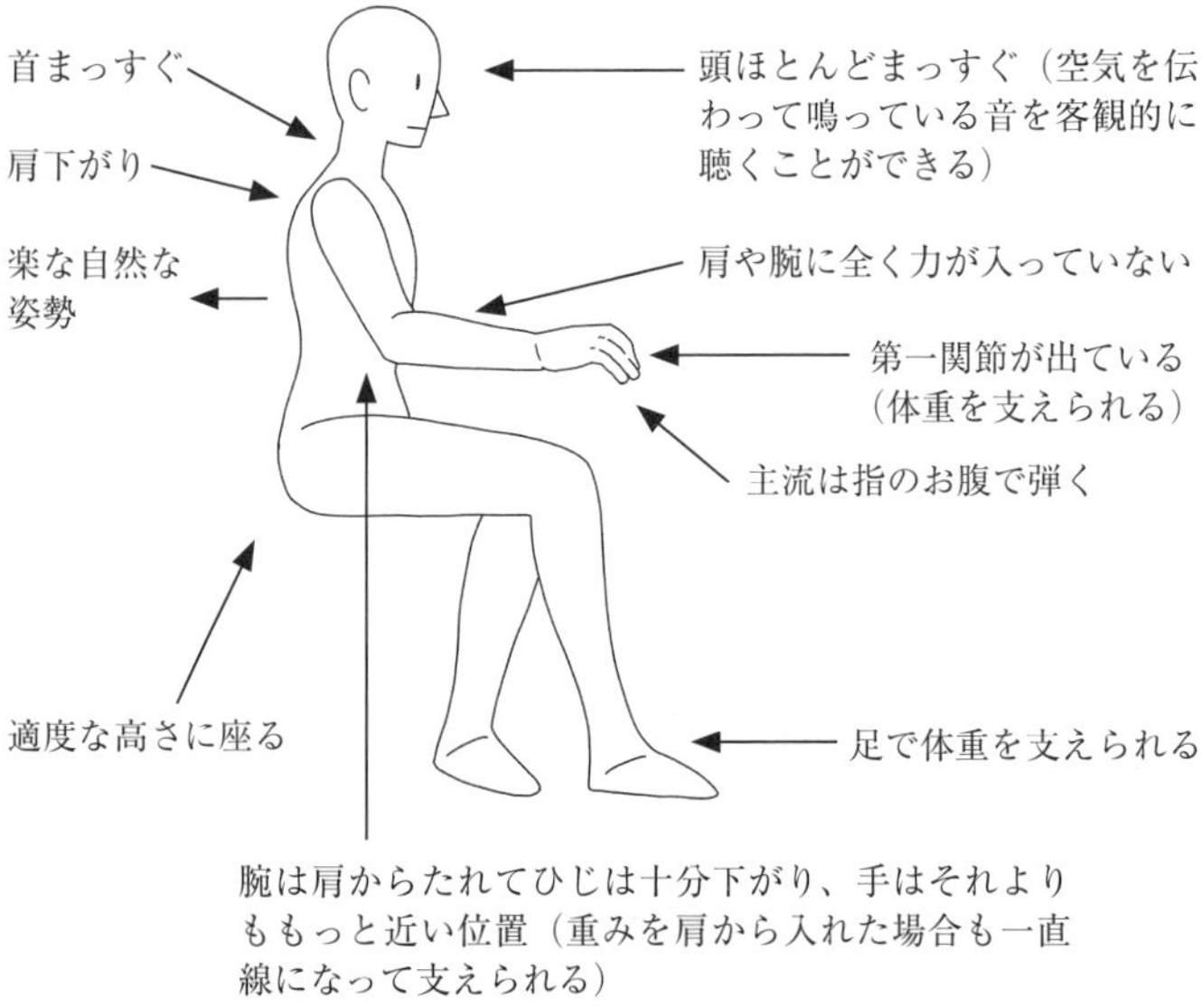

次の世代を思うとどうしても以上のことを言いたい。そして一人でも多くの方がピアノの楽しさにめざめてくださるよう切望する。

メロディを歌わせる指導のポイント

『ムジカノーヴァ』二〇〇二年三月号

乳幼児がお母さんの心臓の音を聞くと泣きやみ、お母さんの歌う子守唄で眠りにつくように、音は大切な外界とのつなぎ役である。幼児は、お母さんの心臓音のリズムと、子守唄のメロディで、音楽のリズムと歌心を知る。これにヨーロッパでは、教会のお祈りなどでハーモニーが加わる。いわゆる音楽の三大要素がそろうことになる。

［ヨーロッパと日本の耳のちがい］

私は今年でヨーロッパと日本を行ったり来たりの生活を始めて三十二年目になるが、今から二十年程前、デュッセルドルフ音楽学校でドイツの四歳から二十二歳の生徒を、また同時にプライベートで同じ年齢の日本の生徒を教えていた。そこで面白いことに気づいた。日本の子どもは楽譜が先にあり、それを勉強するように読むこと、読んだらそこに指がいくこと、というのが先決になっているが、ドイツの子どもは、譜読みは遅いし、指もむちゃくちゃなのに、出している音は大変いいし、歌っているのであった。今から思えば日本のように丸く曲げない、伸びた指は、基本的には正しいことになる。当時私はそのことを現在のように深くは考えていなかった。なぜならば日本でハイフィンガー奏法で育ったから。その当時はドイツに渡って十年たっていたが、なんとなく弾いているだけだった。それが、今から約十年前、第一級の欧米ピアニストのビデオを見ながら統計をとり、徹底的に自分のテクニックを研究して弾いていたわけではないからわからなかった。ただ後で述べるが、私には基本的に音にうるさい、逆にいえば音が良くていい音楽をすること第一主義みたいなところがあるので、伸びた指で弾いているドイツの子ども達の指を決してなおさなかったのは、冷や汗ものだが今から思えばよかったわけだ。一般的に器用な日本人は指そのもので弾く傾向があるが、不器用なドイツ人は指だけでは弾けず、手も腕も体も一体になるように使って弾いているのであった。こんな大切なことがドイツの小さな子どもから習えるなんてステキなことだ。それは私が二年おきに二度日本の生徒達を連れて、スロヴァキアのフンメル国際ピアノコンクールジュニア部門に行っても感じたことだ。今回も各カテゴリーで全員3位までに入ったが、この根本的なちがいは何であろう。血のちがいか、生活習慣のちがいか、長い間考えていたが、いつ頃であっただろうか、私は東京医科歯科大学の現在の名誉教授、角田忠信教授の本を読んでハッとした。

先生は、「六歳から九歳までを、日本語やポリネシア語など母音語圏で育つとその子どもは、論理と情感がごっちゃになった日本人型脳になり、いろいろな音に比較的耐えられたり、虫の音も風流だと感じることが多くなり、日本語やポリネシア語以外の子音語圏で育つと、論理と情感をわけることのできる外国人型脳になり、いろいろな音に耐えるのが困難で、虫の音は雑音だと感じる」。もちろんこれは一般論であるが、ドイツで一時期たまたま日独両方の子どもを教えていたので私は実感することができた。6歳から9歳までを子音語圏であるドイツで生活した日本人は、完全に外国人型脳になっていたのである。幼稚園の先生から音楽大学教授も、日本人は多くの場合日本人型脳である。幼稚園の先生の「元気よく大きな声で歌いましょう」と、大学の先生たちの「ピアノは底までしっかり押さえてはっきり弾きましょう」は日本人型脳として共通点がある。ここに大変な落とし穴がある。「リズムはそれ自体強弱をもっていること」「メロディが上行すれば一般的には気持ちも上行し強くなり、逆にメロディが下行すれば気持ちも下行し、弱くなること」「メロディ的脳で歌を歌わず、和声的脳で歌を歌うこと、すなわちいつも和声を意識すること」を忘れている。ヨーロッパの学校の先生は概して「元気よく大きな声で歌いましょう」というかわりに「心を込めて美しく歌いましょう」という表現をし、音大の心のある先生は（今は真の意味での芸術家は少なくなったのであえて言う）「ニュアンス豊かに自分の言いたいことを表現しましょう」という表現をする。もちろん右脳左脳の問題だけではないと思うが、今述べてきた問題は非常に重要なので、まずよく指導者の方々に意識していただきたいと思う。例えば、ショパン国際ピアノコンクールへ日本人が多数参加している割に入賞者が少ないのも、ここに起因する。ちなみに前回のショパン国際ピアノコンクールで第1位、第4位入賞者の中国語は子音語圏である。審査における諸問題は別として、真の意味で個性豊かな演奏家を生むには、我々は考えなければいけない問題がたくさんある。

［幼児教育］

私は2歳半の時戦争で家が全焼し、仮住居でベビーオルガンしかない時代を10歳まで過ごしている。その時期にしていたことは、母の子守唄から始まって、知っている歌を歌いながら、ベビーオルガンを弾いて、あれかこれかという状態で伴奏をつけていた。両親とも学校の教師をしていたので「ドはどこにある」くらいの手ほどきだけで、面倒を見てもらったわけではなく、独学であった。「ピアノの先生に師事すれば、知らない歌でも弾けるの。習う?」と母が私に聞いたことから、ピアノの先生を探すことになった。戦後の和歌山市ですぐには見つからず、習い始めたのは小学校2年の時であった。今まで歌から入り、好きな曲を結構弾いていて、外に車が走ればその音を追って絶対音感を身につけ、6歳の時には熱情ソナタがラジオから流れるのを追っていけた私は、正直言ってバイエルはつまらなかった。なるべく早く終わりたくて、たくさん練習してすぐ終わったら、次のバッハのインヴェンションがこれまた大変難しかった。自分で作曲技法が本当の意味で見破れないためであった。説明が欲しかった。

おけいこに通う以上、先生が出してくださった課題はやらなくてはいけないと考えていたので、さっさと練習し、後は好きなものばかり弾いていた。

そして先生のところに持っていって聴いていただくのが楽しかった。音楽好きな両親は蓄音機と若干のレコードを持っていたので、それをかけてもらっては、歌いながら踊り、覚えてはまずメロディを、次に手さぐりで和音をつけていったのである。たったひとりで幼児にできることを目一杯やっていた。

これがソルフェージュ、リトミック、聴音、自然に音楽を理解することであり、ピアノを弾くことであり、作曲することであった。ドイツの音楽教育は、歌いリトミックをし、音楽を理解するようにもっていき、充分わかったところで、どんな楽器に興味をもつか、体がどんな楽器に合うか、先生も親もよく考えて、難しい楽器であるピアノは、六歳から七歳くらいでやっと始めるのである。ただし、これは一般的な音楽学校のことで、専門家をめざさせる親は、４歳頃から名教師につけたり、もともと弾ける子にはどんどん弾かせる。

［提言］

①歌心

私は前に述べたような音楽入門をし、歌から入ったので歌心が根本にある。ただ藝大時代は、どの音もすべて深くしっかり打ち込むように言われたので、一時的に歌心を失い、当時の録音を聴くとぞーっとする。歌心を戻すには、その後長い時間を費やした。

②音質の問題

私も含めて多くの日本人の場合、底抜けに明るすぎる音しか出せないことが多い。この問題は私の場合、長いドイツ滞在で一口では言えないいろいろなことを経験し、精神的な発展と同時に、巨匠の技術を盗んで、今の自分に到達した。一度は完成した自分を否定して、五十一歳から二年間かけて徹底的に巨匠達の持っている共通したものを自分に取り入れる作業をした。温故知新。伝統に根ざした音楽ができるようになった。これを幼児教育に生かした結果、ひとりひとりの子どものよさと体格のちがいを尊重して、最もその子のいいところがでるようにしてきた。どの年齢の子どもも限界のない伸び方をし、びっくりするような境地に行きつき、簡単な曲ながら、弾いた本人も聴衆も感動するところまでいったのである。原理はスピード打鍵と重圧打鍵のさまざまな比重と、鍵盤の深さ浅さ（ハーフタッチなどを含めて）の調節である。そこに最大限の自由を許し、子どもの持っている音楽をとにかく引き出すと、それぞれ大変ちがう音楽をするようになる。フンメルコンクール課題曲のフンメルなど、同じ曲ながら、本当に各自違う解釈は当然なのである。ただし、楽譜を読む基礎はしっかりたたき込む。その上での最大限の自由であることは言うまでもない。これによって底抜けに明るい音一色から、各曲に応じた、また年齢に応じた、素晴らしい音が出て、感動的な音楽ができるようになるのである。

③子どもの好みを尊重する

私は曲を選ぶ時やらなければいけない教材から、３曲ほど選定し、子どもの好みで曲を決定する。嫌な曲はどうしてもすごい境地に到達できない反面、好きな曲は限界なくうまくなる。

④お手本の質の高さ

指導者は、真の意味でよく勉強しなければいけない。

日本の子どもには、きちんと手順をふんで説明ができること。問題意識をもたせること。ひとつひとつの音を、ただ機械的に弾かないようにすることが必要。指導者は、真の意味で弾けた方がよい。小さな子どもであればあるほど、感覚は鋭く、こちらがびっくりするほどよく感じてくれる。もし、指導者が弾けない場合、弾ける人を招いて、子どもが比較できるよう同じピアノで弾いてもらうか、往年の名手の録音物を聴かせる。問題意識を持っていない子や、自分の強い意思をもっていない子が多いので、弾ける指導者も弾けない指導者も手順をふんでの説明は必須。録音物も、完璧主義のつまらない演奏ではなく、個性あふれる往年の名手がいい。指導者がしっかりしないと、子どもの持つ素晴らしい個性を、つまらなくしていることに、日本の教育者は気付くべきである。

ピアノを始めるのに年齢は関係ない

『月刊ショパン』一九八九年十月号

［女性の特権］

昨年私は「二十歳からの出発」という連載のなかで、ピアノを始めるのに二十代になってからでも決して遅くないというお話をいたしました。今回はそれより上の、三十五歳前後の女性と四十五〜六十代位の方とを対象に、その年齢からピアノを始められるのだろうかということを考えてみます。

三十五歳前後の女性というと、普通の方ですと子育てからやっと解放されて、自分の時間がもてるようになるころではないでしょうか。

実際この年齢になって、地域の活動やカルチャー・スクール、さらには大学に社会人入学するといった人は少なくありません。たとえば政治家の石原慎太郎さんの奥様も、子育てが一段落して三十四歳で慶應大学に一般入学されたと聞きました。

昔ならば、四十五歳ぐらいまで子どもの世話に追われることもめずらしくありませんでしたし、家事そのものが重労働、長時間で、平均寿命も今よりずっと短かったので、自分の時間をもつのはほとんど不可能だったようです。

それが、今は子育ての期間が短くなった上に、家事もいろいろと便利なものができて簡単に短時間に済ませられるようになり、平均寿命も八十歳以上までになったので、ありあまるほどの時間が出てきたのです。

三十五歳前後だと現在の日本の男性は、ますます仕事に追われ自分の時間がなくなっていく年齢ですから、結婚後十年で自由になる現代の女性は、男性よりもはるかに自由な存在なのかもしれません。また仕事についても、最後まで勤め上げることを意識しなくて良いのが逆に女性の特権ですから、自分の適性や興味のおもむくままに転職する人も多いようです。また最近では、大学を卒業して大学院に進む女性の数も増えてきましたが、なんとかしてその道で食べていかなければならないと悲壮になっている男性にくらべると、幅広く生き生きと勉強していて、加えて途中で一、二年海外に留学してくるという大変優雅な人もいると聞きます。中には既婚の女性も少なくありません。

［頭のウォーム・アップ］

ちょっと前置きが長くなりましたが、三十五歳前後の女性が、もしピアノを始めるならば、年齢に応じて内容を変えるというよりは、小学生や中学生がピアノを習うようなやり方をそのまましてみてはどうでしょうか。とくに最近は、入門用のピアノ教則本も、バイエルしかなかったころにくらべて、おもしろいものがたくさん出ていますので、結構楽しくできるものです。

月並みですけれど、ピアノを一番よく弾けるようになるためには、やはり基礎から積み上げていくことです。そうすれば三十五歳ぐらいからでも、ベートーヴェンのソナタやショパンのワルツを弾けるレベルまで上達できるのです。

普通、三十歳を過ぎると記憶力をはじめとして、どんどんいろいろな能力が落ちてきて、もう新しいことを勉強できなくなると言われていますが、実際そんなことはありません。たしかに、機械的な暗記であるとか機械的な技術の上達の早さといったものはいくらか落ちてきますが、そのかわり他の多くの能力は伸びてきているものです。

たとえば、中学生の教科書を手にとってみてください。自分が中学生だったころにくらべると、楽に読めると思いませんか。まさに、そういった能力は逆に伸びているのです。反対に、かえってよく分からなくなったという人もいるかも知れませんが、実はこれは長い間、本を読むといった活動から遠ざかっていたために、そういった能力が一時的に錆びついてしまっただけなのです。「本当かな」と思う人もいるかもしれませんが、私自身、仕事で忙しくて3カ月も本を読まなかったりすると、たちまち活字がわずらわしく感じられたりするのを経験しています。

だからちょっと錆びついてしまったかなと思う方は、ピアノを始める前に一、二カ月ぐらい活字に接して知的活動のための頭のウォーム・アップするのもいいでしょう。それは別になんでもよくて、この『ショパン』のバックナンバーの中から興味を持てそうなものを片っぱしから読んでみたり、CDの中に入っている解説を読むのでもかまいません。また萩尾望都さんの『ポーの一族』のような文学性の高いコミックを読むのも悪くありません。そういうのも億劫な人は、キッチンの側にラジカセを置いて書店でたくさん売っている朗読のテープを、お皿を洗いながら聞くのもいいでしょう。

〔ひまを見つけて〕

さて、次に初めてピアノに向かいますが、多分自分の指が全然動かないのでじれったくなるのではないでしょうか。これは、あなたが小さい子どもにくらべていろいろとやりたいことが多くて、要求水準が高くなっているからなのです。また、たしかに子どもにくらべて上達の速さも遅くなってきているのですが、それも子どもの一倍半から二倍の時間をかければ必ず急にうまくなって行きます。

ちょうど小さな旅客機とジャンボジェット機が、空に向かって離陸していく差だと考えてください。なにしろたくさんのやりたいことを抱えて離陸しようとするのですから、少し時間はかかります。

その次は練習する時間ですが、とりあえず一日あたり三十分〜一時間を目標にするといいでしょう。それもまとまってとるのは大変でしょうから、洗濯機が回っている間に十五分ぐらい弾くとか、シチューを煮込んでいる間に二十分ぐらい弾くとか、細切れの時間を見つけて、トータルで三十分〜一時間練習するのでけっこうです。中には、ピアノを弾いていい時間に、時間が取れない人もいるかも知れません。そういう方は、ピアノタッチの電子ピアノにヘッドフォンをつないで、夜中とか夜明けに練習して、ひまな時にグランドピアノのあるスタジオを二時間くらい借りて弾いてくる、なんていうのはいかがでしょうか。

こんな生活を半年もしていれば、いろんなジャンルが弾けるようになってきます。モーツァルトやショパンのような名曲以外にも、めずらしい曲—たとえば、北欧とかスペインとか東欧、それに南米やアジアのピアノ曲——を大きな楽譜売り場の隅から発掘してきて、誰も知らないあなただけのレパートリーにすることだってできます。またそのころには、伴奏付きの歌曲を自分の弾けるレベルのピアノ曲に編集するなんていうこともできるようになっているでしょう。

このような三十五歳前後の女性には、年齢を気にせず、十代のころと同じペースと同じ内容プラスαでチャレンジすることをお勧めします。

［お薦めのバッハ］

次は、四十五～六十歳ぐらいの方（男女ともに）についてお話しましょう。

嘘かと思われるかも知れませんが、実はこの年齢でも、多少時間はかかるものの小学生と同じように練習してうまくなれるのです。だから、いま言ったような方法で練習しても、もちろんかまいません。ただこの年齢のほうがかえってよく弾ける曲もあるので、そのメリットを生かすのもよいでしょう。たとえばバッハを弾くこともその一つです。最近「無伴奏ヴァイオリンのためのソナタとパルティータ」がイツァーク・パールマン氏と前橋汀子さんの演奏で相次いで発売されましたが、二人とも芸の円熟してくる四十代になって、やっとこの曲を手がけたのです。むしろこの二人の録音は、年齢的に早いほうとも言えます。

バッハは「平均律」とか「パルティータ」といったピアノ曲のほかに、技術的にもあまり難しくない小曲をたくさん書いています。「アンナ・マグダレーナのためのクラヴィア小曲集」や「小プレリュードとフーガ」といった国内版の楽譜で手にはいるものも多いですから、まず1、2カ月簡単な教則本でピアノになじんだ後に、その中から気に入ったものを2、3曲レパートリーにすることをお薦めします。バッハの楽曲は音楽的にも価値が高い上に練習曲としても最適なのです。

ほかにブラームスの晩年の小曲（作品１１７、１１８、１１９）も比較的技術的に容易な曲があり薦められますし、バロック以前のイギリスのウィリアム・バードなどのヴァージナル（小型のチェンバロのようなもの）のための小品や、ラモーやクープランといったフランス・バロックのクラヴサン曲もこの年齢の方に向いているでしょう。

もちろん、歳を取ったから円熟した内省的なものを、という考えにとらわれることはありません。数学界のノーベル賞であるフィールズ賞を日本人で初めて受賞なさった数学者の小平邦彦さんは、今年で七十四歳だそうですが、老化防止のために、技術的に最も難しいと言われるゴドフスキー編曲のショパンのエチュードを弾いておられるとのことです。

実は、年齢を意識して「この歳だから」と自分で自分に限界を作ってしまうことが、歳を取るごとに段々なにもできなくなっていく最大の原因、と私は考えますがいかがでしょうか。

南米に生まれながら、ベートーヴェンを『自分の言葉』にした巨匠クラウディオ・アラウからの教え

『ムジカノーヴァ』一九八七年七月号

クラウディオ・アラウは一九〇三年チリに生まれ、十歳でベルリンに渡り、マルティン・クラウゼに師事した。そのクラウゼは、一八五三年生まれのピアニストで、一八八三年以来、フランツ・リストの弟子だった。アラウが師事する十年ほど前からベルリンのシュテルン音楽院で教えていたのだ。アラウは音楽院の就学年齢に達していなかったにもかかわらずクラウゼが入学させたことからもアラウの神童ぶりがうかがえる。

その上にクラウゼは、厳格な音楽教師としてドイツで最も有名で、ブラームス、クララ・シューマン、ブゾーニ、もちろんリストをも聴いていた。クラウゼは、リスト流フィンガー・ヴィブラートや特殊なペダリングなどを教え、アラウが十一歳の時には、リストの「超絶技巧練習曲」を与えていたそうだ。「二十歳を過ぎると技巧は身につかない」が教授の口ぐせだったという（アラウはそのように考えていない）。

クラウゼに師事して一年で、アラウはベルリンでデビュー・リサイタル後、頻繁に演奏し、十二歳でニキシュとリストのピアノ協奏曲第一番を、十三歳で「告別ソナタ」を、十五歳で「エロイカ変奏曲」や「マゼッパ」を弾いた。これらはすべてクラウゼの計画したものだった。この同じ年、教授が亡くなってから、二、三の支援者とともに演奏活動を続け、二十歳の時、アメリカ演奏旅行をするが、一文なしで帰るというひどいことになり、精神分析を受けるに至った。

一九二一年にはチリ政府からの奨学金も打ち切られていた。世界恐慌で為替レートが変わり、ヒトラーが動き出していた。大胆な芸術上の冒険をする時間や暗譜力に不安が出てきた。人間であることの不安を、また青年時代を、アラウは精神分析によってよく理解し、やがてそれをのり越えた。

一九三四年頃には、一日十四時間も練習をしたという。

暗譜と持久力についての最大の試練は、一九三五年から三六年にかけて、ベルリンでの十二回のバッハ連続演奏であった。それが終わるとモーツァルト、ベートーヴェン、ウェーバー、シューベルトなどの演奏が続いた。その間メキシコやアメリカでもさかんに活動、ヘイ・ダイエットをし、ヨガをやり、一晩十時間は眠ったのもこの時期である。チリでは彼は国家的英雄になり、アラウ通りというのもできた。

　私が折あらば彼のおそばにいさせていただくようになったのは、今から六年前、ケルンにいらした際聴いていただいてからである。巨匠は、練習なさったあとで、輝く目とは対照的に満足げに落着いておられ、非常に印象的であった。

　その時は音の出し方とレガート奏法についておっしゃった。ｆの出し方には彼の場合三つあって、一番目は肩と腕を上の方に上げておいて、一気に落とすもの、二番目は、指をキーに触れておいて、肘を引き、力を入れる方法、三番目は、やはり指をキーに触れておき、向う側に押して、手首を上げるものだ。レガートについては、指が柔軟でぐにゃぐにゃとつないでいく。スケールにしても同じ音量や同じ音質はあり得ないという。二つの音でさえ同じということはあり得ないのだ。これらは私にとって、強烈な刺激だった。

　そして何よりも巨匠は高貴な人格の持ち主で、同時にとても愛らしく純粋だ。巨匠は音楽で語るのが最も素晴らしいと思っていらっしゃる。言いたいことがあふれていても、言葉にならない時がある。ひとたび言葉になると、彼の言葉の意味は重い。文学を愛され、よく本を読んでおられる。絵をご覧になるのもお好きだ。人間であることの不安におののいた若い時代を生き抜いて、人間であることの素晴らしさを、感じさせてくれる巨匠のおそばにいることをみんなが愛する。一人の人間が作る音楽には、その人間の生きているあらゆることがエッセンスとして凝縮されるというのが、巨匠のお考えだ。

　ベルリンで学ばれたとはいえ、チリ生まれのアラウが、ドイツ音楽を完全に「自分の言葉」としたことを知るのは意義深い。このような高次元で西洋音楽を、殊にベートーヴェンを、「自分の言葉」とした日本人芸術家はまことに少ないというのが私の日頃感じていることである。その厳粛な原点をしかと見つめよう。

参考書物Ｊ・ホロヴィッツ著　野水瑞穂訳「アラウとの対話」

ベートーヴェンの音楽とその特徴

『ムジカノーヴァ』一九八八年四月号

［楽器の問題］

　一七〇九年、イタリアのクリストフォリが、現在のピアノを発明したことはよく知られています。ピアノの正式の名前は、ピアノ・フォルテと言いますが、これは弱い音も強い音も出せるという意味で命名されました。というのも、当時全盛を誇っていたチェンバロは、打鍵によってのみでは、音の強弱は出せず、ピアノ用フォルテ用の鍵盤を二段にして演奏するかストップを用いて変えるしかありませんでした。しかしながらこのクリストフォリのピアノは、そういった長所にもかかわらず、さまざまな点で幼稚であったために、当時の大作曲家であったヨハン・セバスティアン・バッハは終生、この楽器に興味を示すことはありませんでした。

　ハイドンからモーツアルトにかけての時代になって初めて、音域も広がり、だんだんと機能も充実したために、ピアノは楽器としての市民権を得るに至りました。

　この頃のピアノは四オクターヴの音域でしたが、（次ページ図1）ベートーヴェン時代の初期まで、この大きさのピアノでした。

　この頃のピアノは一般にハンマーフリューゲルと呼ばれていて、現在でもレコードや、日本では武蔵野音楽大学楽器博物館等でご覧になることができます。ハンマーフリューゲルの音ですが、現代のピアノの音よりはむしろチェンバロの音に近く、ダイナミックレンジもせまく、音量も少ないものでした。

　ちょうどチェンバロと並行してクラヴィコードという楽器がありましたが、これは、ハンマーが弦を打つという意味ではピアノと同じですが、打鍵した後も、ハンマーが弦に接触しているために、非常に小さな音量で、伸びのない、ひしゃげた音でした。

〈図1〉

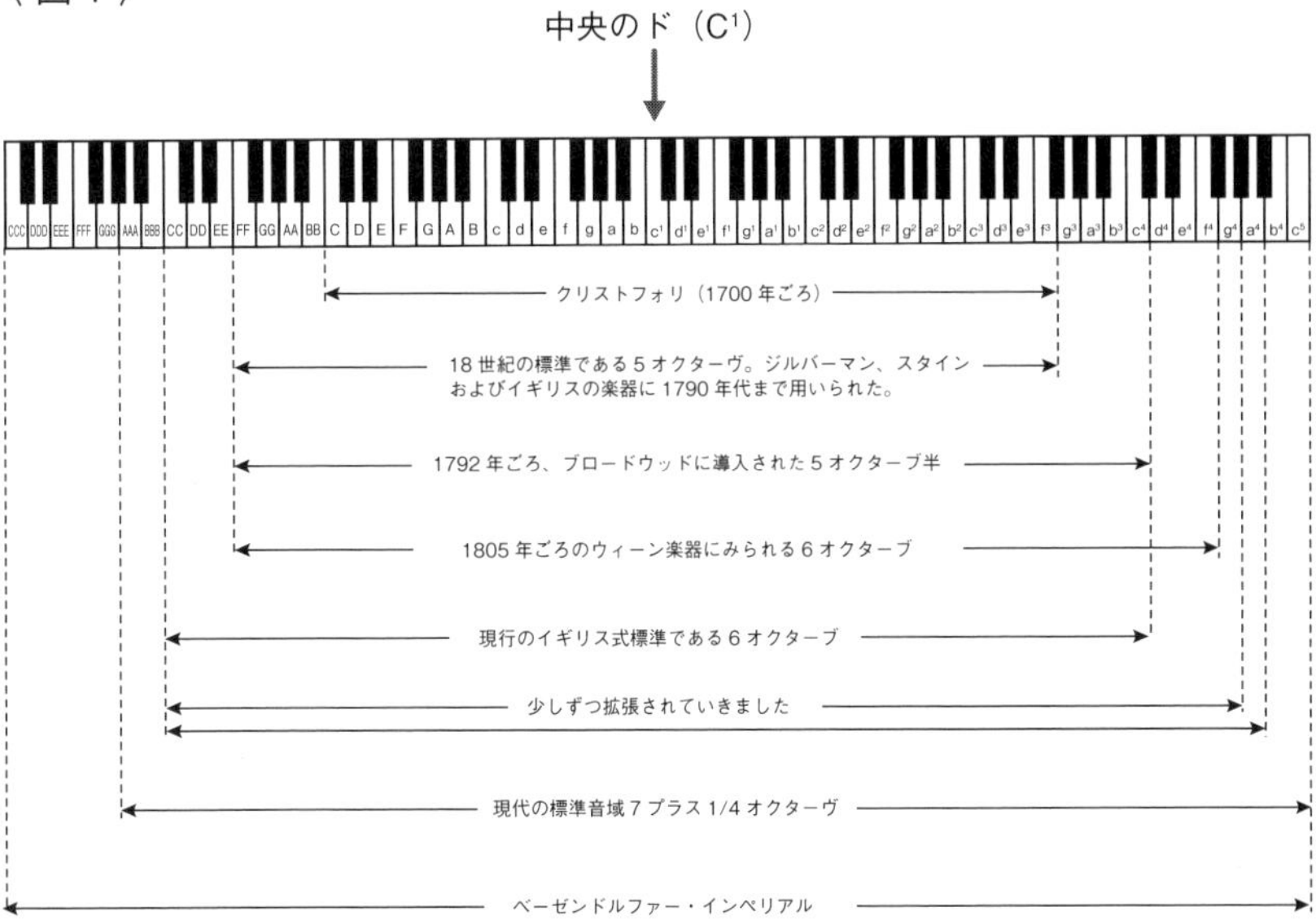

［ハンマーフリューゲルについて］

ハンマーフリューゲルは、打鍵の機構は、現在のピアノによく似ているのですが、音色を聞いた感じでは、クラヴィコードを大型にしてペダルをつけたような響きを持つ楽器でした。

ベートーヴェンがピアノ音楽を書き始めた時には、まさにこのハンマーフリューゲルを使っていたことを見落としてはなりません。つまりベートーヴェンの初期のピアノ作品は、現代のピアノの音とは、かなり離れた響きの中で作曲されたものでした。

それと同時にベートーヴェンの生きた時代は、ピアノが幼稚なものから、ほぼ現在の機構に近づいていくという最も急激に発展をとげた時代でもあったのです。一例をあげてみれば、ベートーヴェンの死後（1827年）の2年後には、ショパンが練習曲集を書き始めていることを述べるだけで充分にご理解いただけるでしょう。ということは、ベートーヴェンのピアノ音楽を演奏する際には、その背後にあるピアノの発展の歴史を切り離すわけには行きません。

とはいえ、ベートーヴェン自身しばしば、自分の時代のピアノに不満を感じており、彼のイマジネーションを充分にその中に盛り込めなかったことも忘れてはなりません。彼はすぐれたピアノ演奏家でもありましたが、それ以上にピアノの破壊者としてもよく知られていたことが何よりの証拠です。

　以上の二点が、ベートーヴェンのピアノ音楽を理解し、かつ演奏する場合の最も重要な視点です。さらにつけ加えるとすれば、こういった制約のもとで書かれた彼の作品から読みとれる音楽的イマジネーションを、どのように現代の完成されたピアノを用いて再現かつ表現するかという事が三番目に重要なことです。

［ピアノ作品の分類］

　以下これらのことをふまえ、『ゴッド・セイヴ・ザ・キング変奏曲』と『トルコマーチ変奏曲』について述べることに致しましょう。

　ベートーヴェンのピアノ作品を中心とした楽曲を見てみますと、そこには五つの作曲の特徴が見出せます。第一は当時のピアノの性能に即して作ったと思われるものと、それを比較的無視して自分のイマジネーションを反映させたものの二つに大別されます。前者はたとえばやさしいソナタといわれている第九番、第二〇番、第二十五番等が代表的なものです（譜例1、2、3）。後者は第二三番「熱情」第29番「ハンマークラヴィーア」および最後のソナタ第三二番があげられます（譜例4、5、6）。

　第二はかなり真面目に取り組んで作られた曲と、どちらかといえば遊び心で気楽に作った曲と二つに分けられます。例として前者は、悲愴ソナタ（譜例7）、葬送ソナタ（譜例8）、三二の変奏曲 WoO（譜例9）等があり、後

〈譜例１〉

〈譜例２〉

〈譜例３〉

者は、映画『アマデウス』でご記憶の方も多いと思われます。「サリエリのテーマによる10の変奏曲」を始めとする多くの変奏曲群に見ることができます（譜例10）。

第三は、音楽様式の過度期〈すなわち古典派とロマン派〉における存在としてのベートーヴェンの特徴です。古典的な特徴をそなえた作品としては、二つのソナチネ（譜例11）、選帝侯ソナタ（譜例12）があり、後者は第三一番のソナタ（とりわけ第二楽章の嘆きの歌）（譜例13）等があります。

ところで、このような様式の過度期の芸術家で有名な人物に、ミケランジェロ（１４７５～１５６４）がいます。彼はルネッサンス後期から、マニエリスム（注1）を経て、バロック初期の時代に生きた人でした。

そのために、彼の作風が非常な変化を見せたこと、深

〈譜例４〉

〈譜例５〉

〈譜例６〉

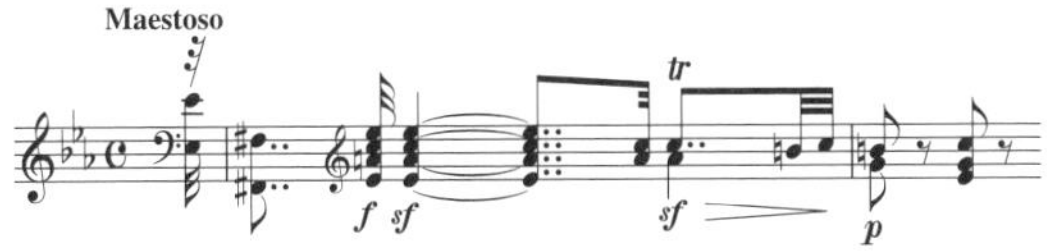

〈譜例７〉

〈譜例８〉

〈譜例９〉

〈譜例 10〉

〈譜例 11〉

遠な苦悩のあとをみるような芸風は、ベートーヴェンのそれに重ね合わせる事ができるように思います。

フランスの文学者、ロマン・ロランがこの二人の伝記を書いたということは、偶然ではなく、このような背景を意識していたのかもしれません。

第四の特徴は、緊張と弛緩を繰り返す傾向であり、それぞれが短調と長調におおむね対応します。また、長調のソナタが最高では4曲続くのに反して、短調のソナタ

〈譜例12〉

〈譜例13〉

が2曲続くことはないのも興味深くおそらくは、ベートーヴェンにとって短調の曲を作るのは非常に精神を消耗するため、反動的に長調の曲を書いたのでしょう。特に短調のソナタのあとには超軽妙曲がくる事が多いようです(図2)。
第五の特徴は、北方性と南方性のどちらかが優位にたつという事です。この分類はドイツのテュービンゲン学派を代表した精神病理学者エルンスト・クレッチマーの理論に基づくもので、北方性とは、分裂気質を基調とするもので、音楽においては形式や構成の過度の強調や、モティーフによる厳格な楽曲全体の統一等を特徴とし、南方性とは、そううつ気質を基調とし、優美なメロディ、軽快なリズムといった、形式感というよりは感覚的に直接的に訴えかけるものが優位に立つことを特徴とします。
また、クレッチマーは、地理的に北方性をドイツ北部、オランダ、北欧に、南方性をドイツ南部以南の非ラテン地区に対応させています。そして両者の地区の結節点に多くの音楽家が輩出していて、ベートーヴェン以外の音楽家にもこの北方南方の両面性が見られるのですが、ここではベートーヴェンに限って考えてみます。彼の作品において、北方性が強調されている作品としては、ソナ

〈図2〉

ベートーヴェンのピアノソナタにおける緊張――弛緩の周期表

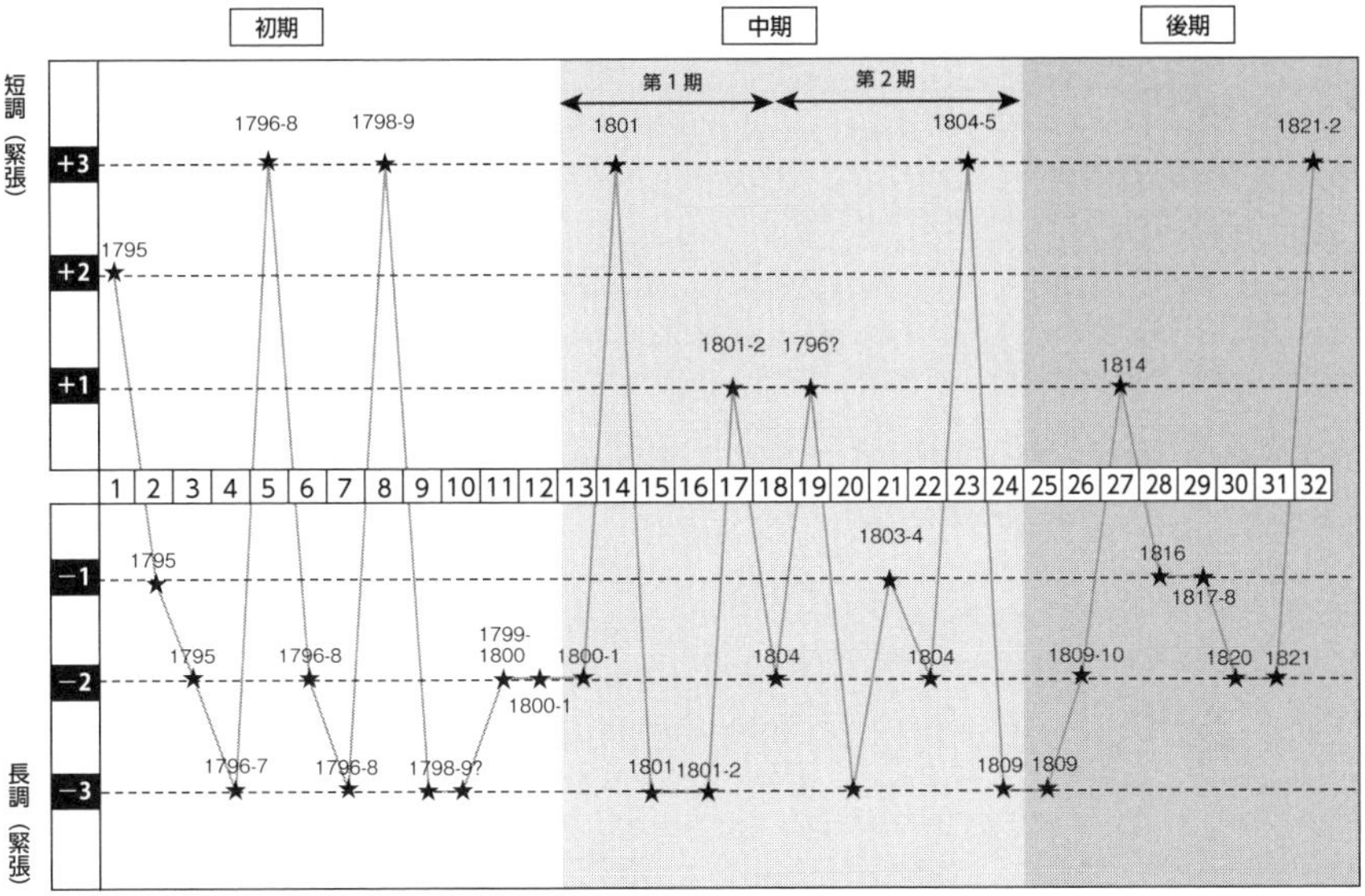

＊−1〜−3 および+1〜+3 の数量化は筆者の判断による

＊19 番と 20 番は正確な作曲年代は明らかでない

タ形式で書かれたものがこれに相当し、とりわけ顕著なのが、完成された美しい形を誇っている「運命」であります。一方南方性が強調された作品としては、レントラーやバガテルに代表される小品等があげられます。

［ドイツの精神風土について］

さらにベートーヴェンという人物を理解するには、当時のドイツの精神的風土と共に把握することが必要です。以下少し詳しく述べることにしましょう。

ベートーヴェンが生まれた1770年は、ドイツ文学において「シュトルム・ウント・ドラング」（疾風怒濤）、という思潮が支配する時代でした。この時代の著名な文学者として、初期のゲーテ（1749~1832）と、シラー（1759~1805）の二人があげられます。そして1774年にはゲーテの、一青年の恋と苦悩を描いた名作『若きウェルテルの悩み』が発表されます。まさにこの時代を少年として過ごしたことは、ベートーヴェンの音楽に潜む葛藤の源となりました（注2）。

このドイツ文学の風潮にやや遅れて、ドイツ観念論と呼ばれる、ドイツの最も主流をなす哲学が生まれてきます。その出発点となったのはカント（1724~

1804）の『純粋理性批判』（1781）であり、その完成者はヘーゲル（1770~1831）でした。彼の哲学は、絶対者の把握を目的とする壮大で統一的な体系を成すものです。ヘーゲルは、ベートーヴェンと同じ年に生まれ、ほぼ同時期に亡くなったという意味でも非常に偶然なとり合わせですが、両者の思想にも非常に共通する要素を見出すことができます。

先の、ヘーゲルの哲学を代表する著書である『精神現象学』は、1806年に書かれていますが、これと並行するようにベートーヴェンは、1804年に交響曲第三番「英雄」を、1805年に第五番「運命」そして1809年にピアノ協奏曲第五番「皇帝」を書き上げています。これらの作品を象徴するものは、「英雄の世界」であると言えましょう。ヘーゲルもベートーヴェンも二人とも、ナポレオンの存在を意識していたことも加え、彼らは、異なった分野で近いものを表現していたわけです。

しかし、このようなベートーヴェンの完結した統一的な音楽世界は、「皇帝」を書き上げた直後には変化し始め、いわゆる後期の作風へと移ってゆきます。これまでのどちらかといえば、現実的・世俗的な色彩を帯びた理想像からより超越的なものへと思考するようになり、神との対話がより前面に出てくることになります。それを集約したのがピアノ曲でいえば、第32番のハ短調のピアノソナタ（譜例6）であり、交響曲でいえば、第九交響曲であると言えるでしょう。

［最晩年の果たせぬ夢］

通常のベートーヴェン論はここで終わっていると思われますが、ベートーヴェン研究者の中に、「第九交響曲の『歓喜の歌』は、当時のベートーヴェンの心境を必ずしも反映するものではない」と唱えている人もいます。つまり、ベートーヴェンはまだ解決できない問題をたくさんかかえており、それを表現すべく、楽曲の構想を思案している最中でありました。

弦楽四重奏曲第16番（作品135）は彼の完結した最後の作品ですが、その終楽章の最初の音符の下に、「そうあらねばならぬのか？　そうあらねばならぬ」（譜例14）という半ば迷いを思わせ、自らを

〈譜例14〉

無理に言い聞かせている言葉が添えられています。この言葉は、晩年のベートーヴェンの果たせぬ夢を暗示するものと感じられます。

この5カ月後ベートーヴェンはこの世を去ることになりますが、もしも彼がこの後何年か生きていて、仮に第一〇交響曲が完成されていたとしたならば、彼はそこに何を表現しようとしたか、私なりに推論してみたいと思います。

ベートーヴェンの死後4年たった1831年7月、ゲーテが、「ファウスト」の第2部を完成させ、翌1月さらに手を加え、それから二カ月後、やはりベートーヴェンと同じ3月下旬に亡くなりました。

この事実を、何かを暗示することとして見なすならば、この「ファウスト」第2部の背後にあったゲーテの「全体の複合の中には必然的なものと偶然的なもの、予定されたものと完結しないものが、あるいは成功し、あるいは失敗した形となって存在している」という考えが、ベートーヴェンによって音楽の世界に翻訳され、「第一〇交響曲」という姿となって現れていたかもしれません（注3）。

［二曲の分析と特徴］

さて、論はもどりますが、ここで取りあげた2曲が、最初に話しました、ベートーヴェンのピアノ曲の、先にあげた五つの特徴において、どこに位置づけることができるのかを、まず明らかにしましょう。

第1番目の、ピアノの性能に即しているかどうかという点では、比較的当時のピアノの性能を考慮して作ったものといえます。

第2番目の、「真面目か遊び心か」という点では、明らかに後者の方に属するといえましょう。実際、先に申しましたように、ベートーヴェンは、このような遊び心で書いた変奏曲を数多く残しています。関心のある方は、楽譜やレコードを購入されると良いでしょう（注4）。

第3番目の、古典派的かロマン派かという音楽様式の問題ですが、ベートーヴェンのピアノ曲は大別して、初期・中期・後期（図例2）に分けられます。そして「ゴッド・セイヴ・ザ・キング変奏曲」は中期に属するのですが、中期はさらに二つの時期に分けられます。便宜的に前半期を第1期、後半期を第2期と名付けておきます。第1期は「月光」「テンペスト」に代表され、第2期は「ワルトシュタイン」「熱情」に代表されますがこの曲は第2期に分類されます。一方『トルコマーチ変奏曲』は、後期に属しますが、この二つの曲に関する限り、特に際立った様式上の特徴は見られないようです。

　第四番目の緊張と弛緩からでは『ゴッド・セイヴ・ザ・キング変奏曲』は中期第1期の第2緊張期のあと、すなわち「テンペスト」の直後に書かれ、『トルコマーチ変奏曲』は、後期第一弛緩期の時期「テレーゼ」の時期に書かれていて、いずれも弛緩期に属しています。

　第五番目の北方性南方性に関しては、明らかにこの2曲は、変奏曲という形式を取っているにもかかわらず、曲想の特徴等から、後者の南方性が優位であると思います。さらに付け加えれば、この2曲の変奏曲に用いられたテーマのイギリス国歌、トルコマーチは、それぞれ、当時の風潮を反映したものであり、前者は当時の政治的理念の理想であったリベラリズムの具現国の代表イギリス、後者はオリエンタリズムに代表される異国情緒の筆頭に位置する国の一つトルコに由来するものと思われます。

　以上が、ベートーヴェンの作品の全体像から描出された2曲の特性分析です。

　これらの事項をよく把握して練習することが、ベートーヴェンの演奏の本質に迫る重要なことですので、常に頭の中にとどめておいて下さい。

注1　ルネサンスからバロックへの移行期に短期間現れた、過度のデフォルメ（事物を変形誇張して描写すること）を特徴とする美術様式。

注2　ゲーテとベートーヴェンは、さらにギリシャの古代文化を共通の美の源泉としていることも見落としてはならない。

注3　第一〇交響曲は、断片的なスケッチが残されている。

注4　ベートーヴェンの書いた多数の変奏曲の楽譜は、すべて『ウィーン原典版・ベートーヴェン：ピアノのための変奏曲1・2』（音楽之友社）として入手することができる。

第一回クララ・シューマン国際ピアノコンクールと第五回シューマン音楽祭

一九九四年ＰＴＮＡ特集（世界のピアノコンクール）
一般社団法人全日本ピアノ指導者協会（ピティナ）会報誌「Our Music」より

　音楽祭終了後に、ある出場者から次のような手紙を受け取った。「……世界中にコンクールが増え続け、学生の間で審査員への評価が下がる中で、フェスティバルのようなコンクールがあるなんて信じられませんでした。音楽会のような感覚で受けられるコンクールなんて、長い間忘れていました……」

「第一回クララ・シューマン国際ピアノ・コンクール」

　一九八一年にサヴァリッシュとベルリン・フィル、前田昭雄の記念講演「現代におけるシューマン」で幕開けしたシューマン音楽祭も、三年ごとに開催され、今年で五回目を迎えると共に、クララ・シューマンを讃える意味でその名を冠した国際ピアノ・コンクールが、今年一九九四年五月二十三日、音楽祭に先立ち、初開催された。

　このコンクールの特徴は、第一に、音楽祭と共通したテーマが設けられていること、第二に、主催者の理想が審査員選定に貫かれていることである。

　今回のテーマは「シューマン・その幻想性と超絶技巧性」、副題に「シューマン・フランスへの憧憬」が設けられた。

　審査員には著者の他に、マルタ・アルゲリッチ、ウラディーミル・アシュケナージ、アレクシス・ワイセンベルク、ネルソン・フレイレ、ボーリス・ブロッホ、シルヴィア・カドフが、審査委員長に、「東にショーンバーク、西にカイザーあり」といわれるあの音楽学者・評論家のヨアヒム・カイザーが担当された。ピアニストの卵ならだれしも聴いてもらいたいと思う顔触れだ。

　実際、大学の教授たちが審査すると、各々の生徒への採点を頼みあって情実が入ったり、ご本人は純粋に芸術的な審査と思っても、教授的であったりする。

しかし、およそ当コンクールの審査員は、世界の第一線で活躍している人達だから、情実はおろか、その耳はごまかせない。これだけの審査員が揃うはずはないと誰もが思っていた。本選のみのアシュケナージ氏を除いた全員が初日に顔を会わせたとき、私は「これは面白くなるぞ!」と思った。

そして事実、息もつかせぬ興奮の連続となった。

［日本人参加者に感じたこと］

私は数々の国際コンクールを経験し、若い魂の命を懸けた競演は素晴らしいことと思っている。コンサートでは、余程の名人でもないかぎり、これ程の感動を体験することは難しい。

日本人の演奏の場合、よく弾けてはいるものの、音の行間に溢れるものが少ない。それは長い歴史が作る部分でもあり、歴史の短い教師が指導するのである以上、仕方のないことかもしれない。勉強している人でも机上の空論に近く、実際の音にその人の人生がにじみでるような芸術家は少ない。

しかし今回、かなり高い境地まで実りつつある日本関係の参加者が三名いた。ともに、国外で花を咲かせているように見受けられる。十八歳でパリ音楽院を卒業されている五月女慧、リスト音楽院に留学中の紫垣英二、アメリカの日系人、中松ジョンである。

五月女は、二次予選で提出した曲を思い違いしていて、普通なら失格となるところを審査員は異例の処置をとった。彼女は七年前に弾いたというショパンのバラードの第一番を、十分間の練習の後、所々ミスはあったものの、ポイントは押さえ、暗譜で弾き切ったのである。その演奏はみずみずしい音楽性に溢れていたので、私たちは彼女をセミファイナルに通した。

紫垣英二と中松ジョンは、日本人離れしたスケールの大きさで群を抜いていた。それでも、個性という面ではロシアや東欧諸国群にはかなわなかった。

［世界各国から五十一名が参加――一位はA・グーラリ］

世界二十五カ国、百五十名の申し込み者から、書類審査でロシア九名、日本七名を含む五十一名が、参加を許可された。

ロシア人は、各々個性的で、音楽に演奏者当人の言いたいことが表れていた。本来第一位になれる実力をもつレフ・ヴィノクーア(二十三歳)は、セミファイナルでショパンのエチュード作品10を見事に決めたが、ファイナルのメンデルスゾーンの協奏曲を三週間で準備したらしく、面白い演奏ではあったが、ミスが目立ち、第二位に甘んじた。もう一名第二位を分かちあったのも、やはりロシア人で、アレクセイ・ボトヴィノフ（二十一歳）である。セミファイナルのシューマン・ソナタ第一番と、ファイナルのブラームス協奏曲第一番を、まるで一九五〇年代の演奏のように、ロマンティックに弾いた。

第一位は、すでに数々の国際コンクールで入賞しているロシアのアンナ・グーラリ（二十一歳）で、よく練られた解釈をベートーヴェン協奏曲三番で披露した。

残り二名のファイナリスト、日本の可児亜理とブルガリアのヴェセリン・スターネフは、惜しくも選外となった。

全体を通して、水準は非常に高く、他の国際コンクール入賞経験者も多数参加されていた。

［自由な雰囲気に包まれて］

審査委員長カイザー氏は、ユーモア溢れる語り口で口頭での曲目解説をされ、場内の雰囲気を和らげるし、休憩時間になると、審査員の間で思わず討論をしてしまうなど、本当に自由な雰囲気だった。審査員室でも、一人の意見に対する同調や反論が活発に繰り広げられる中でジョークが飛び交い、盛り上がることもしばしばあった。

と同時に、それぞれの審査員の考え方がわかり、大変勉強になった。カイザーは学者的立場から、アシュケナージやカドフは指揮者の立場から審査するのは当然といえば当然だが、主に当日の出来栄えないしは教育的立場でみているのはワイセンベルクとブロッホで、アルゲリッチやフレーレや私は、当日の出来よりも本来持っているものをみようとする傾向があった。

［ロシアの青年イリサフスキー］

ロシアから来た二十一歳の青年イリサフスキーは、天才的で私も感動させられたが、信じられないようなミスが続出した。普通なら「おかしいですね」で済んでしまうところを、アルゲリッチは「私、彼と話してみる」と言うのである。彼は演奏直後で興奮しているのか、話したがらず、ロシアのテレビ局の人にまで彼のことを聴きにいくアルゲリッチのその思いやりに感心した。

彼にはお金がないとのこと。有志が交通費を出し合って、やっとのことでドイツへコンクールを受けにきた程で、毎日バーでピアノを弾かなくてはならないため、練習する時間がほとんどないという。アルゲリッチは「私、彼にお金をあげるわ」というのであった。

結局は、シューマン協会が支払ったのだが、若い芸術家に具体的に支援しようとするアルゲリッチの行為はとても立派で、翌日彼女は、彼をつかまえて朝まで話し込んでいた。「とてもいい人だ」と彼女は言った。「今はポゴレリッチの時とは時代が違う。イリサフスキー自身が、第一位を取るまでコンクールを受け続けるか、ＣＤを何枚か作るかして、マネージャーが付くのを待たなくてはならないわ」

イリサフスキーは、今年の浜松国際ピアノコンクールも受けるそうだ。その時の彼に、少しでも多くの練習時間がとれることと、彼の天才的な演奏を審査員が評価することを祈りたい。

［苛酷なスケジュールの合間に］

当コンクールは、朝十時に始まり、夜は終了後、二日おきに審査会議＋乾杯で、ハイな状態で何とかやり遂げたが、帰宅は連日深夜で疲れ果て、ピアノの練習は全く出来なかった。音楽祭での本番を目前に控えているアルゲリッチ、フレイレ、私の三人は、顔を合わせると「練習しなきゃ」を連発するものの、ちっとも練習出来なかった。本選の前日の空日には、三人は一斉に練習を始めた。アルゲリッチもフレイレも、当然のことながら本当にうまい。力が抜け切って反動がよく使えていて、目の前で見聴きし、とても勉強になった。

本選は夜七時に始まり、演奏終了は夜中の一時、発表は二時、パーティはなんと朝四時まで続いた。アルゲリッチはその夜ブリュッセルでのコンサートのため、そのままタクシーでデュッセルドルフを発った。音楽家はタフでないとやっていけない。

［第五回シューマン音楽祭でのハプニング］

その間、デュッセルドルフでは第五回シューマン音楽祭が開かれていた。プログラムには、講演に、ファスベンダーによる「ファウストの情景」、アライサによる「シューマンの歌曲」、ディスカウの「ベルリオーズ」演奏に、シフの「シューマンの夕べ」、ベルマンの「リストの夕べ」、デームスの「詩人は語る」の弾き語り、アルゲリッチ、フレイレの「デュオの夕べ」等が盛り込まれた。また、シンポジウムではあのシューマン研究家、前田昭雄氏が招かれていた。

さらに、カイザーの講演「シューマンとフランスの関連性」の際、筆者がシューマンの「謝肉祭」「ウィーンの謝肉祭さわぎ」。当初、ブロッホがベルリオーズの「幻想交響曲」（リストによるピアノ編曲）を演奏する予定になっていた。ところが、かつてカイザーがブロッホに「このとんちきめ！　ピアノの弾き方も知らないのか！」と新聞批評したためか、ブロッホは突然出演をキャンセル。筆者は何と準備期間十日間で彼の埋め合わせをする羽目になった。他の審査員達は口をそろえて「この曲は至難の曲だ。弾きたくない」という。まさに火のなかに飛び込む思いで弾いたのであった。

「コンクール審査を終えて」

コンクールの七日間と音楽祭の十八日間は、質量ともに充実していた。そしてその期間中、私は多くのことを考えさせられた。

コンクールで第一位と第二位を取ったロシア人や東欧諸国の出場者に、日本人が歯が立たないのは、なぜか？

音楽の器は才能の問題とはいえ、日本では、いいピアノを弾くための総合的な教育が稚拙だ。また、ピアノそのものの弾き方や好みが、日本的であっても、芸術的でないのは困る。例えば、湿気のある風土で底鳴りのしないピアノ、それを鳴らそうとするハイフィンガー奏法、スケールの小ささ、きつく乱暴なｆと響かないｐ、和声感の乏しさ、バランスの悪さ、自ら作曲も出来ない程度の音楽の理解力、読譜の浅さ、そして何よりきっちり弾いていても感動のないこと、など日本人特有だ。

一時期、国際コンクールのピアノ部門で上位を取る日本人が出て、このまま浮上するのかなと思いきや、国際的に本当の意味で、超一流といえる日本人ピアニストは、出ていない。今回の審査委員も「日本人で、十年前のようにたたく傾向はなくなった」とはいうものの、「凄いのはいない」というニュアンス。海外のマネージャーも、なかなか日本人ピアニストを一級の音楽会シリーズには出演させられない状況である。日本のマネージャーは、当時の日本人の上位入賞者に仕事を与えているが、演奏家自身の努力にもかかわらず、結局は日本的な音楽になっている。これでは、海外に売り込んでも、滅多なことでは受け入れてもらえない。

聴衆の側も、国際コンクール上位入賞などの価値にこだわって大切なものを忘れていると、演奏家が成熟していかない。例えば「八十歳の日本人ピアニストっていいないかなぁ」と思う。天才は別としても、人間は年輪を重ねて成熟していくものだからだ。

このような現状をふまえ、日本人ピアニストの将来について、真剣に考えていきたい。今回出会った、ロシアから命懸けで出場したイリサフスキーのように、飢えた感動的な音楽家が日本から出現することを願いたい。

不思議なもの

私は3年前に、「変なもの」をお友達からいただきました。

　それは生きていないのに生きていて（?）どこへでも乗っかり、演奏旅行中世界のどこまでもついてきて、家のなかでも同類を尻目に私にくっついてきてはお魚を食べミルクを飲む「代物」です。

　左の目はどこまでも優しく、右目は少し出来そこない。でもしょっちゅう変化する表情をもっています。私の所に来たとき、この「代物」は遠慮ぎみに背中を丸くしていましたが、妙なことにだんだん伸びてきて、それと同時にあり得ることか首も伸びて、飼い主同様大変いばるようになりました。腕の力も徐々にぬけてきて手首から恰好の角度を持ち、ピアノを弾くと、私もうらやむいい音を出すようになりました。その手の固さといい表面をおおっているフェルトの柔らかさといい、まるでピアノのハンマーそっくりです。ふさふさしていた全身の毛にパンチパーマがかかり、はだかでいるのを恥ずかしがるようになりました。男の子だと思ったので最初は男の子の服を着せていたのですが、次第に眉間にしわを寄せるようになったので、女の子の服を着せたら機嫌がなおりました。銀のクラシックタビーの体がダークの銀に変化してきて、鼻の皮がむけ、中からぴかぴか光るピンク色の真珠が姿を現しました。そして子供が生まれ、お母さんになりました。

　名前は《どってこ》。宮澤賢治の童話『どんぐりと山猫』に出てくる「白いきのこがどってこどってこどってこと楽隊をやっていました」から取ったのです。そして私のファンクラブも出来、『どってこ新聞』まで1年に2回程でるようになりました。この頃はステージにしゃしゃり出て、アンコールを弾くこともあります。

彼女はずっと私のストレスを吸い取り、ますます偉そうにふんぞり返って、今日も私と一緒に新幹線に乗って旅立つ、生猫ならぬ干猫なのです。

ところで、こういう原稿を「猫の手を借りた原稿」というのでしょうか。「そうだ。そうだ」頷きながら、《どってこ》は私を見つめています。

竹村健一先生のこと

今から約三十年前、ドイツのデュッセルドルフで私は竹村健一先生にお会いした。

もちろんそれまでも御芳名は伺っていたが、日航の講演会にいらした先生のお話は、大変面白く夢中になった私は、先生にその旨を伝え、意気投合したのだった。

先生のお話は、世界中の新聞を読まれ、常にグローバルな視野に立ってなされていて、着眼点も発想もすばらしい。その統計に基づいた数字や表が提示されているので、説得力がある。先生の本はよく読ませていただき、私は私自身の生き方にかなり影響を受けている。「日本の常識は世界の非常識」「マクルーハン」等、国際社会に重要と思ったことは、日本国民も考えた方がいいと私は思う。長い間海外で生活をしていると、日本と海外は何でも反対という気持ちさえしてくる。

先生の「これだけ手帖」もいい。実は私も以前からそうしている。先生と共通点の多いことも先生と気の合う所以なのだろう。

予定を色分けして書いてゆくと、楽しい。ぎっしり書き込んでるから自分でも分からないくらい。だから、他人が見てもわからないところがいい。

また、奥様の良子さんもほんとうにいい方で、気さくで、細かくお気を配られる方でいらっしゃる。健一先生と地球の果てまで旅をなさりながら、ステキな絵を描かれる。戴いた絵は全部ピアノのお部屋にかけてある。眺めていると、心が明るく楽しくなる絵である。まさにお人柄が出ていると思う。私が演奏活動四十周年を迎えた二〇〇七年には、四十種類の絹でお花の絵を織って額に入れて贈って下さった。一メートル四方位の大きいもので、大変な手作業だったと思う。良子夫人のお優しさがひしひしと伝わってきて涙がにじんだ。主人が丁重に解説をおつけして、会場に飾らせていただいた。良子夫人が喜んで下さったのは言うまでもない。ほんとうにステキな御夫妻でいらっしゃる。

竹村先生の講演や新春竹村会には時間が許す限り、伺わせていただくし、先生はあのお忙しさの中、お気に召した音楽会には足をお運びになる。私の音楽会にもよくいらして下さるし、雑誌には贔屓のピアニストとして私のことを書いて下さったこともある。

竹村健一先生の御宅の地下には音楽室があり、そこで先生と二重奏をしたり、私のソロもさせていただいた。何しろ聴衆がすごくて中曽根康弘元首相や、ヴァイオリニストの佐藤陽子さんのお顔も見えた。

竹村健一先生が長い間御出演されていたフジテレビの〈報道二〇〇一〉が最後の日、鶴岡にいた私はかけつけて、先生と連弾をさせていただいた事は大変光栄に存じている。二〇〇九年三月三十日のことであった。先生にはお元気でずっと活躍していただきたいと思う。

徹子の部屋

ある時突然テレビ朝日の「徹子の部屋」収録がきまった。二〇〇二年の夏に収録で、三週間後には放映だった。

何でも徹子さんは前日までソマリアにいらしたということで、時間を過ぎてもいらっしゃらないので皆ちょっと心配を始めた頃、さわやかに「こんにちはー」と例の早口でいらした。

収録は録りなおしなしのぶっつけ本番。早口以上に、徹子さんの頭脳の回転の早さに感心した。短いコマーシャルの間に、次のお話についてパッと打合わせるのだが、その原稿は、お渡ししたプロフィールの中から、徹子さんが重要と思われるものを、ピックアップされたものである。その要を得ていることったらない。私の場合、徹子さんがお考えになったことは、私が最も言っていただきたい事、そのものずばりだった。ドイツでのこと、ある演奏会に聴衆として始まる五分前に行ったコンサートで、マネージャーが飛んできてピンチヒッターとして弾く様に言われた話、女流で世界初のブラームス　ピアノ独奏曲全集を完成させた話、私達夫婦は四十年近く結婚しているけれど、一つ屋根の下にいたのはたった一年間なので、主人は私を「家内」でなく「家外」と呼ぶ話など。

それに私の好きなスタインウェイのフルコン（フルコンサートグランドピアノ＝コンサートホールにある最も大きなピアノ）を、スタジオに持ち込ませて下さり、生演奏もさせて下さった。この様にたくさんの資力を持たれて、長寿番組となっているのは、徹子さんの魅力と実力のたまものと思う。日本で今までに一番よく売れた本が「窓際のトットちゃん」であることも、うなずける。「徹子の部屋」に出演させていただいて、私はますます徹子さんのファンになった。徹子さん、いつまでもお若く、お元気で御活躍下さい。

父と母の死

平成元年の夏だった。父がお腹の右側が痛いと言って起きてこなくなったのは。お医者さんに診てもらうことをすすめても、絶対に行かなかった父だが、この時は自分から行った。総胆管のガンだった。すぐ開腹手術になったが、ひどい状態で、どこも取れなくて、そのまま再びお腹を閉じた。そして「あと二カ月の命です」と言われた。私はありとあらゆる本を読んで、ほとんど毎晩東京から、父の入院している和歌山県立医科大学病院の主治医の先生に電話を入れ、その日の病状を伺い、いろいろなお願いをした。忙しい先生がよく電話に出て下さったと思う。父はあまりのしんどさに「死にたい」と言ったが、私は何とかして助けようと必死だった。

父は私が仕事が忙しいのを知っていて「昭子に知らせるな」と付き添いの人に言い、その人を心から頼りにしていた。本当に親不孝な私である。九月十三日まで審査や何かで多忙を極め、やっと数日は空くので父を訪ねようと思った時、主治医から危篤の電話が来た。すぐかけつけたが、父は意識がなく、誰のこともわからなかった。まるで私の仕事が空くまで待っていて、旅立ったかのようであった。お葬式の前夜、お棺に入った父と私は大学に入って家を出てから初めて二人っきりで一夜を過ごした。それまでは帰省しても、母の言うとおりに私はホテル住まいをしていた。これは淋しいものであったが、病気がちで体力のない母に気を使ってそうしていたので、父とゆっくり話をする時間はなかった。

母は母で、大腿骨骨折したのが長い入院の始まりになった。歳をとっているので、リハビリ以外はベッドの中にいることが多く、足腰の力が弱くなると共に、パーキンソン病も発症してしまった。母は自宅に帰ろうと思えば帰れたと思うが、退院しても不自由だし、仕事をしている私に負担をかけたくないというので、入院していることを選んだ。本当は帰りたかった母は、ある時車椅子の上から「しゃばに出たいよう」と言って泣いた。

　そうこうしているうち、腸が詰まった。緊急手術をすると腸に三センチ大のガンが見つかり「完全に取れたから、長生きなさるでしょう」と言われたのに、間もなく肝臓に転移していることがわかった。専門の病院に移すと「もう少し早く来ていれば助かったのに」と言われた。そして痛みが出てきた。母は父と違って「生きたい」と言っていたのだが、もう助からないことがわかっているので、父の時とは反対にモルヒネを使ってもらい、楽に逝けるようにと、そればかりお願いした。前にも書いたが、私が仕事でベルリンへ行っている間に、母は一人で逝った。

「私達にとっては、毎日が贈り物の様です」ダニエル・バレンボイムとジャクリーヌ・デュ・プレ

西ドイツ・テレビ番組週刊誌『HÖRZU』一九七八年十二月二十三日〜二十九日号　M・シーニェン　杉谷昭子・岡田裕共訳
『音楽の友』一九七九年六月号

現代の、偉大な愛の歴史の一つであると同時にまた、悲劇的な歴史の一つ

「私は以前ならば決してあり得ないと考えていたような幸せを、今では体験しています。私が病気になり、車椅子に縛り付けられて以来、ダニエル・バレンボイムと私との間の愛情は、更に深く、更に緊密なものになりました」

この驚くべき言葉を、最近、ロンドンで私に語ってくれたのは、運命の手により信じ難いまでに強烈に殴りつけられた、一人の若い女性、ジャクリーヌ・デュ・プレ（三十三歳）である。数年前には、彼女は世界の中でも最も祝福された女性チェリストの一人であった。その彼女が、今日では、その人生をベッドと車椅子との間で生きているのである。（脳や脊髄に起る）多重性硬化症。神経系統の不治にして底意地悪い病気である。奇跡が起こらぬ限りジャクリーヌは近い内に完全に不随となり、救いとしての死を経験することになろう。

この若く、大きな才能を有した二人の音楽家のかかわりは、一九六七年の初めに普通ではないやり方で始まった。即ち、ロンドンのチェルシー区にある有名な中国人のピアニスト、フー・ツォン宅でのあるパーティにジャクリーヌ・デュ・プレは彼女のチェロを携えてやって来たのであった。彼女がそこで、若いピアニストで後に指揮者となるダニエル・バレンボイムと邂逅した時、彼は彼女に全く自然に尋ねた「一緒に音楽しましょうか」。そこで二人は椅子に座りブラームスの《チェロとピアノの

ホ短調ソナタ》を弾いたのであった。

「そして、それがもう決定的でした」とジャクリーヌは回顧する。「初めて二人で演奏したこのとき、本当に深くわかり合えて、多くを語らなくても気持ちが通じていました。……それは完全な調和と極めて純粋で幸福なひとときでした」

数カ月後――即ち、一九六七年秋のイスラエル・エジプト間の七日戦争が終わり、前線での一緒の演奏を終えた後――二人はイスラエルで結婚した。この時には既に世界的に有名であったこのイスラエルの音楽家ダニエル・バレンボイムは、小柄でがっしりしており、どちらかといえばメランコリッシュであった。そして、姿美しいイギリス女性ジャクリーヌ・デュ・プレは大柄でほっそりしており、ブロンドの髪でいつも快活であった。彼は二十四歳、彼女はちょうど二十一歳であった。この結婚式の日から二人はまた仕事の上でも一緒の道を歩み出した。全世界で二人は演奏会を開き、数多くのレコードの録音をした。幸福を独占していた二人、そのように思われていたのである。

一九六八年、デュ・プレとバレンボイム、二人の経歴は頂点に立つ。そして、二人一緒の歩みに、終止符がうたれる。

今、私は独立した一軒家で、ロンドンにある二人の住居に来ている。ここは以前王室近衛兵の厩舎であった。この厩舎が建て直されて以来、ハイドパークとバッキンガム・パレスから程遠くない、このいわゆる「ステイブル（厩舎）」は英国首都の最も優雅にして最も熱望された住宅地区になっている。中庭には花が咲いている。玄関口から表通りまで一筋の傾斜した車寄せの道が走っている――。車椅子のためである。スタインウェイのピアノとチェロの置いてある居間は、暗色の、豊かに彫刻された木で壁に板張りされている。

家事を取締まっている婦人がコーヒーをいれてくれる。

「この家はバレリーナのマーゴット・フォンティーヌのものなんですよ。そして壁板はパナマの古い教会に由来しているものなんです」とバレンボイムが話す。パナマの外交官と結婚しているマーゴット・フォンティーヌはもう少し大きい家が必要となった。彼女の夫君も、暗殺計画に遭遇して後、半身が不髄にされており、いつも車椅子に縛りつけられている。グランドピアノの上にはショパンのエチュードの楽譜が開かれて置かれている。マントルピースの上方にはピカソの署名のはいった絵。床の上には中央アジアのクルジスタン産の大きなじゅうたん、机の上には魅惑的なロシアのお茶の人形——世界演奏旅行での幸福な形と、他の外的な価値を結びつけるものはそれ以外には何もない。

　車椅子のジャクリーヌ、青い花模様のついた着物、足を守っているカバー、暖かいストーブに取り囲まれているジャクリーヌ——光かがやく青い目とブロンドの髪だけが、今なお、かつての彼女の美しさを思い出させる。病気であることや動けないこと、そしてさまざまな注射——それらはその痕跡を残している。

　あれは、ニューヨークのリンカーン・センターのある演奏会の前のことだった。ジャクリーヌは何千人もの聴衆の前で、レナード・バーンスタインの指揮でブラームスの二重協奏曲を弾くことになっていた。——その時、それは突然起った。「私は、私のチェロをつかもうと手をのばしたのです。が、それ以上もう何も感じることができなかったのです。私にはもはや弦を触る感覚がありませんでした。こうしてパニックにおちいったのでした。それにもかかわらず、私は弾きました。なんとかコンツェルトをやりおおせました。そして、この時私は一切を知ったのです。これで終わりだ。おしまいだ。これがすべての最終回なのだ、と」

　彼女の病気は、不規則な突き押しの形で進行する。最初に両手の感覚が失くなり、それから足の部分と脚部の感覚が。半年後、腰部の方に至るまで麻痺——。「最近また少し悪化しました」と彼女は静かに言った。あれ程の成功と幸福から、突然にかほどの苦しみを受けるとすれば、一体、人はいかにそれに耐えるだろうか。もし自ら告白せねばならないとすればである。即ち、おしまい、もう二度ともどることなきおしまい、と。

「私は、再び演奏会を持てることを、しばしば夢見ます」

　ダニエル・バレンボイムは今、彼女の隣りに腰を下し、腕を彼女の肩に回して置き、ジャクリーヌは静かに微笑みながら私に答えるのだった。「一体何が起ったのか、自分自身が本当に理解するまで私には長い時間がかかりました。このショックは余りにも大きすぎました。私に関して何らか生じたことは、私はもうずっと以前に予感していたのです。そもそも、それはもう十六年にもわたることでした。私はいつも疲れるのが早かったのです。けれども私は、自分はただ緊張のしすぎだと考えていました。でもこのことはもう止しましょう……。これまでに私は、人はこの事態をやってのけることが出来るのだということを体験しました。このような病気をもってしても、生きるための極めて簡単なテクニックがあるのです。私はまた車椅子の中で生きること、あちこち歩き回ったりすることが出来ないこと、そして誰かに依存していることをも学びました」

　けれども彼女はさらに別なことをも学んだのだった。

「再び本当の友情をはぐくむことをです。私達の友人にはピアニストのアシュケナージ、ヴァイオリニストのピンカス・ヅッカーマンとイツァーク・パールマン、指揮者のズービン・メータがいます。それに私は並々ならぬ才能を有した二人の生徒すら再び持っています」

　この時、彼女は輝くように私にほほえみかけた。「頭に思い描いて見て下さい。私はたくさんの人々が私に歓声を上げるような一つの演奏会を再び開くことをしばしば夢見る、ということを。そして、それから私は目を覚ますのです。そして現実を知るのです。でも、こんな夢を見ることが許されるなんて本当に素晴らしいことではありませんか?」

　私はじっとこらえる。これに対し、私は一体何と答え得ようか。

第二章

家外から家内になった杉谷昭子

岡田　裕

家外から家内に

「初めての出会い。「あらブラームスね」」

１９６７年初夏のある日の昼頃、私は四谷駅から歩いて10分ほどの、四谷2丁目にある文化放送での夜勤アルバイトを終えて、4階の編集室で机の横の編集個室で回っているオープンテープを聴いていた。ベーム、ウィーンフィル、バックハウスによるブラームスのピアノ協奏曲第1番で、俗に歴史的名演と言われているが私は演奏より曲を聴いていた。夜勤明けで昼頃までノンビリしていたのは休日だったのか、大学院のため午前の授業がなかったのか覚えていない。この頃私の通っていた四谷駅前の上智大学は大学紛争に巻き込まれず静かであった。もっとも翌68年には全学連のゲバ学生が（他大学から来て）校内を占拠し、何カ月間か授業は出来なかった。やがて占拠した学生たちは、大学では初めて導入に踏み切った警視庁の機動隊に排除されて翌年は静かになったが、私は日本の外に出ようという気持ちが強くなっていた。

そこに報道部の大越プロデューサーが若い女性を連れて編集室に入って来た。女性は私と顔を合わせた途端「あらブラームスね」と言った。それが私たちの最初の会話であった。この出会いの曲は杉谷の中で無意識に大事にしていて通奏低音のように流れて後日に影響したかもしれない。

大越さんはクラシック好きの面白い学生が上の階にいるから紹介しようということだったらしい。そこでお互い自己紹介をし、この杉谷昭子という人は2年前の１９６５年に東京藝術大学を出て、（卒業生代表でショパンのピアノ協奏曲第一番を東京藝術大学オーケストラと弾いた由）現在はソロ演奏会や友人と室内楽演奏、武蔵野音楽大学で講師をしているということであった。そして今後演奏会があるときは案内をするということで別れた。

後日案内をもらって聴きに行ったが、いつどこで何を演奏したか全く覚えていない。ただその後の音楽談義が面白かった。

私がクラシックを聴き始めたのは高校2年からで、一橋大に通っていた従兄弟がときどき西武新宿線の入間川の我が家に来て手ほどきをしてくれた。私が聴くのはラジオとレコードが中心で、ラジオで楽しかったのは曲の途中から聴く時で、演奏者が誰かを当てるのが楽しみになるほどのレベルになった。受験勉強そっちのけで深夜も良く聴いた。耳にするのは世界第一級の演奏家ばかりで、感受性豊かな時に優れた演奏に触れて育ったので浪人しても悔いはなかった。後年、学生の時にポーランドのピアニストのレギナ・スメンジャンカが初来日して3カ月近く、また院生の時にはライプツィヒ・ゲヴァントハウス・カルテット（トップはゲルハルト・ボッセ）と1カ月、日本の北から南まで通訳で同伴した時、以前培った知識や情報や感性がどれほど役に立ったかしれない。彼らは私との会話や演奏の感想を通して一目置いてくれるようになった。毎回総譜を見ていたので「ユタカには気を付けろ」と話していた。

1966年5月10日岩手県盛岡市
レギナ・スメンジャンカ（左）と通訳する岡田氏

この時ポーランド人によるたくさんのショパンを、またドイツ人のカルテットではベートーヴェンの「ラズモフスキー」等の名曲を生で何度も聴くことができたのも大変な宝物であった。

杉谷の演奏会後、新宿の喫茶店で夜っぴて音楽談義に花を咲かせた。そこで初めて知ったことがある。

私の頭にあるのは世界一級の演奏家たちの演奏でそれが基準であった。それが基準だったので何の配慮もなく杉谷の演奏の批判をした。すると「あなたね、ピアニストには先ず褒めるものよ！」と偉い剣幕で怒られた。

1969年6月、杉谷昭子は大阪でゲルハルト・ボッセなど4人に自分のピアノを聴いて貰った。それから19年後の1988年10月2日、ゲヴァントハウスにて新しいライプツィヒ・ゲヴァントハウス弦楽四重奏団と共演。左端が第一ヴァイオリンのカール・ズスケ。

1969年6月19日東京・岩波ホール
ライプツィヒ・ゲヴァントハウス弦楽四重奏団
(左、ゲルハルト・ボッセ)

いやそんなこと知らなかったな。

後年中村紘子さんの著書『ピアニストだって冒険する』(新潮社)を読んで驚きながらゲラゲラ笑ったね。杉谷にも全くその通りあてはまったからである。少し長いが引用する。

「自分が女性のピアニストであるのにこう言うのもなんであるけれど、女性のピアニストというのは恐ろしい。「性格的には勝ち気で負けん気が強く強情でしぶとくて、神経質で極めて自己中心的で気位が高く恐ろしく攻撃的かつディフェンシヴで、そして肉体的には肩幅のしっかりした筋肉質でたくましい、というタイプになってしまう」と私自身拙著『ピアニストという蛮族がいる』(中公文庫)の中で告白しているぐらいだ。ついでに「ゆめゆめピアニストなんぞを女房にするものではない」なんて余計なお世話も付け加えたりもして」(85ページ)。頭脳明晰で才能豊かな中村さんの話は正直で私は大好きで、これを読むたび杉谷のことを思って(肩幅の事は別として)ソーダソーダと思うのである。もっともピアニストを女房にしたけれど女房ではなかったが。ピアノに関心があって未読の方はぜひこの本を読むことをお薦めする。

［中村紘子さんのこと］

中村さんの前述著書を読んで非常に驚いた。１９４４年生まれの中村さんは3歳の時井口愛子先生に、43年生まれの杉谷は高校生になって東京成城の、（愛子先生からは義姉になる）井口秋子先生の許に和歌山市から（まだ新幹線のない時代である）通って師事し、二人ともいわゆるハイフィンガー奏法で学んだ。中村さんは文字通り三つ子の魂何とやらで徹底的に叩き込まれた。そして18歳の時ニューヨークでロジーナ・ベッシー＝レヴィン先生から、杉谷は遅れて26歳の時、西ドイツのエッセンでデートレフ・クラウス先生から最初のレッスンで、「ショウコ、それは一体何の指使いかね、そんなものはペックヒェン（小包）にくるんで日本に送り返しなさい」と言われたように、二人は8年の違いはあったけれども、アメリカとドイツで「ハイフィンガー奏法を捨てよ」と同じことを言われ、二人には長い期間を要する大きな課題となったのであった。クラウス先生の生徒たちはほとんど皆が指を平らにして鍵盤に沿うように弾くので、（もちろんパッセージによっては指を立ててガチガチ弾かなければならない場合があることは当然であるが）それが当たり前のために取り立てての奏法として聞いたことはなかったが、クラウス先生は折に触れて杉谷に大きい声で「アンデアタステ（An der Taste）！　指を鍵盤に沿って！」と言われるので、私は後年「アンデアタステ奏法」と呼ぶようになった。

一方中村さんはショパンの「アンダンテ・スピアナートと華麗な大ポロネーズ」の曲から、スピアナートと言うイタリア語は「平らに／滑らかに」ということと、1歳からパリで生活された安川加壽子先生について言及している。「私たち『井口派』の子どもたちは安川先生の演奏を聴きに行くことなど、もってのほかだった。愛子先生が安川先生の奏法を「あんなに指をのばして弾くなんて」と批判されていたことを、耳にしている。ハイフィンガー派から見れば、「スピアナート奏法」は理解し難いことだったに違いない」そして「私はずいぶん後になってから初めて安川先生のリサイタルを拝聴して、心から感銘を受けた記憶がある。実に自然で流麗な、美しい奏法だった。」（33ページ）と正直に書かれている。さらにそれに続いて中村さんが中学3年生で日本音楽コンクールで1位特賞を得た時、それからの進学で安川先生の東京藝術大学音楽学部付属音楽高等学校（以下藝高）に進むという話が周囲から浮上し、愛子先生の了解も得て、安川先生の快諸も得るところまで話は進んで藝高受験の準備を始めた。ところが結局井口先生の強い意思で桐朋に入らざるを得なくなった。あのとき、もし私が安川先生に師事していたなら、どうなっただろう、と書かれている。（33ページ）

いつのことか私は知らないが、日本では杉谷の生徒たちの間で「等速打鍵」ということが言われ、それは杉谷が唱えた奏法で例外的に綺麗な音が出せるということであったが「アンデアタステ」奏法とは違う。中村さんが書いているように「指を伸ばして弾く」や「平らに、滑らかに」ということから、私は安川先生の「スピアナート奏法」と杉谷の「アンデアタステ奏法」は同じものではないかと思っている。

ある時日本で杉谷のレッスンを見ていたら、初めてピアノを弾く生徒にこんなことを話していた。自分がドイツで生徒を教えた時、ある子がピアノを弾くのは初めてだったので「両手を鍵盤の上に置いてごらん」と言ったら、その子は無造作に両手を開いて鍵盤の上に自然に平らに置いたという。そこで杉谷は日本の生徒に「そう、指はそのように自然に平らに鍵盤に置けば良いのよ」と。これが「アンデアタステ」の最も自然な形だろう。そこにはかつて言われた、卵を掌《てのひら》の中に包んで落ちないように、つまり手の甲が丸くなるようにして指を上に挙げてキーを押せばよい、という「ハイフィンガー」の形や姿はない。

私は杉谷から初めて「ハイフィンガー奏法」のことを聞き、その後も沢山のピアノ曲を聴いて思うようになったのは、この奏法と日本人の演奏家の強くて硬い音の根源は、もしかして明治時代にウィーンやベルリンなどに留学した幸田延たちが帰国した時、自分の弾く音が日本の湿気のせいで音が綺麗に鳴らず、また遠くまで届かないという現象にぶつかった。そのためにキーを強く叩いて音を出そうとしたのではなかったか、という日本の湿気説である。

これが基になって日本人の弾く音はバリバリ、ガチガチで音が大きくて硬くてきつくて強くて音色に変化がない、という状況になったのではないか、ピアノに限らず弦も管もオケも、と私は思ってきた。

私はこの独自説を中村さんの『ピアニストだって冒険する』を読むまでずっと思ってきたのであるが、中村さんの次の文章を呼んで仰天してしまった。全く夢にも思わない話だったからである。

「改めて考えてみれば、当時の日本のピアノ界の帝王だった井口基成先生もその妹で私のお習いした愛子先生も、コハンスキー先生が戦前の六年間東京で教えられた頃の愛弟子であった。ということは、21世紀の今日に至るまで、日本のピアニズムに悪しき影響を遺したガチガチの「ハイフィンガー奏法」の「元祖」とは、ひょっとしてコハンスキー先生だったのだろうか、とも考えてしまうのだ。」（49ページ）と。

杉谷が東京藝術大学で師事した井口秋子先生が師事されたのもまさにこのコハンスキー先生であったので、杉谷もまことにコハンスキーの孫弟子としてハイフィンガー奏法にどっぷり浸っていたことになる。

さらに二人に共通点がある。中村さんは「どうして私の弾く音は、あの『本場』のピアニストたちが出すような、ふわっと柔らかく豊かで、シンはあるのに音の周りが美しい霧に包まれたような、ああいう響きにならないのだろう？」（22ページ）と。杉谷は中村さんの思いや発言とはあずかり知らないところで同じように、「日本人の多くのピアニストが出す音は、重くて硬くて、ときにきつくて音色の変化がない。温かくて柔らかくて軽くて、しかも芯があって遠くまで通る音はどうしたら出せるのか」の疑問が東京藝術大学で生じ、ドイツで一層強まったのであった。二人とも期せずして奏法と課題について同じことに米独で取り組んでいたのである。

そして長年にわたる研鑽の結果はどうであったろうか。杉谷はほぼ50歳近くになってハイフィンガー奏法を克服し、さらに「美しい音色を出すために」より高度な「ハーフタッチ奏法」にむかっていった。

中村さんに関しては、最晩年の演奏をしばしばテレビで見ることがあったが、彼女独特の音の中で突然マムシの鎌首のような指使いがテレビのアップで映るたびにギョッとし、見てはならないものを見てしまったような辛い気持ちになり目を反らした。あれほどの才能豊かな中村さんにして幼いときに叩き込まれた技法から完全に開放されることは出来なかったのだろうかといつも思う。事実「身についてしまった悪いメソッドを変えるための苦労も、あれほどではなかったろうに、と少々お恨みも申し上げたくなるのである」（50ページ）と、正直で忌憚のない思いを述べる中村さんにしての大変重い言葉である。

元より技法とか奏法はこれが正しいと決めることは出来ない。自分に適した奏法で美しい音楽が生まれるのであれば、それがその人にとって一番良いのであって、「アンデアタステ奏法」が一番良いと決めつけている訳ではない。

杉谷は日本のレッスンで「アンデアタステ」とあまり言わなかったようである。ドイツで教えていた時は口にしていたので日本では一般に流布していないドイツ語を使うのを遠慮していたのかもしれない。杉谷がこの言葉を使うと、クラウス先生がレッスンでそれを口にされていたことを思い出す。

ところでクラウス先生への想いを杉谷が話した事がある。「クラウス先生は結局演奏家であって教育者ではなかった」と。例えばある生徒が難しいパッセージをなかなかうまく弾けないとき、先生はいろいろ説明するがすぐに反応できない。そこで先生は「ちょっとどいてごらん」と言って自分が座り自ら演奏を示したという。彼にはその方が口で説明するより確実で早く教えられたからである。つまり言葉で説明できる教師より実践で示す方が確実なスタイルの演奏家だった、というのである。日本で生徒たちが自分のレッスンの時に杉谷に「ちょっとおどき」とよく言われた、ということを聞いて私はクスクス笑いながら上で聞いた話を思い出すのである。

閑話休題。

こうして杉谷の演奏会で会うたびに親しくなって行った。知人たちと組んだトリオではブラームス、シューベルト、ドヴォルザークなどのピアノトリオを初めてかつ何度も聴いてすっかり好きになった。杉谷の偉いところは話し相手が楽器や音楽の素人であっても決して見下さず、（私に限らず）こちらの感想を真剣に聞くことであった。この真摯な態度はプロになっても変わらず、年上年下を問わず誰彼となく自分の疑問をぶつけてより高いものを得ようと学び続け、その真摯な向上心には私は終生敬意を表した。

親しくなって私的なことも話し合うようになったとき、世田谷の久が原の下宿先の練習環境が大変だと分かった。隣室の勤め人の女性の部屋との仕切りは襖だけで、防音のためにふすまに箪笥などの家具を置いているだけ、グランドピアノで練習していると時折、襖がドンドンと叩かれるので落ち着いて練習が出来ないということであった。実際に現場を見に下宿を訪れてみると、成程これでは落ち着いてピアノが弾けないことが分かり何とかしてあげようと思わずにはいられなかった。そこで入間川の我が家には離れの部屋があったのでそこに移転を勧め（写真）、こうして都心からは遠くなったが誰かに邪魔されることなく夜も自由に弾けるようになった。私の頭には、何かで才能がある女性には出来るだけその才能を伸ばせるようにバックアップしたいという気持ちがあり、それが杉谷にむかったのであった。

世田谷の久ヶ原から西武新宿線の入間川駅(当時)近くの岡田家、離れに移住。

手前後ろ向きの真ん中ロングヘアが杉谷。離れの部屋は右側の建物、左側は母屋。車の運転は岡田の姉（左端）の主人の高橋正明さん。

［ドイツでの研鑽と日独往復の生活］

ある時武蔵野音楽大学に、当時西ドイツのエッセン音楽大学からデートレフ・クラウス教授が客演に見え、その演奏を聴いた杉谷は自分の求めていた音はこれだと思い、演奏の終わった先生のもとに行き、先生の生徒にして下さいと真剣に訴えた。それならここで何かを弾いて御覧なさいと言うので先生の前で演奏したら「それで結構、9月開始の学期から教えるのでドイツにいらっしゃい」ということになった。先生の前で弾いた（フォアシュピーレンという）だけでマスタークラスの入学があっけなく決まったのであった。

ところがドイツ行きは決まったものの杉谷本人はドイツ語がほとんどできずドイツ語の助っ人を欲していた。一方私の方は68年の全学連による学校封鎖が解除されても、69年は授業が軌道に乗らず私はドイツの大学での勉強、特にハイデッガーがいまだ生きていたフライブルク大学への留学を考えていたので、杉谷の話は「渡りに船」と応じた。こうして69年9月に２人は羽田から南周りのルフトハンザで西独にむかった。当時外貨の使用額は1年に15万円だったか20万円までという時代であった。杉谷は二つの人形の真理音（マリオンとマリネ）を空港

1969年9月エッセン音大留学開始時。デートレフ・クラウス教授、シャルロッテ夫人、坂井玲子さん、杉谷昭子、音大校庭にて

武蔵野音大で教えていらした坂井玲子さんと。フォルクヴァング音大の校庭で。壁はテレージェンイエロー

クラウス先生の生徒インゲと。エッセン市内フォルクヴァング・ムゼウム入口で

デートレフ・クラウス教授と御夫人

に抱えてきたので周囲の人を驚かせた。その２カ月前の７月にはアメリカの宇宙飛行士が人類初の月面着陸をして世界中を沸かせていた。

飛行機は香港、クウェートでの給油着陸を経てフランクフルト（ＦＲＡ）空港に到着、そこから電車でデュッセルドルフ（ＤＳＤ）に行き駅前ホテルに泊り、翌日クラウス先生の生徒であるインゲが学生の乗るシトロエン車で迎えに来てくれて、そこから先生ご夫妻が捜して下さっていた、エッセン・フォルクヴァング音大の近くの下宿先に連れて行ってくれた。私は屋根裏部屋、杉谷と武蔵野音楽大学で教えていらした坂井先生、桐朋を卒業したばかりの熊谷さんの３人が３階のワンフロアの３部屋に下宿する事になった。

こうしてドイツの生活が始まり３階の３人はインゲの案内で早速ピアノ店に行きレンタルピアノを決めた。毎朝８時になると上の屋根裏部屋に下の３階からいっせいに音階の練習が鳴り始め、続いて各人練習の曲が聞こえて来て誰が何を課題にしているのかが分かり毎朝楽しかった。もちろん３つの曲が同時にゴチャゴチャと聞こえてくるのだが私のレパートリーは結構増えた。

杉谷はクラウス先生に自分はドイツ語がよくできない

ので通訳として岡田がレッスンに同伴しても良いか伺い、快く承諾して下さったので私は時間があったのでしばしばレッスンについて行った。もっともピアノの奏法などの話はレッスンに同席していた坂井先生の方が（例えば「つぶを揃えて」など）遥かによく分かっていたので、大抵は坂井先生におんぶすることになった。

しかしさすがにピアノ一辺倒の杉谷もドイツ語の必要性を痛感したのか、翌年の春に南ドイツのシュヴェービシュ・ハルという風光明媚な町にあるゲーテ・インスティトゥートに4週間通い基本を習って帰ってきた。その結果に思わず目を丸くした！　何とあのお喋りでは世界に冠たるドイツのおばちゃんを相手に自分の考えをやさしいドイツ語でしゃべりまくり、さすがのおばちゃんたちも思わず「あなたよくしゃべるわねえ」とあきれるほどであった。こうして私は通訳君の役割から解放された。

それからはドイツの大学に入学するために（複数校宛てに）一所懸命手紙を書いたり、日本から証明書を取り寄せたり入学申込書を作成したり、あるいはエッセン音楽大学（正式には音楽、舞踊、演劇のための国立フォルクヴァング単科大学）の周囲を散策していた。１９７０年当時ドイツの大学では外国人の学生を受け入れるにあたり、例えば日本の各大学にランク付けをしているのを知って驚いた。例えば日本のＡ大学の場合、学部卒はアビトゥア合格に相当、在学中は入学不可とか、Ｂ大での学部卒は入学可、Ｃ大では学部在学中はアビトゥアにはまだ合格していない、あるいは修士課程在学中なら入学可という基準などである。

ドイツ到着後、レッスン開始の69年9月から74年6月までのさまざまな出来事は省略するが、私にはデュッセルドルフ（以下ＤＳＤ）で欧米初の全日制デュッセルドルフ日本人学校（以下ＪＩＳＤ）を開設するにあたって協力しないか、との話が入り、71年2月開設準備委員に採用されて勤務するという大きな変化があった。これが運のツキ？　でドイツの大学行きは諦めざるを得なかった。

［結婚、岡田のデュッセルドルフ日本人学校勤務など］

私達の間に関しては紆余曲折を経て１９７４年6月13日、日本人学校の松永理事長（トーメン社長）のご自宅で同氏の司式と、文部省（当時）から派遣された三後《さんご》夫妻の媒酌で結婚式を行い、住んだのは市の北西、カイザースヴェアトという7世紀頃開始したＤＳＤでも最も古いライン河畔地区で、市電の停留所のすぐ目の前にある建物の離れの一部屋であった。そこにはベヒシュタインなど2台のグランドピアノがあったので、衣装棚や本箱で仕切って2部屋のようにした。私は音が鳴っていても眠ることができた。

　離れの部屋から西に徒歩7~8分で行き当るライン大河までの途中に、１８５１年31歳のフローレンス・ナイチンゲールがテオドール・フリートナー牧師のもとで短期間看護教育を受けて住んでいた屋上部屋が見える。前年の１８５０年、シューマンはＤＳＤの交響楽団の指揮者になるため、一家でドレスデンから移って来ていたが、54年に精神を病み冬のカーニヴァルの日、ライン川に投身自殺を図り救出された。同年ナイチンゲールは看護のためにロンドンからクリミア戦争に赴いた。この戦争のために、それまで江戸幕府への開国運動に先んじていたロシアは船を送ることが出来ず他国の後塵を拝することになった。

　私の勤務先はＤＳＤ市の西端に近いオーバーカッセル区にあるデュッセルドルフ日本人学校で、１９７１年4月に小5から中3まで教会の付属施設を借りて43名で開校。翌年小1から小4までも開始、それからは生徒はどんどん増えて１９７３年には３３０名収容の新校舎が落成、結局私は２００７年1月までの36年間の勤務中、新築を含めた4回の校舎新・増築と、7回の仮校舎の運営に携わった。特に１９９２年は日本のバブル経済崩壊の影響が及ぶ直前で、小中合わせてちょうど１０００名という大規模校であった。もっとも翌93年からは生徒数は１００名ずつ減って行ったが。ちなみに２０２１年5月には全日制校は３８０名前後で、同校内にある土曜日の補習校は２２４名の由である。（両方とも小1から中3まで）

　日本にいたときから杉谷との付き合いで参ったのは特に好き嫌いの感情に関する事で、あるとき好きだといった言葉が次にはあれは間違いだったと否定することでこれには参った。その無責任な態度を責めると、あのときはその通りの気持ちだったのであり、今は気持ちが変わったので正直に言ったのだ、と。

　自分の気持ちに正直に生きよ、とはよく言われるが、私はその謂《いい》を聞くたびに杉谷の時に経験した嫌な気持ちを思い出す。

　話を少し戻す。結婚した74年の頃は杉谷はエッセン音楽大学を卒業しケルン音楽大学のマスタークラスに通っていた。指導教授はバッハの演奏で名高いカール・ゼーマン教授で、杉谷ともう一人のマスター生徒のために、南ドイツのフライブルクから毎週わざわざケルンまで通勤されたのである。

遠方通勤と言えばＤＳＤ日本人学校出身の河村尚子《ひさこ》さんはミュンヘン国際音楽コンクールで2位、クララ・ハスキル国際ピアノコンクールで優勝等を経て今や世界で活躍する日本代表のピアニストであるが、たまたま杉谷が通っていたエッセン・フォルクヴァング音楽大学の教授として教えるために、バイロイトの近くのバンベルクから通うという最近の例もあり、ピアニストも演奏活動と教育活動との両立は大変である。

1974年6月13日結婚式（デュッセルドルフ市、松永様宅）にて「誓いの言葉」を読む。後のお二人が仲人の三後勝弘《さんごかつひろ》様と法古《のりこ》夫人

私はＪＩＳＤの新校舎が出来てさらに多忙になっていた。二人の間は安定せず揺れていたのを見て、愛知県岡崎市から政府派遣されていて、二科会の画家（現在二科展審査員）三後《さんご》先生一家と大変親しくなっていたことから、夫妻は私達を結びつけようと尽力下さった。その際先生と杉谷との話し合いでうまく行っていたところがその次には前言撤回という上述の「正直な気持ち」に何度か振り回され、あの時は参ったね、怒ったよ、と後日ぼやいていらした。

紆余曲折を経ての結婚は知り合ってから7年経っていた。結婚式の前夜、ドイツの風習に倣いPolterabendを行なった。ポルターアーベントというのは婚礼の前夜、家の前で食器や陶器を割って騒ぎ立て、それを二人は協力して片づけるというもの。私達の場合、同僚たちがガラスや陶器を割る場所を何と新築なった校舎の天井下の校庭で行なったので、子どもたちに怪我をさせてはならないと二人は広い全校庭の範囲まで一所懸命掃除をしたのであった。

1976年2月23日、ケルン音大、演奏家国家試験（コンツェルトエクサーメン）協奏曲の部。
ブラームスピアノ協奏曲第1番。指揮フォルカー・ヴァンゲンハイム

結婚した１９７４年は、日本人学校は１９７１年に仮校舎で発足、73年に新校舎完成と設立間もない草創期で片付けなければならない課題が連日連夜山積しており、10㎞離れた住まいからは遠すぎて私は74年に徒歩通勤できる学校近くに１人引っ越した。その時には事務部には日本女性とドイツ人がいた。

カイザースヴェアトの離れ部屋は家内には夜中も練習出来る得難い場所なのでそこに留まった。杉谷はハイフィンガー奏法を捨ててアン・デア・タステ奏法の習得に一所懸命で毎晩電話をかけて来てうまくできたと報告、翌日には昨日のはダメだったの報告、と長きにわたってこの繰り返しであった。離れていても連絡は欠かすことなくしょっちゅう行なわれていた。

１９８１年12月に北隣りのドゥイスブルク（以下ＤＳＢ）市の大きい一軒家に引っ越しをしてようやく一つ屋根の下に暮らすことが出来るようになった。と思ったら一人っ子の家内は以前から両親との結びつきや思いやりが強く、年老いて病がちな両親の面倒を見ることもあり、普段の演奏活動に加えて日本での滞在が多くなった。もちろん私はぜひそうしてあげなさいと「親思い」を了承した。

１９７６年にマスタークラスの国家試験（コンツェルト

デビュー批評の記事

Rheinische Post　Nr. 272. Montag, 22. Nov. 1976　DÜSSELDORFER FEUILLETON

Shoko Sugitani am Flügel im Schumann-Saal

Der endgültige Durchschlag erfolgte

Unter dem Namen Okada hat sich Shoko Sugitani vor nicht allzu langer Zeit in Düsseldorf als höchst bedeutsame Nachwuchspianistin eingeführt. Ihr letztes Konzert, das in bisher größtem Rahmen — als Sonderkonzert im Robert-Schumann-Saal — stattfand, kann zwar nicht mehr ganz als Startschuß für ihre Karriere als Konzertpianistin angesehen werden, hatte aber dennoch etwas Debütcharakter. Der Erfolg, der sich nach ihren ersten kleineren Auftritten bereits deutlich anbahnte, ist nun nach diesem Klavierabend endgültig durchgeschlagen.

Beim Einstieg mit Bachs Praeludium und Fuge es-moll aus dem 1. Teil des Wohltemperierten Klaviers übte sich Frau Sugitani noch ganz in Zurückhaltung. Das ständige Abbrechen der Akkordklänge im Präludium, die dadurch entstehenden Klanglöcher, die ganze eigenwillig feinsinnige und dennoch fahle Artikulation des Stückes, hatte etwas von diskreter Untertreibung an sich. Auch in der darauffolgenden Fuge blieb die Pianistin in der Klangentfaltung relativ verhalten, in der Bewegung äußerst beherrscht.

Daß sie innerhalb des weiten Raumes — von Beethoven bis zur Moderne mit dem Japaner Hiroshi Hara — ihre besonderen Stärken hat, könnte man annehmen. Aber es fällt schwer, ihr eines der Gebiete Klassik, Romantik oder moderne Musik als Domäne zuzuweisen.

Sicher ist jedoch eines: Shoko Sugitani ist eine grandiose Interpretin für großdimensionierte, pianistisch aufregende, musikalisch anspruchsvollste Klavierliteratur. Dazu zählen die Beethoven-Sonate op. 2 Nr. 3, die den triumphalen Charakter der späteren Waldstein-Sonate vorwegnimmt, die „Variations sérieuses", op. 54 von Mendelssohn und Schumanns „Carnaval" op. 9, die sie jetzt spielte. (Man erinnere sich weiterhin an Beethovens op. 111 oder die „Grande Sonate Nr. 3 von Schumann, die man vorher von ihr in Düsseldorf hörte.)

Für diese schweren, großen Werke bringt sie ein schier grenzenloses Durchstehvermögen mit. Vier Zugaben konnte sie noch mühelos anhängen, neben technischer Perfektion und physischer Kraft eine intellektuelle Selbständigkeit und Wachheit, die man nur bestaunen kann. Glanzvolle, aber leere Virtuosität, motorische aber unsensible Höchstgeschwindigkeit, kann man ihr einfach nirgends nachweisen. Immer dann, wenn sie ein gefährlich vertracktes Artistenkunststück bravourös zu Ende geführt hat und mit poetischem zarten Klavierspiel fortfährt, dazu kontrastiert, spürt man, wie sehr sie immer bei der Sache, bei der Musik ist und an musikalischen Feinheiten gar nicht vorbeispielen kann.

In Düsseldorf hat Shoko Sugitani in kurzer Zeit ein großes Publikum gefunden. Mit Spannung und Zuversicht darf man ihrem weiteren Werdegang folgen, der bald ins Ausland führt. IMKE VON KEISENBERG

Neues vom Schumann-Institut

Professor Herbert Callhoff, Dozent für Tonsatz und Orgel am Robert Schumann Institut, schrieb für das Münchener Klavierquartett eine Komposition unter dem Titel „Passagen". Dieses

Shoko Sugitani　Bild: Privat

ドイツの名ソプラノ 歌手、イルゼ・ホルヴェークさん（右）
1976年11月19日　DSDFでのヨーロッパデビューコンサート後

内科医Dr. ギゼラ・シェーファーさん。うしろは岡田。

エクサーメン：当時のケルン音楽大学ではソロと協奏曲の２部からなり、ソロのあと、杉谷は出来るだけドイツにいたかったために協奏曲はケルン音楽大学が新しく建築中の大ホールが完成したらそこで行ないたいと言って試験を延ばしていた。ケルン音大でも国家試験で女性がブラームスのピアノ協奏曲第一番を弾く事は初めてか、極めて珍しかったようでかなり評判になっていた。演奏は最優秀の評価を得た）も卒業し、いくつかの演奏会が日独で入って来たこともあり、そこに一人っ子と両親との結びつきから80年代の初め頃から、日本での演奏会もドイツでの演奏会と並んで本格的に持たれるようになった。

［デュッセルドルフ・シューマン協会］

演奏家国家試験合格のあと、同じ１９７６年11月に欧州での正式なデビュー演奏会をＤＳＤで開いた。（批評上掲）。そのあとのパーティではケルン音大で教えていたドイツの往年の名歌手イルゼ・ホルヴェークさん（ハンブルクのオペラハウスやロンドンのコヴェントガーデンで歌い、クナッパーツブッシュとも共演。写真は杉谷の右）と、イルゼの知人で内科医Dr・ギゼラ・シェーファーさんも参加、一層親しくなった。（写真は杉谷の左。奥は私）

シェーファーさんはかつてシューマン一家が住んでいた住まいの数軒隣りに住んでいて、シューマンが大好きでときどき杉谷にピアノを習い、１９７９年3月には、チューリッヒ近くに在住の前田昭雄先生を含む、世界のシューマン研究者たちを発起人にしてＤＳＤロベルト・シューマン協会を設立、会員にはレナード・バーンスタインなど著名な演奏家や批評家がおり、クラウディオ・アラウ、ヴォルフガング・サヴァリッシュ、ディートリッヒ・フィッシャー＝ディースカウの３人は名誉会員で演奏会も行なわれた。

　シューマン協会発会式の記念演奏会では杉谷が選ばれて栄誉を担った。シェーファーさんは協会主催の多くの演奏会、シューマンフェスト、前田先生も主導されたシューマン全作品の改訂、そして錚々たる審査員からなるクララ・シューマン国際ピアノコンクールの開催という大変な事業を長年実施され（２０００年の第3回コンクールでは赤松林太郎さんが1位無しの3位受賞）また叙勲も受け、２０２１年3月23日、97歳で他界された。

　日本に滞在する期間が長くなれば都市部だけでなく全国での演奏活動も増えてくる。日本の多くのピアニストにあっては音大で教えることで大学生との繋がりは出来るであろうが、杉谷のように最晩年になるまで演奏活動を続けながら、全国規模で小学生から音大生はもとより大人までも個人的な繋がりを何百人（本人は２０００人前後と言っていた）と持ったピアニストは極めて少ないのではないかと思う。

　そして日本国内で両親の身近にいて演奏活動を行ないながら後輩を育てることでは大いにプラスになったであろうが、後年家内はある所で辛い本音を述べている。「私は一人っ子のせいで親との結びつきが非常に強かったために、日本にいる時間が多くなった。親への思いを振り切ってドイツにいる時間が多くなれば、ヨーロッパでのキャリアは確実にもっともっと作れたと思う」と。このことは杉谷にとってピアニスト人生の中で最も辛かったことと思う。こうして日独行ったり来たりの生活となったのである。

［デュッセルドルフ（ＤＳＤ）からドゥイスブルク（ＤＳＢ）の一軒家へ。そして「家外」へ。］

　ＤＳＢの家は写真のように大きく（マンネスマンという有名な鉄鋼会社の部長級の人が入っていた由で、そこを高速道路が通る予定が入ったことから引っ越し、建物

ドゥイスブルクの一軒家。家の裏側には広い芝生の庭があり、トラクターを購入してたまに芝生刈りをした。日曜、祭日は音を出せないので、たまにしかできなかった。写真は来客に応じる杉谷と、真ん中はケルン音大生の若林さつきさん。フルコン２台は家の右手の窓のある部屋に置いてある。

は市が引き取った。たまたま同市の助役のお嬢さんが杉谷に習っていたことから家内に話があり、立ち退き時期が来るまで我が家で使う事になったもの）部屋も広かったので、家内は昔からの希望をかなえるべく、ＤＳＢと日本に住む青戸のアパートの2か所にスタインウェイのフルコンを2台ずつ置いて1年に３～４回往復する生活が常態となった。

こうしてドイツでは2台の楽器への配慮は私がいる事で安心出来る様になり、親の面倒見と演奏活動で日本での滞在も増えてきた。家内が広い家や部屋を望んだのは帰独したとき、2台のフルコンでホームコンサートが開けるからであった。このホームコンサートは公的な演奏活動には含まれないが、19年間住んだＤＳＢでは結構開いた。２０００年にＤＳＤに移ったときはなかなか良い物件がなく、決定時期間際で決めたのは小規模の元映画館で、日本式2階の映写室は窓もなく暗いので賃借せず隣のホワイエに2台入れた。偶々その上の3階の、５室もある長い大きい住居は引っ越す人が出たので、ちょうどうまく賃借できた。（次ページ写真左の日本式2階が小ホールで左の丸い箇所に2台のフルコンがあった。３階は左から右まで全部私の住まい！）

三後先生の「思い出」にも記載されている結婚当時のデュッセルドルフ＝カイザースヴェアトの１部屋の「狭い部屋」。グランドピアノが２台置いてあり、人間はその隙間に遠慮して居るという状態で、７年後の1981年に別掲のデュッセルドルフ市の北、ドゥイスブルク市の一軒家の広い建物に移った。そこにはハンブルク製のスタインウェイのフルコン２台がある。(1974年撮影)

デュッセルドルフ＝ヘーアトの住居。日本式２階がフルコン２台入ったホール、３階丸い左側から全階岡田住居。(2001年杉谷撮影)

デュッセルドルフ＝カイザースヴェアトからドゥイスブルクの一軒家へ。19年後の2000年にドゥイスブルクからデュッセルドルフ＝ヘーアトへ。日本式２階の丸型部屋のホール。もとは映画館のホワイエ

私は私で仕事に追われる毎日だったので、２人とも自分の仕事に精一杯、お互い１人の生活が自由で好都合であった。こうして別居生活が常態化したので生計は別々としたが、ドイツでの家の家賃とそれに関する費用は私が持つことにした。ドゥイスブルクでもデュッセルドルフでも住まいは大きかったので家賃は結構かかったが、何とかなったのは家内の面倒を見る必要は一切なかったからである。

ＤＳＢでは毎冬暖房石油は大型タンクローリー車が来てずいぶん入れたし、庭は広くてサッカーグランドの半分くらいあったので芝生刈りにトラクターも買ったが、日曜祭日には音が出せずあまり使えなかった。

こうして別居が続き私は家内を「家外《かがい》」と呼ぶようになった。結婚して45年のうち一緒に暮らしたのは最初の１年、今思えば44年もよく別居が続いたなと思う。もちろん喧嘩別れをしていた訳ではない。だから「家外」からはＦＡＸや電話の連絡はよくあったので離れ離れでいてもコンタクトは保たれていた。

家内が帰独しても二人の生活スタイルは別々で、ドイツや他国での演奏会には家内は１人で出かけ一人で帰宅というスタイルであった。もちろん私の都合がつけばド

イツ内でも、オランダやオーストリーなど外国でも聴きに行き、帰りは私の車で帰って来た。いずれにしても帰独中、遠出の旅行を一緒にする以外顔を合わせる機会はあまりなくお互い自分の生活をしていた。

家内がフランクフルト空港を離着陸に使う時、私の都合が付けば私が車で往復した。ときには家内はハンドルがパワーステアリングになっていないＶＷ（フォルクスヴァーゲン）の重いマイクロバスをウンウン言いながら運転して買い物に出かけたりしていた。当時マイクロバスがあったのは１９８１年にブラームスの足跡を訪ねる旅に出た時、（日本から来た家内の生徒で二人の女子高校生も連れてＤＳＤＦからハンブルク、北ドイツ、ベルリン、東ドイツ、オーストリー、南ドイツの旅行）車内でも練習できるようにと、ＶＷのマイクロバスを買い、そこにアップライトピアノを買って積み込んで走った事があったからである。この時は私が運転した。私が自分の車を運転する時はたいていはカーステレオ、ラジオをＢＧＭで流していた。ベートーヴェンを聴いていたある時、家内は「この演奏上手いわねえ、いい演奏ねえ、誰だろう?」と言いながら感心していた。私は可笑しくなってクスクス笑ったので、「あ、何、これ私の演奏?」そう家内のＣＤをかけていたのであった。同じ事は別の時にもあったが、一音一音、細部にわたるまで自分の解釈と同じなので、誰が弾いているか知らないがゆえに客観的な判断が出来たのであろう。楽しい経験であった。

［50歳の誕生祝い］

出費といえば家内からの忘れられないプレゼントがある。１９９１年6月、シューマンフェストの幕開けに家内は出演した。場所は普通の演奏会場ではなくドイツでも3指に入る伝統ある格調高いホテル・ブライデンバッハーホーフで、ここに１８５０年9月にシューマン一家がドレスデンから引っ越して来て、最初の何日間かを過ごしたシューマンゆかりの場所であった。催しはドイツの著名な俳優と女優、マルティン・ベンラートとテクラ・カローラ・ヴィートがロベルトとクララの往復書簡を読み上げ、それに関連した曲を杉谷が弾いた。（新聞記事、写真）。こういう企画は場所を含めてここでしか見られない見事な催しで、シェーファー夫人の面目躍如たるものがあった。ホテルからの謝礼は凄かった。ＤＳＤのこのホテルか、欧州やポリネシアなど世界にある系列ホテルでの、2名で5日間だったか1週間の宿泊であった。

Künstler unter sich: Die Fernseh- und Theaterstars **Martin Benrath** (links) und **Thekla Carola Wied** sorgten für Glanzlichter bei einer Soirée im Breidenbacher Hof zum Auftakt des Schumann-Festes. Die Pianistin **Shoko Sugitani** spielte Werke von Robert Schumann. Zu den 100 geladenen Gästen gehörte auch NRZ-Chefredakteur **Jens Feddersen** (rechts). – Das Hotel Breidenbacher Hof hat übrigens eine besondere historische Verbindung zu dem Namen Schumann. Hier verbrachten der Komponist und seine Frau Clara, wie eine Tagebucheintragung verrät, ihre ersten Düsseldorfer Nächte im September 1850. Der Gala-Abend im Breidenbacher Hof soll künftig fester Bestandteil der Schumann-Feste werden.

NRZ-Foto: Knut Garthe

『NRZ ノイエ・ライン・ツァイトゥング』紙　1991年6月8日（土）

「一堂に会する芸術家たち」

テレビと演劇界のスター、マルティン・ベンラート（左）と、テクラ・カローラ・ヴィートは、ロベルト・シューマンフェストの幕開けに当たり、デュッセルドルフの（注：ドイツでも3指に入る）ホテル・ブライデンバッハー・ホーフのソワレ（夜会）でハイライトとなった。ピアニスト杉谷昭子はR・シューマンの名前と歴史的に特別に結びついている。作曲家シューマンと妻のクララは、日記帳に書いているように、1850年9月デュッセルドルフでの最初の夜の何日かをこのホテルで家族と過ごした。ブライデンバッハー・ホーフでのガラ・アーベントは、今後シューマンフェストの決まった催事になることになろう

（写真：NRZ紙　K.ガルテ）

といっても私達には一緒に過ごせる日程は取れず家内は思案にくれたが、一つアイディアが生じた。

ドイツの誕生日は本人が知人などを呼んでもてなすのが普通である。その中でも50歳の時は特別で各人それぞれの懐具合に応じてしかるべき対応をするのである。そこで家内は考えた。来年１９９２年は岡田は50歳の誕生日を迎える。そこでそのパーティ会場代や３〜４人の一晩の宿泊をシューマンフェストの謝礼で充てて貰えないか、というものであった。ホテル側は大変困った。何故ならこの格調高いホテルは個人の会場使用を認めていなかったからである。それでも依頼者が依頼者で内容が内容だけに例外として許可してくれた。

こうして私は１２０名の友人知人を招き、ミラノ日本人学校事務長で上智の同じ哲学科の後輩中村元昭さんによるプロ級のクラシックギター演奏と家内のピアノ演奏と美味な食事（これは私持ち）、遠方からの来客と私達の１泊が可能となり、家内のプレゼントには感謝感謝の50歳の誕生パーティであった。

［ウィーンの想い出］

話は１９７８年８月に戻る。杉谷はウィーン音楽大学でのスタニスラフ・ネイガウスの講習を聴講するために古いAudi ５を運転、私も同伴した。ＤＳＤから片道１０００㎞である。現地では私は時間があったので一人でウィーンの音楽史跡を１週間訪ね回った。この時講習に参加されていた新婚の渡邉規久雄、寺田悦子ご夫妻を誘ってハンガリー国境に近いリストの生家を訪ねた。講習ではウィーン音楽大学で学んでいた田中麗子さんと知り合い、アパートにも誘われた。そこでも杉谷は年下の田中さんやアメリカから講習に参加していた田中いづみさん達に盛んに質問して学んでいた。

ウィーンからの帰路はザルツカマーグート（ザルツブルクの奥座敷）やザルツブルクなどアチコチ寄って思い出深いドライブであったが、そのときは私はまだ免許がなかった。

１９９０年代だったろうか雨宮さくらという新しい批評家が登場し、杉谷も気になって電話をしたところ、ウフフと笑って「私よ、田中麗子よ」と自己紹介されてビックリしたという。田中さんの凄くてエライところは演奏活動をしながら他のピアニストの批評も行っていることで、私はいつも敬服しており、東京文化会館での演奏会にはたいてい毎回伊東から赴いた。

［岡田、車に当る］

１９７９年1月デュッセルドルフ日本クラブは例年の新年映画会を開き、この年は「寅さん」と「幸福の黄色いハンカチ」が上映された。終了後恒例のくじ引きが行われた。例年の1等賞はＪＡＬ提供の独日往復航空券など参加者は毎年楽しみにしていた。この時司会者が、「今年は『幸福の黄色いハンカチ』で、準主役のように活躍したマツダの３２３（日本名はファミリア）をおおいに宣伝してもらった、ということでドイツマツダの桐原社長から、急遽同種の車を「特賞」として提供する旨申し出がありました」と発表したので皆大いに沸いた。抽選の結果何と私の手にしていた番号が当り大変驚いた。帰宅して日本にいる家内に「車に当たったよ」と電話したとたん「え！　怪我はない？　大丈夫？」だった。免許はまだ持っていなかったのでその年の夏休みに教習所に通い集中的に法規を覚え試験に受かったので、9月からモータリゼーションの仲間入りをした。ドイツの教習所は周知の通り初日から路上運転であった。

結局私が１９７９年から２００７年1月末までドイツで車に乗ったのは、このマツダファミリア、１９８２年製ホンダアコード（19万㎞）、ＶＷマイクロバス、１９８７年製ホンダ・レジェンド・クーペ（26万５０００㎞）、メルツェデスＣ（11万８０００㎞）と27年間でおよそ65万㎞走った。

特にこのレジェンド・クーペでは、１９９０年夏ベルリンの壁のなくなった後を見に行き、帰りはベルリン～ドゥイスブルクの自宅まで５００㎞を途中、時速２００㎞で2時間以上走り続け3時間10分で走った。深夜で東西ドイツの交通がまだ頻繁でなく、アウトバーンは空いていたのでこういう事ができたのだが、時速２００キロ以上で連続2時間走り続けてもびくともしない日本のエンジン技術には脱帽、感謝した。その後も同じルートを走ったがアウトバーンはもう混んでいて深夜でも連続高速は無理だった。

またスコットランドで給油をしていた時、多くの人がこの新車を見に集まって来た。このレジェンド・クーペの私の巡航（？）速度はちょうど時速１５０㎞で文字通り〝Fun to drive！〟、停車したらまたすぐに乗りたくなるほど、外から見ても惚れ惚れする名車であった。家内の独日往復では私はフランクフルト（ＦＲＡ）空港まで出迎えに行き、ドゥイスブルクの自宅まで往復４２０㎞を走った。車中ではほとんど家内だけが音楽関係のことや生徒たちのことを話し続け、私は話に応ずるだけであった。

［家内の運転で、アウトバーンでの大事故］

　１９８４年の秋の夕方、家内からＦＲＡ空港に着いたと電話が職場に入った。携帯電話などない時代である。その日は私は出迎えに行けなかったのでＤＳＤまでは飛行機を使うように念を押した。トランクなど荷物が多いので駅まで移動するのが大変であることが分かっていたからである。20時過ぎ、私は日本人学校の教室を使ってＤＳＤ市主催の成人大学の日本語講座で教えていた。そこに職員室で遅くまで仕事をしていた先生が教室に来て、ボンのアウトバーンの警察から電話が入っています、と耳にした途端頭が真っ白になった。しまった、空港で３時間以上待ちきれずレンタカーを使ったか！　と。

　警察と話をして生きていると知って一気に力が抜けた。入院先の電話番号を聞いて電話をした。本人は移動式ベットに横たわっていてたまたま廊下の電話機のある場所にいたらしい。通じたと思ったら突然「もしもし」と元気な日本語が聞こえてきたのでこれでホントに安堵したのであった。元気なことがとりあえず分かったので日本語の授業を律義に21時まで続けそれから病院にむかった。場所はボンの北東12～３㎞ほどにあるズィークブルクという町でＤＳＤからおよそ１００㎞。おとぎオペラ「ヘンゼルとグレーテル」の作曲者エンゲルベルト・フンパーディンクの生まれた町である。初めての場所で夜中なので時間がかかったが無事に会えて本当に嬉しかった。頭を抱えたらバラバラと大粒の赤黒い砂が沢山こぼれてきた。それは頭から流れた血が乾いたものであった。

　当時家内はソ連のアエロフロートを使っていた。ＩＡＴＡに入っておらずサービスや設備は最低であったが、安価なので個人で何度も日独を往復するには都合が良かった。この時はモスクワの空港では休憩所がなく家内も多くのドイツ人乗客も床に座って仮眠をしたと言う。そのためＦＲＡ空港についた時はかなり疲労困憊していた。けれども早く帰宅したい気持ちが強く、ＤＳＤ行きの便を３時間以上も待てなくてレンタカーを使った。空港からルール行きのアウトバーン３号線を走っていた時ズィークブルクの近くで『あと５００ｍで休憩所』の看板を見た所で一瞬眠ってしまい、時速１１０㎞位でアウトバーンの土手に突っ込んで行ったらしい。本人の命も無事で他人も巻き込まなかったのは不幸中の幸いであった。あとで車を見に行ったら左の運転席だけが残っていて助手席も後部席も車内には跡形も無くボンネット部はぐしゃりと大破していて思わずぞッとした。こんな状態でよくまあ生きていたものだと。

　治療には2週間ほどかかり私は毎晩見舞いのために２００㎞以上を往復した。ちょうど私が今住んでいる伊東と東京間の１００㎞を毎晩2週間往復したことになるが道中は辛くはなかった。日本の高速道路とは違う。走るたびドイツのアウトバーンをはじめ道路行政の素晴らしさに感嘆し感謝した。家内はドイツで予定されていたいくつかの演奏会を自分でキャンセルしていた。

　退院後、病院の方々へのお礼の意味で病院内で演奏会を開いた。その時近くに住んでいた（上掲の）イルゼ・ホルヴェークさんが賛助出演され何曲か歌って下さった。私は長い間歌も随分聴いてきたが、この時初めて歌曲の凄さ、美しさに触れ感動せずにはいられなかった。あんなにまろやかな最弱音で長く美しく続く声と音楽にはただただ驚きであった。

　ちなみに私が一生の間で感動した演奏家は多くないが、その中で（コロラトゥーラを含む）ソプラノ歌手が多かった。リタ・シュトライヒ、アラ・ソレンコワ、白井光子、イルゼ・ホルヴェーク、それに最近聴いた芦沢安寿さんで著名ではないが心を打つ温かい音楽に感動した。指揮者では録音を含めてフルトヴェングラー、ヨーゼフ・カイルベルト、ガリー・ベルティーニ、ギュンター・ヴァント、それに小林研一郎くらいだろうか。特にベルティーニでは実演でもテレビでもいつ聴いても心を強く動かされた。ピアニストでは上手な人はそれこそたくさんいて部分的に感動しても全曲終わっても感動させられた人はあまり多くはない。

［ガリー・ベルティーニ］

　右でちょっと挙げたベルティーニ（イスラエル人）は私がベルリンやケルンで実演を聴いたりテレビで見ても、いつ聴いても心を動かされ感動した。この様な指揮者は（フルトヴェングラーを除いては）私には初めてであった。ただ日本での評判はデュッセルドルフにいる私にはいっこうに聞こえて来ず、日本ではこれ程の指揮者がどれほど知られているのか知る由もなかった。あとで分かったが東京都響の指揮者だったとのこと。

　丁度その頃、家内が送って来てくれた１９９６年11月号の『音楽の世界』という雑誌で、小山内めぐみさん執筆による「中藤泰雄氏の『回答』に見られる日本文化の本質〜国学的視座による解析」を読んでいたら、たった1か所、「そんな訳で、ベルティーニの指揮が聴きたくても…」と出ているの見つけて、やはり日本の中にも彼の真髄を理解している人がいるのだと知って大変嬉しかった。もしベルティーニが来日して演奏しているのであれば少なくとも彼の真髄を分かる人はいるに違いない。彼の演奏にあってはマーラーが代表作らしいが私はベートーヴェンで魂が揺さぶられた。

〔録音余話（ベートーヴェン）〕

この交通事故があってから家内は私の言うことを以前より少しは聞くようになった気がする。大抵は私よりも周りの人の意見を聞いて私の言うことを聞かないのでいささか不愉快で淋しい思いをしていたのである。あるいは私の言うことに反対したり無視することが多かったが、実際は結構聴き入れているようだった。

例えばベートーヴェンのピアノ協奏曲全5曲を録音すると聞いた時、それならヴァイオリン協奏曲のピアノ編曲版も一緒に入れたら、と言ったら即座にそうするそうすると言った。私はこの曲を文化放送でのアルバイトの時、レコードライブラリーでグレン・グールドの演奏を聴き、ベートーヴェン自身がこんな曲を作っていたのかと驚いた。もっとも曲はヴァイオリンのソロパートをほとんどその通りにピアノ用にしているだけなので、内容的にはヴァイオリン用の傑作とは比較にならない。記録としての録音である。

次はベートーヴェンのピアノソナタ全曲の録音の時のこと。最初3曲ほど録音してしばらく休みが続いた。それを反故《ほご》にして再び新しく録音し始めた。ところがこれも途中でよしてしまった。どうも方針が定まっていないようであった。それは実は私がそれまでに聴いて来た多くの著名ピアニストたちのベートーヴェンのピアノソナタ全集を見・聴きするたびにいつも思うことであった。一体このピアニストはこの32曲を紹介するにあたり、何を統一して伝えたいのだろうか、コンセプトは何かと。私にはそれまで誰一人として明解な方針の分かったピアニストはいなかった。もしかすると前期、中期、後期のスタイルが分かるように、あるいは同じ調性や関連調性の曲を集めた組み合わせで、などと説明するかもしれないが、私には何も記憶に残らない組み合わせであった。

１００年近い沢山の録音にあって1番から32番まで順番に（もちろんいくつかの小品があるので演奏時間上、

綺麗に順番に入らないケースがあるのは別にして）録音したというレコードやＣＤがないのはなぜなのだろう。それをすると何かネガティヴな批評が入るのだろうか。私はあくまでもベートーヴェン愛好家として最も分かりやすい作曲順番で録音してある全集が欲しかった。これだと様式の変化も順番も聴く側には大変分かりやすいではないか。このようなことをいつも思っていたので杉谷に、録音はいっそのこと単純に1番から32番までにしてベートーヴェンの足跡をたどったらと言ってみた。その場ではすぐの反応はなかったが録音が始まって私の思う方針と同じであることが分かり大変嬉しかった。

［ブラームス、ケンプ、アラウ］

　杉谷は録音にあっては当初はバッハ、ベートーヴェン、ブラームスの順番で入れるつもりであった。ところがエッセン音楽大学で習ったクラウス先生がブラームスの生まれたハンブルク出身でブラームスが得意ということもあって、杉谷は70年代の早いうちにブラームスのピアノソナタ3曲のほかいくつもの曲をクラウス先生にみていただくという方針を取ったようで、あの頃私は杉谷の練習をしばしば耳にしたので大きな3曲のソナタや他の曲も覚えてしまった。

　ブラームス生誕１５０年の１９８３年には東京、大阪、ベルリン、ロンドンで何と一晩のプログラムでソナタ３曲を弾くという大事を成し遂げた。（今ではいくつかの大曲を一晩で弾くのは珍しくはないが）どこの町でも大好評であった。あんな大曲を３つも暗譜でよく弾けるなと感心せずにはいられなかった。こうしてブラームスの曲が先に準備ができてしまったためか、その勢いがあるうちにということで最初にブラームスのピアノソロ曲の全集ができあがったのであった。それは私達が初めて文化放送局で出会った時に杉谷が最初に口にした「あらブラームスね」の言葉が、私との出会いの意義を大切にして通奏低音のように流れていたからなのかも知れない。

　ブラームスの2曲のピアノ協奏曲のうちお気に入りの第1番はケルン音楽大学のコンツェルトエクサーメンで弾いていたが、第2番の方はとりかかるのに時間がなかったのか家での練習でもほとんど弾かれなかった。

　このようにブラームスに関してはハンブルク生まれでブラームスを得意とするクラウス先生の影響は充分にあったと思うが、さらにはあの「あらブラームスね」も影響したかも知れない。

私たちは知り合う前からそれぞれヴィルヘルム・ケンプが大好きであった。杉谷が一生ケンプを敬愛していたのは、何とクラウス先生がケンプの高弟であったことで、ある時ケンプがエッセンで演奏会をした後、クラウス先生の自宅に招かれて歓談した時の楽しい様子をクラウス先生が話して下さるのを私も聞いたことがある。私がＤＳＤでケンプを最後に聴いた時はもう90歳を過ぎていたと思う。

ただ一つよく分からないことがある。私は高校、大学と没頭するほどに聴きに聴いたピアニストはクラウディオ・アラウであった。後年杉谷がケルン音楽大学を卒業してからアラウのアドヴァイスを受けるようになったきっかけが私にはよく分からない。私が若い頃憧れた雲の上のそのアラウに今や家内が直接声を交わし教えを受けていることなど想像できただろうか。いずれにしてもアラウの滞在先であるデュッセルドルフやミュンヘン、東京などにいる時は、杉谷はそこを尋ねて行って演奏しレッスンを受けたのであるが、この原因ももしかすると私が若い頃どっぷり浸るまでアラウに傾倒したことを知ったからだろうか。アラウの演奏はドイツ人以上にドイツ的だと世界で知られていたので、杉谷もドイツの作曲家を演奏する上でアラウから何か直接感じ取ろうとしたのかもしれない。

またＣＤ「珠玉の名曲選」は本人の好きな曲を選んでいたが（この選集を聴いても杉谷の本質が「歌」である事がわかる）、1曲だけ私の大好きなアントン・ルービンシュタインの「へ長のメロディ」を入れてとお願いしていたら第2集で入れてくれた。このように大事なところでは私の意見を素直に聴き入れて私に対する気持ちを示してくれていたのである。

普段は2人一緒にいる事は極めて少ないので、ドイツに来た時は忙しい日程をやりくりしてできるだけ一緒の時間を持とうとしている事が分かり、いじらしくて何とも言えない気持ちになった。その中でも想い出深い遠出は、オーストリー、東独、スイス、スペイン、エジプトなどに一緒に行ってくれて嬉しかった。もっとも演奏会のないフリーの時の旅行でも、ホテルではできるだけ別々の部屋を望んだ。お互い夜型なのに家内が眠る時に私が起きていると妨げられて良く眠れないからというのであった。

［一度だけの大喧嘩］

ドイツでも日本でも二人が一緒にいるときは短時日《たんじじつ》だったので、お互い相手を思いやってささいな不満や不快な事があってもいさかいは起こさなかった。が、ただ一度だけ、今でも覚えている大喧嘩をした。

２人のテーマは大抵は「柔らかで暖かくて芯のある美しい音を出すには」であった。ソリストでも室内合奏団でもオケでも、演奏者の持つ「土台の音色」が硬かったりキツイとそもそもその音楽が楽しめないからで、この点は私もドイツで多くの演奏を聴くようになってから特に意識するようになった。

この時２人の話は音色から演奏スタイルにまで発展した。そこで対照的な２人の指揮者に話が及んだ。

フルトヴェングラーとカラヤンである。カラヤンについては、１９７４年の私たちの新婚旅行でロンドンに行った時、クィーン・エリザベスホールにカラヤン、ベルリンフィルが来ており、会場に行ったら当日券が買えた。翌日も当日券が買えたので聴いた。ロンドンにおけるカラヤン／ベルリンフィルへの当時の反応はこのような程度であった。また80年代であったかザルツブルクでの聖霊降臨祭演奏会でも（これは私がチケットを購入していた）この組み合わせとアンネ・ゾフィー＝ムターの演奏も聴いた。

杉谷は本性的に（わたしと同様）フルトヴェングラー派である。しかし「美しい音色」を求める過程にあり、その時はあえてカラヤン側に立って考えようとした。私たちはザルツブルクで聴いたカラヤンのすごさを知っている。その「形」は実に見事に美しく、テンポも首尾一貫して引き締まっており、どこにも一切破綻がなくただただ美しい形としか言いようがない。また音楽の「内容」も（音質、音色を含めて）恐ろしく緻密で余計なものは一切なく、またちょっとでも不足なものもない。つまりこれほど完璧な演奏はないのであった。

この完璧な演奏を聴きながら、私は１９８０年代の初めにＤＳＤで家内と一緒に聴いたディートリッヒ・フィッシャー＝ディースカウの演奏会のことを思っていた。プログラムは忘れた。あの時、第１部が終わった時、二人は思わず顔を合わせ「出ようか」と同時に声を発した。あまりに非の打ちどころのない完璧な演奏につまらなくなり飽きてしまったのである。けれどもこの「つまらない、飽きた」の真意はネガティヴではない。自然界の中での現象にあってはそのように表現される、が本質は違うのである。

カントは「美しいもの」(Das Schöne) について第3批判書の『判断力批判』でさまざまな面からさまざまな説明をしているので私などには何が何だか分からなくなってしまう。私が学生であった1960年代に理想社から発行されたカント全集のうち、この『判断力批判』を翻訳された原　佑《たすく》先生は、例えば「量からみた趣味判断」で「美しいものとは、概念なしで普遍的な適意の客観として表象されるもののことである」(Das Schöne ist das, was ohne Begriffe als Objekt eines allgemeinen Wohlgefallens vorgestellt wird.) と訳されたが普通の人にはすぐにはピンとこないであろう。適意と聞いてすぐに分かる日本人がどれくらいいるだろうか。Wohlgefallenとは要するに「満足」のことである。カントは取り分け言葉を厳格に選んで使う人なので翻訳者もできるだけ忠実に訳そうとしたら上のようになるのも止むをえまい。ただ驚いたのは最近の若いカント研究者も「満足」の代わりに原訳を継いで「適意」と訳していることであった。

もう一つだけ原文を紹介する。上の説明に続いてである。

「美しいもののこの説明は、美しいものとはすべての関心なしでの適意の対象のことであるとした、このものの前記の説明から結論されることができる」と。この中にある「全ての関心なしでの適意」は“Wohlgefallen ohne alles Interesse“とある。

私はWohlgefallenを「適意」ではなく日常使っている「満足」とし、「関心なし」をohne Interesseとせずに「無関心の」(indifferent) を使うことにする。私にはこの方が分かりやすいからである。そうすると私の美の定義はこうなる。(量や質のことまで考えない)「美とは無関心の満足 (indifferentes Wohlgefallen) である」と。もちろん研究者や学者達からは欠陥を指摘されるかもしれないが、これが私の分かりやすい解釈である。

私はこの「美とは無関心の満足である」という説明は何と見事な定義かと思っている。つまらない、という意識は満足感に満ちていてそれ以上動かない、もう何に対しても関心はない、心の動き、感動も感銘もない、そういう状態ではないかと思っている。したがってカラヤンやディースカウの演奏はまさに完璧であるがゆえに感動もなく、つまらなかったのであろう。学生のときからカントのいう上記の領域は、道元のいう透体脱落の境と同じなのか考えているが、経験していないので分からない。

いずれにしても現象の世界での芸術作品への美の判断は「感動」である、がこれは「主観的」なので他の人にはあてはまらないかもしれない。一方現象の世界を超えた領域での芸術作品への美の判断は「無関心の満足」で、これは観念の世界なので「客観的」な判断基準となろう。もっともこの基準は全てに共通してはいるが、個々の作品の発する生々しい感動とはあずかり知らない世界なので実際の基準にはなれまい。

ところでフルトヴェングラーの演奏はしばしばテンポが揺れるとか恣意的な解釈だ、と批判される事があったというが、私にはあの大きい流れ、ロマン的で温かい音楽に心が揺さぶられるのであった。音楽として面白いのである。

家内はもちろんこういうフルトヴェングラーに関する評価は心得ていた。けれどもこの時は技法も演奏も音楽も少しもぶれずに首尾一貫して「美しい音楽」を生み出すカラヤンのあり方に自分の求める奏法へのヒントがないかをさがし、さらにピアノ弾きの観点からいろいろと話したが後は残念ながら覚えていない。私にあっては簡単に言えば、厳しいまでに美しい形を彫琢するカラヤンの見事さは「理屈」では十分に分かっても、揺れがあったりしてゆとりのあるロマン的なフルトヴェングラーの音楽の方が「心」が揺さぶられ好きであった。前者はつまらなく後者は面白かったのである。その辺は家内も分かっているのであったが、何かがどうしても分かってくれず、話はエスカレートして思わず「どうして分からないの！」と大声で怒鳴ってしまった。これまでこんな大喧嘩などしたことがなかったので悲しくて後味の悪い夜であった。

翌朝早く、日本に帰る家内をドゥイスブルクの中央駅に送る際、車中ではお互い一言も口をきかなかった。改札口で後ろ姿を見送った時は本当に悲しかった。あの時の後姿を思うと何年たっても今でもかわいそうだったと思い涙が込み上げてくる。それからデュッセルドルフの職場にむかった。昼前に家内からＦＲＡ空港に着いた、これから日本にむかうと電話があり、少し話してようやく後味の悪さも去っていくようであった。ホッとしながら思わず笑いがこみ上げてきた。私たちの大喧嘩はおよそ所帯じみた夫婦喧嘩の臭いはみじんもせず、なんという夫婦なんだろうと思わずにはいられなかったからである。

［暗譜から解放されて自由闊達な晩年に］

60歳を過ぎた頃から杉谷を悩ませたのは暗譜のことであった。年齢を重ねれば記憶力が少しずつ衰えていくのは致し方ない。それゆえ音符を忘れないかという意識がちょっとでも演奏中に生じたら、瞬間的に不安になるであろう。音譜を忘れてしまわないかということに気を取られて、本来行うべき演奏ができないことくらいばかげたことはないとその頃杉谷はよく話していた。こうして杉谷は譜面を見て演奏する事に踏み切った。もちろん暗譜はしていて、である。これで随分気が楽になったようであった。譜面を見る事を敢行した背景には、ずっと以前からロシアのスヴャトスラフ・リヒテルが譜面を見て弾いている事に力を得ていたに違いない。またちょうどその頃ヴァイオリニストのギドン・クレーメルも譜面を見て弾くようになり皆を驚かせた。偶然二人ともロシア人であるが（もう一人、譜面を見て弾く若手のロシア人ピアニスト、メドジェーエヴァがいる）、これほどの演奏家による行為は、ピアノでもヴァイオリンでも世界の多くのソリストたちに譜面を見て弾く事に勇気を与えたに違いない。にもかかわらず普及はしなかった。楽譜を見て演奏するのは暗譜する能力が無くなり負けた、と思い、思われるからだろうか。日本では第一線で演奏活動をしているピアニストではもしかして杉谷が嚆矢《こうし》かもしれない。

3～4年前であったろうかたまたまあるテレビ局のクラシック音楽番組を途中から見たら伊藤 恵《けい》さんが出演していてピアニストと暗譜のことが話題になっていた。それまでの話を聞いていなかったのでどういう経緯《いきさつ》だったのか分からないが、伊藤さんは「若気の至りでした」と本当に反省らしく言ったので本人も周りの人も私も笑ってしまった。どうやら生徒たちに暗譜を強いていたのが、自分が年齢を重ねてきた事で全て暗譜ですます事が、立ち行かない経験をされたからなのか、その笑いながらの正直な自己反省の弁を聞いて私は大変温かい気持ちになった。

その後杉谷は暗譜度忘れの不安に襲われることなく楽譜を見ても自由闊達な演奏にむかった。また音楽批評家たちも楽譜を見ながらの演奏であったと書いたのは1人くらいで、誰もそのことには言及しなかった。批評家にあっては暗譜であろうと楽譜を見ようと、生まれてくる音楽に、特に即興性においてなにか微妙な違いがあるかもしれないなどとは思わなかったに違いない。それよりも同僚のピアニストたちの誰一人として譜面を見ることを批判的に言わなかったのは、伊藤恵さんのように明日は我が身、を思ったからかもしれない。

ただ杉谷は暗譜の必要性はいうまでもなく認めており、20代30代のような若い時代には暗譜して弾くべきだと話していた。もちろんピアニストには暗譜が義務付けられているわけではない。それはピアニストなら誰でも知っていることで、単なる習慣に過ぎないと思っているに違いない。それなのにどうしてピアニストは暗譜で演奏しなければならないと思うのだろうか。暗譜ができるという才能を示すため？　つまり暗譜で弾ける方が楽譜を見て弾く人より頭が良くて演奏も優れていると評価されるから？　暗譜の方が再現にあたって即興性が発揮できるから？　それとも単純に、昔から多くのピアニストがそうしてきているから？　ピアニストが暗譜で弾くことを義務付けられるのは、せいぜいコンクールの規定に、演奏は暗譜でおこなう事、という時くらいであろう。

こうして杉谷は譜面を悪気なく見るようになってからは演奏の世界が別次元に入ったようであった。

［暗譜のこと］

ところでピアニストで文筆家で研究熱心な青柳いづみこさんが、詩人の小池昌代さんとの対談でミスタッチと暗譜について大変面白い話をしているので、暗譜の話を引用する。（『ユリイカ』２０１０年4月号、特集「現代ピアニスト列伝」。なおこの号で前に紹介した田中麗子さんが雨宮さくらの名前で「ピアニストの正体～ピアニストの普遍概念」を寄稿している）

……………………………………

青柳：曲も多い上に、なぜか知らないけど暗譜で弾かないといけないことになっているから余計に大変。

古池：暗譜も怖いでしょうね。

青柳：ほかに暗譜を義務づけられている演奏家っているかなぁ。弦楽器や管楽器は、無伴奏の曲や協奏曲では暗譜で演奏するけれど室内楽やオーケストラでは譜面をみるし。

古池：そもそも、どうして暗譜なのかしら。

青柳：リストがつくった悪習らしいです（笑）。それ以前は、むしろ作曲家の指示を守って弾くためには楽譜を見るべきだという風潮だったのに。ベートーヴェンの弟子のチェルニーは暗譜が得意だったんだけど、楽譜を見ないで弾くと「そんなはしたないことをするんじゃない！」って先生にたしなめられたり、クララ・シューマンも父親のヴィークに「この子は見ないでも弾けます」とサーカス的に売り出され、ベッティーナ・ブレンターノに批判されたり。リストがはじめて暗譜でリサイタルを開いたら、スター演奏家だったものだからみんなが真似をしてしまって、今日に至る。

音楽研究者でもある青柳さんでも結局「暗譜を義務とする」公的根拠は見つからなかったようである。

私は上でスヴャトスラフ・リヒテルの譜面を見て弾く事を書いた。１９９３年ＤＳＤＦのクラシック音楽会で私は今でも忘れられない、強烈で面白い３つの出来事を経験した。

（１）フランシスコ・アライザ

１９９３年６月、シューマンフェストの一環でメキシコ生まれのテノール歌手アライザがオペラハウスでシューマンの歌曲を歌っていた。ピアノはフィッシャー＝ディースカウの夫人のソプラノ歌手ユリア・ヴァラディであったかピアニストのハルトムート・ホェルであったか覚えていない。またプログラムも「詩人の恋」であったか「女の愛と生涯」であったかあるいは他の曲かも覚えていない。

今は知らないが日本の学校では合唱の時、１番から２番に移るときなど次の番に移るとき、すぐに移って歌い出すことが長年行われてきた。高校生の時、ドイツから来た合唱団の演奏を聴き、その番から番に移る時、随分時間をおいて移る事に驚いた事を覚えている。

その違いは一体何だろうと長年思っていた。ドイツに来て石造りの大きい教会でミサに立ち会って長年の疑問は解消した。会衆の歌う讃美歌は堂内の広い空間で落ち着くまでに時間がかかり、次の番に移るまで休憩が必要であったのである。今の日本での歌の時間はどうなっているだろう。先生たちはこの事を知って十分にパウゼを取っているのだろうか。ドイツ人はこのパウゼの事は承知しているので、アライザが次の曲に移るまで休んでいるのに少しも違和感を抱かなかった。けれどもその時のパウゼが20秒を過ぎ30秒近く経っても次の曲が始まらない事に会場からひそひそ話が聞こえ始めた。ピアノが先に出る曲であればまだきっかけになったかもしれない。とうとうアライザは会場に向かって「スミマセン、忘れました」と言ってピアニストのところに行き楽譜を見て、それから元の場所に戻って歌い出した。あとは問題なく進んだ。

（2）アルフレッド・ブレンデル

　1993年かその前年頃からブレンデルはベートーヴェンのピアノソナタ全曲演奏会を全世界で実施し始めたので、日本でも聴いた人もいるだろう。同年9月中旬、DSDFのトーンハレでは第3夜で4曲。ソナタ23番（熱情、ヘ短調）、1番（ヘ短調）、2番（イ長調）、3番（ハ長調）でアンコールは19番（ト短調、小ソナタ）。4曲目の3番、作品2～3、ハ長調ソナタで提示部の繰り返しが終わり次の展開部に進もうとしたところなかなか進まない。移行部分の何小節かを逡巡しながら繰り返した。それは永遠の長さのように思われ私は緊張した。この事を新聞はこう書いていた。「そして彼は最後の8小節をもう一度演奏した。体面維持が出来たとすれば、この思わぬ出来事がもしかして誰にも気づかれない程に巧みに経過した事である」と。インタヴューで記者は何が障害になったのか聞いたところ、「あのピアノは8年も経って古くなっており、最上の状態で響かなかったからだ」とピアノにあたっていた。

（3）スヴャトスラフ・リヒテル

　彼に関しては思いがけない出来事にぶつかった。同じ1993年の確か12月頃ではなかったかと思う。DSDFのトーンハレで、会場全体を暗くして鍵盤だけを明るくして楽譜を見ながら演奏する、いつものスタイルでバッハを弾き始めた、が、途中で弾くのを止した。会場に顔をむけて言った。「この曲は大変美しい曲なのでもう一度初めから弾きます」と。会場はこのサービス⁉に大喜び。その曲が終わった時、一緒に聴きに来ていた、元ケルン音楽大学生の若林さんが言った。「私心臓が止まりそうになった」「どうして？」「私この曲を練習したことがあるので知っているのだけれど、リヒテルは途中から譜面に無い方向にどんどん進んで行ったの」と。楽譜を見ながら楽譜にない音符を弾いて行った理由は分からない。それにしてもミスをミスと気付かせない即興的言いわけの見事さよ！

　この面でも第一級である。

［最後の頃、ディアベリ変奏曲］

　2008年4月に浜離宮朝日ホールで演奏活動40周年記念コンサートを開いた。杉谷65歳。上で述べたようにこの頃は音譜の度忘れを気にすることなく堂々と譜面を見ながら弾いていたので音楽は一層自由闊達になっていた。それでこの時弾いたベートーヴェンの「ディアベリのワルツの主題による33の変奏曲」（op.120）には驚いた。冒頭からなんという軽やかで自由溌溂な世界の中にいるのだろうと。それまでにこの曲を弾いて来た他の人の重々しい演奏とはまるで違った世界であった。ああこれで杉谷もとうとう長年追い求めてきた新しい領域に到達したなと喜ばずにはいられなかった。

　杉谷は32曲のピアノソナタの全曲演奏とＣＤ録音が終わったあと、この最後のピアノの傑作は必ず演奏し録音すると自信に満ちて話していた。

　この時の演奏の私の感想と全く同じ感想をライヴ録音を聴いて持たれた批評家がいらした。青澤唯夫氏である。２０１１年６月号の『音楽現代』で「推薦」された批評をどうしてもご紹介しておきたい。

「『ディアベリ変奏曲』が変化に富んだ、多才な語り口で演奏されつくしている。その解釈も表現も奔放で自在。早くも演奏活動40周年を迎え、ベートーヴェンの全ソナタや協奏曲を得意のレパートリーに収め、この曲を自家薬籠中のものにしている杉谷昭子の持ち味が存分に発揮され、33変奏におよぶベートーヴェン苦心の長大な作品を晦渋でも退屈させることもなく、実に面白く聴かせる。楽譜にどこまでも忠実な、丹念で精密なタイプの禁欲的な演奏ではない。どこか官能的で、時に勝手にも聞こえる弾き手のノリが演奏に生気をあたえ、演奏会のライヴ録音ならでの楽しさが自ずと伝わってくる。」

　これほどに杉谷を言い表し、言いつくしている評を知らない。しばらくたってからたまたま「ベートーヴェンクライス」で青澤先生にお会いしたので私の率直な思いとお礼を申し上げたら、「私は自分の思ったこと、感じたことを正直に書くだけです」とのご返事にただただ恐縮し嬉しかった。

［アルゲリッチのこと］

　上記の「ディアベリ変奏曲」に対する「どこか官能的な演奏」という評価は、よりによってベートーヴェンの曲にあっては非常に珍しいことであり、演奏する人にあっても評価する人にあってもそこまで到達したことをすごいなと思う。実際私は青澤先生のこの表現が目に入った時、思わず衝撃を受けてアッと言った。確かに杉谷の「ディアベリ変奏曲」は官能性が醸し出されるほど自由奔放で特異なのである。

　この「官能的」を目にしてある日のことを思った。１９９４年５月にデュッセルドルフで第１回クララ・

シューマン国際ピアノコンクールが開かれた時、審査員であったマルタ・アルゲリッチ、ネルソン・フレイレ、杉谷の3人が、近々各地で開かれる自分たちの演奏会の練習場所を探していたため、私は日本人学校の小ホールと音楽室を、土、日と月曜の空いている時間提供した。小ホールにはスタインウェイのC型（フルコンDの下）と音楽室にはカワイのグランドピアノがあった。この3日間私たち4人は休憩時間には小ホールや私の執務室でいろいろ雑談した。

　その中でアルゲリッチが口にした言葉が「音楽にはいろけ（エロティック）が必要よ」だった。確かに彼女の自由奔放な演奏を聴いていると自ずから官能的なニュアンスが感ぜられ驚くことがあったが、それは彼女の意図するところでもあったのである。杉谷の演奏にも「官能的」「いろけ」が感じられたのはアルゲリッチの求めた領域に到達したのであろう。

　そのほか杉谷が「マルタ、あなたピアノを弾いていて肩が硬くなり痛くなったりしない？」と聞いた時のことである。「え？　どうかな、余り気にしたことはないけど。ただときどきギムナスティクみたいな運動はするわよ」と言って手足や体を動かして杉谷もそれにならって体を動かした。その動きは何と日本人ならよく知っているラジオ体操に似ていた。暫くの間二人は無言で真面目に身体を動かしていた。その時アルゲリッチが上半身を仰け反《のけぞ》らした時など、シャツが捲《めく》れて白い体が見えるのであった。二人の女性の体操をネルソンと私はただ黙って見つめているだけであった。

　その時まざまざと分かったことがある。アルゲリッチの身体骨格である。先ず手足や身体を支える骨の太さや頑丈さは普通の日本女性の比ではない。基本的にガッチリ出来ているあの身体と太い頑丈な腕や指で音を出せば日本女性たちの発出する音とは根本的に違うと思わずにはいられなかった。中村紘子さんの体格のことは知らないが、アルゲリッチにあっては確かに中村さんの書かれた（前述）「肉体的には肩幅のしっかりした筋肉質でたくましい」通りであった。

［演奏活動50周年記念演奏会、3日前に中止］

　2008年4月の40周年記念演奏会から10年経った2018年5月13日に、いつもの様に浜離宮朝日ホールで「演奏活動50周年記念ピアノコンサート」を開こうとして本人は病気の中準備を進めてきた。プログラムは昔からお気に入りの3大Bとシューベルトの「鱒」であった。3大BとはBachのコラール前奏曲、Beethovenのピアノソナタ Nr.32 op.111（最後のピアノソナタ）、Brahmsのワルツop.39。Schubertのピアノ五重奏曲「鱒」ではこれまで共演してきた在日ヨーロッパ人の弦楽奏者とであった。

　しかし杉谷は2年ほど前から間質性肺炎という難病に罹りしょっちゅう咳をしており、この年には車椅子の生活になっていた。この状態で実施に踏み切るか随分悩んだことと思う。そして東京在住の家内の生徒さんたちやピアノコンクールの担当者たちなど中心のスタッフとの話し合いで本番の3日前に中止を決めた。そのあとスタッフは広範囲にわたる中止の連絡に追われた。

　演奏会当日、中止を知らないで来場するかもしれない人のために何人かのスタッフは朝日ホールの入り口で待機した。結果的には7～8名だけですんだのでスタッフたちの不眠不休の苦労は報われた。

　杉谷本人も来館していると聞いたので楽屋に行ったら会館で手配してもらったベットに横になっていた。

　顔を見てホッとした。辛くて苦しい顔をしていると覚悟してドアを開けたら意外にもサッパリした顔をしていた。演奏活動50周年という大きな区切りの演奏会にあたって中止せざるをえなかったのは随分辛かったであろうと思うが、この時はさまざまな思いをすでに捨て去ったあとの居直りというか、悩みから吹っ切れた清々しさが感ぜられ内心ホッとした。会話では相変わらず咳が出ておりかわいそうであった。

［最後の演奏］

　２０１８年5月の記念演奏会は中止になったが、恒例になった門下生発表会は予定通り同年8月26日に浜離宮朝日ホールで行われた。例年なら杉谷は会場の一番後ろに座って一人一人あての批評をその場で書いて後刻本人に渡していたが、この時ばかりは辛かったので控室のベッドに横になり、スピーカーから聞こえてくる演奏に講評を書こうとしていたけれども苦しくてできなかった。

　生徒たちの演奏が終わり杉谷は付き添いの方に押された車椅子に乗って登場し、生涯最後の演奏に向かった。いつの頃か、ずっと以前からアンコールに弾いていたイタリアカンツォーネの「カタリ・カタリ」であった。動きの鈍い杉谷の状態は誰が見ても分かるとおりで、会場は一音も聞き漏らすまいという異常な雰囲気で、まさに「固唾を呑んだ」状態であった。演奏は冒頭から祈りのように始まった。

　この時の様子は『ショパン』２０１８年11月号で批評家の森　曠士朗《こうしろう》氏によって見事に描写されているので引用させて戴く。森氏は先に「暗譜」のところで青柳さんを紹介した雑誌『ユリイカ』２０１０／４の中でも執筆されている。

「近年は発表会にて演奏しなかった杉谷昭子であるが、今回は最後に自身の代名詞とも言える《カタリ・カタリ》を奏した。これは一人の音楽人の生き様を垣間見るような体験であり、全てを包み込むような慈愛に満ちた柔らかな音の中に、生きることとは何か、いのちの輝きの尊さをも強く提示されていた。本来そのような曲ではないのであろうが不思議とそのように感じられた。皆が固唾を飲んで見守る中、ホールは強い生命の輝きで満たされ、一種宗教的とも言える雰囲気に包まれた。すでにピアノの巨匠として名声のある杉谷昭子であるが、近年音楽的威力はさらに勢いを増しているようだ。私の音楽体験の中でももっとも強烈なものの一つであったことは間違いない」と。

「ディアベリ変奏曲」では私が経験した内容と同じことを講評された青澤唯夫氏と同じように、今回は「カタリ・カタリ」で森　曠士朗氏は私が感じ、体験した内容と同じことを書かれており大変感激した。

　杉谷はこの２～３年前から「私の音楽は最後は宗教的な領域にむかうと思う」と何回か私に話していたが、その境地がまさに最後の演奏で聴く者に伝えられたのであった。そして長い間杉谷の演奏を聴いて来た私にあっては、ただただわけもなく感動し涙が溢れ出てくるのを抑え切れない体験をしたのは今回が初めてであった。

　杉谷は人生最後の演奏会で自ら望んでいた宗教的な意識の領域に到達した。75歳の時である。また２００８年の「ディアベリ変奏曲」では自由闊達な演奏をする精神の自由な領域に到達出来た。これ以降は杉谷の演奏は「面白い」のでただただ音楽を楽しんだ。とりわけベートーヴェンの演奏にあっては（自由奔放といっても決して羽目を外すようなことはなかったが）テンポが微妙に揺れたり時に楽譜通りの演奏から逸れたりするので批評家の先生方も執筆に当ってはお困りであったようである。

　例えば２０１５年４月５日、浜離宮朝日ホールでの演奏会に関して菅野秦彦氏は『ショパン』２０１５年６月号で次のように評されている。「その演奏は楽譜に則りつつも伸びやかで、工夫も凝らされ、まさに円熟の味。また光輝な音や高揚感を伴う弾奏はアラウの演奏をも想起させた」と円熟して自由闊達な演奏を実感され、大変ありがたい御批評を下さった。

それでもテンポの揺れに付いての指摘は1～2件目にした程度である。それでこのテンポのことを私は杉谷が生徒たちと一緒にいる所で話したことがある。

「あなたは以前からベートーヴェンの演奏で生徒にいつも話していたのはin tempo（正確な拍子で）だったよね。それがディアベリ以来自由闊達な演奏になり、それは僕自身望んでいたので大いに嬉しいことだけど、テンポがときに揺れたりしてとうとうベートーヴェンでもその境地に達した、つまりその境地になればin tempoのことはそれ程重要にはならなくなった?」「嘘よ、ベートーヴェンはin tempoで弾かなければならないなんて言ったことないわよ。ベートーヴェンでもテンポが揺れても構わないのよ」と、これはもちろんウソで杉谷は確かに生徒たちにイン・テンポをやかましく言っていたのでこの嘘はご愛敬であるが、それよりもやっぱりこのセリフを聞いて思わずにいられなかったのは、フルトヴェングラーにむけられた「テンポが微妙に揺れる、恣意的な演奏」という非難であった。杉谷は60代半ばにしてフルトヴェングラーの演奏の境地に入ったのかも知れない。彼女と知り合った20代の頃よく口にしていたのは、自分は研鑽を積んで50代60代になって初めて本当に良い演奏をするようになりたいということであった。

もう一つ忘れられない投稿がある。亀有駅前で小児科、内科医をされている松永貞一先生という方が『レコード芸術』２００９年9月号で「フルヴェン、カラス、カザルス、ショウコ」という寄稿文を寄せていて、私は杉谷がどうしてフルヴェン（フルトヴェングラー）と結びつくのか分からなかった。２００９年というと杉谷66歳なので前年の「ディアベリ」演奏を経ている。エッセイを読むと「（4人とも）皆、天馬空を行くが如く天衣無縫に演奏することでは共通している」「ときに非常に抒情的な煌めきをみせることがある」としてブラームスの「ピアノ独奏曲全集」を挙げており、「彼女の演奏は杓子定規の判で押したような演奏ではなく、心の中から湧き出る音楽の具現者だからであろう」と指摘されている。多分杉谷とフルトヴェングラーの天衣無縫な演奏は、テンポや譜面通りの杓子定規からはは み出ても「一気に聴かせる何物かがある」という点で同列に置かれたのであろう。

２０１８年夏の門下生発表会が終ってから杉谷の状態は少しずつ悪くなって行き、デイケアの介護を依頼するほか身近なスタッフや生徒たちによって一層面倒を看て貰うようになった。ただこのころ私は家内の身近な生徒の何人かから冗談交じりに、最近の杉谷先生は岡田先生から離婚を言い出されないかって心配していらした、という話を聞いて驚いた。私にあってはそんなことは一度も思ったことはなかったので、どうしてそんなことを思うのか不思議でならなかった。それで思ったことは、現在の不幸で不便な状態にある自分のために、介護などで迷惑をかけると離婚を言い出さないかと心配したのではないか、と。

それである時「あなたのことで他の人たちに迷惑や面倒をかけるのは申し訳ないので僕が面倒を看るよ」と言ったら、「それはいらない、あなたはお姉さまのことを考えてあげて」と言ったのもそういうことだったのかなと思ったのである。伊東で同じ家に一緒に生んでいる私の姉は、90歳前でも医者にもかかわらず介護も受けず元気で、私の車に乗って買い物に行く程であったが、次第に何事も面倒になって何もしたくない、としばしば口にするようになっていたので、確かに伊東の家を長時間留守にするのも心配であった。そういうわけで私は家内の最期を一緒に過ごすことは出来なかった。

２０１９年5月8日の昼前、デイケアの方から電話があり息を引き取っていた報告があった。突然の訃音に驚くもこれで毎日の痛みや悩みから解放されて良かったと安堵。痛みを訴える家内にどんなに代わってあげたいかとずっと思っていたので。私は魂の不滅を信じないがお墓の事は家内の本家にお願いした。

家内は都内の某企業の、ベートーヴェン好きのI氏に、自称私設マネージャーの様な事をお願いしていたが、私は伊東からすぐに現場に行けず、この時ばかりは勤務中のI氏に電話をして様子見と何人かへの連絡を依頼した。

それからの後始末は大変であった。メゾンドール青戸の建物では1階は倉庫で段ボール箱やCD、レコード、机、何台ものコピー器、自転車、雑誌等々で山のようになっており、2階は2台のフルコンの入っていたスタジオで、家内は1年くらい前からここに医療用ベットを入れてここで寝泊まりしていた、3階は以前コンピューターを操作するスタッフが寝泊まりしていた事務室、8階は私の購入した部屋で本来家内はここで寝泊まりをしていた。

家内亡き後、2階は門下生にとって想い出が深いのでぜひ記念館/室にして欲しいという要望が出たので、家内の生徒で弁護士である方を通して8階を売却して2階を購入する、という経過を経て２階は私の所有となった。こうして４つの階の後始末や２階の記念室の整理やリフォーム等々全てが落ち着くのに１年半近くかかった。

２０２０年８月、恒例の門下生発表会は「メモリアルコンサート」として浜離宮朝日ホールで行われた。杉谷の綺麗な遺影が掲げられた舞台で集合写真が撮られた。元官房長官の河村建夫様と、以前杉谷にピアノを習っていらしたお嬢様、それにＰＴＮＡの福田成康専務理事の方々がお忙しい中御来場下さり、そのあとの打上げ会までご一緒していただけたのには大変ありがたく恐縮した次第であった。

〔福田靖子先生〕

福田成康様というとＰＴＮＡを創設されたご母堂の福田靖子先生のことを思い出す。杉谷が１９６５年に藝大を出た翌66年に「東京音楽研究会」を豊島区巣鴨で立ち上げられたのが福田先生で、その時の会長は声楽家の木下　保先生であった。１９６７年から69年までの東音主催のピアノゼミナールの講師の方々は、当時日本を代表するピアニストの方々が多く、この頃杉谷は入会して福田先生と親しくなった。私は多分68年か69年にお目にかかった。その頃の忘れられない想い出がある。

杉谷は69年９月13日にドイツに留学するために羽田を発つ直前の９月４日に、岩波ホールでドイツ留学記念演奏会を開いた。当時は留学前や留学して帰国後にそういう名称を付けて演奏会を開くのが言わば報告会のような意味で行われていた。この時福田先生が私のところにいらして「岡田さん、この岩波ホールではいくらかかりました？」と単刀直入にハッキリと（いやズケズケと）かつ屈託なくおっしゃるのでビックリしながらご返事したのを今でも覚えている。

１９８６年２月、福田先生はロンドンでの杉谷の演奏会を聴かれたあと、ドウイスブルクの我が家に立ち寄って素敵なメッセージを残して下さった。

そして家内亡き後、家内の財産で思いも寄らぬ災難に遭ったが、現在未解決なのでこれ以上触れるのはよす。このこともあり、また死後は以前なら思いもしなかったほど家内に関していろいろな事に携わることになったため、家内へのつながりは以前よりもいっそう増した。

こうして「家外」はようやく、来年私の80歳を前にして「家内」になったのである。

第一回クララ・シューマン国際ピアノコンクール ～舞台の表話、裏話～

『ヨーロッパの暮らし』一九九四年九月号～一九九五年八月号

［はじめに］

　第一回目のこのコンクールは、本年五月二十三日（月）から三十日（月）までデュッセルドルフで行われた。初日の二十三日は聖霊降臨祭で休日。この日、午前九時四十分ごろ、シューマンザールの前広間で三三五五やってくる聴衆に混じって、一人、また一人と入り口から姿を現し、会場に入っていく審査員を見ていた私は、最後にアルゲリッチとヴァイセンベルクが話をしながらゆっくりゆっくりと歩いてくるのを見て「ついに実現した」という思いが、安堵感と共に込み上げてくるのを感じながら、ちょうど二十年前の北イタリア、ボルツァーノでの夏の自分の夢話が別の形で実現したことに一人感慨にふけっていた。

――一九七四年八月下旬、ブゾーニ国際コンクールに出場していたゲルハルト・オピッツと杉谷昭子の歓談に加わった私は、ブラームス好きとデュッセルドルフとの縁から、「デュッセルドルフにブラームス国際ピアノコンクールができるとよいのにね」と夢みたいな話をしたのだった。デュッセルドルフとはブラームス以上に結びつきの強いシューマンを敢えて挙げなかったのは、東独のツヴィッカウにシューマンコンクールがすでに存在していたので、デュッセルドルフに同名のコンクールが設けられることが極めて難しいであろうことは、三人には分かっているからである。

「デュッセルドルフでのブラームス国際コンクール」、このアイデアはほどなくして杉谷の知人となった女医のギゼラ・シェーファー夫人に伝えられた。ところが、同夫人がシューマン愛好家であったことから、ブラームスからシューマンへの切り替えが行われたらしく、あれよあれよという間にデュッセルドルフにロベルト・シューマン協会を設立してしまった。一九七九年三月二十日のことである。同夫人からシューマン研究者のヴォルフガング・ボェッティヒャー教授やチューリヒ大学の前田昭雄教授の名前を初めて紹介されたのもこのころである。

その後の協会の会員にしても活動にしても、瞠目すべきものがあるが、シェーファー夫人のアイデアには、各種の演奏会や講演会は当然のこととして、そのほかにシューマンフェストの開催、ロベルト・シューマンの全作品の入念な見直し、校訂による発刊、そしてクララ・シューマン国際ピアノコンクールの開催という、いずれも国際的な価値と影響のある大プロジェクトがはじめから意図されていた。大した女性である。

――こうして、二十年前のあの夢のような話が名称こそ違え、ここデュッセルドルフに実現したのである。

クララとヨハネスでは、その作品の質も量も後世への影響も比較にならないが、二人のかかわりが極めて近かったことは周知の通りで、それゆえ私にとっては名称の違いは大したことではなく、多くの人たちの間で最も疑問視されていたアルゲリッチの登場によって審査員も予定通りに揃ったことにより、こうしてこのコンクールの実現を目の当たりにして、感慨にふけざるをえなかったのである。

以下、主催者、審査員、出場者、聴衆などさまざまな立場の人たちから直接聞いたり、見たりしたことを基にして、審査員たちのこと、予選のこと、本選のことについて筆者の勝手な解釈や感想も交えて、思いつくままにアトランダムに述べてみようと思う。（文中いくつかの場合を除いて敬称は省略させていただく）

［審査員のこと］

（1）審査員のメンバー

委員長にヨアヒム・カイザー教授を立て、（ABC順）マルタ・アルゲリッチ、ヴラディーミル・アシュケナージ、ボリス・ブロッホ（黒海沿岸オデッサ、ロシアオペラ総監督）、シルヴィア・カドフ（ミトロプーロス指揮者コンクール優勝のスイスの女性指揮者）、ネルソン・フレイレ、杉谷昭子、アレクシス・ヴァイセンベルクの計7人である。

昨年この名前が公表されたとき、何人かの音大生や知人からアルゲリッチやアシュケナージが本当に来るわけがない、きっとキャンセルするという話を何度か聞いた。

クララ・シューマン国際コンクール審査員（グスタフ・アーリンク氏提供）

音楽に関心を持つ人たちにとっては、それほどにすぐには信じがたい豪華メンバーであった。

（2）審査員の選考

審査員自体の選考やメンバーについては、すでに長年の実績のある「権威ある」といわれている大コンクールにしても、ここ三～四年内に設立された新規の国際、と名のつくコンクールにしてもさまざまな問題や主催者にとっての苦労があるように聞いているし、また、音楽雑誌でも目にする。（例えば、一九九一年十一月に初めて開かれた台北国際ピアノコンクールの記事など）

国際音楽コンクールの審査員の数はさまざまな要素が絡むせいか、十数名から二十名前後というのが多い。それに比べれば、このクララ・コンクールの場合、驚くほどに少ない人数だ。

この点、今回の主催者には明確な方針があるように見受けられる。言ってみれば、少数精鋭主義だ。

審査委員長には世界的に影響力のある音楽評論家で、音楽学者、つまり芸術大学の正教授、カイザーを据えた以外は、基本的には現場の第一線で舞台に立っているピアニストと指揮者とし、音大の教授たちははずそうとしたように見える。著名なコンクールでも審査員に音大の教授が多くなると、それぞれの学生に対し、採点上の相互取引が裏側で行われている、などといった信頼を失うような芳しからぬ、あらぬうわさが聞こえてくるからである。

この点このコンクールでは、審査員同士の利害関係や情実などが、出場者をめぐって生ずる余地はほとんどないと考えてもよいだろう。審査員に対する畏敬の念、信頼に関してある出場者が筆者に書いてきた手紙にはつぎのようにあった。

「世界中にコンクールが増え続け、審査員に対する評価が学生の間で落ちてきている中で、こんなに美しいフェスティバルのようなコンクールを知ることができて本当に嬉しかった。コンサートで弾くような感覚で受けられるコンクールがあるなんて忘れていました」(原文のまま)と。

審査員のメンバーについてもう一つ、筆者が知人の音楽家から聞いた話は意表をつくもので、大変おもしろかった。

いわく「今回のメンバーは皆カイザーのお気に入りなのだろう」と。

私自身は、メンバーの選考基準も過程も内情も全く知らないが、そんなことはありえないと思った。そして、この知人の発言が単なる憶測に過ぎなかったのだと分かったのは、後に聞いた審査員同士の裏話からである。

――ある審査員が会食の席で、カイザーに向かって、「あなたは私の演奏に対してずいぶんひどい批評を書きましたね」と言ったところ、カイザーは「いったいどんな批評だったのかね」と聞き返した。

「それはそれは読むに耐えぬひどい酷評で、『このトンマ(頓馬)』(シュヴァイネ=豚《とん》)のへたくそ野郎とかむちゃくちゃでしたよ」

「おお、それは大変気の毒なことをした。(オー、エストゥトミーア　ゼーア　ライト)」

この率直な会話に、当人同士も聞いていた他の審査員たちも大笑いになってけりがついたようだが、いずれにしてもカイザーのお眼鏡にかなった演奏家ばかりではなかったことは確かである。

これは私の推測だが、今回の審査員の選考にあっては、主催者は今後のことも考慮して、ずいぶん慎重に選んだであろうことは想像に難くないが、ただ当コンクールの責任者であるギゼラ・シェーファーにとっては、たぶん他の国際コンクール審査員選考に当たって直面しているかもしれないほどの苦労や悩みはなかったのではないかと思う。

というのは、シューマン協会の会員には世界第一級の現場の演奏家がぞろぞろ肩を並べており、いずれもシェーファー夫人のパーソナリティーにひかれ、また、当協会の目的に賛同して入会したケースが多いと聞いているからである。

従って八名の審査員のうち、ネルソン・フレイレを除く七名はすでに会員であることから、彼女にとっての人選はそれほど苦にはならなかったのではないか。

フレイレが審査員に入っているのは、多分このコンクールに引き続いてのシューマンフェストでアルゲリッチとドゥオの演奏をすること（アルゲリッチとフレイレのドゥオのコンビは以前から定評があり有名だ）それにフレイレ自身の国際的な評価などから極めて妥当であり、早晩、彼も協会の会員になるだろうと思われるからである。

ただ、筆者個人の感想を言えば、もう一、二名審査員が増えても良いのではないかと思う。

例えば、協会の初期からの会員、ダニエル・バレンボイムである。もっとも、こんなことはシェーファー夫人にとっては初めから承知していることで、「バレンボイムにしてもアシュケナージにしても、指揮活動が忙しくて一週間などとても時間が取れない。そんな中で、アシュケナージは最後の本選審査だけは参加するという約束をはじめに取ることができた」と言う。

アルゲリッチだって忙しい人だ。その彼女が一週間も時間を割いてくれたのである。三年後の二回目のコンクールには、せめてアシュケナージかバレンボイムが初めから最後まで参加してほしいと切望しているのは筆者だけではあるまい。

（3）ヨアヒム・カイザー

彼の名前は一般の人には馴染みが薄いかもしれないが、音楽に関心のある人たち、とりわけピアニストたちにとっては東（ニューヨーク）のハロルド・ショーンバーグ、西（ミュンヘン）のヨアヒム・カイザーという世界的な批評家の双璧の一人として、かつ辛辣、痛烈な厳しい文芸評論家としてつとに知られ、恐れられている存在だ。

「彼はピアニストに対するテロリストよ。しかも影響力は大きいのよね」とアルゲリッチは直接私に話してくれた。彼の影響力の大きさ故に駆け出しのピアニストのみならず、プロのピアニストですら彼に自分の演奏を聴いてもらい、一行でも二行でも良い批評を得ようと躍起になるのである。

　ところで、一九五九年以来、ドイツの高級紙の一つである『南ドイツ新聞』（ミュンヘン）の文芸部編集主幹として健筆を揮い、一九七七年からは国立シュッツットガルト芸大の正教授として活動する六十六歳のこの音楽学者、評論家の名前を全く知らないピアノ科の学生が日本人にもドイツ人にもいて私は大変驚いた。プロのピアニストになろうとする意欲も関心もないピアノ科学生にとっては、彼の存在は縁遠いかもしれないが、せめて彼の著書『現代の偉大なピアニストたち』や『ベートーヴェンの三十二のピアノソナタ、その解釈』ぐらいの名前は知っておいてほしいと思う。音楽については全くのド素人で単なる音楽愛好家に過ぎない筆者でさえ、この二冊の名前は知っている。

　余談だが昨冬以来、ベートーヴェンの三十二のピアノソナタ全曲のＣＤ録音に着手した杉谷は、この仕事に際し改めて彼のこの本を読み直して大いに得るところがあり、「春秋社はこの良い本をこれからの人たちのためにもぜひとも再版してほしい」と語っていた。（注：ベートーヴェン32のソナタと演奏家たち上・下／春秋社刊）

　そのカイザー、五月二十二日夜の審査員の初顔合わせ兼夕食会に姿を現さなかったアルゲリッチに対し、委員長の立場として多少気を悪くしたのか、本人がいないこともあって「あのピアノの女王は一向に上達せんようだね」と冗談交じりに批評したところ、「それ、マルタが天才だからよ。天才というのは進歩もない代わりに退歩もないのよ。あの見事な演奏をいつまでも保ち続けているのは大したものよ」とすかさず応酬した杉谷の言に「フム、なるほどな」と感心していたという。

「ピアニストに対するテロリスト」と言っても何も恐ろしい人間だというのではない。彼の余裕のあるユーモア感覚や茶目気、大きい包容力などに感心することはしばしばであった。委員長として演奏者や曲目の紹介をしたり、コンクールの進行に関する報告、あるいは本選での曲目解説などを聴衆に向かって行うに当たり、そこかしこにユーモアを交えて会場に笑いを誘うその知性と感性の豊かさには舌を巻いたものである。

　例えば、シューマンザールでの予選のとき、休憩が終わって審査員たちが控え室から会場に入ってくる前に、突然彼は舞台のピアノの前におもむろに座り、ショパンを弾き出したではないか。会場の聴衆はもちろん驚くと共に大喜び、拍手喝采である。その音は必ずしも繊細とは言えず、また非常に美しい、とは言えなかったが、野太く力強く、心にズシリと響く音楽で、全曲を聴けば豪快な演奏と音楽になるであろうことが予想できた。緊張が支配しているコンクールの会場で、休憩時とはいえ本職のピアニストではない委員長が自らピアノを弾くゆとりや茶目気には、すっかり嬉しくなってしまった。どこの国際コンクールに、このようなことをする委員長がいるだろうか。

審査員室では各自、自分の採点とメモをもとにそれぞれの思うところを主張し、侃侃諤諤《かんかんがくがく》の論争となることがしばしばあったそうだ。そのためにお互い興奮してくるので思わず「声が外に聞こえてしまうのでもっと小さく話そう」と何度も自制し合ったという。しかもその論争にあっては険悪な雰囲気どころか、だれかしらがしょっちゅう冗談を言ったり、テーマに関連するエピソードを紹介したりするので、楽しくて時間が立つのも忘れたという。

そういう意見交換の中で、例えばカイザーが良いと主張する演奏者に対し、その人のピアニッシモは指が鍵盤を軽く触れているだけの皮相的、表面的な最弱音であって、会場の隅々まで行き渡る最弱音は、キーがもっとおさえこまれた、しっかりした音でなければならない、といったタッチのあり方に由来する音質の違いに関する解説が出てきたりして、「あなた方にはいろいろ勉強させてもらってありがとう」と素直に謝意を表していたというから、それぞれ、皆立派なものである。

(4) 採点について

採点といえば百点満点ではないが、ある点が満点として決められており、各予選ごとに、七名の合計点から割り出された一人ひとりの平均点が総合的に見て合格点に達しているかどうか検討された。私は本誌五月号に載っていたアルゲリッチの「自分が採点するときは百点か○点よ」という冗談とも本気とも分からぬ意向を表明していたということを読んでいたので、その点を直接聞いてみた。答えはその通りで「できることならイエスかノーだけで決めたい。でも実際にはそうはいかないでしょう」ということで、十七点とか二十三点と、かなり律儀に採点したらしい。もっとも、基準は各自まちまちで、それぞれの経験や感覚、観点に基づく、という本誌の杉谷のインタビューの回答と、ライニシェ・ポスト紙のボリス・ブロッホのインタビュー回答は全く同じであった。

　例えば、純粋な指揮者カドフは音楽性という観点は別にして、ピアノ弾きとしてのさまざまな想念を抱く要もなく、楽譜を見ながらそれに忠実かどうかを中心にかなりザッハリッヒ（事実に即した。客観的）な採点をしたようであるし、ヴァイセンベルクは他者とは多少異なった独自の観点から採点をしたようである。

（5）目玉

　昨年この審査員のメンバーが公表されたとき、少なくともクラシック音楽に関心のある人たちの間では、感嘆、驚き、喜び、期待などが表明される一方、反感、羨望、無関心の装いなどの反応が見られて甚だおもしろかった。その点、このコンクールに応募してきた世界の若いピアニストや学生たちの意識は率直ではっきりしている。カイザー、アルゲリッチ、アシュケナージ、フレイレ、ヴァイセンベルクなどは、このうちの一人ほどでも他のコンクールでは目玉になる審査員である。それが当コンクールではその目玉が四つも五つもキラキラ光っているのだ。日本人だけでなく、他国の参加者にも直接聞いた応募の理由はいずれもが「審査員の顔ぶれが素晴らしいから」であり、「これだけの審査員たちに自分の演奏を直接聴いてもらえるから」で一致していた。実際、一次予選で落ちた人ですら、「アルゲリッチやカイザーに直接聴いてもらえただけで満足です」と言って、気落ちすることなくこの町を去っていったピアニストの卵たちが何人もいる。百五十名近い応募者の中から、まずは第一の関門になってしまった書類審査で選ばれた五十一名（実際の参加者は四十二名）は誠にラッキーであったと言ってよかろう。

　これら目玉の中でも最もキラキラ輝いて人気のあったのがアルゲリッチであったことは異論がなかろう。

（6）マルタ・アルゲリッチ

　アルゲリッチがブゾーニとジュネーブという二つの大きなコンクールに立て続けに優勝したのが、十六歳のときだから驚く。そしてワルシャワ、ショパン・コンでの優勝が二十四歳。爾来《じらい》「ピアノの女王」と呼ばれ、稀代の女性ピアニストとして畏怖されピアノ界に君臨してきた。彼女についてはずいぶんいろいろなことがいわれ、書かれているのでここで繰り返す必要はないだろう。

　トレードマークともいえる長い黒髪に黒い衣装という

スタイルで、外股でゆっくりと、ときには物憂さそうに歩く姿は確かに風格があり、一種近寄りがたい気品と雰囲気を醸し出している。それ故に審査員席に向かう彼女の一挙手一投足が聴衆の関心を一身に集めるのに十分であるのだが、ズタ袋をぶら下げているところが何ともほほえましい。(ズタ袋などといってはいけないのだろうが、筆者にはそう見えた。ゾロリ・スタイルの彼女には実に良く似合うのだ)

　今回、アルゲリッチと何日間かにわたって親しく話をする時間が十分にもてた私は、彼女の性格の中に「他人への思いやり」の意識が強いことに気がついた。例えば、若いピアニストたちが畏敬の念に駆られながらオズオズと彼女に近づき、会話を交わせた喜びで上気している様子は端で見ていてもほほえましいのだが、実際、個人的に批評や意見を求めてくる演奏者に丁寧に答える彼女には、若いピアニストを思いやる心があふれていた。彼女には「ピアノの女王」と呼ばれる自分に接してくる若いピアニストたちの心情や心理が、十分に分かっているのである。

　もちろん、このような個人的な批評をするのはたまたまこのようなコンクールでその人の生の演奏を聴くことができたからであって、彼女の個人的な時間を割いて希望者の演奏を聴いたり、私的な生徒をとることはしないということであった。それはそうであろう、特にアルゲリッチのような人気のあるピアニストの場合、そのようなことをすれば体がいくつあっても足りないだろう。こういう制約された範囲ではあるが、真剣な事態における当該の個人に対する思いやりのいくつかは後に触れよう。またグループの一員となったときは、今度は同僚を思いやる例が新聞社の写真撮影のときに見られた。

　それはヴァイセンベルクの言葉によるものであるが、そのとき紹介したい。

　もう一つ気がついたのは、「人恋し」というか、いつもだれかと一緒にいたいという気持ちの強い人であるということであった。このことは特にここ十年来、ソロ演奏会は極めて少なく、コンチェルトかドゥオの多いことからも別の面で裏付けられる。「だってソロ演奏は一人で楽しくないじゃない」という言葉には思わず苦笑させられたが、この件に関しては他の理由もあるのかもしれない。

　彼女との個人的な係わりの中で一つだけ、私事の会話の例を述べさせていただく。

　あるとき、何かのきっかけからか「あなたいくつ?」

と突然聞いてきたのでちょっとタジタジッとなった。まさかアルゲリッチに歳を聞かれるなどとは夢にも思わなかったからだ。しかし、すぐに態勢を立て直し即座に「あなたと同じ年生まれで、あなたは年女、同年代の誇りです」と昔から本当にそう思っていたことを言ったところ（年女のことを、同年生まれの代表の女性である、と本来の意味とはややずれた現代的な説明をしたら分かってくれたようであった）、しばらく考え込んでいる。まさかこんな答えが返ってくるとは予期していなかったのだろう。一瞬面食らったような顔をした。これでおあいこだ。だが、いったい何を考えているのだろうと思ったら、「シュランゲね、へびね」というではないか。「ヘビ」という日本語を一所懸命思い出そうとしていたらしい。これには驚いた。「で、何月生まれ？」、「十二月ですよ」、「ああ、じゃ私は六月だから私の方が半年年上ね」ときた。

「あなたの笑顔は百万ドル」といったような言葉があったかどうか定かではないが、普段は知的で思慮深い、まるで男性かと思うような厳しい、かつ美人のアルゲリッチの顔であるが、笑えば本当に愛くるしい、人を惹きつけずにはおかない美しい笑顔である。演奏中の苦悩に満ちた顔、普段の男性的な厳しい顔、笑ったときの可愛らしい親しみやすい顔、といずれも何とも魅力的である。

（7）審査員自身の練習

舞台に立つ人たちはマチネーなど特別の場合を除き、職業柄、夜型の人間が多いと思う。午前三時、四時に寝て、午前九時、十時ごろに起きるのをライフスタイルにしているピアニストたちが何人もいることを知っている。だから今回のコンクールのトーンハレでの本選が、夜七時に始まり、午前二時に授賞式が終わったとしても、審査員たちや本選やディプロームの授賞式に出席した若いピアニストたちにとっては、時間帯としては別に特別な事態でもなかったであろう。だから夜型の審査員にとっては第三次予選、第一日目の午前十一時開始と、前述の本選の午後七時開始以外、毎朝十時開始の審査家業は内心つらかったに相違ない。

しかしそれよりも、もっとつらかっただろうと思われるのは、毎日午前十時から午後九時、十時過ぎまで（午後一時ごろから午後三時ごろまでの昼休みはあるとしても）会場にカンヅメにされることによる、自分の練習の全くできないことではなかったかと思う。それは特に近々に演奏会の迫っているアルゲリッチ、フレイレ、杉谷にとっては深刻な問題であったろう。天才ピアニストであっても技芸である以上、練習は欠かせない。アルゲリッチは五月三十日の本選審査の翌日、六月一日の夜ブリュッセルでチェロのミッシャ・マイスキーとのドゥオ、六月六日にはシューマンフェストの一環でトーンハレでネルソン・フレイレとのピアノドゥオ、そのフレイレはこのドゥオのほかに、ヴァイセンベルクがたまたま腕を痛めていて演奏ができなくなったベートーヴェンの三番のコンチェルトを六月中旬に急に代役として（どこかで）弾かなければならなくなったこと。そして杉谷の場合はもっと深刻だった。

　六月十一日、シューマンフェストの一環での、ヨアヒム・カイザー教授によるレクチャーコンサートでは、当初の予定ではカイザー指示によるピアノ曲をボリス・ブロッホと2人で分担することになっていた。そこで彼女は、シューマンの『ヴィーンの謝肉祭の道化』、『ちょうちょう』、『謝肉祭』の中から、日本にいたときに指示された数曲を練習するだけでよいと考えていた。ところが、コンクール開始前になってブロッホが降りてしまったのだ。この場になってキャンセルした彼の理由の詮索《せんさく》はさておく。そこで彼の弾くことになっていたリスト編曲（ピアノ用）によるベルリオーズの『幻想交響曲』を引き受けざるを得ないことになってしまった。彼女にとっては初めての曲である。しかも22日の初顔合わせの夕食会で漸《ようや》くカイザーからどの部分を弾くのかの最終的な指示がなされた。この事情を翌日知ったアルゲリッチ、フレイレ、杉谷の師ヴァイセンベルクは「あの曲は難しい。自分も弾いたことがあるがオッソロシク難しい。これから譜読みを始めるのは大変だ」と大いに同情してくれたという。それはそうだろう、あの〝ピアノのテロリスト〟の前で弾かなければならないのだ。この難曲中の難曲が杉谷にとって譜読みから始めなければならない新曲で、しかも二十日後、本格的な練習開始からはおそらくはその半分の十日か一週間以内に仕上げなければならないことなどは、カイザーにとってはあずかり知らぬことである。彼が求め期待しているのは熟練した名人芸の演奏だけである。

　アルゲリッチという人はこういう、他人が真剣に困っているとき、ましてや同じピアニストが苦境に立たされたときには本気で親身になって考える人だということは前述の通り私自身確認している。彼女は、どうしたらよいのか真剣に考えていたが、突然、「そうだ、あの曲は確か二台のピアノ用の編曲もあったはずだ。楽譜屋を捜せばあるかもしれない」と意外なことを言い出した。「ああ、ただ十一日には私は別の場所での仕事が入ってしまっているので、そうでなければ一緒に弾いてあげられるんだけど、残念だな」とまで言ってくれて杉谷を大いに感激させたという。アルゲリッチは即座にそこまで救援策を考えたのだ。カイザーも、二台のピアノでも構わないという事だったので（たとえアルゲリッチはだめであったとしても念のために）早速楽譜屋や図書館に照会した結果、どこにも置いておらず、取り寄せるにしても時間的に間に合わないかもしれない、ということで、結局杉谷はひとりで弾くことに覚悟を決めた。あとは審査課業後の練習時間が取れるかどうかである。彼女は審査員たちの宿泊ホテルをキャンセルまでしてドゥイスブルクの自宅に戻ったものの、深夜の帰宅と早朝の起床のためにほとんど練習はできなかったという。

　結局、三人にとって練習時間の見通しがついたのは二十八日、土曜日、第三次予選二日目で、最終出場者の演奏が夕方六時半ごろに終わって十三名の中から五名の本選出場者を決定し終える夜八時ごろからだろうということになった。

　つぎの問題は場所である。トーンハレもシューマンザールも当日か翌日の、その会場での正式な演奏会のためのプローベでもない限り使用は難しく、相手が相手であってもさすがにその照会には困ったらしい。また、彼らはあくまで個人的な練習だけのために、それだけの大きな施設に迷惑はかけたくなかったようである。

　こうして私の方にお鉢が回ってきて、急きょ日本人学校のピアノを借用することになった。急な話で、しかも土曜日の夕方で大変申し訳なかったが、レーボック・ピアノ社の安田氏にお願いし、小ホールのグランドピアノを調律していただいた。

　おかげで土曜の夜はアルゲリッチと杉谷が、また翌日曜日の夜と月曜日の本選審査前の夕方はフレイレを加えた三人が、音楽室のグランドピアノも提供されて、誰にも妨げられることなく練習できたことに大変感謝していた。

　後日、七月上旬にルール地方ピアノ音楽祭の一環で、エッセンの隣町のミュールハイムにおけるアルゲリッチとアレクサンドル・ラビノヴィッチのドゥオを聴きに行ったときも、そのあとのパーティーで彼女は、日本人学校はとても気持ちの良い雰囲気だったと改めて感謝していた。もっとも、学校側にすれば世界第一級の「ピアノの女王」に使っていただけて逆に大いに光栄であった。

（8）二人の演奏会

六月六日のドゥオは、期待に違わず二人とも見事な演奏を聞かせてくれた。曲目はブラームスの『ハイドンの主題による変奏曲』、シューベルトの『ロンド』イ長調、シューマンの『アンダンテと変奏曲』作品四六（二台のピアノに二つのチェロと一本のホルンが追加）ラフマニノフの『組曲』第二番、作品十七、それにラヴェルの『ラ・ヴァルス』。

「音楽には色気《エロティク》が必要よ」と語ってくれた言葉通り、アルゲリッチの演奏には艶があり、自由奔放に、絢爛豪華に飛翔し、また悲哀に満ちた静けさを自在に表出し、まさにピアノの女王としての存在感を強烈に印象づけた。それに対してフレイレは、奔放な女王の自由さを常にガッチリと支え、主張すべきところは主張し、あとは揺るぎない土台に徹するといった趣の誠実さと信頼感を聴く者に与え、さすがに定評の高い二人のコンビであると感じ入った。

また十一日のカイザー教授によるレクチャーコンサートでは、「シューマンのフランスへの眼差《まなざ》し」のテーマのもと、ハイネ作詞の『二人の擲《てき》弾兵』（バリトンはミヒャエル・ゲッサート）など、フランス国歌が含まれている曲で統一されていたりして、聴いていてなかなか楽しかった。杉谷の演奏は色気とは対極にある、禁欲的なクリスタルガラスの如き透明、清潔な音質と、音量を意図的に抑えたためか、カーニバルの騒々しさや、ベルリオーズ＝リストの肉食人種のもたらす重量感の世界とは別の音楽像を提供した。また、シューマンの『謝肉祭』の二、三箇所では自分の解釈とは違うとカイザーは指摘していたが（音楽上の解釈は一人ひとり異なっており、かつ自分の解釈が最も正しいと主張するので大変難しい問題である）それでも彼女のシューマンの音楽に対しては深く心を動かされたと述べていたし、「地獄のように恐ろしく難しい」と形容されたリスト編曲のベルリオーズの『幻想交響曲』は驚くべきテクニック、名人芸、芸術性でカイザーをして「大変結構（ゼーア　グート）」と言わせたのはさすがで、この難曲をわずか一週間か十日で仕上げたのには感心した次第である。もっとも、本人にしてみれば初めから、必要な時には楽譜を見ても構わない演奏会であったため、随分気は楽だったようである。

（9）日本食

指揮者のカドフのことは定かではないが、他の審査員達はいずれも何回か日本に行ったことがあり、日本の印象はすこぶるよい。また、日本に対する関心も好奇心も音楽の分野だけでなく広範囲にわたってなかなか強い。デュッセルドルフが日本人社会の町であることを彼らはよく知っており、従ってここではおいしい日本料理が食べられるという期待があった。だがその希望が実現するのは実際には極めて難しいことであった。時間の問題である。

予選の審査は朝十時から昼の一時ごろまでが前半、その後一時半ごろから昼食になり、三時か三時半ごろから後半が開始し、終了は夜の九時過ぎだ。侃侃諤諤《かんかんがくがく》の論争が続くと、十時近くになってしまう。日本食のレストランは大抵夜十時がラストオーダーになっているので、少なくとも予選が行われている日の時間帯では、日本食のレストランに行きたくてもラストオーダーの終わっている時間になってしまうので、初めから諦めざるを得なかった。結局、彼らは意見交換や歓談を兼ねたワーキングランチのために自分たちの泊まっているアルトシュタット入り口のホテル、ブライデンバッハーホーフに戻り、そこで昼食を取ることになり、夜も結局は午前一時過ぎまで営業しているこのホテルのレストランに赴くことになるのであった。ちなみに、このホテルは一八五〇年九月二日にシューマン一家がドレースデンからこの町に引っ越してきたときに最初に逗留したホテルであり、現在全ドイツでも三指に入るハイソサエティーの人たちにお気に入りの格調高いホテルである。（一九九四年六月のダイナースクラブの報告）

ところで、審査員の中でもロシア代表のブロッホだけは初日からかなり独自の動きをみせており、会場の内外ではいつも報道関係者やたくさんのロシア人たちと一緒に行動していた。その彼が一団を引き連れて、彼らの間では「有名な」レストラン「きかく」に何回か足を運んだらしい。しかしながら行く度にいつも満員で、その都度諦めざるを得なかったようだ。日本人に対しては必ずしも好感を持っているようには（傍目には）見えない彼も、日本の経済力や日本食に対してはその価値を認めざるを得なかったのだろう。結局「きかく」で待望の寿司にありつけたかどうかは知らない。

ある夜、審査が九時半頃に終わりそうな状況になったため、急きょ杉谷はアルゲリッチ、フレイレ、ヴァイセンベルクらに声をかけ日本食レストランに案内しようとし、私に仲介の労を頼んできた。審査会の最中のことである。目星をつけたある日本食レストランに予約の電話をしたところ、十時までに必ず来店できるかどうか、メニューはどうするかと聞かれて困り果てた。レストラン側の都合のことは私にも充分すぎるほどに分かるのであるが、会合が十時前に確実に終わるのかどうかだれにも全くわからないことであったし、たとえ十五分前に終わったとしてもその後の会話やゆっくりゆっくり歩くアルゲリッチやヴァイセンベルクの行動を思うと、とても確約はできなかった。ましてやこの人たちの当夜の好みが魚なのか肉なのか、そんなこと審査会の最中に聞きに行くわけにもいかない。いったんは当方の責任で予約を取り消したのだが、その後、紆余曲折をへてもう一度予約の電話を入れ、結局ヴァイセンベルクと杉谷を筆者の車でレストランに送り届けたのが十時直前で、ホッと胸をなでおろしたものの、支配人の方にはご迷惑をかけてしまい申し訳なく思っている。もっとも、その後のサービスは大変親切で、ヴァイセンベルクも充分に堪能したようである。

　その点、二十九日の日曜日はラッキーだった。この日は前夜発表された五人の本選出場者にとってはオーケストラとの練習と、翌日の本選とで落ち着かない一日であったろうが、審査員にとっては初めての休日であった。日本人学校での練習を終えて夜九時四十分ごろ、アルゲリッチ、フレイレ、杉谷、ウルム大学でピアノを教えているアルゲリッチの友人、それに私の五人が「きかく」に予約なしで入ったとき、たまたまテーブルが一つ空いていて本当にホッとしたが、日本人客が一人もおらず、お客全員がドイツ人というか非日本人であるのには驚いた。

　アルゲリッチはさすがに何度も日本に行っているだけあって、箸の使い方は上手であった。定評あるこの店のうまい寿司などを賞味しながら、このときは五人とも本当にくつろぐことができて所期の目的が果たせた。お客さんも従業員の方も皆いなくなった後も「カンバンですが……」ともおっしゃらずに、私たちだけのために遅くまで残っていてくださった伊藤店長のご夫人には心から感謝している次第である。無口なフレイレなども大変気に入ったらしく、後日リオデジャネイロの自宅から届いた手紙には「またの再会とともに、あのレストランで日本食を楽しみにしている」とわざわざ書いていたのもよほど居心地が良かったからであろう。伊藤夫人が撮ってくださり、後日いただいた写真は大変貴重な記念になり、私はいつも大切に持ち歩いている。

（10）次期開催日程とアルゲリッチのこと

本来なら今回から〈予選でのこと〉について、いくつか書く予定であった。ところが前回までの分を昨年七月に書いて以来、時間が経過しているうちに一九九七年の次期開催日程のことなどが耳に入るようになり、またその際の予定審査員の中でも今回同様、主催者にとっても最も気がかりであったアルゲリッチの去就もごく最近、どうやらはっきりしたと思われるので、〈審査員に関する裏話〉として、ここに追加させていただく。従ってそのために今回、再びアルゲリッチとのことに私事ながらいささか言を費やすことをあらかじめお許し願おうと思う。

昨年の初秋に主催者のシェーファー夫人に会ったとき、次期開催日について一九九七年四、五、六月のカレンダーを念頭に置きながら、特に復活祭休暇とほかの祝祭日、あるいはこの時期のほかのコンクールや当地での催し物（例えばケルンのトリエンナーレ）などの影響も考慮していつにすべきか種々迷っているようであった。彼女の配慮の中心は、六月八日のロベルト・シューマンの誕生日を中心に組まれてきた三年目ごとのシューマンフェスト（一九九七年は第六回目）の六月上旬という時期が動かせない以上、一九九七年の第一回コンクールと第五回フェストの実績や反省をもとに、次回もこの二つの大事業を連続の時期にするか、それともコンクールを四月にもっていくか、ということであったようだ。

今年に入ってシェーファー夫人とちょっと話をする機会があったとき、ネルソン・フレイレがこの間にシューマン協会の会員になったこと、三カ月ほど前に次回コンクールの予定審査員たちに招待状を送ったところ2～3名からはすでに承諾の回答があったものの、アルゲリッチとフレイレからはいまだ諾否の回答がもらえずに困っている、ということであった。

ところで、アルゲリッチとラビノヴィッチのドゥオコンビはハイルブロンのヴュルテンベルク室内管弦楽団と一緒に、一月十九日にケルンのフィルハーモニーで演奏することは昨年のうちに分かっていたので、私は早々に切符を入手しておいた。その一月十九日の演奏会後のこと。ケルンのフィルハーモニーの場合、出演者への挨拶や面会はほかのホールに比べて恐ろしくガードが固く（面会希望者はあらかじめ演奏者の了解が必要とのことで、予約者一覧表ができていたのには驚いた)、いささか往生したが守衛の方が事情を理解して中に入れてくれたときにはホッとした。階下に行くと、そこのロビーでは十名前後の人たちがすでにソリストの出てくるのを待っていた。帰り支度を終えたアルゲリッチとラビノヴィッチが控室から出てきたとき、彼女は先着の人たちに遠慮して少し離れて立っていた筆者を見つけて、ハローと声をかけて近づいてきたが、不審そうな顔をしている。

「あなたドゥイスブルクに住んでいるんでしょ。なんでわざわざケルンまでいらしたの。二月の初めにドゥイスブルクでも弾くわよ」と言うではないか。思わず「なんですって！」と大声を上げてしまった。うかつにもそんなことは少しも知らなかった。

　彼女の、大きな関心事は二日前に生じた神戸の大地震のことで、早速にも被害をこうむった方々への丁寧な弔意の辞を受けて頭の下がる思いをした。実に細やかな心配りをする人である。シェーファー夫人からの審査員の招待の件は、直接の関係者でもない筆者が口をはさむべきことではないと承知していたので、あえて聞くことはしなかった。しかし、今回のケルンでの再会で、シェーファー夫人がドゥイスブルクで直接彼女に会える可能性が、偶然の会話から得られたのは思わぬ収穫であった。

　そこでさっそくシェファー夫人を二月一日のドゥイスブルクでの演奏会に誘ったところ大変喜んでくれた。一週間前の時点でも切符が入手できたのはありがたい。ところが当夜、彼女を迎えに行く直前に電話がかかってきて、急用のため行けなくなったという。そこでアルゲリッチへのメッセージがあるという。このメッセージで筆者は初めて次期開催日を知ったのだった。

(11) 次期開催日程と再びアルゲリッチのこと

　二月一日のドゥイスブルクでの演奏会は、アルゲリッチとラビノヴィッチドゥオコンビと、ハイルブロンのヴュルテンベルク室内管弦楽団による十回のドイツ演奏旅行の最終日ということで、演奏会後の控え室周辺は二人のピアニストに別れの挨拶をしにくる指揮者のフェルバーをはじめ、オケメンの人たちや何人かのファンでいささかざわついていた。ようやく静かになったところで、シェーファー夫人の以下のメッセージを伝えた。

　今夜、この演奏会に来ることを大変楽しみにしていたが、急用のため誠に残念ながら来られなくなったこと、ついては一九九七年五月二十一日から二十八日までの第二回クララ・シューマンピアノコンクールの審査員に心からご招待します、というものであった。

アルゲリッチからの即答は期待できなかったので、日程をメモに書いて手渡し、それじゃあ、つぎにお会いするときまでお元気で、と言った途端、「だめよ。これから一緒に食事に行くのよ」という。昨年七月のミュールハイムのときもそうだったが、『女王様のご指示』には逆らえない。食事はドゥオの二人にドゥイスブルク・シンフォニカーのマネージャーのアーノルト氏が加わった四人。

ここでも阪神の大地震が大きなテーマで、彼らからかなり詳しい内容に関するいろいろな質問を受けた筆者は、このころテレビも日本の新聞も見る暇もなかったため大変困った。直下型地震が一番怖いとか、神戸市や近辺の家屋は古い建物が多く、また、ほとんど地震がなく、その予防策もあまりよくできていなかったために倒壊の被害も大きくなったのだろうなどなど、アルゲリッチの相変わらずの最新の情報や知識には舌を巻いた。

ところでどういうわけか、会話の中でまたしても誕生日のことが話題になった。もっとも、今回は日本の干支ではなく西洋の星座であったが。彼女いわく「私、去年の誕生日のときのことはよく覚えているわよ。六月五日のあの夜、あなたの家に急に練習に行ったのよね。次の日がトーンハレでネルソンと一緒に弾くことになっていたでしょ。ところが、夜中で道が分からなくてタクシーの運転手も随分苦労したのよ」と。それを聞いていたアーノルト氏いわく「ドゥイスブルクでもし練習する必要があれば、いつでも場所を提供しますよ」と。私はその次に即座に発せられた彼女の突拍子もない返答に驚いてしまった。

「あら、日本人学校もとても素敵なところよ。スタインウェイの良いピアノもあるし」というではないか。まさかここで改めて、日本人学校のことが出てくるとは夢にも思わなかった。彼女にとっては余程気持ちがよかったらしい。日本人学校のことが出てきたところで、筆者は小ホールの舞台の前で撮った4人の写真と、日本食レストラン「きかく」の伊藤夫人からいただいた例の写真を見せたところ、急に目を輝かせてワーワー賑やかにわめき始めるではないか。

いったいどうしたのだろうと思った。杉谷昭子がいつでもどこでも持ち歩いている彼女のマスコットの猫の人形を、フレイレが赤ん坊のように抱いている写真を見て、「そうそう、これがネルソンでこれがドッテコ」とケラケラ笑うのである。宮沢賢治の童話に出てくる、ドッテコという名前までちゃんと覚えているのには驚いた。そして「見て、見て」と言いながら、自分のハンドバッグを開けて、何やらごそごそ探していると思ったら、六月六日のドゥオの演奏会の後、ブライデンバッハーホーフで撮った、そのドッテコを胸に抱いて気持ちよさそうに目をつぶっている、穏やかな顔のフレイレとドッテコに右手をさしのべている、これまた笑顔で穏やかな顔のアルゲリッチの、実にほほえましくも美しいスナップ写真を取り出して、「ネルソンとドッテコって本当によく似ているのよねぇ」と言って、また嬉しそうにゲラゲラ笑う。

　そこには、およそ写真嫌いでカンシャクもちという世間一般の評判からはほど遠い、全く別の彼女の姿があった。それにしてもこのようなスナップ写真を、「世界最高の女性ピアニスト」その人がいつもハンドバックに入れて持ち歩いているとは思いもよらぬことであった。この人には本当にしばしば驚かされる。

　看板時刻となり、席を立つ前に一応念のためにと思い、「それでは審査員招待のご返事はフラウ　ドクターシェーファーにするのを忘れないでくださいね」と言ったところ、「もちろん喜んでご招待を受けるわよ」と笑顔で言うではないか。この夜に関しては、筆者のことをコンクールの責任者であるシェーファー夫人の代理人と考えたのかどうかは分からないが、こうもいとも簡単にこのような形で受諾の回答を得られるとは、これまた信じがたいことで、きつねにつままれた気持ちであった。

「ええと一九九七年の六月下旬だったわよね」「違いますよ。五月二十一日から二十八日までですよ」、「あっそう

杉谷がいつも持ち歩いていたぬいぐるみのドッテコを抱くネルソン・フレイレに笑いかけるアルゲリッチ。1994年5月、デュッセルドルフ、ブライデンバッハー・ホーフホテルにて

そう、去年とだいたい同じね」

こういうことが多分あるであろうと思って、あらかじめ日程をメモの形で渡しておいたのだが、アブナイ、アブナイ。

次回の審査員にアルゲリッチが参加する、という報告にシェーファー夫人が大変喜んだのは言うまでもない。もっとも、気まぐれ屋とかキャンセル魔とか呼ばれている彼女のことである。（彼女自身は世間のこういうネガティブなレッテル付けに対して「そういう見方は決して良くない」と明確に不満の意を述べていたが、そのような彼女の行動の背景には、彼女なりのはっきりした理由があることは疑いないと思う）、彼女がそのときに本当に姿を現すかどうかは神のみぞ知るといったところであろうか。

余談になるが、一九七〇年から二十五年間に何度か聴きにいったアルゲリッチの演奏会で、筆者が遭遇したキャンセルは覚えている限り、一九九三年一月、デュッセルドルフのトーンハレでのたった一回である。このとき彼女はショスタコーヴィッチのピアノとトランペットと弦楽の協奏曲を今回と全く同じ、ヴュルテンベルク室内管と協演するはずであったが、キャンセル。代役に飛び込んだロシアの若いピアニスト、リリア・ジルバーシュタイン（二十八歳）が見事な演奏を聴かせて大役を果たし、それまでにベルリンフィルとの協演などで活躍していたが、世界の檜舞台になお一層登場するようになったのは、多分そのとき以来だと思う。

［予選でのこと①］

主催者側は、初めてのこのコンクールに二十四名の日本人を含む、二十五カ国からの百五十名近い応募者があるとは予想もしていなかったようだ。シェーファー夫人は頭を抱えてしまった。第一次予選は二日間しかないのである。書類審査もやむを得ない。カイザー、ブロッホ、シェーファーなどが中心になって五十一名を選んだ。次回から応募に際しては本人の演奏しているビデオテープの提出も考えているという。

コンクールの冊子には、後援者のヨハネス・ラウ首相のあいさつや審査員の紹介、予選、本選の曲目、五十一名の出場者の写真と略歴等が載っており、期間中、この冊子はよれよれになるまで大いに活用されることになる。五十一名の国籍内訳はつぎのとおり。

ロシア九名、日本七名、ドイツ五名、ウクライナ三名、二名はフランス、ルーマニア、トルコ、ベルギー、アメリカ、イタリア、一名は台湾、中国、韓国、イラク、スウェーデン、イスラエル、アルゼンチン、ブラジル、フィンランド、チリ、ハンガリー、ポーランド、ブルガリア、グルジア、ニカラグア。ロシア人と日本人が多数を占めるのは、どこのコンクールでも同じである。そういえば一九九四年は日露戦争開始からちょうど九十年目だ、などとつい余計なことを考えてしまう。

第一次予選の前日の日曜日、出場者は全員ホームステイ先の決定と、出場順の抽選のためにシューマンザールに集まった。その数四十二。九名が棄権である。

『これだけの審査員を前にしては、膝がガクガク震える出場者もいるだろう』というライニシェポスト紙の記事が脳裏をかすめる。

見知らぬライバルたちが一堂に会した会場は、さすがに緊張感が張りつめており、そういうこともあってか、十八歳になったばかりの最年少のエドナ・スターン（イスラエル）がたまたま一を引き当てたときは泣き出してしまう場面もあったが、六か九かを判断できず、思わず「あら困ったわ！（オーマインゴット）」と大声を出したシェーファー夫人の当惑に会場のあちこちから笑い声が生じて一気に緊張が解けた。

一次予選は五月二十三日（月）・二十四日（火）で、曲目はクララ・シューマンのスケルツォ作品十かロマンツェ作品二十一の三から一つ、ベートーヴェンの指定された八曲から一つ、リストの超絶技巧練習曲から一つ。二次予選は二十五日（水）・二十六日（木）でシューマン、メンデルスゾーン、ショパンの指定された曲からそれぞれ一つ。三次予選は二十七日（金）・二十八日（土）で、ロマン派の重要なピアノ曲一つと、ブラームスの指定された五曲から一つ。ピアノ好きにとってはこたえられない曲目ばかりだ。

第一日目は前述の通り、聖霊降臨祭で休日のため、筆者は終日ゆっくり聞くことができた。この日、午前の部が終わったところで、新聞社のカメラマンたちが審査員のところに押し寄せ、全員の写真を撮った。アルゲリッチがスターであることはいうまでもない。全員撮影の後、カメラマンが彼女一人だけを撮ろうと執拗に迫ったとき、それを何度か拒絶していた彼女はとうとう厳しい顔つきで、「だめよ、疲れているのだから、これから休みに行くのよ！」と厳しく言い捨てて立ち去ってしまった。気まずい空気になった。

カメラマンたちをいさめたのはヴァイセンベルクである。「あなたたちは彼女の、同僚に対する気持を理解してあげなければならない。彼女は実際、今朝四時過ぎにホテルに来てほとんど寝ていないのだから、休ませてあげなければいけません。彼女の気持ちを害して、参加しなくなってしまったらどうしますか」と。

アルゲリッチの真剣な拒絶の厳しい顔には、もう一度遭遇した。四、五日前であったろうか、審査員たちの出入りするホールの裏口近くでブロッホに盛んに話しかけられていた彼女は、「ダメ（ナイン）！」と一喝、その声の大きさと厳しい調子に、遠くにいた筆者は思わずその方を見たほどであった。ブロッホはどうやら、どの審査員にも自分の抱えているオデッサのオペラ招待依頼という仕事の話を持ちかけていたらしい。

審査員席は、舞台を前に緩やかな「く」の字形をとり、中央にカイザー審査委員長、右にヴァイセンベルク、ブロッホ、女性指揮者のカドフ、左にアルゲリッチ、フレイレ、杉谷の順。同じフロアに座る一般聴衆はほんの四、五メートル先にいるそうそうたるこのピアニストたちの一挙一動が、長時間にわたりゆっくり眺められてワクワク、ご機嫌である。アルゲリッチとフレイレの無言のやりとりを、背後から見ているのも実に楽しかった。

三日目であったろうか、驚いたことにカドフがフレイレと杉谷の狭い間に割り込んでいて、杉谷の楽譜を一緒に見ているではないか。いつもごそごそ動いているブロッホを敬遠し、ちょうど十年前にデュッセルドルフのトーンハレなど、ルール地方でクララ・シューマンのピアノ協奏曲を初演したときの共演者の下に避難した感じであったが、真相は不明である。この窮屈なスタイルは結局予選最終日まで続いた。

ところで肝心の出演者たちの演奏のことだが、筆者は日中は当然本来の仕事があるので聴きに行けない上、火曜と木曜の夜は別の用事が入っていて、実演が聞けたのは残念ながらごく一部の人たちにすぎない。それでも予選全体が大いに楽しめたのは、実は日本人学校の二人の音楽の先生、田ケ谷省三先生（国立音大声楽科卒）と、若林さつき先生（ケルン音大ピアノ科卒）のおかげである。私たちはそれぞれの勤務終了後、都合のつく限り熱心に通った。三人一緒に顔を合わせるときもあれば、二人だけ、あるいは一人だけのこともあった。その都度お互いに感想や情報の交換で、これが実に楽しかった。音楽にド素人の筆者にとっては、特にこの二人の専門的、技術的な感想や解説は大変参考になった。

話は前後するが、本選で会った本誌編集部の田中夕子さんが、「コンクールってやみつきになりそうです」と興奮した面持ちで一言。実際この感想は、その雰囲気を経験した人でないと分からないだろう。そして、本選で最も楽しめるのは実は予選を聴いてきた人たちなのである。各予選が終わるごとに文字通りふるいにかけられ、勝ち抜いた人たちが残っていくのを、翌日ホールの前広場に掲示される名前を見ながら、自分の判断や評価と比較して一喜一憂するようになれば、もう立派なコンクールファンである。

こうして一次予選の通過者は四十二名から二十名（日本人四名）になり、二次予選通過者は十三名（日本人三名）、そして三次予選通過者、つまり本選出場者は五名に絞られたのであった。

ところで、私たち三人にとってカニ・アリという幻のごとき出場者がいた。東京生まれ、武蔵野音大出身、一九九〇年のワルシャワショパンコンクール出場、現在ミュンヘン音大でオピッツに師事という二十八歳のお嬢さん、写真ではどう見ても日本人である。このカニ・アリさん、一次突破、二次突破、三次突破と、とうとう本選出場という健闘ぶりだったのだが、彼女の出場時刻や私たちの都合で、三人共ついに一度も予選の演奏が聴けず、予選を突破してゆくたびに「このカニ・アリって、一体何者だろう。この人本当に日本人だよね」と、この幻のピアニストへの関心が高まるばかりだった。可児亜理と書くのを知ったのは、本選後であった。

［予選でのこと②］

予選で実際に聴いた出場者たちへの筆者の感想や、ロシア人出場者へのロシア「軍団」の激しい応援〈演奏終了とともにブラヴォーブラヴォーの喝采《かっさい》、そして舞台上のテレビもフロアの軍団もサッと引き揚げる態度は決して快いものではなかった〉、あるいは審査員の評価のエピソードなど、どれも忘れ難いが、ここではそれらを割愛して、今回のコンクール全体を通して最も忘れることのできない、五月女《さおとめ》慧《けい》をめぐるハプニングを紹介しておきたい。実際、このハプニングは感動的なドラマそのものであった。

一九八六年、十一歳の時にパリに移り、イヴォンヌ・ロリオ・メシアン夫人とミッシェル・ベロフに師事。九〇年、十五歳でクロード・カーンコンクール一位、九三年パリ国立高等音楽院コンクール一位でこの年はや、同学院を卒業した埼玉県出身の五月女慧が、二次予選でショパンのスケルツォを実に自然に美しく、見事に弾いていたときのことである。例のブロッホが自分の楽譜を盛んにめくり始め、ゴソゴソしていると思ったら、とうとう中央のカイザー委員長のところに来て、何やら耳打ちをし始めたではないか。演奏に聴き入っていた左隣のアルゲリッチが思わず顔をしかめて「シーッ」と制したほどだ。ところがカイザーまでが立ち上がり、舞台の下まで来ると五月女に演奏を中止させたのである。審査員が集まり協議を始める。

　聴衆は、一体何事が起こったのかと固唾を飲んで成り行きを見守る。そのうち、誰からともなく曲目を間違えたらしいというささやきが出始めた。その通りであった。ショパンの選択曲の一つ、スケルツォは、第1番のロ短調（hモル）なのに、第二番の変ロ短調（bモル）を弾いていたのである。

　後日談だが、今年の春、パリの五月女宅で彼女に会ったとき、このときの思い違いの理由を聞いたが、本人にとっては苦い思い出であり、恥ずかしさの気持ちもあってか答えてくれなかった。

審査員の協議の過程で、譜面を見ても良いから第一番を弾かせようということになり、フロアにいた出場者の秋葉芳美さんが急きょ譜めくりのために、いったん舞台に呼び出された。

　後日彼女は言う。

「慧さんたら、自分の一大事のときなのに『私のことでご迷惑をかけてすみません』って謝るのよ。自分の大変な状態を二の次にして、他人のことを思いやるこの若いピアニストに本当に感心し、感激してしまった」と。

　譜面を見ての演奏はしかし、すぐに撤回された。コンクールの要項には暗譜で弾くこと、とあったからだ。再び協議が始まった。会場は緊張に包まれ、固唾を飲んでカイザーの発表を待つ。

　普通なら失格になってもやむを得ないところだろう。だが、カイザーの発表は思いもよらぬものであった。彼は中止の理由を説明した後で、「五月女さんに十分間の練習時間を与え、ショパンのバラード一番を弾いてもらいます」と言ったのだ。

　ほとんどの審査員にとってはスケルツォが一番だろうと二番であろうと大した違いはなかったのである。引きつける演奏だったからこそ、そのまま弾かせていたとも考えられる。だが、規則は規則だ。その意味でブロッホの態度は審査員として正しかったし、形の上で審査員たちの立場を守ったといえよう。

それではなぜ、すぐに失格とならなかったのか。後刻、審査員から聞いたところによると、一次予選、二次予選の彼女の演奏には優れた才能が見られ、このまま失格にしてしまうのは惜しい。もう少し聴いてみようということになったというのである。なんという素晴らしい審査員たちであろうか。聴衆はこの異例の処置に驚くとともに大拍手である。

そして十分が経った。会場全体は好奇心と期待と異常な関心とでいやがうえにも興奮が高まる。普通、審査員は個々の出場者に対して、好悪のごとき感情や何らかの意思表示をしてはならないのが常識だ。だが彼女が地下室の練習場から舞台に姿を現したとき、なんと審査員達は笑顔で、しかも拍手をもって迎えたのだ。これほどに意義深い拍手があったろうか。そして五月女はなんと七年前に弾いたというこのバラード一番を、ところどころミスはあったもののポイントを押さえ、見事に暗譜で弾き切ったのである。大した才能である。しかも、その演奏はみずみずしい音楽性にあふれていたということで、審査員はセミファイナルに通したのである。

この日が終わったとき、アルゲリッチが杉谷に「ショウコは今日、ケイのために泣いていたでしょ」と話しているのを耳にした。ロシア青年イリサフスキーの天才性を見抜き、お金がないために毎晩バーでピアノを弾いてお金を稼がねばならない彼のために、どうしてあげたらよいかと、一睡もせずに考えていたというアルゲリッチならではの影ながらの洞察である。こういう純粋で率直な彼女たちが、心を開いて親しくなったのも、もっともという気がする。

五月女は述懐する。地下室の練習場で意気消沈し、途方に暮れていたとき、そこにやってきて肩を優しく抱いて「ガンバルのよ」と励ましてくださった杉谷先生の言葉に勇気づけられました、と。

五月女が小さい頃、パリでのアルゲリッチの演奏会に、先生のミッシェル・ベロフに連れていかれ、楽屋で「これがぼくの生徒のケイ」と紹介されたことをアルゲリッチが覚えているかどうかは分からない。ただ今回、五月女の先生がベロフとあるのを見て、かつて彼とはきわめて親しい間柄であった彼女は、何か思ったろうか。

十九歳のこの若い、名前の通り聡明で、チャーミングなピアニストに対して、私たちが一層親近感をもったのは、彼女が小学校三年生から五年生までアブダビ日本人学校に通っていたことであり、しかも父親がその学校の派遣教員であったことである。五月女幸雄氏は慧さんがパリに出たときから、教員を辞め、現在もフランスで画家として活躍中である。

三次予選に入ったもう一人の日本人の紫垣《しがき》英二は福岡県出身で東京藝大卒後、九二年からブダペストのフランツ・リスト音楽院で学んでおり、九三年にはツヴィッカウのロベルト・シューマンコンクールで、二位を獲得しているが、今回は五月女やイリサフスキーなどとともに残念ながら本選には進めなかった。

けれども「三次まで来られたのでディプロームがもらえ、次回の申し込みでは書類審査が免除されるからありがたいです」と素直に語るこの青年に好感を覚え、「必ずまた来てくださいよ」と言わずにいられなかった。

［本選でのこと］

五月三十日（月）十九時、快晴のもと、トーンハレに多数の聴衆を集めて本選が始まった。シェーファー夫人がアシュケナージを含めた八名の審査員を紹介。ヨハネス・ラウ首相は、一週間前に行われたドイツ連邦大統領の選挙で残念ながら選出されなかったが、このような世界的に著名な審査員たちからなるこのコンクールの後援者になることができて大変うれしいとあいさつし、同首相贔屓《ひいき》の多い聴衆から盛んな拍手を受けた。カイザー委員長によるあいさつと、曲目解説が長くなり、演奏が始まったのは二十時近く。五名の演奏順とピアノ協奏曲は以下の通り。

①ヴェセリン・スターネフ（二十九歳、ブルガリア）、ブラームス第一番
②アンナ・グーラリ（二十二歳、ロシア）、ベートーヴェン第三番
③可児亜理（前述）、ショパン第二番
④アレクセイ・ボトヴィノフ（三十歳、ウクライナ）ブラームス第一番
⑤レフ・ヴィノクーア（二十四歳、ロシア）、メンデルスゾーン第二番

会場には出場者の国の総領事も招待されており、稲川照芳総領事は、審査結果の発表後も午前二時過ぎまで残られ、可児、五月女、紫垣の三名をねぎらい、激励されていらした。

最初の演奏者、スターネフでは本人のピアノも伴奏のオーケストラも驚いたことに両方とも音が鳴らず、みな不思議がるばかりだった。当コンクールの出場者たちはすでにほかの何らかの内外のコンクールに優勝しており、勉学中の立場であっても、実際に演奏活動をしているコンサートピアニストたちである。その意味で、今回伴奏を受け持った学生主体のオーケストラの採用は、主催者側にとって次回の反省材料になったようだ。

五人目のヴィノクーアの演奏が終わったのは午前〇時である。その後の審査がもめたらしい。待てども待てども結果が出ないのである。

一時間半以上も経った一時四十分になって、ようやく発表、表彰式となった。舞台には八名の審査員と第三次予選者（セミファイナリスト）の全十三名が座る。一位はグーラリ、二位はヴィノクーアとボトヴィノフが分け合い、三位はなしである。

その後は舞台上は人、人、人でごった返しである。そんな大混雑の中で筆者を見つけたアルゲリッチが「あなただれが一番良かったと思う？」と聞くのだ。「ヴィノクーア」と言ったら、口をへの字に曲げて肩をすくめた。オヤ、マルタと感覚が違ったか。とすると理性的でほとんど非の打ち所のない、最も優等生的な演奏をしてきたアンナをよしとしたのかと思った。

その後、長いことそう思っていた。しばらくして審査が長引いた理由の一つに、一位なしを主張する審査員たちがいて、意見をまとめるのに時間がかかったということが耳に入ってきた。

この真相を聞かされたのは今年に入ってからである。マルタも昭子もカドフも、一位該当者なしを主張して譲らず、納得してもらうのに大変だったというのである。この評価を下したのは、たまたま女性三名だったのであるが、もちろん申し合わせた話ではないことは言うまでもない。彼女たちが一位としての音楽的才能を認めたのは、実は感性的に素晴らしい演奏をしたヴィノクーアだったのである。だが、本選で彼の演奏したメンデルスゾーンの第二番のコンチェルトは惜しいことにミスが多過ぎた。だから一位には推せないというのであった。

かくして第一回目のこのコンクールは終わった。審査員たちによれば、今回の出場者のレベルは非常に高かったということである。

一九九七年の二回目にはどのような逸材が来るか、いまから楽しみである。

杉谷昭子 与えられたチャンスを活かす

『ライニシェ ポスト』紙一九八一年三月十一日付

ＮＤＲ（北ドイツ放送）交響楽団のヨーロッパ演奏旅行は不幸な星の下にあった、という事を大した事ではないように言われるかも知れない。しかしこの旅行はむしろ真っ暗な不幸に伴われていたのである。彼らがパリ公演を終わった時、このハンブルクのオケの主任指揮者、クラウス・テンシュテットは虚脱状態に陥ってしまい、残りの演奏会は中止になったのである。そこで次のアムステルダムでテンシュテットのプログラムを短時間のうちに引き受けたキリル・コンドラシンは、このオケをアムステルダムで演奏した後死んでしまうのである。そのような不吉な連鎖のもとで3人目の指揮者が見つかり、用意が出来たと表明する事は殆ど奇跡と呼ぶに値する。スウェーデン生まれでシュターツカペレ・ドレースデンで数年来指揮をしていたヘルベルト・ブロムシュテットがデュッセルドルフのトーンハレでの演奏会を救ったのであった。しかしプログラムは言うまでも無く時間ぎりぎりで変更せざるを得なかった。即ちマーラーの第1番はシューベルトのハ長調シンフォニーによって置き換えられ、モーツァルトのシンフォニーＫＶ３１８は取りやめ、そして唯一、ベートーヴェンの第3番ピアノコンチェルトはそのままで、多分それ故にデュッセルドルフではすでに良く知られた日本の女性ピアニスト杉谷昭子は、彼女のそれまでの功績で得たチャンスを失う事はなかった。

トーンハレに登場する前に集中的な追加の練習をする骨折りを引き受けたＮＤＲ交響楽団の音楽家たちは、ここで賞賛の特別な言葉を受けるのは当然である。シューベルトの第9シンフォニー（ハ長調）は緊張をはらんだ、華々しい解釈、演奏を経験した。その演奏にあっては懸命の骨折りの全ての痕跡が、感銘深い自発性によって音楽する中で取り上げられており、そのことは演奏家たちの名人気質と、芸術上の倫理観に感謝すべきものである。

ブロムシュテットのシューベルト解釈は夢見るような滞留を許さず優しい田園詩を閉め出す。彼は交響曲の出来事を、重量感のある対比、葛藤に満ちた展開、輝くばかりに過度な賛美を伴った、良く響くドラマとして捉える。そのために彼の解釈は、切迫したテンポ、色彩感の強いコントラスト、そして力強く堂々と身構えたダイナミックな高まりを通してはっきり示される。その際ブロムシュテットの演奏は不意に強めて行く事や激しい強行を避ける。なぜなら広々としたパースペクティーヴ（展望）の中で発展する事が、形全体に対するしっかりした感覚によって説得されるからである。

ベートーヴェンのハ短調コンチェルトの再現では、この説得力のある成果には達していない。それは思うに指揮者は、彼の楽団員たちと十分に意思の疎通を行う事が出来ていなかったからでもあろう。いずれにしてもオーケストラパートはときどき表現が乏しく精彩に欠けたままで、それだけに均衡の取れていないアクセント付けは困惑させる印象を与えた。ブロムシュテットはこのアクセント付けは、ベートーヴェンの音楽に特徴的な音楽的特性に責があると思っている。

杉谷昭子は広範囲に亘って自分自身の立場に立ち、先ず第一に毅然とした態度を示さねばならなかった。彼女が負担となる短い練習時間にもかかわらず自分のパートを…左手に見られた幾つかのむらは別として…確実に目的にもたらしただけではなく、努めて造形的なプロフィールを与える事が出来たのは彼女の集中力を物語っている。この日本の女性ピアニストが如何に天分豊かで感覚の繊細な芸術家であるかは、とりわけ中間楽章（第2楽章）で示したが、そこのホ長調のカンティレーナ（抒情的歌謡的メロディ）を彼女は魂の籠った抑制をもって歌い始め、そして響き止（や）ませた。杉谷昭子はショパンのアンコール曲でも、表情に富んだ音の出し方と熟成された形式感と、上演への心地よく洗練されたセンスを示して別れを告げたのであった。

トーンハレでのＮＤＲ（北ドイツ放送局）交響楽団の特別演奏会は客の入りは多くはなかった。来場者は不幸な事情によって左右された最初の失望をすぐに乗り越えて、ソリスト、指揮者、ハンブルクからの来訪者たちに心からの拍手喝采をしたのであった。（ハンス・フーベルト・シーッファー　翻訳　岡田裕）

１９９３年 クラウディオ・クリスマーニ演奏会私感 〜「ブーイングの背景」〜

（以下の私感は１９９３年12月25日にデュッセルドルフで書かれたものであるが、２０１３年7月に手書き原稿をワープロ清書した。文中の「追記」は清書の時のもの。初めに彼の地で大きい日刊紙「ライニシェ・ポスト」掲載の批評の原文と和訳を載せる。）（後記・原文は省略）

「ライニシェ・ポスト」紙、１９９３年12月11日（土）付「デュッセルドルフ文芸欄」から。クラウディオ・クリスマーニ　ピアノリサイタル

（訳注：１９９３年12月9日(木) 於、トーンハレ：曲目：Pierre Boulez:Klaviersonate Nr.3 (1957), Alexander Skrjabin:Klaviersonate Nr.3 Fis-Dur op.23, Frédéric Chopin:2 Polonaisen op.26-1, 2, 2 Nocturnes op.48-1, 2, Franz Liszt:Konzertparaphrase über Wagners Tannhäuser-Ouvertüre）

[誤った処置]（Fehlgriffe）

（批評：ハンス・フーベルト・シーッファー）

ブーレーズのピアノソナタ３番をプログラムに載せるピアニストは、とりわけ保守的な曲に耳慣れてきた多数を占めるマイスターコンツェルトにあっては勇気を示すものだ。クラウディオ・クリスマーニはハイナースドルフ・シリーズの第６回目の夕べでこの勇気を示し、そしてそのことに対しては褒め称えてよいものであった。

１９５７年に作曲されたこの作品が、もつれて解きほぐせない構成にも拘らず、また作曲者の考えを追体験出来ない形式にも拘らず、それでも好意的に受け入れられたのはこのイタリア人ピアニストの演奏方法のお蔭であった。彼は著しく多彩なタッチを総動員し、この作品の官能的な側面を際立たせた。そのためこの作品はドビュッシーの遺作と関係があると思われたほどである。

一体このような作品をどのようにして暗譜することが出来るのだろうか！　更にこのソナタで要求されるフィンガーテクニックの難しさを難なく克服してしまう人間なら、リストでも何の問題もないだろうと推測された、が、最後の曲用に置かれたリストのヴァーグナー曲「タンホ

イザー」序曲への演奏会用パラフレーズ（敷衍）は脅《おびやか》されたのである。

アレクサンダー・スクリァビンのピアノソナタ第3番嬰ヘ短調（訳注：長調の誤記）も、クリスマーニは一聴に値する演奏でやり抜いた。即ち確固たる輪郭と細部まで明確に描きあげられたラインでである、が、他方ではまた余りにも駆り立てられ余りにも緊密で、そして何よりも音量のレベルで余りにも大きい痕跡が常に見られたことである。このことはまたしても最後のリストに対する危惧の念を抱かせるものであった。

ここでは繰り返しリストが話題になっているが、当夜の中心にはショパンの作品、即ち2つのポロネーズと2つのノクターンが置かれていた。そしてここでこのピアニストに対して判定が下されたのである。なぜならクリスマーニはその演奏が中傷に等しいほどに無理解で粗野で下品な演奏をしたからである。

それからついにリストが来た、が、演奏されたのは「タンホイザー」の序曲ではなく、尚も悪い事には「夕星の歌（おお我が優しき夕べの星よ）」からと「歌い手たちのヴァルトブルク入場行進」からの編曲であったことだ。それが崩壊となった。批評家である私はクリスマーニを更に打ちのめす気には到底ならない。自分には悪い処は明らかに何も無いと感じているこのイタリア人は、聴衆の反応を通して既に十分に貶め《おとしめ》られたからである。ブーイングの共同戦線が形作られ、答礼を行う間も待つことなく憤慨した聴衆がピアニストに背を向けて見捨てたようなことはマイスターコンサートでは一度として経験したことはない。

私はこれまで日本とヨーロッパで35年近く（1993年末時点で）数多くの演奏会に足を運んできた。それらの中には失望させられたり期待を裏切られたり、時には腹の立つ演奏ももちろんあった。憤懣《ふんまん》の余りブーイングをしようかと思った演奏も20数年間の間には2〜3ある。しかし本気で勇気を出して、ブーイングを実力行使して「あなたの演奏は良くない」と聴く側の意思表示を行ったのは今回が生まれて初めてである。

「良い演奏」「悪い演奏」の判断は言うまでもなく主観に基づいている。百人百様の受け止め方がある。私がヒドイ演奏だと思っても隣人はブラーヴォを叫ぶ場合だってある。今回のクリスマーニの結果は単に演奏スタイルの好き嫌いや演奏の良し悪《あ》しに対する主観的な判断だけによるものではないと思う。彼の基本姿勢、というか基本的態度に対する、聴衆の多くの主観の共通性という客観的な要素があったと思う。シーッファー氏が一寸言及した保守的な聴衆、という問題ではない。

（イタリアの）トリエスト生まれのクリスマーニの名前は私には初めてであった。演奏前に目を通した略歴によると、ポゴレリッチやシモン・バルトと同じ「現代ピアニズム」の分野を得意とし、技術的に高度に発展したピアノという楽器の響きを十分に意識した演奏を行う若手の一人とあるので、第1部のブーレーズやスクリャービンは面白い、良い演奏が聴けるだろうということは初めから予想できた。そして実際にもなかなか聴かせる演奏をしたようであった。

「ようであった」というのは、私は不謹慎ながらそれまでの寝不足から、第1部のほとんどはウトウトしながら聴いたのでとても評価出来ないからである。もっとも「ライニシェ・ポスト」のシーッファー氏の批評を読むと、それでもウトウトの合間に正気に返って聴いた時の印象とほとんど一致していたので我が感覚も満更ではないと思ったものである。実際、第1部の演奏は実に心地良かったのだ。随分大きな音の出せるピアニストだなと驚いたものの、その大音量もマア現代音楽という観点からの解釈から見ればその存在場所もあるのかも知れない、と大目に考える事も出来た。

第1部、第2部を通しての全体の演奏とその結果については全てシーッファー氏の述べている通りなのでそれ以上同じことを繰り返す事は避ける（リストへの予感のことも私は全く同様だった。つまりあの音量でリストを弾いたらどうなるのだろうという不安である）。

第2部に入ってのショパンをこのピアニストはどの様に処理するか大いに興味があったので鍵盤の見える、2階の最上階の空席に移って聴いた。音響的には救いようのないミゼラブルなこのトーンハレでは、2階の正面の最上階辺りがまだ良いのだ。トーンハレのミゼラブルな音響が私の頭の中で一気に顕在化したのはアムステルダムのコンセルトヘボウで演奏を聴いてからである。あの柔らかい音を聴いてからは、トーンハレの天上から反響してくるピアノのカタカタという音はもとより音全体が硬くてとても心安らかに聴く気にならなくなってしまった。

（以下追記）以前音楽雑誌で「世界3大ホール」と言う特集を読んだことがある。世界の多くのホールから何を以て3ホールを選んだのかその根拠が書かれていたか覚えていない。音響効果〈Akustik〉なのか、音質なのか、ホール全体の品格なのか、それとも主観的な根拠不在の思いなしなのかよく分からない。いずれにしてもそこにはヴィーンの楽友協会〈Musikverein〉ホール、アムステルダムのコンセルトヘボウ、北米ボストンのシンフォニーホールとあった。それでこの3ホールを実際に聴いた私の個人的感想は、ヴィーンとボストンは音響でも音質でも同格のように思えたが、コンセルトヘボウは別格であった。あの柔らかな音響と音質は最初の1音が響いてきただけで一気に陶然となってしまう。何回経験してもこのホールはそうであった。特に大ホールが顕著であった。3ホールとも現代大流行《はやり》のワインヤードスタイルではないシューボックススタイル、所謂《いわゆる》平土間形式である。現代方式ではない、何か計算では割り出せない要素が平土間形式にあるのかも知れない。それにしても楽友協会にしてもボストンにしても本来は高価なパルケット床板の色褪せて黒ずんだ色と、みすぼらしく古臭くなった床板が今でも目に焼き付いている。（以上追記）

　閑話休題、以下は私ごととの関連での感想である。

ポロネーズ作品26の1はポーランドのピアニスト、我がレギーナ・スメンヂャンカの演奏が頭の中に叩き込まれている。……余談だが12月20日（月）だったろうか、出勤時の朝7時40分頃、カーラジオでWDR3を聴いていた時、パデレフスキーのピアノとオーケストラの曲が終り、ピアノがレギーナ・スメンヂャンカと聞いてウワーと声をあげた。1969年秋からドイツに住んで以来西ドイツのメディアで彼女の名前を耳にしたのはこれが初めてであった。……このピアニストとは1966年の2月下旬から5月下旬の離日までの約3か月間、冬の北海道から春の四国まで、4月の1週間を除き、何せ朝から夜まで通訳として付き合ったのだ。クラシック音楽の外来演奏家で3か月もの間長期滞在し、日本で30回以上の演奏会を持ったのは恐らくスメンヂャンカが記録保持者ではないかと思う。「我がスメンヂャンカ」と呼ぶ謂《いわ》れである。このポロネーズは20回前後のプログラムの中に入っていた。

　聴く人に何とも言えない懐かしさを抱かせるショパン独特のニュアンスや節回し（ちょうど日本の小節《こぶし》の様なものだ）を私は彼女の練習や本番を通して不知不識《しらずしらず》の内に身につけた。ショパンを聴く時、それは実に貴重な財産となっている。

ノクターン作品48の1は、杉谷昭子が今年（1993）8月に東京FMホールでのリサイタル（9月17日）を前に同会場での写真撮影を兼ねて弾いたプローベのテープが送られてきて聴いて以来、この曲は彼のノクターンの中の傑作であると認識させられるようになった。全曲を通して流れるやや悲劇的な調子のABA'はバラード風に処理されていてドラマティックであるが、主題提示部は静けさや慰めの感じの中にしっかりした意識が見られる。それは将に夜の静けさだ。そして中間部では嵐のような激情とともに次第に高潮して行く音楽は、夜に抱く感情の動きかと見紛《みまが》う程に強烈に脳裏に焼き付くものだ。杉谷のショパンはスメンギャンカやアンドレイ・チャイコフスキーやツィマーマン等の共通に示す「ショパンらしさ」のニュアンスや節回しに欠ける所があり、言ってみればドイツ古典派の音楽の様に理知的なのだが、感情表出としての音楽の観点から見た時、静かな内面性から次第に高潮して激情に高まって行く演奏は、ショパンに限らずベートーヴェンでもブラームスでもシューマンでも他の演奏家には余りないもので、この人の感性の豊かさと燃える事には内心舌を巻く。感情の起伏の激しい人間でなければあの様には率直には表出されないだろうと思う（追記：2013年、70歳の杉谷の演奏ではこの激しい感情の表出は聊《いささ》か影を潜めたが、その代わり「ディアベリ」の様に自由闊達な面白さが出てきて聴くのが楽しい世界になってきたと思う）。

当夜のショパンについては上記のような背景がある。それ故に現代音楽を得意とするクリスマーニがどの様にアプローチするか甚だ興味があったのだ。だが何と言う解釈であったことか！　シーッファー氏は「中傷に近いほどに無理解でガサツで下品な演奏」と評している。私も全くその通りだと思う。それはリストにしても同様であった。

それでは一体何故その様な演奏になったのだろうか。彼の演奏を聴きながら主として3つの理由が考えられた。そしてそれを概観することがサブタイトルの「ブーイングの背景」の説明になろう。

＊一つにはブーレーズ等の難解、というか取っ付き難《にく》い現代曲を難なく、完璧に弾けるというテクニックに対する絶対的な自信。

＊二つには大音量を出せるという自信。確かにピアノの生演奏であれだけの大音量を出せるピアニストに遭ったのは初めてだ。他のピアニストとは基本的に違う何かを持っていることは確かである。

＊三つには現代音楽的な観点からの、独自の解釈に対する自信、こんな処ではないかと思う。

恐らくはこういった自信に基づいて、イライラさせる程のもったいぶったスローテンポで始め、例の中間部ではガンガン鳴らすばかり。リストでは余りの音量のために音が割れてしまう。

それでも、と思う。もったいぶったテンポでも良い、ガンガンのショパンでも良い、それが「現代音楽としてのショパン」という「解釈」から導かれたものであれば、それはあなたの「解釈」なのだから仮令《たとい》私には気に入らなくてもあなたを認めましょう、と。

だがクリスマーニの「解釈」は中途半端だったのだ。シーッファー氏は「無理解」（verständnislos）と言っており、それはそれで当っているのだが、私に言わせればこの無理解の度合いを徹底させたらよかったのではないかと思う（もっともこうしたところで保守的な聴衆からのブーイングは一層避けられなかったであろう）。つまりはショパンのポロネーズやノクターンを「現代風」に、抽象化の徹底を図ればそれはそれで「面白く」「一聴に値する」ものとなったのではなかったか。それはちょうど一本の樹木の本質を描くために構成上、属性を全て捨象して行って、遂には日本の障子の桟《さん》の様な縦横の線と局部的な色彩に抽象されたモンドリアンやカンディンスキーの絵の様にである。

それならポロネーズの現代音楽的解釈として存在価値も出たかも知れない。

しかしその場合それでも問題は残る。曰く「ショパン」という作曲者の名前だ。百人百様の解釈による演奏でも全て「ショパンのポロネーズ」と呼ばれる。ならばモンドリアン風の抽象音楽としての解釈も「ショパンのポロネーズ」と呼んでよいのか、という作曲者と再現演奏家の間に横たわる基本的な厄介な問題だ。この問題はこの私感を書くに当って初めから意識していた私のバッソオスティナート（通奏低音）である。

例えば一音一音の音符の時間的な長さには絶対的な基準は無かろう。メトロノームなど論外である（もっともベートーヴェンがメルツェルによって発明されたこの機械に興味を示して自分の思うテンポ量を記載したことで、この作曲者の凡その考えは分るかもしれないが）。時間空間に制約される現象の世界は全て相対的である。これも良いしあれも良い世界なのだ。２＋３＝５の５と９－４

＝５の同一性は観念の世界だ。ならば独自の演奏解釈の結果、原曲にある音符を省いたり、逆に付け足したりしてはいけないのか。そうなったものを人は「編曲」と呼ぶだろう。

そうだ編曲だ！

クリスマーニの今回の悲劇はもしかすると「ショパン作曲、クリスマーニ編曲」と思い切って堂々とプログラムに書く、そこまでは潔《いさぎよ》しとしない、あるいはそこまでラディカルにはなれないクリスマーニの「保守的」な態度によるものだったのかも知れない。だから彼は原曲の音符を省いたり付け足したりせずに、少なくとも楽譜に「忠実に」（彼なりにである）弾いたのだ。

「編曲」という考えに至ってすぐに思うのは、編曲の王者《おうじゃ》というか妄者《もうじゃ》（猛者《もさ》）と呼んでよいリストでありブゾーニだ。この二人、今夜の演奏と係わりがあるのは偶然だろうか。リスト編曲によるワーグナーは今夜のタンホイザーで充分だ。ブゾーニの編曲で直ぐに思い浮かべるのはバッハのシャコンヌだ。私はこの曲を「バッハの」シャコンヌとしては聴かない。これはバッハのシャコンヌとは全く別物として頭を切り替えて聴かねばならない代物《しろもの》だ。無伴奏のヴァイオリンのために作られたバッハの高邁《こうまい》、高雅な音楽はブゾーニによって楽器の女王であるピアノの特性を最大限に発揮できる様に新しく作り直されたショウウインドウそのものに置き換えられた。ただ私は「置き換えられた」とは言っても「堕落」させられた、という価値判断は下さない。ブゾーニ「編曲」のあの曲は、あれはあれで一つの新しいピアノ曲として見た時、仲々聴かせる面を沢山有しているからである。返す返すも残念なのは「バッハ作曲」というタイトルだ。高邁、高雅、高貴な精神性に打たれる原曲を作ったのがバッハである以上、イタリア人ブゾーニの絢爛豪華な編曲をドイツ人がほとんど演奏しようとしないのも良く分るのである。ブゾーニは矢張り問題児なのだ。

そしてこのクリスマーニが生地トリエストで師事したアレッサンドロ・コンスタンティニデスと、ワルシャワで学んだマルガリータ・カズーロ、この二人が何とフェルッチョ・ブゾーニ自身とエゴン・ペトリの生徒であり、しかもこのペトリ自身、１９２０年代のベルリンでブゾーニの愛弟子であったというのだ。

クリスマーニの演奏を分析してきてブゾーニに至った結果、驚くべきことに両者の結びつきが円環的に出てきて了《しま》った。曲者《くせもの》のブゾーニの影響を強く受けているに相違ないピアニストの演奏となれば凡《およ》そは想像がつこうというものである。音楽観もピアニズムも音量についてもである。

　ブゾーニの言わば孫弟子であるクリスマーニは、卓越したフィンガーテクニックと、大音量発生の力量を身に付けていながら徹底した編曲を行わなかった。もちろんこれは私の勝手な考えであって、彼自身はショパンやリストの解釈に際して中途半端なのか、徹底した結果としての解釈なのか分らなかったのではないだろうか。

　舞台に立つ人間は自分の技量や才能を自信を以て聴衆や観客に披露する。鑑賞者に披露するのは芸術と呼ばれる世界に存する美であろう。「美」そのものを追い求め、その世界に浸り切る事を以て満足する芸術家は芸術至上主義者として離れ小島で一人「真、美」の世界に浸《ひた》ればよい。それはそれで彼にとって幸福な事だ。

　しかしそうではなく自由意志を以て聴衆や観衆の前に姿を見せて了《しま》った芸術家は、その行為ゆえに芸術至上主義とは無縁となり、聴衆（鑑賞者）との共感を経験することに己《おの》が存在価値を見出すのだ、と考えて良いだろう。舞台に立つ者の最大の悦び＝存在価値と報酬は聴衆との一体感を経験することにあるのであって、舞台者からの一方的な主張や押し付け、一方通行では真の歓びは生まれまい。

　これまでに足を運んできた演奏会にはもちろん演奏者との一体感や感動を経験出来たとは言えない演奏も少なくはない。

（以下追記）上で言及した芸術至上主義者について私は狭い範囲ながらその存在を認めていた。私の頭の中には例えばバルザックの『知られざる傑作』のこともあっただけではなく、鑑賞者不在の芸術作品は無意味である、存在しないに等しい、といういわばプラグマティズム的な考えに全面的に与《くみ》するにはどうしても引っかかってしまうからであった。

　あれから20年経った今もこの考えは変わっていない。世の中全てが現実社会、現象界の枠内だけで存在価値が計られるとしたら功利主義《プラグマティズム》につながり、人格を目的として接する態度は否定されて人格を手段として扱う考えが跋扈《ばっこ》する社会の暗部に陥《おちい》ると思うからである。イデアリスムスは残しておかねばならないと思う。（以上追記）。

　クリスマーニの救い難《がた》かった点は、上述の３つの要素をテコにして、その中途半端な解釈を聴衆が耐えられないまでにこれでもかこれでもかと強制して来た点にある。シーッファー氏の言う様に彼は悪いことは何もしていないと思っていたであろう。仮令《たとい》そうであったとしても、彼の一方的な強制演奏に絶え難い思いをさせられた私は極めて通俗的だがこの演奏会ほど「高い入場料を返せ！」と内心思い続けたことはない。それが実際には不可能である以上、そして彼が（音量のコントロールミスも含めて）自分の解釈を主張してくる以上、聴衆の一人として私のプロテストの意思を明確に主張するのがイーヴンの立場ではないかと思うようになった。

　もしあなたが自分は悪いことは何もしていないと純真に思っているのであれば、少なくとも私は（そして多分、私と思いを同じくしているであろう聴衆の何人かは）そうは思わない、あなたの演奏には、卓越したフィンガーテクニックと大音量と現代音楽的解釈が出来るという自信を楯《たて》にした、聴衆への配慮不足の思い上がりが感ぜられるのです、あなたはそれに気付くべきなのです、と。言うまでもないがそれは聴衆に阿《おもね》る事を求めるものではない。

　ポロネーズの一曲目が終ると幾らかの聴衆が席を立った。ノクターンが終ってからはゾロゾロ去り始めた。リストまで残った聴衆はいつもの様に拍手をし始めたが、そのうち1階のパルケット席からも2階のラング席からも恐らくは私と同じ気持ちであったのであろう、今回ばかりは聴衆として明確な批判の意志表示をしないではいられないブーイングの声が拍手を凌駕したのであった。

　彼のこの様な演奏に対して拍手をするとは一体何というお人好しなのだろう！　演奏家、舞台に立つ者は聴衆を甘く見てはいけない。不遜や思い上がりの態度は敏感に感じ取られてしまうのだ。

　それにしても、彼の他の演奏会の反応はどうなっているのだろうか。今回の様な演奏に対してブラーヴォで迎えられて来たのだろうか。だとすれば何と言う恥知らずの、あるいは無知無垢の聴衆だろうか。クリスマーニも招聘者のハイナースドルフも今回の結果を反省のよすがとするだろうか。

以上

第三章　追悼

ピティナとの出会い、そして今

秋葉暁子

昭和六十三年、当支部で、はじめてピティナの公開レッスンを開催しました。講師は杉谷昭子先生でした。先生は最初チャイコフスキーのピアノコンチェルトの序奏部を二通りの音色で弾かれ、私たちにどちらが美しいか判定を求められました。一回目は力任せの音でした。二回目はまるで宇宙へでも届くようなみずみずしい輝きのある音でした。この二つの音色の違い、つまり、奏法について話をされたり、課題曲を一曲づつ演奏され解説されました。先生の弾かれる音のなんと美しいことでしょう。このような音が出せるのは持って生まれた天性だと思っております。

当時、企画委員の先生の計らいで杉谷先生の講座を年間通して開講していただくことになりました。

講座はアルゲリッチ、ホロヴィッツ、グールドといったピアニストが優れた音楽性とともに卓越したテクニックを持つのは生まれつきの才能もさることながら、大変合理的なピアノ奏法を身につけているからに他ならない。けれども、こういった奏法は日本では『秘法』とされていたが、この『秘法』であるピアノ奏法を合理的に分析し、誰でも習得可能である、という前提に立って続けられました。

なんという幸運なことでしょう。今自分が直面し、どうして良いか分からなかった問題だっただけに、私は先生の奏法にのめり込んでいきました。初回の講座では打鍵するということは鍵盤を「押す」のではなく「はじく」ものだと言う原理から教わりました。美しい音を創る合理的奏法を見につけ少しでも美しい音に近づけたい一心で今日まで続けて来たように思います。

（あきば　きょうこ）
愛媛県松山支部　マドンナ・ステーション代表　ショパン国際ピアノコンクールin ＡＳＩＡ 組織委員　名誉評議員

あの頃

稲垣紀子

杉谷昭子さんと私は、高校3年生の時の同級生です。教室での座席は、出席番号順だったので、いつも前後でした。和歌山県下有数の進学校だったT高校での杉谷さんと私の成績は、芳しくありませんでした。

テスト前には、二人とも苦手な数学を、少しマシな私が杉谷さんに教え、英語は、少しマシな杉谷さんが私に教えてくれました。そのとき、杉谷さんに「もっと基礎から勉強した方がいいわよ」と言われ、「あんたがいうか？」と、カチンときたことを思い出します。

後の彼女からは想像もつかないほど寡黙で、ほとんどの人が彼女の声を聞いたことがないと言います。休憩時も外へは出ませんでした。机の上で指が動いていたのを見ましたが……。

体育学習は、指への悪影響を恐れてか、ほとんど見学し、体育祭、修学旅行も参加しませんでした。

ある朝、校門で見かけた杉谷さんは、お父様が自転車で運んできてくれた大きな荷物を当然のことのようにスッと取って校門の中へ消えて行きました。指や手が大切だからってそこまでする？　私は冷めた目で見送りました。

十年ほどたって、同窓会に現れた杉谷さんを見て、参会者は「あれ誰？」を連発しました。世界的なピアニストになった彼女は、青虫が蝶になったような変貌を遂げていました。私が見ていた高校時代の杉谷親子の様子は、ただひたむきにピアノに挑む彼女と、娘の夢を最大限に応援するご家族の姿だったのです。

その後、教職に就いた私に杉谷さんは、子どもたちのための「ボランティア出前演奏」を申し出てくれたのです。「未来ある子どもたちにピアノの美しさ、音楽のよさを知ってもらうのが私のもう一つの使命なの。あなたお世話して」と……。

出前演奏会は、実に県下85校にもおよび、私は、杉谷さんの生演奏を聴く子どもたちの目の輝きを忘れることができません。

杉谷昭子さん、素晴らしい沢山の思い出をどうもありがとう。

（いながきのりこ）
元小学校校長　杉谷昭子、和歌山
後援会事務局次長

和歌山後援会で売り上げた杉谷CDの売上金を、和歌山県知事の仁坂吉伸知事に寄付。
（2020/7/03　県知事室にて。）
稲垣 紀子さん（右から3人目）。

杉谷昭子先生との出会いから

稲原桂子

【出会い】お話の流れからいきなりベートーヴェン三大ソナタ演奏会熊本公演のお手伝いをすることになる。「ピアノは持ち込むから！」その言葉に当時の私はビックリ！　この演奏会から大ファンになる。

【初めてのレッスン】「南国ね、明るいわ！」ブラームス作品117を弾き終えた私への一言。それから「ドイツはね…」とお話をたくさんされた後弾かれたブラームスは当然だが別世界、衝撃的なスタートだった。

【２０００年驚きの連続】２月チェコフィル六重奏団熊本公演を主催。その時先生がお弾きになったドヴォルザークピアノ五重奏曲が忘れられない。６月ロシアでの演奏会出演、９月スロヴァキアでのセミナー。刺激的で思い出深い年だった。

【２００６年私の教室での講座&レッスン開始】杉谷先生の合理的ピアノ奏法を基に私達指導者が日頃使っているバッハやブルグミュラーなど1曲1曲丁寧にお話ししながら弾いて下さった。どんな質問にも真摯に受け答えをなさるご姿勢に深い学びをいただいた。

【２０１４年教室30周年記念演奏会】開催にあたりプリマ・ヴィスタ弦楽四重奏団をお招きできるようにお力添えいただき、特別ゲストとしてベートーヴェン大公トリオ第1楽章を演奏してくださった事は光栄の至りだった。

【２０１６年先生との共演】杉谷先生と渡辺まどかさんと私の三人での二台のピアノコンサート。ご体調も万全ではないのに全曲を共演して下さった忘れられないコンサート。

【感謝】たくさんの思い出は書き尽くせませんが、その一つ一つが私にとって大切な宝物であり先生へいくら感謝してもしきれません。長きにわたり辛抱強く愛と熱意をもってご指導いただいたピアニズムを大切にし、ひとつでも多くの事を伝えていけるようにこれからも精進していこうと思います。いつも杉谷先生へ語りつつ……。


（いなはら　けいこ）

熊本音楽短期大学卒業。94年より杉谷昭子氏に師事。全日本ピアノ指導者協会（ピティナ）正会員。ピティナ熊本南うきうきステーション代表。ヨーロッパ国際ピアノコンクール in Japan 審査員。

叱られて褒められて

岩田海希

ある夜、夢の中に昭子先生が降りてきてくださいました。私がピアノを弾いていると、私の背中から、私の腕にかぶさるようにして、ずっと一緒に弾いてくださったのです。何の曲か覚えていないのが残念ですが、そして言葉を交わすこともありませんでしたが、ただただ一緒に弾いてくださったのです。その息というか、呼吸が今も私の耳元に残っています。

昭子先生の私に対するレッスンは、いつも叱られるか褒められるかのどちらかという極端なものでした。叱られる時は何をやっても叱られ、褒められる時は涙を流して感動してくださいました。でも一番印象深いのは、昭子先生がお手本に弾いてくださると、その場が深淵なる空気に包まれ、時も空間も越えて、昭子先生の音の世界に全てが染められていくようで圧巻でした。録画をさせていただいたレッスンのビデオはいずれも宝物ですが、もっとたくさんの曲のレッスンを受けておきたかったと痛感しています。

特に思い出深いのは２０００年の暮れから２００１年の年明けに連れて行っていただいたサンクトペテルブルクへの音楽研修旅行です。その際、年末のコンサートに出していただいた時も、リハーサルでめちゃくちゃ叱られ、本番の後は瞳を潤ませて褒めてくださいました。ロシアでの想い出は全てが宝物、みんなで味わったウォッカやキャビアなど夢のように美味しくて楽しく、あっという間の2週間でした。飛行機の中でも人生経験と演奏との関わりについて深いお話をしてくださり、涙ながらに語ってくださったのを今でもよく覚えています。

これからもピアノを弾く時にはいつも、あの夢の中のように、私の肩から手先まで降りてきてくださったらいいな、そうしたら深淵な空気の中で昭子先生の呼吸を、音楽を感じながら演奏していきたいと思います。別の世界に行かれても、これからもご指導ください。親愛なる昭子先生へ。

（いわたみき）
国立音楽大学卒業。ピアノ演奏とともに指導者として活動している。

審査員控室にて

岩田晴幸

妻が杉谷昭子先生にピアノ指導を受けていたというご縁で、先生が創設されたヨーロッパ国際ピアノコンクール・イン・ジャパンの運営を手伝うようになりました。音楽については門外漢の私ですが、それでも先生から多くの薫陶を受けました。いま考えてみると先生の指導は「何をするにも心を大事にしろ」という点に集約していました。

ある日、杉谷先生が審査員控室に戻ってくるなり、いかにも不機嫌そうに「なんであんなに叩くのかわからない！」と嘆くのを見たことがあります。直前に聴いた演奏がヨーロッパでピアノの真髄に触れてきた先生にとって地雷を踏むような演奏だったのでしょう。ご存知のように杉谷先生はアン・デア・タステとハーフタッチに信念を持っているピアニストでした。鍵盤を思い切り叩きまくり、ミスタッチがなければそれでいいだろう！　と言わんばかりの演奏に対しては怒りや嘆きを強烈に表現されました。一流のピアニストは自分に対して厳しくあると同時に、後進に対しても厳しく接する姿が印象的でした。

杉谷先生は厳しいだけでなく、人情家でもありました。東京芸術センター天空劇場で審査が行われた雨の日のことです。

審査員控室は地上20階にありますが、驚いたことに窓の外に一羽の鷹がとまりました。窓の外には転落防止の手すりがあり、鷹はその上で風雨を避けています。審査員やスタッフが驚いて鷹を眺めていると、杉谷先生は「駒澤純が乗り移ってコンクールを見に来たに違いない」と涙ながらに言うのでした。窓辺に飛来した鷹を見て、コンクールを一緒に立ち上げた亡き駒澤氏のことを真っ先に思う姿。師弟愛か同志愛かわかりませんが、駒澤氏とコンクールに対する杉谷先生の人情のようなものを感じました。

　演奏家としてはもちろんのこと、審査委員長として後進の育成にあたる姿をもっともっと見たかったのですが、あまりにも早いご逝去、残念でした。

（いわたはるゆき）
１９５５年、東京都杉並区生まれ。１９９０年、株式会社アートプランニングを設立。主に広告の企画、制作を手がける。２０１７年よりヨーロッパ国際ピアノコンクールin Japan の運営に参加。

杉谷昭子先生の思い出

上野英房

『10月13日は、音楽ファンに長く記憶される日になるかもしれない。伊東市観光会館で開かれる「杉谷昭子とベルリンフィル五重奏団コンサート」である。杉谷さんは欧州を中心に活動を続けるピアニスト。数年前から伊東に縁ができ、たびたび訪れている。自らの体験や音楽の魅力を語る「音の宝石箱」はすでに4回を数えている。杉谷さんの飾り気ない人柄から、ファンクラブ結成の話が持ち上がり、その発足を記念して今回のコンサートが企画された（以下略）』

　以上は私が執筆した１９０９年10月6日付伊豆新聞1面コラム「朝の響」のさわりである。

　このコンサートは大成功。手探りで実現にこぎつけた齋藤真知子ファンクラブ会長達の満面の笑みが忘れられない。

　私と杉谷さんとのご縁は、夫君岡田裕さんを通じてだった。帰国し伊東に居を移したばかりの岡田さんが、当時私が担当した市民大学講座を受講された。意気投合し、杉谷さんを紹介された。「通訳として西独へ渡ったようなもの」、岡田さんから杉谷さんとのなれそめを伺ったことがある。ピアノ音痴な私のために岡田さんはいろいろな本を送ってくださった。スタインウェイ調律師・松永正行著「美音の架け橋」などである。もっと音を勉強して欲しいとの叱責だった、と反省している。

　２０１６年12月、川奈ホテルでの徳永二男さんとのコンサートが杉谷さんにお目にかかった最後になってしまった。もうすでに体調が悪かったはずなのに微塵も感じさせない迫力ある演奏だった。２０１９年5月8日逝去、新聞各紙の訃報記事は丁寧で温かく、杉谷さんの業績を最大限評価したものだった。

逝去後1カ月を経た6月、伊東市で偲ぶ会が催された。皆が熱い思い出を語りあった。杉谷さんが追求した音色は永遠に皆の胸に響き続ける、と改めて感じた。激動の欧州で活動を続けた杉谷さん、さまざまな角度からもっと取材しておくべきだったと後悔しきりである。

（うえのひでふさ）
元静岡新聞社取締役・伊豆新聞本社社長・ファンクラブin伊豆名誉会長

どってこちゃんとともに

江口園子

杉谷先生が広島に来てくださったのは調律師松永正行氏のご紹介とうかがっています。スタインウェイピアノを所蔵しておられる高橋高代先生のご自宅にて、帰国された杉谷先生を招かれ、文化学園大学の福間早苗先生と共に、勉強会を始められました。初めて参加させていただいた時のまさにピアノ人生が変わるほどの衝撃を忘れられません。呼吸の仕方、歌い方、ハーモニーの作り方など実に惜しげもなく伝授くださりさまざまな表現方法を示されました。数多く国内外の方と共演豊富な先生は、「あの時はこう弾いたけど、このときはこう要求されたのよ」という具合。先生の「合理的奏法の原理」と題してのお話（いつも海外経験を混ぜて）に始まりコンパクトハノン、ギロック、ソナチネ、平均律、ベートーヴェンソナタ、ブラームス連弾など、希望者が弾きアドバイス。最後に先生がレクチャーと共にお手本という流れでした。お昼はお弁当で先生は、どってこちゃんの口にお箸をたびたび近づけ音楽界の話をして下さいました。個人レッスンは、時にはホールで行われ、3年前の私のリサイタル（広島県民文化センター）の前には、すでに腰を痛めておられましたが本番さながら何時間も会場レッスンをしてくださいました。末筆になりましたが、もう一つ悲しい出来事が……。ヨーロッパコンクールの事務局として先生を支えてこられた駒澤純氏が、広島地区開催日の終了直後倒れられ、数日後荼毘に付されました。棺にはコンパクトハノン（杉谷昭子・駒澤純編者ショパン社）をお入れし、ご家族様と広島レッスン生一同でお見送りさせていただきました。枕元で「○○会場の審査員は○○先生を……」と最後まで心配されていました。まさに、コンクールのまっただなか、次会場に移動せねばならぬ杉谷先生は、ただならぬお声で「駒澤をお願いします……」辛い同志への心配を胸に、重責と戦っておられました。きっとお二人とも今年も見守っておられることでしょう。

（えぐちそのこ）
元広島音楽高等学校ピアノ科講師　現日本ピアノ研究会、中国Bブロック支部長

杉谷昭子さんを偲ぶ

岡畑精記

杉谷さんがご母堂と一緒に、和歌山の私の自宅に父を訪ねてお見えになったのは、昭子さんがドイツから日本に活動の拠点を移されたばかりでしたから、もう40年も前のことです。そして父の依頼で僕が和歌山の後援会の世話役をさせていただき、以来香港、台湾にも足をはこびました。

数多い演奏会の中でも最も印象的な演奏会はサントリーホールの演奏会で、現天皇陛下のご来臨を賜ったことです。

クラシック音楽にはずぶの素人だった僕をピアノの世界に導いてくださったのは、昭子さんです。僕は10年前に故郷和歌山に「緑風舎」という個人ホールを始めました。

Steinway フルコンピアノの選択も、第一回演奏会も昭子さんが仕切ってくれました。おかげで今では地域を代表するホールとして愛されています。昭子さんは僕の音楽の恩人です。

昭子さんはピアノの美しい音をとても大切にされ、ピアノの選択、調律の質にはことのほか厳しく、調律師松永さんを終生信頼しておられたことも印象的でした。

「昭子さんはブルドーザーにピアノを積んだピアニスト」と僕は評しています。文筆にもたけ、姿美しく、姿を現すだけで舞台もパーティも華やぎ、昭子さんに惹かれる人たちが集まりました。そしてご本人は、自分の求める美しさを追求し続けました。

自ら国際コンクールを主催されたのも、美意識とともに、何事にも突き進む強さで、僕が昭子さんをブルドーザーとよぶ理由の一つです。

夫君の岡田裕さんはちょうど50年前にドイツに渡る2~3年前、日本で昭子さんの音楽に魅せられて以来、終生昭子さんのもっともよき理解者でした。離れた町に住んでおられても同じ美しさを求め続けた希有なご夫妻だと思います。これからはお二人は同じところで過ごされることでしょう。

多くの置き土産を残してくださった昭子さん、本当にありがとう。

緑風舎のピアノを聴くたびにあなたのことを思い出します。

（おかはたせいき）
岡畑興産株式会社取締役社長　元杉谷昭子和歌山後援会会長

日本の空とドイツの空

河村尚子

ウィーン古典派調のト長調のメロディー。元気溌剌に大きな校庭で遊び回る子供たちの笑顔がパッと思い浮かぶ。しかし中間部には平行調のホ短調に移り、ドイツにしばしば見られる灰色の曇り空のような憂鬱な旋律が流れ、ピアノ伴奏に現れる重音がブラームスの小品集をちらっと思い出させる。終盤は明るさを取り戻し、楽観的に締め括られる。詩の第２番と３番の間にピアノの間奏があり、必ず低学年の生徒や新入生達が知らず知らず第３番の歌詞を口遊《くちずさ》んでしまう場面がある。恥ずかしげに頬を赤くした子どもたちを周りの同級生が笑ったり、高学年の生徒が優しく見守ったりするのがちょっぴりウィットでユーモラスな瞬間。これこそが杉谷昭子さんの作曲によるデュッセルドルフ日本人学校の校歌。在校中から大好きな歌で、いつか私も恥じないよう弾けるといいな、と練習したのを今でも覚えている。

昨年秋、母校で行った音楽鑑賞会の最後に、杉谷さんの追憶として私の伴奏で生徒たちに歌ってもらった。私が弾き始めたテンポはやや速いようだったが、子どもたちの元気な声が天まで届くことを願いつつ演奏した。校歌を通して存じ上げていた杉谷さん。もちろん、コンサートにはデュッセルドルフ在住中に幾度か聴きに行ったことはあったが、初対面はそれから20年後のことで、私が大学生になってからだった。和歌山県白浜町で開かれたリサイタルで演奏なさったバッハの半音階的幻想曲とフーガが大変印象的で、今でも鮮明に覚えている。とても説得力のある幻想曲に対して、透明感に溢れるフーガが素晴らしかった。演奏会後には楽しく会談させて頂いたが、そんな杉谷さんが１９６９年より留学されていた大学は、２０１１年から私が勤務しているエッセンのフォルクヴァング音楽大学。偶然とは思えず、つくづくご縁を感じる。心よりご冥福をお祈りします。

（かわむらひさこ）
５歳の時に渡独して以来ドイツ在住。ハノーファー音大在学中の２００６年、難関のミュンヒェン国際コンクールで2位、翌年クララ・ハスキル国際コンクールで優勝を飾り、大器を感じさせる新鋭として世界の注目を浴びる。日本では２００４年小林研一郎指揮、東京フィルハーモニーとの定期演奏会でデビュー。欧州各国はもとよりニューヨーク・カーネギーホールでのデビューなど、同世代の実力派アーティストとの共演など、今やドイツを拠点にヨーロッパ、ロシア、日本などで積極的にリサイタルやオーケストラとの共演を行なっている。これまでウラディーミル・クライネフ、澤野京子、マウゴルジャータ・バートル・シュライバーの各氏に師事。30歳でドイツ、エッセンのフォルクヴァング芸大で教え始め現在教授、東京音楽大学特任講師。世界で活躍する日本の若手ピアニストの第一人者。

校　歌

デュッセルドルフ
日本人学校　校歌

作詞　中村瑞枝
作曲　杉谷昭子

一
日本の空と　ドイツの空を
結ぶ光の　朝あけに
希望にあふれて　はばたくわれら
ラインのかおりに　心も清し
おお　デュッセルドルフ　日本人学校

二
日本の土と　ドイツの土を
ふみしめながら　湧き出ずる
あらたなねがいを　ひめたるわれら
ラインのほとりに　雄々しくたてり
おお　デュッセルドルフ　日本人学校

三
日本の友と　ドイツの友を
つなぐ歌声　高らかに
あかるく世界に　のびゆくわれら
ラインの流れに　自由に生きる
おお　デュッセルドルフ　日本人学校

ご挨拶

河村建夫

私が杉谷先生と初めてお会いしたのは、思い返せば今から40年近く前のことになります。私の長女が、山口県萩市で山根祐子先生（一般社団法人全日本ピアノ指導者協会所属）からピアノを習っており、山根先生のところに、世界的に活躍されているピアニストの先生が来てレッスンをしてくださるから受けたらどうかと声をかけていただき、当時、まだ小学校3年生か4年生だった長女にピアノのレッスンをしてくださったのが杉谷先生でした。私は、その頃、山口県議会議員として、文教政策に特に力を入れており、杉谷先生と日本の音楽教育や情操教育についてお話しし、その国際性と音楽家としての熱意に大変感銘を受け、また、ピアニスト杉谷昭子のファンとなり、交流が始まりました。

長女は、杉谷先生のレッスンを受けたことが大変刺激になったようで、ピティナ・ピアノコンペティションや日本学生音楽コンクールに挑戦するなど、意欲的にピアノの練習に励むようになり、高校3年生になるまで、山根祐子先生の元で時折杉谷先生からレッスンを受けておりました。私は、父親として、杉谷先生のレッスンについて目を輝かせて話す長女を

2019年8月25日浜離宮朝日ホールでの門下生による追悼記念演奏会。河村様の右隣は御長女（検事）、左隣は全日本ピアノ指導者協会（PTNA）の福田成康専務理事、その左は杉谷主人の岡田裕。

2009年4月25日浜離宮朝日ホール
河村建夫様と俳優の加藤剛様と。

見て、心に火をつける芸術指導者との出会いは、子供の感受性を高め、心を成長させ、そしてそれが人間としての成長を育むのだと実感しました。最終的に長女は音楽の道には進みませんでしたが、今でもピアノを弾き音楽に親しむ様子を見ていると、杉谷先生との出会いは、長女の人生をとても豊かにしてくれたと思います。そして、それは、私の長女だけではなく、杉谷先生の指導を受けた全ての生徒さん皆同じではないでしょうか。

昨年（２０１９年）、私は、門下生の皆さんによる杉谷先生の追悼コンサートで、一人ひとりの演奏の中に杉谷先生を感じました。ピアニストとして、ひとつひとつの音を大切にされ、曲の音楽性を最大限表現するにはどうすればよいか、いつも真摯にピアノに向かわれていた杉谷昭子先生の姿勢が門下生の皆さんの演奏に見事に引き継がれていました。

杉谷先生は、音楽への情熱、指導者としての情熱にあふれ、誰に対してもオープンで気さくな性格で、多くの方に愛されました。私も杉谷昭子先生との交流で励ましを受けた一人です。あらためて生前の交流に感謝するとともに、杉谷先生が注がれた音楽への情熱、日本の音楽振興に対する希求を受け止めて、政策に生かして参ります。

（かわむらたけお）
衆議院議員、元内閣官房長官、元文部科学大臣

音楽家の肖像
「秀逸　ドイツ物の演奏」

木之下 晃

クラシック音楽界も昨今は消費社会の波に飲まれて、芸術の世界からビジネスの世界へと様変わりしてきた。もともと日本のクラシック音楽の世界は、ごく限られた有名な演奏家のみが市場で活躍できて、あとの多くはリサイタルを開くのも自費でやるのが習わしとなっている。特に最近は、若くしてコンクールで優勝し、一時は華やかに演奏活動ができても、年齢を重ねると仕事がしにくくなっているのが実情である。本来ならば熟成された音楽を楽しむ世界が、歪《いびつ》になっている。

ドイツ・デュッセルドルフに本拠を置いて活躍しているピアニスト杉谷昭子（１９４３〜）の演奏活動を見ていると、この現状が非常によくわかる。

彼女は東京藝術大学卒業後、１９７２年にマリア・カナルス（スペイン）、73年にヴィオッティ（イタリア）の各国際コンクールで上位入賞。ドイツ・ケルン音楽大学を卒業と同時に、演奏家としての国家試験に最優秀の成績で合格し、70年代後半からはドイツのメジャーなマネジメントのもとで大活躍してきた。

84年に女性奏者としては世界で初めてブラームスのピアノ

独奏曲全集を完成させたのを皮切りに、94年にはロベルトとクララのシューマン夫妻のピアノ協奏曲を、また95年にはベートーヴェンのピアノ協奏曲全集を、どちらも女性としては世界で初めてリリースした。

長年ドイツで活躍してきた杉谷のドイツ物の演奏は秀逸で、ヨーロッパでも高く評価され、多くのファンを持っている。彼女がドイツで培ってきた経験と素養に基づく演奏は、情念が激しく燃え上がるもので、聴く者に重厚な音楽体験を与え、興奮を呼ぶ凄まじさに溢れているためだ。

しかし、彼女のように地道な努力の積み重ねによって、己の世界を構築する昔気質の芸術家は、音楽家に限らず今の世の中では、なかなか生きるのが大変である。杉谷も、還暦を控えた２００２年から始めたベートーヴェンのピアノ・ソナタ32曲の録音とリサイタルは、独力で取り組んでいる。そのことに、現在の寂しいクラシック事情の一断面が現れているように思われてならない。

『東京新聞』２００７年（平成19年）４月21日（土）夕刊から

（きのしたあきら）
「音楽写真家」のジャンルを確立。紫綬褒章受賞。１９３６～２０１５

木之下夫妻の写真は３３３ページに掲載

数多くの演奏会で楽しませていただき感謝

木村敬三

私が、杉谷昭子さんと最初にお目にかかったのは、２００１年の日独協会の宮古島における年次総会においてでした。素晴らしいベートーヴェンのピアノの演奏をしていただき我々を楽しませて下さいました。その時以来、東京において、毎年のように演奏会に招待していただくようになりました。

なおまた、間もなくご主人の岡田さんがデュッセルドルフから日本に帰国され演奏会に招待されるたびにお目にかかり我々夫婦と親しくお付き合いするようになりました。今でもその折の楽しい思い出を回想しております。

今年はベートーヴェン生誕２５０年を迎えるにあたり、ベートーヴェンを何度となく演奏された杉谷さんのことを懐かしく思い出しております。その後残念ながらお亡くなりになりましたが、これらの数多くの演奏会のことは忘れることはできません。ご主人の岡田さんにこの場をお借りして感謝申し上げる次第です。

（きむらけいぞう）
元ドイツ連邦共和国日本大使　前公益財団法人日独協会副会長
２０２１年４月27日御逝去。

「この町の宝」？

黒川　剛

前世紀の八十年代デュッセルドルフの総領事を仰せつかっていた。主たる任務は管轄地域内の邦人・日本企業の保護と援助である。何しろドイツ最大の日本人コミュニティーを擁する地域なので、表向きは勇躍して、実際には及び腰で着任した。

早速市長交替パーティーとやらに招かれた。隣に座った副市長を名乗る御老体が「あそこに居るショーコはこの町の宝だから、お前も彼女を大切にしなければならない」と宣った。

「ショーコ」？　「宝」？　この小父さん何を言ってるのだろうと調べてみたら、杉谷さんというピアニストのことで、各地での演奏活動で好評を博し、日本と日本人への好感を高めるのに多大の貢献をしている人物だという。こいつは「しめこの兎」だ。こんな人がいてくれれば、総領事などという代物はいなくてもすむと悟って一挙に気が楽になった。

しばらくして総領事無用説を支える二本目の柱があることを知った。同地の日本人学校である。邦人子女の教育の場を確保して日本企業の進出に多大の貢献をしているばかりでなく、現地のさまざまな組織と組んで日独交流のための積極的な活動を展開している。その采配を振るっているのは歴代の校長先生かと思いきや、安倍内閣の菅官房長官ともいうべき岡田事務局長であった。しかもこの岡田さん、なんと杉谷女史のお連れ合いなのだった。

つまり、岡田・杉谷夫妻はがっちりスクラムを組んで「貴方がいなくてもこの町は大丈夫ですよ」と激励めいたメッセージを送ってくれていたのである。お蔭様で筆者は過労死もせず鬱にもならず任務を全うすることが出来たのであった。この度「ショーコ」さんの御訃報に接し、感謝の念を新たにしつつ御冥福を祈ります。

（くろかわつよし）
元オーストリア共和国日本大使。元公益財団法人日独協会理事。１９７１年昭和天皇、皇后両陛下御訪独時の通訳。

「おどき！」

小平泰子

「おどき！」レッスンで何度この言葉を聞いたでしょうか。私の演奏にいてもたってても居られなくなった杉谷先生は何度となく「おどき！」とおっしゃって、自ら演奏してくださいました。たちまち、同じ曲が、同じピアノで、美しい魂のこもった音楽となり、その本物の音楽に感動し、世界の舞台で演奏されているピアニストの演奏を隣で聴けることに震えました。

杉谷先生との出会いは、まさに感動、感動の連続でした。

杉谷先生とまだ出会う前、私は友人に誘われて初めて先生の演奏会に足を運びました。1990年、オーチャードホールの帰国記念リサイタルでしたが、30年経った今でも、プログラム1曲目だったバッハ＝ブゾーニのシャコンヌ冒頭の素晴らしい音が忘れられません。それから数年後に杉谷先生のレッスンを受ける機会に恵まれ、多くの感動と、刺激的すぎるほどの体験をさせていただいたことは、私の人生の中で最大の宝です。

レッスンを受けながら、杉谷先生のリサイタル、室内楽、協奏曲など多くの演奏を聴かせていただけたのは、本当に幸せなことだと思います。シューマンの『女の愛と生涯』のピアノ伴奏では号泣しました。先生も演奏しながら泣いていらっしゃいました。多くの感動がございましたが、今思うと、やはり始まりはシャコンヌの冒頭、そしてその音は生涯、私の心に響いていることと思います。音楽を追求し、挑んでいく先生のお姿と、最終的にすべてが愛に帰するその音楽は、性別を超え、まるで修道士のような人生であったかのように感じられます。思い出は尽きず、思い返すたびに涙があふれますが、人生に感動を与えてくださった杉谷先生には感謝の思いでいっぱいです。

（こだいらやすこ）
武蔵野音楽大学ピアノ科卒業後、東京コンセルヴァトワール尚美ディプロマコース修了。スロヴァキア・ドルナ・クルパマスタープレイヤーズ国際コンクール第3位。室内楽、サロンコンサートの企画・運営の他、後進の指導も行う。

杉谷昭子先生と亡き兄の想い出

駒澤美加

私と杉谷昭子先生の出会いは1988年頃で、ホロヴィッツ来日公演の少し後くらいのことでした。

兄である駒澤純（1960〜2015）は、当時「東京大学ピアノ会」に所属し、ゴドフスキーやホロヴィッツ編等の珍しい楽譜を手に入れては演奏を楽しんでいました。また、ローゼンタールやフリードマン等の古い演奏家のレアなCDを見つけてきては聴き比べに興じ、愛読書も野村光一・吉田秀和等々、いささかマニアックなアマチュアピアノ青年でした。その頃、杉谷先生主宰の「ピアノと音楽の会」にも参加しており、その時に先生と兄は面識を持ったようです。ピアノ雑学王の兄の話に先生は興味を持たれたのでしょう。やがて兄はその会の幹事を任されるようになり、この頃から先生と兄の音楽活動が始まりました。

当時、ホロヴィッツのような演奏をすることは神業であり、常人には真似できないという風潮がありました。そこに、鍵盤を押し込まず軽く弾くように弾けば、あのような演奏が可能だという理論（ハーフタッチ奏法）が、一部のピアノ研究家の間で説かれだしました。先生と兄は、そのピアノ奏法を研究し、実践することに挑みだしました。

その頃、先生は40代半ばで、音楽活動に多忙を極め、練習時間も十分に取れないような生活が続き、体型も大分ふくよかで、全体的にスランプ状態のようでした。兄は自分の実践していた筋力トレーニングや食事法について進言・指導をし、先生は20kgのダイエットに成功されました。

こうした試みの末に開催されたのが、１９９０年2月17日（土）渋谷オーチャードホールでの『杉谷昭子ピアノ・リサイタル』になります。19世紀ヴィルトゥォーゾ風の演奏会を意識した演目は、それまでのドイツもの一辺倒から大きく幅を広げたものになり、演奏も洗練され昇華されたものへと変わりました。

この演奏会には、各国大使や領事も招待され、色彩豊かな民族衣装も目立ち、大変華やいだ会場となっていました。演奏会は大盛況に終わり、打ち上げの席には小田島雄志さんも同席され、ご一緒に歓談させて頂いたことは、私にとって大変思い出深い出来事となりました。

駒澤純氏、杉谷、福田成康氏

その後も、先生と兄の音楽活動は30年近く続き、その間に２００７年に「コンパクト・ハノン」を共著で出版、２０１０年には「ヨーロッパ国際ピアノコンクール in Japan」の立ち上げへと繋がっていきました。

（こまざわみか）
１９６４年東京生まれ。東海大学大学院芸術学研究科美学・西洋美術史修士課程修了。財団法人長谷川町子美術館に学芸員として10年間勤務。日本アートクラフト協会（JACA）にて講師資格習得後、欧風刺繍作家として活動。

杉谷昭子先生の思い出

斎藤嘉恵子

私が初めて間近に杉谷先生にお目にかかったのはちょうど10年前のヨーロッパ国際ピアノコンクール in Japan の札幌大会の時でした。私のことをコンクール受験者と間違われた杉谷先生は、「あちらで受付をなさってください」とおっしゃいにこやかに微笑まれました。その姿はとてもお若く艶やかなモデルさんのようでした。かつて杉谷先生がヨーロッパから帰国なさったばかりの時に催された東京文化会館でのピアノリサイタルを聴きにいった私はまだ大学生でしたので、そのパワフルなブラームスに圧倒され、そしてその時からかなりの時が経過したにもかかわらず、変わらぬ杉谷先生の若さ美しさに札幌では思わずため息が出ていました。

その後何度かコンクールでお目にかかって一緒に審査をさせていただく中で、そのたおやかな美しさとは逆に、目指す音楽をコンクール受験者に広く浸透させると言う並々ならぬ意気込み、情熱を強く感じさせられました。

ヨーロッパ国際ピアノコンクール in Japan は２０２０年covid 19 の影響で動画審査になりましたが、それまでは必ず審査後に対面で個人講評をするのが特徴です。その中で先生はコンクール受験者お一人お一人に丁寧に実際に演奏を交えながら講評なさっていたのが大変印象的でした。

第5回の時には大学一般部門で私の島田歩さんという生徒がギエルジョッド審査委員長の下、金賞、グランプリ、ショパン協会賞を受賞しました。お陰様でポーランドのワルシャワで演奏の機会をいただき、大変貴重なまた有意義な体験をさせていただきました。これも一重に杉谷先生のヨーロッパの伝統に根ざした本物のクラシック音楽の追求の熱い思いによってもたらされた成果であると思います。このような機会をいただき杉谷先生には生徒共々改めて感謝の念で一杯です。

今後の日本のクラシック界またピアノ界にもたらされた杉谷先生の大きな影響を少しでも皆さんと引き継いでいきたいと思います。私もその一助になれるよう微力ながら努力していきたいと思います。杉谷先生ありがとうございました。

（さいとうかえこ）
武蔵野音楽大学卒。ハンガリーリスト音楽院留学。宮城学院女子大学講師。ショパン国際ピアノコンクール in Asia 組織委員。日本ショパン協会東北支部理事。

本当の音楽を教えてくださった杉谷さん

齊藤　大

杉谷さんのピアノを初めて聴いたのは平成20年（２００８年）の伊豆フィルハーモニー管弦楽団26回定期演奏会のときでした。

チャイコフスキーのピアノ協奏曲第1番でしたが、この日のために山口からお気に入りの調律師の松永さんをお連れし、スタインウェイを観光会館に運び入れました。アンコールに弾いた「エリーゼのために」の感動は今でも思い出します。ゆっくりしたテンポ、美しい響き。

この翌年ベルリンフィルとのピアノ五重奏、翌年にはゲヴァントハウスとのピアノ五重奏と2年続けて伊東でやってくださいました。ヨーロッパでの杉谷さんへの評価を改めて知りました。

杉谷さんは自分の音楽を表現する奏法をずっと追い求め、それを世に広めることに命をかけていたように今更ながら思います。川奈ホテル、浜離宮朝日ホールで共演してくださった徳永二男さんが「指の動く演奏家は山ほどいるが心で歌う人は少ない」と。本当の音楽を教えてくださった杉谷さんに感謝です。

（さいとうだい）
慶應義塾大学大学院工学部修士課程修了。伊東ガス社長。伊東商工会議所副会頭として長年にわたる産業振興への功績で「藍綬褒章」受賞。「杉谷昭子ファンクラブin伊豆」会員。

杉谷昭子先生の思い出

齊藤真知子

私の手元に一枚のCDがあります。ジャケット裏には「録音2009年10月13日伊東市観光会館」と書かれています。この日こそ、私たちファンクラブ発足記念に昭子先生がベルリン・フィルハーモニー弦楽五重奏団を率いて伊東で演奏会を開いてくださった日なのです。このジャケットデザインは伊東在住のデザイナーの演奏会ポスターをそのまま生かし、録音も伊東市観光会館でのライブ、と私たちファンクラブには本当に「宝物」になりました。

長年本場のヨーロッパで培われた「美しく歌う」ピアノが弦楽器と溶け合い、まさに室内楽の神髄を聴かせてくださったのが今も脳裏に甦ります。演奏曲目はシューベルトの「ます」でしたが、そのピアノは弦楽器の「網目」をすいすいと潜り抜け、ぴちぴちと泳ぎ回る楽しそうな鱒の泳ぐ様を彷彿とさせてくれました。その後もゲヴァントハウス弦楽四重奏団、ヴァイオリニストの徳永二男さんとの演奏会など、なかなか伊東にいては聴けない方々の演奏に触れることができました。もちろん私たちファンクラブだけのアットホームな演奏会も何度も開いてくださいました。

圧迫骨折をされてから先生の体は二回りほども小さくなられてしまいましたが、中低音の圧倒的に重厚な響きはさらに増したように思います。徳永二男さんと弾かれたベートーヴェンの「クロイツェルソナタ」は川奈ホテルの宴会場という響きとしては厳しい条件でしたが、見事に息の合った素晴らしい演奏でした。それがあまりに感動的だったものですから、次の年の秋、浜離宮朝日ホールでの再度の協演を企画いたしました。が、それが先生の浜離宮ホールでの最後の演奏会になってしまうとは……。あのときに弾いてくださったフランクのヴァイオリンソナタの名演は

決して忘れられない思い出です。今思うと先生の演奏への情熱の最後の炎が燃え上がった瞬間だったのかもしれません。本当にありがとうございました。

（さいとうまちこ）
東京藝術大学器楽科ピアノ専攻卒。師事した先生の一人が井口秋子教授で、同先生の最後の生徒。偶然にも同先生に師事した杉谷昭子の直接の後輩となる。英国王立音楽大学留学、同大学の演奏家資格試験で優秀賞受賞。「杉谷昭子ファンクラブin伊豆」創設、会長、齊藤大夫人。

車いすの先生の想い出

坂根悦子

いつだったか四国の松山駅に杉谷先生をお迎えに行った時、駅構内のコンビニの床の上に、畳まれた1万円札が落ちているのを見つけられて、一緒に届けた事がありました。車いすを押す事は何とも言えない気持ちだったのですが、「車いすだと目線が低いから、こういういい事もあるのよね～。今日は良い事あるかな」と小首をかしげていつもの早口で明るくおっしゃった事もありました。ポジティヴでした。

たった数回、先生の車いすを押すだけでも胸が痛かったのですが、ご自宅用の車いすを買ってくるよう頼まれた友人の気持ちや、診察に付き添った友人の事を考えると、更に胸が痛みます。

２０１８年8月26日が、浜離宮朝日ホールに先生がいらっしゃる最後の門下生コンサートとなりました。

先生の最後の「カタリ・カタリ」は後日、『ショパン』誌では、宗教的と評されました。誤解を恐れず、大変偉そうなのですけれど、皆さんにあの「カタリ・カタリ」をお届けできた事は、私の人生の中で最大の悦びの一つとなりました。羽住さんがベッドをご用意され、しっかり準備された浜離宮の控え室では（準備はかなり大変だった事と頭が下がります）、かなり呼吸が苦しくなられており、「今日はもう弾けない。でも猫の話だけはしたい。ただ、中止という言葉は使わないで欲しい」との事。全国から集まっている門下生が心待ちにしている先生の演奏が、もしも猫の話だけになってしまったら……。

私は門下生の端くれ、大したピアノは弾けないけれど、先生をステージにお連れする事はできるかもしれない、勇気を出しました。無我夢中。でも、ご無理はさせられない。葛藤。とにかく弾いていただきたいと懇願した私がエスコート（本来なら羽住さんなのですが、アナウンスのお役目もあり）させていただく事となりました。大柄でもなく、とりたてて美人でもなく、地味な色のドレスに白のカーディガンを羽織っていましたし、二人で登場してもそれほど目立たずにすむ。いつか車の中でお話を聞いて以来、私の中ではカウントダウンが始まっていて、使命感みたいなものがあったのかも知れません。「やっぱり弾く」とおっしゃったのは、ピアニスト秋田悠一郎さんの演奏があと1～2分で終わる、という時だったでしょうか。何とか薬の効果も出てきたようでした。ステージ上のピアノの陰で聴いた「カタリ・カタリ」は、先生が倒れられないか気がかりで、客席で聴くような余裕はありませんでした。が、門下生の皆さんの涙を見た時、先生の笑顔を拝見した時、ああ、やるべき事はやったと全身の力が抜けたのでした。

先生もほっとされたのか、全員と握手がしたいという体力が戻っておられたのは奇跡的な光景でした。

２００２年には「徹子の部屋」で、ベートーヴェンの「月光」をお弾きになり（スタジオに運ばれた楽器は松永ピアノでした）少しふくよかでいらした先生が、今ではすっかりお痩せになった事は辛かったですが、音は精神で奏でるものだ、という事を門下生一同目の当たりにした一日となりました。

門下生発表会から2カ月後の２０１８年10月27日、青戸で横になられたままのレッスン後、車で駅まで送って頂きました。（もちろん、運転はマネージャーさんです。お世話になりました）私の支えで歩かれたのは、これが最後となります。

バッハが一曲も弾けない、一音もバッハの音が出せない私に、どうしても聴かせたいＣＤがおありになったようでした。車の窓から、夕闇の東京スカイツリーを眺めながら流れてきたのは、ジル・クロスランドという女流ピアニストの平均律でした。それは、これまで耳にしたことのあるグレン・グールドや昔勧められたロザリン・テューレックとも全く違う、柔らかな音色でした。「いいでしょうー、こういう音よ」助手席でリクライニングをほとんど倒した状態の先生は、私にこれを聴かせた事で、とても満足されたようでした。再びアリＡＣＤさんに連絡を取り、取り寄せて貰いました。（しばらくはそればかり聴いておりましたが、自分が一曲も満足に弾けないのがもどかしい限りです）

この数カ月前に、意を決して先生にバッハを聴いていただいた時のこと。「今のはね、お店に買い物に行って、まだお店の中にも入っていないような音だよ」なんて分かりやすい比喩なんだろうと、笑いさえこみあげてきたくらいです。本来であれば、「ちょっとおどきなさい」と言って弾いて見せて下さったはず。

きっとその時の事を覚えていて下さったのでしょう。

（２０２０年秋発行、坂根悦子編集による「想い出　感謝をこめて～杉谷先生が地方に残して下さったもの～」から、1ページ抜粋）

（さかねえつこ）
愛媛大学教育学部（音楽）教員養成課程卒業、同大学専攻科終了。愛媛大附属中学校講師。プリマ・ヴィスタ弦楽四重奏団と共演。

昭子先生の思い出

三後勝弘

１９７２年４月マリア・カナルス国際コンクールで第二席を受賞された日本人女性のピアノコンサートが催された。会場はデュッセルドルフ市の南部の美しく、静寂なベンラート城であった。初々しく登場した杉谷昭子は若く、美しく、チャーミングであった。私を招待したのは後に杉谷昭子氏の夫となる岡田裕氏であった。私はなぜか裕氏とウマが合い、哲学や美術のことを肴に四六時中、飲み合うようになった。独身の裕氏は我が家にもよく来て、家族ぐるみの付き合いとなった。そのうち裕氏と昭子氏はごく親しい間柄となっていった。岡田氏は杉谷氏の一番のファンであり支援者であった。その後昭子先生はデュッセルドルフ市の北部のカイザースヴェアトに居を構えられ、ドイツ人、日本人の弟子を多く指導していた。狭い部屋にグランドピアノが二台置いてあり、人間はその隙間に遠慮しながら座ったり通り抜けたりしていた。当時小３であった私の娘もレッスンをしていただいていた。もちろん裕氏も常にそこにいた。その頃すでに二人は結婚する気持ちになっていた。娘がレッスンを受けている間、裕氏と私は近くのレストランで飲んだりしていた。娘を先生に任せて、いつも出かけてしまうことに昭子先生は大変ご立腹であったことを後に妻から聞いた。岡田氏と杉谷氏の仲は常に喧嘩が絶えなかった。哲学者の裕氏と芸術家の昭子氏では根底が理性と感性のぶつかり合いである。まるで火山のマグマが活発になったり、静まったりする様であった。それでも二人は運命

小学三年生の三後真絵さんと杉谷昭子

的な存在であった。二人の結婚式は私たち夫婦が仲人となり、トーメンのデュッセルドルフ社長の松永正和氏宅で粛々と行われた。

披露宴はライン河畔のシュネレンブルクという大きなレストランで盛大に催された。

日本人、ドイツ人が多勢参加して心に残る会となった。その後1976年に杉谷昭子は華々しく欧州デビューをされ、日独を初め北米などでの演奏活動が始まった。

（さんごかつひろ）
1972年4月～76年3月、西ドイツ、デュッセルドルフ日本人学校への政府派遣教員。現、二科会評議員、審査員

写真は三後夫妻が仲人を務めた岡田・杉谷の結婚式

私の人生を大きく変えた杉谷先生

清水貴子

杉谷昭子先生との出会いは約30年前の大学4年生の時。愛知県のピアノ教師、和田美里先生のレッスン室でした。和田先生と私が、ボランティアで保育園や学校、施設等で出張演奏する「コンサートグループ花の詩」を一緒に立ち上げた時期でした。

杉谷昭子先生のレッスンがあるのでぜひとお誘いをいただいたのですが、レッスンを受けられる曲もなく、ずっと見学していました。杉谷先生の、音色に対して容赦ない厳しい指導にビクビクしながら。レッスン後、杉谷先生から突然「あなたも何か弾きなさい」と言われ、譜読みを始めたばかりのアルベニスの曲を楽譜もなく思い出しながら弾いたところ、なぜか「面白い」と言っていただきました。その時私は、音大に進学したものの演奏に自信が持てず、ピアノが楽しいと思えなくなっていました。そのタイミングで大ピアニストに面白いと言っていただき、その日からピアノを弾きたいという思いが強くなりました。

その年、東京の演奏会にお声をかけていただいたのが日本洋琴倶楽部のコンサートでした。スタインウェイとベーゼンドルファーのフルコンが二台並ぶ素敵なサロンでした。しかし、

本番直前のリハーサルで、スタインウェイの弦を切ってしまい……。出演者の皆様にご迷惑をおかけした事を覚えております。

その後、杉谷先生にはロシアやポーランド始め、国内外の本番の機会をいろいろいただきました。印象に残っているのは、20年ほど前のサンクトペテルブルグでのコンサートです。プロコフィエフピアノ協奏曲第3番をロシアのオーケストラと協演させていただきました。ロシアのオケの迫力に追いまくられ、本番は悲惨なものでしたが、ロシア音楽の神髄を肌で感じ、大変良い経験となりました。

その後、ロシアの作曲家、スクリャービンに魅了され、毎年杉谷門下生コンサートでは、スクリャービンのソナタを弾かせていただきました。ほとんど自己満足です。全10曲のソナタの内、５～10番を演奏させていただきました。前期作品には手を出せませんでしたが。

私の人生を大きく変えた杉谷先生には本当に感謝しかありません。心より御冥福をお祈りいたします。

（しみずたかこ）
春日井市出身。名古屋市立菊里高校音楽科を経て、愛知県立芸術大学卒業。名古屋テレビピアノコンクール入賞。１９９７年ポーランド国立クラクフ室内管弦楽団と、ガーシュイン作曲「ラプソディー・イン・ブルー」を協演。２０００年６月、同オーケストラとプロコフィエフ作曲「ピアノ協奏曲第３番」を協演。12月にはロシア・サンクトペテルブルクにて、同曲を演奏。また室内楽ではプリモ・アレグロ弦楽四重奏団、プリマ・ヴィスタ弦楽四重奏団、ワルシャワ・ストリング・カルテット等と共演。２００６年８月、ポーランドにてクラクフ室内管弦楽団首席メンバーとドヴォルザーク作曲「ピアノ三重奏曲第３番」を共演。（故）山上豊、小柳芳子、大堀敦子、杉谷昭子の各氏に師事。コンサートグループ「花の詩」演奏部理事長。

杉谷昭子先生を偲んで

杉山雅紀

杉谷昭子先生がお亡くなりになりすでに1年が経ちました。今でも、多くのファンや門下生から惜しむ声は消えることなく、私もその1人です。先生は、音楽の発展と一番大切にしていた子どもも大人も個性ゆたかに音楽を楽しむことに力を尽くしたいと述べておられたのに、本当に残念でならないです。

先生との出会いは、弊社が、ピティナ名古屋支部を立ち上げた頃からの担当者・道法義一が先生と知り合い、課題曲セミナーなどでお世話になり、お付き合いが始まりました。また、愛知県芸術劇場コンサートホールが完成した年に先生からの強い要望がありこのホールで「ベートーヴェン三大ソナタコンサート」を開催して欲しいとのお話をいただき、弊社も社員一丸となりこのホールを満席にして先生に熱演をしていただいたことは、今でも語り継がれております。館長さんのお話では、その時の光景（１、８００人満席）は忘れられないとのことで、会館の伝説になっているそうです。

現在、弊社の講師の中で、先生から音楽教育を学んだ講師がいます。

やはり、現場主義というべき先生の教えで、一人一人の個性を重んじ、生徒の個性を見事に開花させます。生徒は、自分に自信を持てるようになり、人間としての生き方さえ変化してゆきます。先生が育てた講師は、みな先生の背中を見て育ったように思います。

私自身もその一人として、常に現場に立って現場から考えて行きたいと思います。

海外での生活も含め半世紀にもわたり音楽と向き合う中で先生は、最終的にヨーロッパ国際ピアノコンクールを立ちあげられました。第一回目からお手伝いをさせていただきましたが、このコンクールは、今までに無い審査員との交流や方式など個性的な雰囲気で行われるピアノコンクールだと思いました。杉谷昭子先生の意思を継いだこのコンクールを今後もより拡大し運営していただく事を心より願っております。

弊社も、微力ながらお手伝いなどが出来れば幸いです。

最後に、杉谷昭子先生が亡くなられて、あらためてその存在の大きさを実感しております。

どうぞやすらかにお休みください。そして、私たちの行く末を見守ってください。

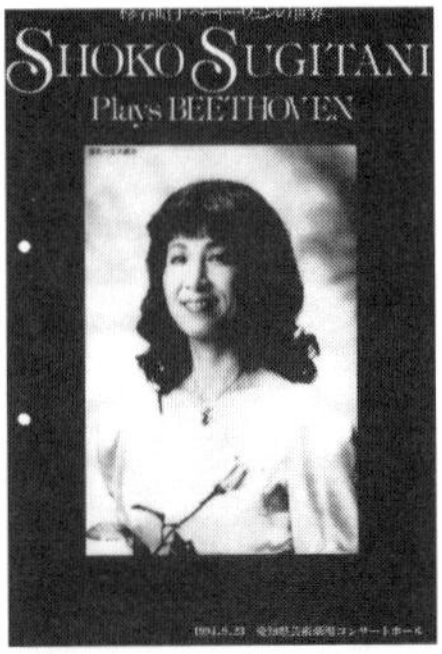

(すぎやままさき)
日響楽器株式会社代表取締役、一般社団法人全日本ピアノ指導者協会評議員、ピティナ名古屋支部 副会長

杉谷昭子様を偲んで

北海道旭川ファン代表　田中好恵

私にとって杉谷様岡田様とのご縁は人生の宝物です。楽しい想い出の数々は貴重な財産です。ふいに素敵な杉谷様が逝ってしまわれました。悔しさと哀しみで胸が一杯です。

２００２年夏、旭川市の小さな僻地校に、はるばるドイツからの客。幼少期を過ごした故郷の学校を半世紀ぶりに訪れた岡田様と、「徹子の部屋」出演直後の杉谷様でした。一人残業中だった教頭の私には、まるで天から舞い降りてきたようなお二人の出現でした。国際的なピアニストだというのに「学校でも演奏しますよ。本物を与えるのは大人の義務ですから」と気さくにおっしゃってくださいました。

２００３年夏、56人の児童生徒と２００人の地域や保護者が集い、演奏会を実施。体育館が華麗なドレス姿のピアニストを迎えて華やぎ、学校のピアノも杉谷様の手にかかって綺麗な音を響かせました。驚きでした。心ばかりの謝礼を差し上げようとしても、「学校のためにお使い下さい」とお受け取りになりませんでした。誠実で清廉なお方でした。

２０１０年冬、校長だった小学校でも、文化庁「学校への芸術家派遣事業」として児童４００人のために杉谷様をお招きしました。列車の長旅に疲れも見せず、朗らかなお話と演奏で児童達に本物の素晴らしさを伝えてくださいました。設立したばかりの「ヨーロッパ国際ピアノコンクール」に情熱を傾け、エネルギッシュにご準備されている時期でした。

4年後、浜離宮で拝見したのは、すっかりやせて腰かけるのも痛々しいお姿でした。しかし、演奏は魂を深く揺さぶるものでした。心が洗われ、目頭が熱くなりました。「自分が好きな曲を、根を詰めて弾くのよ」児童への杉谷様のお声がまだ耳に残っています。一途にピアノ演奏を追求し燃焼し尽くした杉谷様。温かなお人柄と麗しい音色。生涯忘れません。心よりご冥福をお祈りいたします。

（たなかよしえ）
義務教育及び教育委員会に四十年間奉職、ヴァージニア州立大学大学院留学、ブラジルの日本人学校派遣教諭

昭子さんの死を悼む

徳丸喜久子

〝杉谷昭子〟という偉大な芸術家のご逝去に対してファンの一人としてどうしても弔意を申し上げたいという止むに止まれぬ思いです。

昭子さんがご逝去されたことは、岡野治子さん（註：元清泉女子大学学長）から聞いたんですよ。それも偶然でした。ショックで一瞬息ができませんでした。そのあと悲しくて涙が止まりませんでした。昨年の5月8日にお亡くなりになったのですね。もう一年以上が過ぎてしまいました。私たちから美しく心温まるピアノの響きが一つ消えてしまいました。なんという喪失でしょうか。謹んで心からお悔やみを申し上げます。

昭子さんは心ゆくまで音楽にご専念された人生でとてもお幸せでしたね。それも夫君の岡田さんの全身全霊の支えがあったからだと思います。

最愛の人を失うことは二度と立ち上がれないと思えるほどの悲しみと苦痛です。それでも時が経つにつれて、今まで忘れかけていたような小さな楽しかった思い出が次々に蘇ってきます。そしてかけがえのない人が今も自分のそばにいてくれていることがわかります。

大学の先輩でいらっしゃる岡田さんは37年以上の在独中、ご自分のお仕事と並行して、昭子夫人を公私に亘って支え続けてこられたことは人並みの努力ではできないことだと思います。

メールによると岡田さんは難聴が悪化されているご様子、慈悲深い神は「ひとが背負えないほど重い十字架は与えない」はずなのに、なんという試練でしょう。ベートーヴェンを心の支えにして下さい。

最後に昭子さんのコンサートを聴いたのは浜離宮朝日ホールでした。背中が痛いからとおっしゃりながら椅子にゆっくりとした動きでクッションを調節しながら重ねていらっしゃるご様子をいたいたしく目の当たりに拝見しておりました。

ところがひとたび鍵盤が動き始めると、かつての昭子さんと変わらない力強い、いやそれどころか、さらに繊細な玉を転がすような音が鍵盤と指の間から聴く人に力強く訴え迫ってきたのです。思わずなんと美しい！　と心の中で叫んでしまうほどでした。次の瞬間「なーんだまだまだお元気なんじゃない」とほっとしたほどでした。ほんとはどんなにかお辛かったのでしょう。

ピアノ演奏家としての音に対する彼女の執念だったのですね。

ネットでプロフィールを拝見しましたが、演奏会のために文字通り秒刻みの移動をされていたご様子。長い間おからだを酷使されていたのでしょうか。モーツァルトが早世したのも、子供のころから、馬車でヨーロッパ中悪路を移動していたのが一因とか。

彼女のＣＤをＢＧＭで聴きながら【ピアノソナタ Vol 9】この原稿を書いています。

（とくまるきくこ）
上智大英語学科卒。「外国人研修生として Commerzbank からの招待」を受けて渡独（１９６９‐１９７１）。その後航空会社勤務（１９７１‐１９９７）。１９６９～２００９年の40年間在独。

杉谷先生と2人の子どもたち

中山民子

杉谷先生について語る時、私の2人の子どもたちを抜きにしては語れません。何故ならば、2人にとりまして、先生は余りにも深く心の底まで刻まれた方だからです。

まず長男（現在48歳）が小学校2年生の時、先生が日本で本格的なデビューリサイタルをおやりになりました。当時の郵便貯金ホール（目下はメルパルクホール）でのリサイタルでした。「あの時舞台に上がって真っ先に先生に花束を渡したのはオレなんだぜ！」といまだに誇らしげに申します。

その後、高田馬場の方で、毎日コンクールに出るお姉さんたちの会があるので、ぜひとも来るように。そして何か先日とは違う曲を持ってくるように、と先生から電話をいただきました。

そこで「大変才能豊かな坊ちゃんです。本格的におやりになりたいのなら、私が日本に帰る度に見てもイイですよ。ただし、いい加減な気持ちで来てくれては困る！」とキッパリと言われました。

当方としてはまだ一人っ子でしたし、たった1枚しかない切り札を「ピアノの道」と決定してしまって良いものかどうかさんざん悩みました。

その後も先生が当時いらした練馬区の方のマンションのホールでも弾かせていただいたりも致しました。さらに足繁く先生のリサイタルには親子3人で必ず伺わせていただいておりました。

その後10年ぶりに第2子（女の子）ができました。10月で2歳になり12月のクリスマスコンサートに、娘にサンタクロースのかっこうをさせて連れて行きました。この時はお茶の水のカザルスホールでした。2階のテラス席から先生がアンコールでお弾きになったショパンのワルツがあまりにもステキでしたので、夫も私も大声で「杉谷先生！　杉谷先生、本当にステキ」と叫んでしまいました。

数日後、先生より長い長いお手紙をいただきました。「あまりにもお嬢さんが可愛くて見とれてしまいました。ヨシ！　私もがんばってぜひとも女の子を生もうと決心しました」と記されてありました。

その後、娘が小学生になって間もなく、先生が「日本洋琴クラブ」をお作りになりました。ちょうど私どもの近くの西武線の鷺宮《さぎのみや》駅近くの「杵渕《きねぶち》ピアノ」が会場でした。

初めて娘が先生の前で弾いたのは「人形の夢と目覚め」でした。

「良かったよ！　まるでお人形さんが踊っているみたいだった」と言っていただきました。

後日娘が申しますには「あまりにも嬉しくてポカンとしてしまって、ありがとうございますって言えなかったんだよね」とのことでございます。

流石に高校入試の直前は少々ムリでした。大学に入ってからもボチボチ続けてはおりました。

娘の場合、本当に心底ピアノを楽しませていただきました。またいつも先生にあたたかいお言葉をかけていただき、心からの「ぬくもり」を先生から受け取ったと申しております。

子どもたちが2人とも申しますには、「杉谷先生には数え切れない程のものを与えていただいて、感謝のみってところだよ。今となっては全て美しい想い出しかないなあ」とのことでございます。

杉谷先生、本当にいろいろとありがとうございました。心から先生のご冥福をお祈り致します。

追記：岡田裕様について

大学時代の同級生。心底おやさしくて、いつも人の立場になって物事をお考えになられる方。またどこへいらしても必ずリーダーになられる方です。少し耳が肥えすぎていらして「ケムッタイ」けど！　彼だからこそ杉谷先生とうまくやって来られたのだと思います。

（なかやまたみこ）
大学3年の時先輩に押しかけられて「５００円払うからピアノ教えてよ！」と言われて、その後何となくお弟子さんがついて結局21歳から65歳までピアノ教室を経営。目下マンドリンに入れ込んで40年以上経つ。年に数回の「出前演奏」を行い、月に2回は先生についてしっかりとLesson に通っている。夫君の伊佐山芳郎《よしお》氏は日本で初めて「嫌煙権確立を目指す法律家の会」を結成した弁護士。

杉谷先生との出会い

西山忠壬

杉谷昭子先生の訃報に接しご主人の岡田裕さん（当協会評議員）に心からお悔やみ申し上げます。

先生と最初の出会いは、私の下関市小串小学校の同級生で無二の親友である浜口君が広島市で病院を開業し、趣味の日本画を現地での展覧会に出品したおり、フランスはパリにある画廊の社長の目に留まり、パリで個展を開く機会に恵まれ、そのオープニングセレモニーで招待客を前にピアノの演奏をされたのが杉谷先生で、そのご縁で浜口君が故郷小串でも演奏会を開催されました。そこで杉谷先生を紹介され、その後東京では浜松町にある朝日ホールで毎年のようにリサイタルが開催され素晴らしいピアノ演奏をご披露されその名演にうっとりとしたものです。この演奏会も開催直前に、ご病気のため急遽キャンセルされ、早い機会に復活されることを願っておりましただけに、今回の訃報により二度と名曲を聴かせていただくチャンスが無くなり、本当に残念至極です。

ここにご冥福をお祈り申し上げます。

（にしやまただみ）
公益財団法人日独協会元理事

杉谷昭子さんの音楽への思い

林　吉男

杉谷昭子さんは１９８４年2月2日の和歌山市立雄湊小学校から２０１０年10月5日の高野町立高野山小学校まで和歌山県内の小・中学校や幼稚園、高校等を85校も訪問され、コンサートを自費で行いました。聴取された生徒は約2万名です。

その学校でのコンサートは「トークコンサート」と名付けました。コンサートは昭子さんが一人で曲目の紹介や解説を行って演奏するからです。そしてトークコンサートに随行したのが「どってこ過激団」です。メンバーは杉谷昭子さん、昭子さんと高校の同級生の稲垣紀子さん、講演会総会でいつも合唱指導をしてくださる高瀬優香さん、林吉男と妻の林和美、娘の林倫子と「どってこ」です。

　昭子さんのＣＤ「誰も寝てはならぬ」発売直後の「杉谷昭子後援会」総会で、私が「歌劇」を「過激」と入力変換間違いをしたところ、昭子さんが面白がって学校訪問メンバーの名前にしようと言われ、「どってこ過激団」となった次第です。

　トークコンサートでは生徒数５００人を超える大規模校から山間の15人くらいの小さな学校まで、またアップライトピアノしかない学校もありましたが、昭子さんは気軽に校歌や希望曲と、聴いてほしいクラシック曲や即興で弾いた曲に林倫子がどってこを持って「どってこ踊り」をすると生徒たちは大喜びです。

　昭子さんがピアノや音楽に対する情熱や愛情は全国各地におられる門下生に伝えられていますが、この学校訪問トークコンサートで本物のピアノ演奏を聴かせて、「将来、音楽の道に進む生徒が出てくれたらどんなにか嬉しいことかと思う」とよく言われていました。

（はやしよしお）
和歌山　杉谷昭子後援会 事務局長

写真 林ご夫妻は左から二人目と三人目。真中は仁坂吉伸和歌山県知事。
稲垣紀子さんの項参照。

私の原点――杉谷昭子先生

平野歩美

杉谷昭子先生を偲ぶ……私にとってそれは自分のルーツを思い興す作業とほぼ同じ意味があります。幼い頃の記憶をたどるとピアノを弾く自分、そしてその頃の師である昭子先生がいるのです。

　先生との出会いは１９６７年。３歳から通い出した東京都港区の白金自由学園という音楽教室で、音符の読み方から手ほどきを受けたのでした。当時先生はご自分の演奏活動の傍ら武蔵野音楽大学とこの自由学園で指導されていました。幼かったため断片的な記憶しかないのですが、２年後の発表会用にと選んで下さった「エリーゼのために」がとても難しかったのを覚えています。

　そしてこの発表会の直後、１９６９年９月岡田裕先生とともにドイツへ出発された昭子先生を羽田空港でお見送りした際、一生の宝物となった記念の直筆サイン入りの色紙をいただきました。

　その後は帰国されるたびにレッスンをしていただくという形が10年ほど続きましたが、先生のアドバイスは一貫して「音楽を志すのなら学校なんか辞めて早くドイツへいらっしゃい」で、それが現実味を帯びてきたのが高校1年生の冬、１９８０年末のことです。下見調査は必要と親も支援してくれたので、ドイツへ戻る先生について行きデュッセルドルフに3週間滞在することができました。その上1月に行われた現地の生徒さんの発表会にも飛び入り参加させていただき、ロベルト・シューマン・ザールの素晴らしいステージでグリーグのピアノ協奏曲第1楽章を演奏するという幸運にも恵まれました。

　翌年5月に本格的な留学となり、ケルン音楽大学へ入学した以降も岡田先生・昭子先生ご夫妻に本当にお世話になった事は言うまでもありません。アムステルダムの美術館見学、東独での冒険旅行、ウィーン音楽家墓地巡りなど数ある貴重な体験を共有させていただきました。

　私は今年20年近く暮らしたボンを離れドイツアルプス山中の村へ移転をしましたが、昭子先生の「どりょくとにんたい」は半世紀を過ぎた今でもピアノの傍で活を入れ続けてくださっています。

（ひらのあゆみ）シュルマン歩美　ケルン音楽大学卒業　ドイツ在住

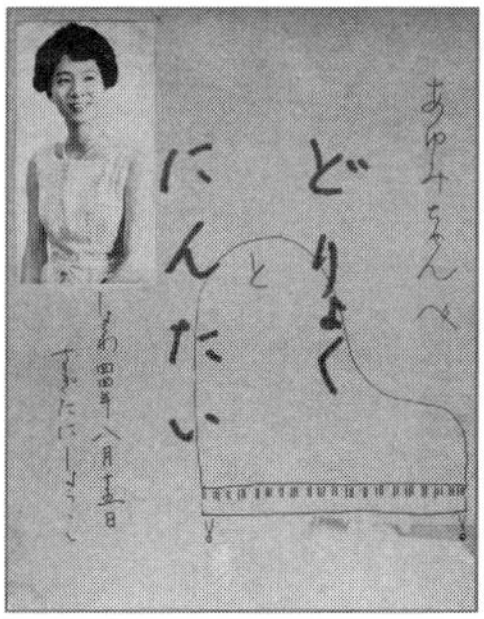

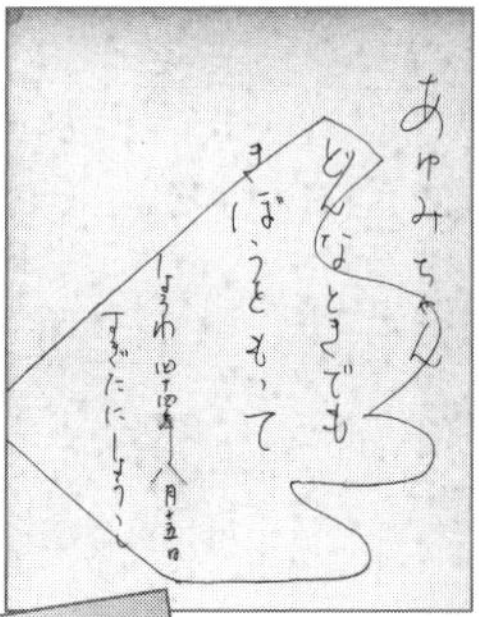

シェーファー夫人と杉谷の間の奥に平野歩美さんと三後真絵さん。
第１章 34 ページのイラスト参照

杉谷昭子先生を偲んで

福田成康

杉谷昭子先生は、私どもピティナにとって、第一号の会員です。

私も、創立者だった母・福田靖子とヨーロッパに行ったときには大変お世話になったのを思い出します。

本場のヴィヴィッドな情報を伝えてくださり、演奏と指導の両面で活躍された、まさに余人に代えがたい存在です。

近年では、主催した『ヨーロッパ国際ピアノコンクール in Japan』をピティナ提携コンクールにしていただき、その運営では「外国人審査員による審査」を特長としてこだわり、コンクール終了後に審査員から直接口頭で講評を受けられるという、新たなスタイルを提示していただきました。

終生変わらず、現場を駆け回り、粉骨砕身されていた姿が今も目に浮かびます。

追悼のコンサートでも分かる通り、先生の志は先生を尊敬する多くの門下生に引き継がれました。

個人の命は有限でも、組織の命は無限です。

私も、杉谷昭子先生の音楽への情熱を次世代につないで行くべく、働いて参ります。

どうかこれからもお見守り下さい。

（ふくだせいこう）
ピティナ（一般社団法人全日本ピアノ指導者協会）専務理事

杉谷先生との愛いっぱいな日々に感謝

福本幸子

２００３年杉谷昭子先生との出会いは突然でした。杉谷昭子先生から音楽を学びたい、その一心から講座とプライベートレッスンをお願いしました。講座は１０５回を超えました。初回開催終了時、お庭で参加者の方々とのランチをして先生が喜んでくださってから毎回午前中に講座終了後、先生を囲んでランチをし、午後レッスンとなりました。前日福岡入りして我が家のピアノをずっとずっと夜遅くまで弾かれる先生の姿に、いつも感銘を受けました。ピアノルームに響く美しい音楽！　杉谷先生はいつも天職である音楽とともにありました。こうすれば子どもに音楽をピアノ奏法を教えられる……と集まっている20人のピアノレッスン生といつもまっすぐ向き合い、たくさん大笑いし、こちらの話を良く聞いて下さり、言葉はいつも心に響きました。生徒さんたちもどんどん音楽のとりこになっていきました。心地よく楽しい時間は宝物でした。福岡市南区にある我が家は、事業は会社形式にしていますが普通の民家ですのでお食事もお泊りもできます。先生に合わせ、椅子やテーブル、いろいろなものが増え続け、ウッドデッキをリフォームしたり。たくさんお泊りいただき、家族の中にいらっしゃるのが自然になったある日、我が家のコーギー犬蘭ちゃんの絵を描いてくださいました。「蘭ちゃんかわいくて、絵を描くよぉ！」とおっしゃって蘭がそこにいるような絵が出来上がりました。思いついたことは何でもやる。喜びとやる気をたくさんいただきました。いつも【ありのまま】という言葉がぴったりでした。先生は、「やってみせて、心を動かすことが大事で『心』が人を動かす」と言われていました。先生との出会いで今の私がいます。杉谷昭子先生とどってこちゃんの姿が今もここにずっとある気がします。今回、楽しかった日々、昭子先生の一言でどんなに希望や喜びをいただいたかを考える機会をいただきました。いつも、連弾をしたら「嬉しい」ととても無邪気に言ってくださり、一緒に音楽を楽しんで、細かいことを一緒になって考えて下さり、受け入れた分だけ受け入れて下さる。愛いっぱいな日々をありがとうございました。

写真右端が福本先生。

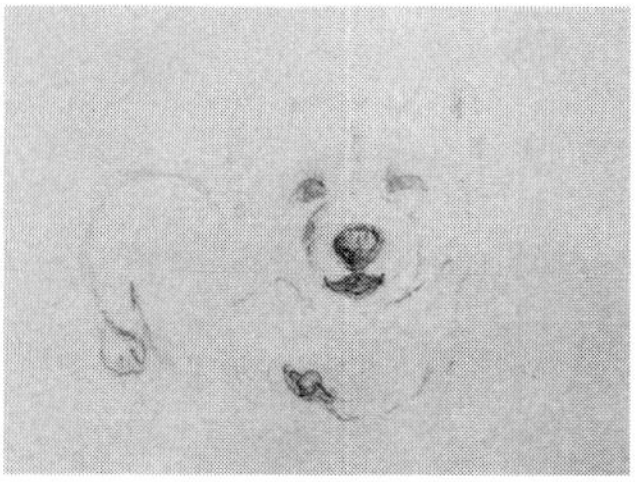
イラスト：杉谷昭子

（ふくもと　さちこ）
福岡市ユーオン芸育社

岡田裕先生を通して見た杉谷昭子さん

フックス真理子

音楽は好きなだけで、専門知識もなく、かつ杉谷昭子さんを個人的にはほとんど存じ上げていなかった私が寄稿するというのは、全く無謀なことである。にもかかわらず、あえてこれを書いているのは、ひとえに杉谷昭子さんのお連れ合いである岡田裕先生とのご縁による。

岡田先生は、私の大学の先輩、日本人学校補習校講師時代は事務局長、かつ私の博士論文や拙稿においては、手厳しい読者だった。道元やハイデッガーの哲学でも、教育学でも、マズイことに岡田先生の興味関心と私のそれがほぼ一致していたので、気が抜けない。毎回、詳細な批判的コメントが返ってきて、とことん自分が鍛えられた。

ところがその岡田先生が、唯一、実に柔和な、嬉しそうな表情になる場面がある。それは、杉谷昭子さんのコンサートの時だ。普段の岡田先生とはまったく違った人格が垣間見える。でも、本当に岡田先生は、杉谷さんの音楽を全部そのままで受け入れておられたのだろうか。

デュッセルドルフのトーンハレでは、しばしばコンサート前に、演奏者たちのトークが行われる。ある日そこに、サヴァリッシュが登場した。日本でも有名なこの指揮者は何を言うのだろうと、興味を持って聴いていると、司会者がこう水を向けた。「サヴァリッシュ教授、あなたは世界中のオーケストラを指揮していらっしゃいますが、オケによってその違いがありますか」この質問に対し、サヴァリッシュはこう答えた。「一番簡単なのは、日本のオケです。強く、と言えば、すぐ音が強くなる。弱く、と言えば、弱くなる。ところが、ヨーロッパのオケでは、こうはいかない。強くと言っても、自分はこのくらいが強い、いや、その解釈は間違っていると、大論争が始まるのです。本当に大変です」

もしかして、杉谷昭子さんと岡田先生は、コンサート前には、きわめてヨーロッパ的な面のあるこのご夫妻ならではの大論争をおうちでしておられたのではないかと、今ひそかに想像してみる次第である。

（ふっくす　まりこ）
１９５３年東京生まれ。ドイツ在住34年。上智大学大学院修了。デュッセルドルフ ハインリッヒ・ハイネ大学教育学専攻博士課程修了(Dr. phil.)。ドイツ、デュッセルドルフにて公文式教室指導者。

二つの演奏会――プロの姿

ホーヴィング幸子

杉谷昭子さんの演奏会の思い出で、頭に残っていることが二つある。その一つは１９７５年にデュッセルドルフであった日曜日のマチネーコンサートの場で起こった。

この日、演奏する日本人男性ピアニストが予定の時刻を過ぎても会場に姿を現さなかった。困った主催者は幸いにも、聴衆の中に杉谷さんの姿を見出したのである。彼女は同国人の演奏家に代わってピアノ演奏するのを引き受けた。バッハとブラームスを1曲ずつ、1時間のマチネーのために選んだ。難なく演奏が終わると聴衆は満足し称賛の拍手を送った。アンコールに応えハチャトリアンの剣の舞を、余力たっぷりに気分良く弾いた。その時、ピアノ線が一本切れたのを覚えている。

後日の新聞に「水に飛び込む」――ドイツ語で思い切った決断の意――という見出しで評論家の記事が載った。救援を頼まれた杉谷さんは、この予期せぬ事態に出合い果敢な行動を取った。実は、三日前にロベルト・シューマン音楽大学で演奏を披露していた。曲を完全にマスターしていたのである。

杉谷さんは即座に「飛び込む用意がある」と主催者に告げたのだった。

それから30年近く経った2003年に、岡田、杉谷夫妻の企画したホームコンサートがデュッセルドルフ＝ヘーアトで行われた。スタインウェイの演奏会用グランドピアノが二台用意されてあった。プログラムは三部からなり、各部でベートーヴェンのピアノ協奏曲三番、四番、五番が演奏される。二部で杉谷さんはその協奏曲第四番のオーケストラパートを受け持った。演奏後の休憩時間のとき、夫君の岡田さんに「昭子は初見で弾いたらしい」と教えられる。彼女が譜面を食い入るように追っていた顔が浮かんだ。プロはこういうことをやりおおせると感じ入った。

ハンブルク製スタインウェイD型が2台並ぶ杉谷昭子のデュッセルドルフの自宅スタジオ

1976年、デヴュー当時の杉谷さんの写真は揚々とした未来ににっこりと笑いかけ、初々しさがある。懐かしく思い出される。

（185ページ写真）

（ホーヴィング幸子）

上智大学独文科卒業、ドイツ在住

昭子さんとの四半世紀

堀井淳夫

2011年10月18日、（静岡県）三島市民会館で開かれた杉谷昭子さんの"復活演奏会"に下田から天城越えで駆けつけました。ステージに登場した昭子さんは病以前と変わらぬ若々しい姿で熱演、おなじみのトークの"昭子節"も健在で、ほっと胸をなでおろしました。会場の皆さんも同じ思いの様で温かい拍手がホールを満たしていました。

昭子さんに初めてお会いしたのは1980年代半ば、ドイツ・デュッセルドルフの近郊のお宅でした。案内された部屋にグランドピアノが3～4台ずらりと並んでいて度肝を抜かれました。現れた40代の昭子さんは"肝っ玉母さん"風の人柄で、たちまち引き込まれてしまいました。

帰国してからもご縁が続いたのは、ドイツから届くご主人岡田裕さんの丁重なクリスマスカード。そして昭子さんが帰国して居を構えられたのが東京・葛飾区青戸で、当時墨田区亀沢に住んでいた私は、かつしかシンフォニーヒルズでの演奏会に自転車で何度か駆けつけたものです。その後帰国された岡田さんが伊東に住まわれ、我が家が下田に移って同じ"伊豆人"になるという奇縁で今日に至っています。

昭子さんの演奏で強烈な印象が残っているのは、十数年前、東京・半蔵門のFMホールでの公演で、まさに〝鬼神が乗り移った〟ような迫力に、聴き入り見入った事が忘れられません。ピアニストの寿命は長く、70、80歳代で現役の名手は珍しくありません。昭子さんも後10年20年、入魂の響きを聴かせて下さるものと期待していました。

（ほりいあつお）
元朝日新聞ボン支局長、元浜離宮朝日ホール支配人、元朝日新聞文化財団事務局長、「杉谷昭子ファンクラブ in 伊豆」監事

レッスンでは常に本音で 生徒に全力で対峙された杉谷先生

松嶋知香

杉谷先生との出逢いは、2004年に弟子入りを志願して訪れた初レッスンで盛り上がり、その時たまたま家族の不幸で福岡行きの飛行機に乗り遅れそうな私を、憧れの大ピアニスト杉谷昭子先生が自ら運転して送ってくださるという信じられないエピソードで始まりました。車中では渡欧時の話やアラウやアルゲリッチとの親交についても語ってくださり、感動で夢心地のまま空港で過ごしたのを覚えています。ご自身もコンサートでご多忙な身でありながら、レッスンでは常に本音で生徒に対峙し、来日したピアニストとのレッスンや共演の場など、生徒たちが「一流」に触れる機会を提供してくださいました。演奏旅行では、リハーサルや本番、ご自身が全力で練習される姿まで、全てを飾らず包み隠さず私たちに見せて伝えてくださいました。

2018年秋、コンクール受賞のご報告のため、私の生徒Kちゃんと杉谷先生を訪ねました。ご体調が優れず立ち上がるのも難しい中、Kちゃんが数曲演奏すると、先生はゆっくりピアノに向かわれ素晴らしいリズムと柔らかな音で手本を見せて、遂にはメヌエットまで踊ってくださいました。「将来が楽しみな門下生が増えて嬉しいわ。頑張って育てるのよ。知香ちゃん、握手しよう」と両手で何度も手を握ってくださいました。立派な関節がご自慢だった先生の手は、私の手にすっぽり収まるほどに華奢になられていましたが、魂の宿る繊細な指先に思わず涙が溢れました。生徒のために全力でレッスンされる先生のお姿は、出逢ったときと何ら変わらず、その情熱に胸を打たれました。

杉谷先生との思い出は私の人生の支えです。「演奏活動、教職活動、妻として

母として、知香さんなら全部おできになると信じています。ピアノを愛し豊かな人生を歩んでください」２００９年にいただいたこのメッセージに励まされ、４児の母として、指導者として、悩んだときにはいつも勇気をいただいております。先生の素晴らしい音楽と体験を後世に残すべく、これからも生徒たちと一緒に励んでまいります。

（まつしまちか）
表参道レーネ音楽教室主催、幼児から実年、音大受験生まで幅広く指導に当り、数々の指導者賞を受賞。２００６、２００８年ポーランドのプリマヴィスタ弦楽四重奏団と共演。杉谷昭子門下生コンサート実行委員。

ピアニストとピアノ調律師の切磋琢磨の始まり

松永正行

「松永さん、私には今はあなたの音が一番いい、でももっといい調律師が出てきたら変えます。あなたも私と同じように、あなたを必要としてくれるピアニストが出てきたらそうすればいいのよね」「もちろんです、むしろそうあるべきですよ」と、世間を知らない芸道行為の純粋性にしか意識がなかった私は、当然の如くにその言葉を受け止めていた。が、いかに無謀で無知なことであったか。ピアノ演奏界のことを知り、牽引して行こうとする人であればあるほどに、その純粋性を求め、貫き通そうとすることの難しさを実感されていたはずであったろう。

　つまり、舞台に立とうとする人は不特定多数の聴衆という人々を募らねばならず、ここに楽器と音楽業界との関わりの難しさが発生し、純粋な美的表現の可能性が損なわれていく現実がある。顧みれば、杉谷先生はその負の面を認識されながらも、よくぞ私を最後まで起用され続けられたものだと、その目指し求め続けられた美的表現、その姿勢と勇気に頭が下がるばかりである。

　これはそんな先生との最初の出会いを認《したた》めた拙文であるが、ここに感謝の気持ちを込めて掲載させていただく。出会い、その相手が自分の人生に及ぼす影響をかみしめている人は多いであろう。私もそのような係わりを持つ人が２～３人いて、その中でもピアニスト杉谷昭子女史との出会いは調律師という職業柄、改めて重要な存在となっている。彼女にとって、何が私との係わりを深めることになったのか。

　彼女はピアニストとして、求めているものはその表現の素材である「音」との係わりであったろう。私はそれを叶える音創りをする者として、互いに求め合う〝限りなき美への追求〟といったところであったろうか。

　そんな彼女との出会いは、私にとって実に印象的で、その時の彼女の様子、また（その時は要望に応えることは出来な

かったが）調律に求められた要望を忘れることは出来ない。出会いの場は１９８４年２月、山口県小野田市民会館大ホール。開演14時30分。聞かされたところによると彼女は通常にない「音」へのこだわりを持つ、ドイツ帰りの新鋭女性ピアニストという。調律開始朝10時、と言われた私は満を持し、早めの9時に到着した。せめて事前にピアノの状態だけでも知っておきたい、そんな思いからであった。不揃いな音だけ拾い直し、気持ちを込めて調律を仕上げ、ピアニストの来館を待った。時が経ち出入口通路の方から女性たちの話声が近づいてくる。近づくにつれ、その中の1人の声、言葉遣いは可愛らしいが、いかにも堂に入った声質に私は気を惹かれた。

　恐らくこの人物がピアニスト杉谷昭子であるに違いあるまい。私は入室してくる人を待ち受け、どんな風貌をした人物か、興味をもち入室口を見下ろした。3人の女性である。真ん中の女性がその人であるのだろう、両脇の女性とは醸し出す雰囲気が違っている。しかし、私は意想外な気分に包まれた。こげ茶色のコートと言うよりマントと言った様なものをまとい、そのせいか小太りに見え、ヨーロッパ帰りのハイカラさは微塵も窺えない。声だけは場をくぐり抜けてきた者のみが持つ、あの独特な、すごみを利かせた声をところどころにおわせている。紹介とともにピアニストは言う。

「私は自分の音づくりにこだわりがあって、調律は普通の平均律調律ではなく、ヴェルクマイスター〝ⅠのⅢ〟でやって貰っています。その音階造りで合わせて貰うと、響きが立ち昇ってゆくようで私の好みに合うの。今日はその方法でやって貰っていますよね」

　音へのこだわりを持つピアニストであることは聞かされていたが、私には音階造りに平均律調律ではなく他の音階造りを求められたのは実際初めてのことであった。経験不足もあって、私は一瞬戸惑いを覚えたが、彼女の言う立ち昇ってゆく響き、その言葉と私自身の 調律から醸し出される響きに共感を抱き「先生、僕の調律は平均律とはいっても一風変わっていて、音の立ち上がり、透明度は抜群で、他の人の調律とは全く違っています。僕は今、先生の話されたその音階造りの数値を知りません。ですからその調律をすることは出来ませんが、一度僕の平均律調律を試してみて下さい」

　このことがきっかけとなり以後関係性は深まるのだったが、先生の要求はとどまる処を知らず、私は試行錯誤の連続、鍛えられたのであった。先生ご自身、曲想はもちろん、演奏スタイル、音色等、有名無名、年長年下を問わず誰彼となくその関心事について質問し、取り入れてみる。まさに「遠くまで響く柔らかな美音」を一途に求める芸術家魂そのものの生き方の人であった。

そんな先生が亡くなられる1、2か月前だったか、「松永さん、あなたに調律してもらった時には終了後、涙を流している人が何人もいるの……」このお言葉を忘れることはできない。


（まつながただゆき）

ピアノ調律師。株式会社松永ピアノ代表取締役。2005年ハンブルクのスタインウェイ社で「ライラ賞」受賞。

アンビバレンツ
——ある町医者の杉谷先生の思い出

松永貞一

杉谷昭子というピアニストがいた。ベートーヴェンのソナタと協奏曲の全集を成し、ブラームスのピアノ独奏曲全集を編み、その他、幾多のピアノ名曲を録音し、音楽雑誌では何度も取り上げられた逸材だ。その大ピアニストがある日突然下町の開業医である僕の目の前に患者として現れたのである。一応、クラシック音楽ファンである僕は驚きドギマギした。
たしかインフルエンザの検査をするために鼻の穴に綿棒を入れさせてもらう事になったのだが手が震えてスンナリ行かなかったことを覚えている。
それからは、いくつものリサイタルに招待されるようになった。時には、伊東まで『皇帝』を聴きに行ったこともある。一介の町医者の僕が書いた稚拙な感想文がレコード芸術や伊豆新聞などに掲載されたこともある。＊
とはいえ、あくまでも音楽は素人。究極の処、杉谷先生の芸術の神髄の表面を撫でただけなのだが、診察を通して知っている現実の生身の人間と、その同じ人間が芸術家として舞台の上で紡ぎ出す素晴らしい音楽のアンビバレンツには、いつも面食らっていた。

僕は杉谷昭子の沢山のCDやレコードを持っているが、一番よく聞くのはバッハのシャコンヌやブラームスの小品などが入った“Shoko SUGITANI in Live”（Fontec）。ここに入っているブラームスの小品は先生のピアノ独奏曲全集にも入っているが、何故かライブのこのCDの演奏のほうが先生を彷彿とさせる気がする。
しばらく患者として来ないな～と思っていると、ふらっと現れていた先生だったが、昨年の冬、突然、秘書の方から電話があった。今、先生はかなり重たい病気に罹り加療中だが、ある大学病院の先生にも診ていただきたいので、道を作ってほしいということであった。それが、僕の医者としての先生

＊第２章 209 ページ下段参照

への最後のお手伝いとなってしまった。

今、上記のCDからブラームスのワルツを聞きながら、この文章を書いているのだが、何か、明日あたり、いつもの調子で「お久しぶりです」と言って診察室に入ってくる感じがするのは、単なる幻想だろうか？　いや、杉谷先生は不滅なのだから、また、風邪などひいて、ヒョッコリとやって来るに違いないと僕は確信しているのです。

（まつながていいち）
内科医、東京都葛飾区永寿堂医院長

杉谷先生と岡田先生

ヤストラム京子

いつものことながら今日も主人と私はドライブ中であり、杉谷昭子先生のCDでベートーヴェンのピアノソナタの演奏を楽しみながら主人はこころ落ち着いて安全運転、私は隣でうっとりという訳である。このように昭子先生の音楽は、いつでもどこでも私達を楽しませて下さっている。

先生が世界にデビューされる1970年後半、故郷の和歌山でリサイタルを開かれた時、*主人は仕事の関係で日本に滞在しており、私達はこころ弾ませて和歌山まで拝聴にかけつけました。その時主人は特にバッハの曲の演奏の時、ひどく感動したことをあとで話してくれました。

「あの曲はいつも聴きなれているのだが、今夜のバッハは全く違う解釈をされた新鮮なバッハだった。胸を打たれたよ」と音楽好きな主人は半ばボーっとしながら言っておりましたが、その後もちろん昭子先生の大ファンになりました。

私は先生が東京藝大を最優秀の成績で御卒業後、西ドイツに留学された少しあとにお知り合いになりました。先生は人間として素直で純粋でこころ優しい方でした。ただ普通の人達と違うところは常にピアノを身体全体に感じさせるオーラがある方でした。そういう先生はデュッセルドルフで岡田裕先生とご結婚されました。ご結婚後は昭子先生はますますご活躍され、ドイツのみではなくヨーロッパのあちこちで演奏され成功しておられました。それはご主人という大きな大きな力があったことを私は信じております。

ご主人の無償の愛、広大な愛に支えられて先生はのびのびと自由な心でピアノの世界にたっぷりと浸ることが出来ました。ご主人は昭子先生ご自身のみならず、何より先生のピアノを愛しぬいておられました。時にはマネージャーとして時には父親のような愛でどんな時でもしっかりと支えておられました。

今はご主人の眼の中で「昭子がんばれよ」とおっしゃりながら先生のピアノに浸っておられるでしょう。きっと多くのファンの方々も（主人と私も含めて）先生のピアノで心を和ませていることでしょう。

「ありがとうございます昭子先生‼」

（やすとらむきょうこ）

大阪音楽大学卒。ケルン大学音楽学部卒。元デュッセルドルフ市立クララ・シューマン音楽学校教師。長年デュッセルドルフ日本クラブの日独交流活動に際しお琴の演奏で貢献。

（＊）（カール＝ハインツ・ヤストラム、Dr.）

ケルン大学卒。ヘンケル社勤務。ヘンケル＝フィリピン社社長、日本ヘンケル白水社社長。退職後北ドイツ、エルベ河畔ヒッツアカー（Hitzacker）市長。

杉谷先生の思い出

山浦美穂
山浦良夫

杉谷先生に初めてお会いしたのは、今から約45年前（１９７５年頃）の水戸のコンサート会場の控室でした。お目にかかったその瞬間、以前、私のお弟子さんのお母様から「親戚に、昭子ちゃんというピアニストがいて、ショパンの作品25－12を目のくらむようなスピードと迫力で演奏してくれて、家のピアノがアコーディオンのように伸びたり縮んだりするようだったんです。そして、その素晴らしさに、私も子供達も目を丸くし、感動して聴いたことがあるんですよ」という話を伺っていたのをふと思い出し、「もしかして、宇宙物理学者の、大林辰蔵　東大教授の御親戚の方？」と伺ったところ、「そうです」とおっしゃって、その奇遇に驚き、お互い演奏する前だというのに、楽屋で話が弾んだことを覚えています。

その時先生は、ショパンの「バラード第一番」をお弾きになりました。

また偶然は重なるもので、和歌山では杉谷先生のピアノの先生と私の先生は師弟関係で、両先生とも東京藝術大学ピアノ科のご出身で、隣どうしでピアノを教えていらしたのですが、杉谷先生が東京藝術大学を受験される前には先生のところを訪れて、学校についての話を聞きに行かれたと伺いました。「もしかしたら子どもの頃に私とすれ違いで出会っていたかもしれないわね」などと話していらっしゃいました。

いろいろとご縁があって、それからというものはずっとお付き合いをさせていただきました。また、杉谷先生の日本でのコンサート準備のお手伝いを微力ながらさせていただきました。

真夜中、青戸のマンションで先生のピアノの練習を聞きながら、徹夜でコンサートのパンフレットを送る準備をしたことも今では懐かしい思い出になっています。「日中は電話がかかってくるので、落ち着いて練習ができない」とおっしゃり、真夜中になってからピアノの練習をしていらっしゃいました。いつもバイタリティーに富んだミスのない素晴らしい演奏を

なさり、アンコールのファリャの「火祭りの踊り」を楽しそうに力強く演奏をしてくださった、あの大ホールの響きが今でも耳に残っています。

　開催したコンサートの中には、皇太子殿下（現在の天皇陛下）がサントリーホールに御来場下さった、思い出深い事もありました。

　音色への追究心はすさまじく熱く、研究会をいろいろな場所で開催しご指導くださいました。受講している人々に目を閉じてもらい、「どちらの音の方が良いですか?」と質問され、いろいろな弾き方で音が変化する様子、また、椅子の高さを変え、鍵盤にのせる指の置き方で音色が変わってくることなど、熱心にご指導くださり、美しい音の出し方を教えてくださいました。

〈コンクール創設〉

　ピアノを勉強している方々に、ヨーロッパの音楽、また美しい音を身につけてほしいという趣旨で、「ヨーロッパ国際ピアノコンクールin Japan」を立ち上げられました。このコンクールは、受けた方々、一人一人に審査員の先生が講評を書くことになっているのですが、杉谷先生にあってはこれからの勉強に役立ててほしいという願いを込めて、用紙いっぱいに書いていらしたのを覚えています。もっともっと長く御審査していただき、多くの方々に先生のお考えを広めていただきたかったのですが、お亡くなりになりとても残念に思っています。杉谷先生のコンクールに対するご遺志を絶やさないようにして行く工夫を、残された皆で考えていかなければならないと思っているところです。

　青戸のレッスン室で、ベートーヴェンのトリオの伴奏のレッスンをしていただいた後、「私の言いたいことがわかってくれているのね」とおっしゃって、涙を流してくださったのですが、今思えばそれが先生との最後のお別れでした。

　微力ではございますが、先生のお言葉を思い出しながら、これからのレッスンで先生のおっしゃりたかった内容を少しでもお伝えすることができるように努力をしてまいりたいと思っています。

　ピアノの練習を「もう夜遅いのでやめなさい！」とお父様から言われるのがつらかったと伺っています。きっと天国で思う存分ピアノを弾いていらっしゃることと思います。

　そして、天国で、ベートーヴェンやブラームス等と語り合っていることと思います。

　これまで沢山のことを御指導してくださいましたこと、そして楽しくお話していただきましたこと、本当に有難うございました。感謝しております。心よりご冥福をお祈りいたします。

（やまうらみほ）
昭和49（1974）年 国立音楽大学ピアノ科卒業、同年ウィーンコンセルバトリウムにてグレーテ・ディッヒラーに師事。帰国後、都留文科大学非常勤講師を勤める。約30年間下野　昇氏の率いる合唱団の伴奏を勤める。現在、自宅でピアノの指導にあたる。

（やまうらよしお）
自動車メーカー及び技術者派遣会社で30数年間、車体設計、開発支援に従事。音楽はジャンルを問わず聞くのは好きだが演奏経験なし。杉谷先生とは40年近く前に初めてお会いして以来のお付き合い。美穂と一緒にファンクラブイベントやコンサートのお手伝いをしていたご縁で、コンクールは開催初年度から採点集計などをお手伝いし、2015年頃から、コンクール創設者の一人で亡くなった駒澤純さんの後を継ぎ、事務局業務にほぼ専念。

私とベヒシュタイン

山根祐子

杉谷先生がドイツで使用しておられたベヒシュタインを30年程前に譲っていただき、今日まで私のレッスン室で鳴り続けています。第二次世界大戦の中を潜り抜けてきたであろう製造番号No.29133の古いピアノですが、松永ピアノ調律師の高い技術で響鳴板再生などオーバーホールして、今もなお、愛情豊かな味わいのある、心に響くピアノとしてもったいなくも大切に使わせていただいています。

コロナのため、外出する機会が減り毎日ピアノと向き合っている中、昭子先生が弾かれていた曲を辿りつつ、ピアノから発する音色が先生の魂の賜物となって、語っているのではないかと錯覚を起こしてしまう時があります。その時は一瞬昭子先生を思い出し胸が熱くなります。山口県との関係はとても深く数えきれない程のコンサートやレッスンにお運び下さいました。訃報を聞いてから心に穴が空いている状態が続いていました。そして私のピアノ人生は昭子先生抜きでは考えられませんが、ベヒシュタインと共に先生の前向きな音楽に対する真摯なお気持ちと厳しさを、深い感謝の気持ちを込めて、心の中に持ち続けていきたいと思います。

（やまねゆうこ）
山口県萩市（元ピティナ山口支部代表）

30年前に杉谷先生から譲られたベヒシュタイン

去る5月8日、杉谷昭子先生が逝去されました（享年76歳）

柚岡一明

杉谷先生は、長年ドイツと日本を拠点に国際的な音楽活動を行い、著名なオーケストラとの数々の共演のほか「ブラームス・ピアノ独奏曲全集」や「ベートーヴェン・ピアノ協奏曲全集」などの録音も残されました。また、国際的なピアノコンクールの創設や、審査員も務められた日本が誇るピアニストでありました。

前述の、女性では世界初の録音のブラームスとベートーヴェンの2つの全集のほか、ベートーヴェンの「ピアノソナタ全32曲全集」録音（日本の女性ピアニストとして二人目）のCDワンセット（11枚）は、杉谷先生から協会に御寄贈いただきました。また、（公財）日独協会主催のクリスマス会ではピアノを演奏いただくなど、会員の皆様と親交を深めていただきました。杉谷先生のご厚情に重ねて感謝申し上げます。当協会は、クラシック界の歴史に刻まれた杉谷先生の偉大なご功績に、深く敬意を表するとともに、ここに謹んでご冥福をお祈り申し上げる次第です。

（ゆおかかずあき）
公益財団法人日独協会常務理事

長年にわたるピティナを通しての杉谷先生との関わり

由良佳久

私の杉谷昭子先生との関わりは、すべて一般社団法人全日本ピアノ指導者協会（ピティナ）を通じての事となります。

杉谷昭子先生とは１９９０年前後だと思いますが、ピティナ・ピアノ・コンペティションの課題曲説明会に千葉のホールにお越しになられたのが初めての出会いでした。日本でも現役のトップクラスのピアニストの演奏でピティナの課題曲を聴けたことは本当に幸せな体験で、今でも杉谷先生の独自の音色は鮮明に覚えております。

その後、20年以上前に兵庫県のピティナの本選の審査でご一緒させていただいたのが、2度目の出会いでした。さらに毎年1月に開催されていた杉谷先生主催のステップのお手伝いをするようになり、より身近に先生に接するようになりました。トークコンサートも聴く機会が増え、ますます先生の独自の音色、演奏に引き込まれていったのを覚えております。

先生が常にお話しされていたハーフタッチはあまりにも高度な技術で、その生の音を身近で聴くことができたことは、大切な宝物となりました。その経験が、多少なりとも私自身のピアノ指導者として、またコンクールの審査等でのよい演奏を判断する基準を与えてくださったと思っております。

先生のリサイタルも数回拝聴させていただきました。その中でも特に印象深い演奏会は、２０１２年の杉谷昭子氏（Pf）ウエルナー・ヒンク氏（Vn）デュオの夕べで、東京文化会館小ホールの最後列で聴かせていただいたにも関わらず、先生独特の最弱音のPPの音が、ヴァイオリンと溶け合って、ホール全体に魔法のように広がり、夢のような時間を過ごさせていただきました。

CDでは、先生の直筆のサイン入りベートーヴェンのピアノコンチェルトが、私の愛聴盤で大切な宝物となっております。

先生はお亡くなりになられましたが、先生のピアニズムは先生の多くのお弟子さんや私のように間接的にお教えいただいた者に永遠に受け継がれていくように感じています。

また微力ながらそうありたいと思っております。

（ゆらよしひさ）
一般社団法人全日本ピアノ指導者協会 評議員　千葉支部 支部長

ドイツ留学した頃の思い出

若林さつき

私が、杉谷先生に連れられてここドイツに降り立ってから、すでに38年になろうとしている。高校を出て先生のもとでドイツ留学の準備をしていた私は、希望に溢れてはいたがまだ分からないことばかりで、杉谷先生の存在が唯一の拠り所だった。時は１９８３年６月下旬。もちろんまだ西ドイツの時代である。

いろいろと変更があった末の初渡欧は、アエロフロートでモスクワ経由ローマ、そして翌日アリタリアでデュッセルドルフに入るという行程だった。

長い飛行時間を経て到着した初夏のローマは、夜8時だというのに驚くほど明るく、美しく暮れ行く街並みを昭子先生とそぞろ歩き、小さなかわいいノラ猫をこっそりホテルの部屋に連れ込んだり、とても楽しくて、初めて両親と離れた寂しさも、この日はすっかり消し飛んでしまった。

そして翌日デュッセルドルフ空港に到着して、いよいよ私のドイツ生活はスタートする。杉谷・岡田邸は、デュッセルドルフの隣町デュイスブルクにあり、かなり広い庭のある大きな一軒家だった。

そこではすでに先にいらしていた内弟子さんたちと先生のご主人の岡田先生との共同生活。当時はもちろん携帯もＰＣもなく、日本への電話は1分３６０円もする上、周りには全く日本人が住んでおらず、日本とは隔絶された生活だった。

そこでの生活の思い出はいろいろあるが、それにしても、居間に置かれた2台のスタインウェイのフルコンを自由に弾いていいという恵まれた環境は、他には絶対なかったに違いない。先生が日本から帰って来ると、一気に生活が活気付き、レッスンを受ける以外にもコンサートに出させていただいたり、とても充実した毎日となる。そしてケルンの音大に無事入ることが出来たのも、先生の温かく厳しい指導があったからに他ならない。

先生はレッスンにおいて何よりも音楽的な音、フレーズであることを求め、妥協することがなかった。そして先生からは、音楽のみならず、ドイツで生きていく喜びや厳しさをも身を持って教えていただいたと思っている。

私はこれからも、先生から伝授された音楽を自分の内で育み、そしてまた後世にも伝えていかねばならないと、改めて強く思う。

アルゲリッチさんと右端は秋葉芳美さん

ネルソン・フレイレさんと

昭子先生、たくさんの思い出と素晴らしい音楽を、本当にどうもありがとうございました。

私が敬愛していたフレイレさんの訃報に触れ、悲しみと共に、デュッセルドルフのトーンハレで聴いたラフマニノフのピアノコンチェルト第3番の出だしの美しさに心を掴まれたこと、（昭子先生の）ドッテコとそっくりだと先生やアルゲリッチさんが笑って、釣られて笑ったフレイレさんがますますドッテコそっくりだったことを思い出します。

ご冥福を心よりお祈りします。

（わかばやしさつき）
ケルン音楽大学を卒業後、デュッセルドルフ日本人学校音楽科講師を長年勤めるかたわら後進の指導や演奏活動を続ける。

杉谷昭子先生との想い出！

和田美里

36年前に杉谷先生とお会いしてそれから私の人生が変わりました。ここでは書けないような楽しいエピソードもありました。

出会いは、当時愛知県春日井市議会議長をしていた私の仲人が新幹線で先生にお会いしてその縁で最初の演奏会を企画しました。ベートーヴェンソナタ「月光」で始まりました。先生の熱いコンサートに興奮して集まったメンバーでミュージック・フォー・エヴァー21をつくり年に数回演奏会を開催しました。同時にファンクラブもできました。また先生のご提案で春日井市交響楽団が出来ました。そして先生のアドバイスでコンサートグループ「花の詩《うた》」を立ち上げ、今年で30周年を迎えました。

先生との思い出が多すぎて私にはいまだ実感がありません。先生の熱い演奏で興奮し、厳しいレッスンで生徒とともに涙し、愛ある美しい音楽に感動し、そしてお会いする度に美味しいお食事と尽きることのないお話しのひととき、どれをとっても忘れることのできない楽しい時間でした。最後の演奏会は２０１８年４月22日名古屋５／R Hall&Galleryでの演奏会でした。

前半の最後はベートーヴェンソナタ「悲愴」でした。楽屋では横になったままの先生に私は何度も「やめましょう。皆さんはここまで聞けたら幸せです」と訴えましたが杉谷先生は「和田先生ピアニストは90分弾くものです。私はまだ45分しか弾いていません。あと45分弾きます」何度やめましょうと言っても聞いてくださらず後半へ、そしてアンコールの最後は”カタリ・カタリ„先生もお客様も涙ぐんでいました。

先生の行動力、情熱を忘れずに、あたたかく厳しいレッスンをしていただいた生徒たち、応援していただいた「花の詩」を大切に、そしてなによりも私自身先生にいただいた心・生き方そして美しい音楽をできる限り伝えていきたいと思います。

感謝の気持ちを込めて……

（わだみさと）
コンサートグループ「花の詩《うた》」代表。ムジカ エルベ指導者の会代表。春日井市民文化財団評議員。杉谷昭子かすがいファンクラブ事務局。杉谷昭子アカデミー名古屋支部責任者。

第四章　杉谷昭子先生から学んだこと

門下生座談会

日時　2020年6月27日（土）13時～16時
東京・中目黒　株式会社　ハンナ

［司会］
羽住美里

［出席者］
岡田　　裕
（夫）

秋田悠一郎
（東京藝術大学ピアノ専攻、ピアニスト、在福岡市、日野市）

羽住《はすみ》美里
（東京医科歯科大医学部卒、尚美ディプロマ科ピアノ専攻修了。ピアニスト、ピアノ教師、在東京）

小田島常芳
（慶応大、首都大学東京法科大学院、弁護士、在東京）

下村　泰斗
（産業医科大医学部卒、精神科医、在北九州市）

渡辺佳代子
（上野学園大短期学部声楽専攻卒、国際線客室乗務員、ウイーン国立音大夏季ゼミ受講、ピアニスト、ピアノ教師、在東京）

安田　和代
（大阪音大卒、同大専攻科修了、パリ・エコールノルマル音楽院、尚美ディプローマコース修了、ピアニスト、ピアノ教師）

〈敬称略〉

羽住　２０１９年5月8日、杉谷昭子先生はたくさんの方に惜しまれながら、お亡くなりになりました。本日は長きにわたり、深く関わりのあった門下生にお集まりいただき、「杉谷昭子先生から学んだこと」を中心に座談会を開かせていただきました。発起人の岡田さん、ありがとうございます。誠に光栄でございます。僭越ながら司会進行を務めさせていただきます、羽住です。よろしくお願いいたします。

全員　よろしくお願いします。

■中学生の生徒にも「哲学を持て」と教えた

羽住　先生のいろいろな側面を、さまざまな方向からクローズアップしていきたいと思います。

まず、国際的なピアニストとしての杉谷昭子先生について、演奏家の方々それぞれ音楽に対するいろいろな考え方があると思いますが、弁護士でご活躍中の小田島さん、杉谷先生の音楽に対する考え方というものに対してどう思われますか。

小田島　先生の音楽に対する考え方というと、先生が私に最初に教えてくださったことでとても印象に残っているのは「哲学を持て」と言われたことです。たかだか中学生の私に……。先生は語彙が豊かでいらっしゃったので。（そう言われたのは）確かドビュッシーのパスピエを弾いていたときだったと思うのですが、「もっと『厭世的』な世界観が欲しいんだ」っておしゃって。私は「厭世的」の意味がわからなくて。その……「遠征」だと思ったんですよ、ナポレオンかと（笑）。でも、そんな曲ではないのでは？　と思いまして……。そうしたら、当時一緒に付き添ってくれていた母が帰り道に「厭世的なんて、先生素晴らしい言葉使われるわね」と言って。「あんまりそぐわないと思ったのだけれど」と答えたら、「あなた字を書ける？世を嫌うと書くのよ」と教えてもらいました。「『厭世的』っていう言葉があるのか」って。そのときのことをよく覚えているのです。中学2年生の時ですね。

下村　私だったら今聞いてもわからないかもしれない（笑）。

小田島　多分、ドビュッシーのベールで包まれたような、遠い感じを出して欲しいと先生は伝えたかったのだと思うのです。そこから「哲学のない音を出すな」と言われるようになりました。バッハ＝ブゾーニのシャコンヌを弾いた時、「あなたが音楽をやりたいというのはわかるけれど、音に込められた意味を考えて弾いて欲しい」と。それは、実際の「練習」だけじゃなくて、「曲をどれくらい深く知ろうとしているか」ということを慧眼で見抜かれて。そこを注意されることが多かったです。「弾けるようになった」と思ってレッスンに持っていくとすごく叱られましたね。

僕が個人的に嬉しかったのは、音楽大学に進むかどうか相談をした時に、「音大に進んでもいいけど、（音大附属の中高大だったので）あなたは高校大学とずっと受験もなくきて伸び伸びと音楽をやっているから、いろいろなことを吸収していろいろなことができる音楽家になったらいい」とおっしゃったんですね。「確かに」と思って（音大を受験せず）そのまま進むことを選んだのです。結局今後悔はしていないので、そういうふうにおっしゃってくださったことは私の中で大きな分岐点の一つですね。

羽住　小田島さんのルーツがここにあったのですね。渡辺さんはキャビンアテンダントとしての経験もおありですが、先生のことはいかが思われますか。

渡辺　2回目のレッスンの時に、先生に「心の声で弾くように」と言われて。そのときは幻想ポロネーズを弾いていて、私にとっては難しい曲だったのです。レッスンもとても厳しかったのですが、先生よりお声がけいただいた初めての本番で、山口県にある松永ピアノのスタインウェイを演奏し、「心の声で弾く」ことに集中したら、霊感が湧き最後まで弾ききれて、先生も喜んでくださいました。それからかなりたちますが、とても心に刺さったのが2016年にいただいた講評です。ショパンの《バラード第1番》を弾いたときに、「練習をよくするだけではなく、深い魂を育てなくちゃ。音楽は完全に精神的なものです。もっと冷静に燃えること、これにつきます」と書かれていて。まさに核心を突かれました。

岡田　裕氏

羽住　なるほど。杉谷先生は、哲学的でもあり精神的な深さもありということなのですが、それを具体的に演奏の「奏法」として私たちはたくさん学んできましたよね。このことに関して、岡田さんの知識をいただきたいのですけれども……。

■「昭子君へ」――岡田裕

岡田　1年前の6月22日に、伊東の「杉谷昭子ファンクラブin伊豆」で偲ぶ会を開いてくださったんです。そのパンフレットの中で「昭子君へ」というタイトルで原稿を書きました。多くのピアニストたちは「美しい音について求める」と言うのですけれども、具体的に言っている人がなかなかいないんですね。杉谷とずっと一緒にいたわけではないですけど、会うたびにいつも奏法について一生懸命苦労して努力しているところを見ていたものですから。それで、ぜひこれは言葉に残しておかなければいけないと思ったので文章にしました。読んでみますね。最初にエッセンの音大に留学した時の最初のレッスンのときからの話なのですけれど……。

あなた（杉谷）が一生をかけてピアノの研鑽に打ち込み追い求めたのは、「美しい音色、音」でした。そして多くのピアニストたちが目指すのも、皆この「美しい音」でした。ところがこの「美しい音」というのがくせ者で、具体的なイメージャ内容を明確に指摘する人はほとんどいなかったことを知っています。その点、あなたは別でした。クラシック音楽の生まれたドイツや、ヨーロッパの風土を体験して気づいた「本当の美しい音、音楽」とは、やわらかくて、あたたかい、それでいて音は遠くまで響き、鍵盤を強打しても音が汚く割れないという、一音一音慈しんで生まれる音色でした。なぜ音色にこだわったのか。それは、ソリストにしても、オーケストラにしても、その演奏者から出てくる基本の音色が音楽を悲しくしたり、つまらなくする、音楽の本質、基本だったからです。これに気づいてからは、あなたは来る日も来る日も毎夜ライン川を隔てて電話をしてきて、「今日その音ができたよ」と喜び、翌日の電話では「ダメだった」のくり返しでしたね。こうして多くの日本人が幼い頃から学ぶ「手の甲を卵をそうっと包んでできる丸い形にして、その丸い形から指を上げて打鍵する」という、いわゆる「ハイフィンガー奏法」の克服でした。ドイツでの最初のレッスンのとき、デートレフ・クラウス先生はあなたの演奏を聴いて目を丸くされ、「昭子、その指使いは一体なんだね？　そんなものは小包に入れて日本に送り返しなさい」と言われ、その日から両手の掌を鍵盤に沿って（アン・デア・タステ）演奏する奏法の習得に没頭することになったのでした。それをマスターしたのは50歳前後でしたでしょうか。それが出来てから、さらに軽い、やわらかい音を求めて歴代の多くの著名なピアニストたちの奏法を入念に調べ、こうして習得したのが、鍵盤を中程まで下ろすと途中でこつんとする箇所があり、そこで演奏するという、いわゆる「ハーフタッチ」で、これをマスターできたのは、60歳を過ぎたころでしたでしょうか。こうした2つの奏法から生まれる美しい音色が、日本の他のピアニストたちの音とは全く違うことに気付いた齊藤真知子さんが、伊東に伊豆ファンクラブを作ってくださいました。

※齊藤真知子　東京藝術大学卒業。井口秋子最後の生徒。杉谷昭子の後輩にあたる。

岡田　私が杉谷の演奏でいつも思うのが、「アン・デア・タステ（鍵盤に沿って）」と「ハーフタッチ」、おそらくこの二つが基本の姿勢だったのではないかと思います。亡くなる少し前に、あるとき「あなたの生徒たちはあなたの教えたアン・デア・タステとハーフタッチは出来ているの？」と聞いたら「出来ているよ」と言っていました。

全員　（笑）

羽住　杉谷先生からの教えを1番受けてらっしゃるのが秋田君。我が門下生のホープなのです。各地で演奏活動をされていますが、いかがですか？

秋田　僕が先生のもとを最初に訪ねたとき、今よりずっとバリバリッと弾いてテクニックもあったので、1回目のレッスンのときは褒めてもらいましたね、「あなたよく弾けるわね」って。褒められたと思ったら、2回目のレッスンから全てがダメ出しに変わりました。「音色の数が少ない」、「なんでこんな音出すの」という感じでひたすら……。「あれ、1回目に褒められたのはなんだったのだろう」と思って衝撃だったのですけれど（笑）。すべては、先生がおっしゃっている「美しい音楽」を思ったとおり奏でられるのであれば、もしかしたらハーフタッチでなくても良かったのかもしれない……。自分の求める音や音楽を表現するために必要な奏法として、ハーフタッチを提唱されていたのかなと思います。「ハーフタッチ」自体のことというより、僕は音色の種類についてレッスンの中ですごく求められました。最初のうちは、「あなたの音色は1個2個しかないわ」とずっと言われていました。先生に習い始めてから4～5年たった頃、門下生コンサートのとき「今日のコンサートでは、初めて秋田君のピアノから七色の音が聴こえたわ」って言われたことがありました。でも、「まだまだこれからね」みたいな感じで。「七色」が先生にとって多いのか……。まあ、間違いなく少ないですよね、指で数えられるわけですし（笑）。少しうれしい反面、すごく悔しい思いをしましたよね。まだそんなものかと。だから、「音色」っていうのは先生から教わった大事なことですね。先生に習っていると、どんどん繊細な演奏を求められていくし、自分でもそれが素敵だなと思うのです。ただ、気づいたら、コンサートをするとどこに行っても、どんな曲を弾いても、「きれいな音だね」とは言われるのですけど、逆に言うときれいな音以外がなかった……音色が減ってしまっていたのです。すごくきれいだけどBGMみたいな音楽になっちゃうわけですよね。ただ浅く、弱く弾くことがハーフタッチとかいい音なんじゃなくて、どんな弱い音でも響き渡る、どこまでも届いていく、響いていく……あの音こそが先生のハーフタッチであり、音楽に求めていることなのだなって。先生が亡くなられた後でも、何を伝えられたかったのか、どのように音を出されていたのか、演奏の仕方、タッチの仕方など、自分自身で研究しながら先生の音楽そのものを求めている毎日です。

秋田悠一郎氏

羽住　それは同感の門下生も多いと思います。さっきの岡田先生の言葉にあった「一音一音慈しんで」というのが、その通りだなと思います。美しいだけではなくて、なぜか涙が出てしまう音たち、魂たち……あれはいったいなんだったのでしょうね。

■「バリバリ弾くような音楽は本当の音楽じゃない」

岡田　１９７６年にケルン音楽大学の国家試験でブラームスの《ピアノコンチェルト第1番》を演奏したんですね。あの頃はデビュー前の、バリバリと向かっていく時代だったんです。

だからベートーヴェンはもちろんのこと、ベルリンとかロンドンのコンサートでは、ブラームスのソナタの1番、2番、3番を一晩で演奏していました。結構いい批評をもらったのですけどね。その頃、日本の批評家でも杉谷の演奏というのは「男勝りなバリバリとした演奏である」ということで、ずいぶん評判をとっていたんです。しばらくしてから、杉谷に「あの時の演奏はどうだった」と聞いたら、「私はあの演奏は満足していない、いいと思わない」というのです。「バリバリ弾くような音楽っていうのは、あれは本当の音楽じゃない」って。それで、「一つ一つの音を慈しんで弾く」方にむかっていったのじゃないかと思います。晩年の2018年、最後の門下生コンサートの後、《カタリ・カタリ》を弾きましたよね。演奏を聴いた批評家の森さんが「宗教的なニュアンスであった」という風におっしゃっていました。「曲のジャンルとしては宗教的なものではないのだけれども、杉谷さんの演奏は宗教的であった」と。本当に慈しんでいるような領域にまで到達したのだなという気がしています。

秋田　先生は、当たり前のように美しい音楽を奏でていらっしゃいましたが、自分たちはなかなかできないことの一つに、ピアノを「歌わせる」っていうことがあると思うのです。先生は誰よりも歌がお好きでしたよね。伴奏されたときにも、歌われるソリスト以上に歌のことを愛して理解されていて、ソリストとも音楽とも一緒に呼吸をして演奏されていました。絶妙な間というか……楽譜には記載されていない音と音の間によって、曲に魂を吹き込まれ、先生にしかできない息づかいを感じました。楽譜に書いてあることを僕たちは厳しく指導されているし、楽譜に書いていない変なことをするとすごく叱られますよね。でも、楽譜に書いてあるものをそのまま弾くのではなくて、その奥を読み解くことを常にレッスンで求められていましたし、何よりも先生ご自身が実践され、聴かせてくださいました。

羽住　なんだか今のお話を聞いていると、ピアノを弾きたくなりますね！

秋田　「等速打鍵」というテクニックも一応先生が提唱されていたテクニックで。

全員　そうそう！

秋田　これはアン・デア・タステと同じくらい先生にとっては必要なことですね。前後差によって、フォルテはいくらでも出せると、よくホロヴィッツを引き合いに出されていましたよね。「ホロヴィッツの演奏っていうのは今CDで聴かれているようなあんな大音量の演奏ではなくて。大きい音がすごいのではなくて、ピアニッシモが美しいからあんなにフォルティッシモに聴こえてしまうのよ」って。あれこそ美しい音楽だって、よくおっしゃっていました。

下村　アン・デア・タステではないのに、例外的に綺麗な音が出せるのが「等速打鍵」って言われました。

羽住美里氏

秋田　力むのではなくて骨で響かすということだと思うのです。筋肉で出そうとすると絶対に力みになって、逆に弛緩するとゆるい音になる。物が落ちた時の音って意外に嫌な音がしませんよね。嫌な音というのは投げつけたり、変な力みが加わった時になると思うのです。ピアノの打楽器的な面を一番美しい音として求めていった奏法というのが「等速打鍵」にあたるのではないかと思います。大きい音だけど、それだけで聴くとそうでもなくて……。でも、音楽の中で聴いたときにははっと目が覚めるような、鳥肌が立ちます。でも力んでないから、音が汚くないのです。

羽住　おそらく、音を出す瞬間にイメージができているのでしょうね。出したい音のイメージがあって、そこに到達するのでしょう。

秋田　動作と音が一体化しているのだと思います。

小田島　今の等速打鍵の話でいうと、レッスンに行ったときに「次来る子は等速打鍵の名手だからちょっと聴いていったほうがいい」って言われたことがあります。先生は基礎はやっぱり自分がアン・デア・タステの奏法を教えるのですけど、いろいろな生徒の音を聴いている中で、その奏法じゃなくても綺麗な音を出している生徒に「あなたそれどうやっているの」って聞くんですよ。先生は、美しい音のためならどこまでも貪欲で、それらを取り入れてさらにパワーアップしていったような気がします。

下村　先ほど岡田さんがおっしゃっていた、奏法を習得された年齢を聞いてびっくりしました。50～60歳でようやく習得されたようなものだったと。もっと前だったような印象があるのですけど……。

秋田　よく、「50歳過ぎた私が演奏法を変えて、ようやく今ハーフタッチができるようになったんだから、もっと若いあなたたちが今やってみてできないわけがないのだから！　あなたたちは私より幸せよ！」と先生はおっしゃっていました。

羽住　そうでしたね！

下村　先生が50～60歳前後くらいの時に、「私10年後にもっといいピアニストでありたいと思っているから、今毎日がとっても充実してるんだ」っておっしゃっていて、驚きました。

岡田　そういえば、20代で知り合った時から言っていました。「私はね、今ガンガンピアノやっているけど、50代60代になってから本当にいい演奏をしたいんだ」って。

下村　60歳になった時には、「70歳になった時に最高のピアニストでありたいから、今が毎日とっても充実している」っておっしゃっていました。自分は先生に一歩でも近づきたいと思って勉強しているのに、先生は自分よりもさらに早いスピードで前を走っていかれる感じで……もう絶対追いつけないと思いました。

岡田　下村さんはブラームスお好きですよね。家内が若いころ聴いていたのは、コルトーとホロヴィッツでした。さっき秋田さんがホロヴィッツのことをおっしゃっていましたけど、本当に詳しく調べていました。ニューヨークまで演奏会を聴きに行っていたくらいでした。「実際に聴いてみるのとレコードを聴くのとは違う」と言っていましたね。若い頃から「自分の演奏は違う……」と、その先を求めていたのは事実だったと思いますね。

羽住　探究心が尽きないですね。

渡辺　２０１８年1月に開催されたプリマヴィスタ弦楽四重奏団とのワークショップの打ち上げのときに、「私の今までのピアノは子どもだった！」とおっしゃってびっくりしました。「やっと大人の音楽ができるようになってきた。これからだわ」と……。

岡田　ベートーヴェンはインテンポで弾くのが普通ですよね。家内も昔は「インテンポで弾け」って言っていました。ところが70歳近くなって、晩年になってまさに40周年記念の浜離宮で弾いた時のディアベリ。あの時から、「これは面白い」と思った……自由闊達で演奏がものすごく面白くなってきたのです。その時、「ベートーヴェンはインテンポじゃないの？」って聞いたら「いやそんなことないわよ、自由でいいんだ」と言っていました。

小田島　あのディアベリは、録画を頼まれていたんです。一番後ろの席で録画していたんですけど、最初のたった数小節を聴いただけで、先生の音楽から踊りを感じたんですよね。「これは名演だ」と思ったのをよく覚えています。

羽住　素晴らしかったですよね。そんな、先生のコンサートやリハーサルの様子を、よりそばで具体的に見ていらっしゃった安田さん、関西を中心にずっと先生に付き添っていらしたと思いますが、皆さんが知らないようなお話を教えていただけますか。

■本番の緊張をほぐすための特効薬を飲まされた？

安田　演奏会の時は楽屋でもよくお手伝いさせていただいていましたが、本番前だというのにいろんな方が絶え間なくノックされるのです。「先生～お久しぶりです！　元気ですか！」みたいな感じで、関西のノリでガンガンこられるのですけど、先生は嫌な顔一つされずに「よくいらっしゃいました～」と丁寧にご挨拶されていました。「迷惑じゃないのかな」と思いながら横で静かにしていたのですけど、逆にお気遣いくださって「和代さん○○だよね！」って話しかけられてしまって……。緊張していらっしゃる雰囲気もなくて、「あと何分？」とお聞きになるとすっと舞台に行かれて。ピアニストは違うなあと思って感動しましたね。終わった後も疲れた顔もなさらない。素晴らしいなと思います。

羽住　私は東京の方で、先生の譜めくりなどお手伝いをさせていただきました。本番前は、先生の緊張も感じつつ、先生が気遣いしないように気遣わなければと思いながら、程よい距離感を保つようにして一緒に過ごしていました。

安田　譜めくりをしていると、本番中のトークで先生がたまに私に振るんですよ。「今度○○する和代さんです」とか、「ちょっと一言お話ししなさい」とか。「私譜めくりですけど?」って（笑）。

羽住　気遣いが本当に細やかだったと思います。リサイタルの様子というと、下村さんはほぼ完璧に先生のコンサートをご覧になってると思うのですけれどもいかがですか?

下村　先生は、プロとして活動していない自分にも演奏家としての心構えを教えてくださいました。ベーテンのコンクールで1位をいただいた時、受賞記念演奏会のために「1位にふさわしい演奏をしなきゃ」と、とても意気込んでいました。気合い充分でめちゃくちゃ練習をしたのに、本番はぜんぜんうまくいかなかったんです。それを先生は感じ取られて、その直後のレッスンの時に、「あなたモチベーション高いタイプでしょ?」って言われて……。「わたしも一緒だからわかるのだけど、本番前に、同じホールで別の日に若手の演奏家が大曲ぞろいのプログラムをやるっていうポスターを見てしまったの。そのとき『ああ、杉谷はそんな程度か』って思われたくないって思っちゃったのよね。そう思った瞬間、その日の本番は何を弾いてもダメだった。だから、舞台に出るときに、『上手く弾こう』って思って出たらダメなのよ。もっとピアノと仲良しじゃなきゃ」って言われたんです。

小田島常芳氏

羽住　先生でもそうなのですね。

安田　そういえば、先生がとても緊張しているとき、「もうどうにもならないし、和代さん、あなたも緊張してるんだからビール買ってきて!」って言い出して、本当に買ってきてもらったということがありました。

羽住　ありましたね! そういうこと!

安田　ね、ありましたよね! 先生が本当に飲まれていたかはわからないのですけど、私の前にもビールを置かれて、「飲んでから舞台に出なさい!」って。それは、先生と連弾したときだったのですが（笑）。さすがに飲みませんでした。

羽住　ビールとね、チューハイとね……。サワーがお好きで。

安田　サワーお好きでしたよね!

小田島　レッスンでよくおっしゃっていました。「本番前ちょっと一杯飲むといいわよ」って。

下村　よく聞きましたね、自分も言われたことあります。

渡辺　私も。

下村　「わたしは真剣に勧めてる」っておっしゃっていました。

全員　（笑）

羽住　『実験』とかされました？

下村　いやいや、されてないですけど……。「あなた精神科医でしょ？　人の悩みを聞くんでしょ？　自分の心はどうにもならないわけ？　安定剤でもお酒でも飲めば？」って言われました（笑）。

渡辺　羽住さんが『実験』されてワインを飲まされたっていうお話を聞いたことがありましたけど？

羽住　ああ、もうその話が知れ渡っているんですね。「普段から飲む人は、ちょっとだけ飲んでもダメだから半分空けなさい！」と言われて、ちゃんと半分空けたのです。飲み方としてもジョッキのように飲んだのですけど……まったく弾けなくなりました!!

全員　（笑）

羽住　しかも弾いたのがモーツァルトだったのですけれど、もう粒が弾けない～弾けない～。ただ、（演奏が）とても面白かったって言われましたね。

渡辺　そうなのですか？

羽住　どういう意味で面白かったのかはわからないのですけれど。実験台にされることは多かったです（笑）。

秋田　先生は面白いことがお好きでしたから。

■世界で初めて女性によるブラームス全集を録音

下村　話は大きくさかのぼっちゃうのですが、先生のブラームス全集、実はとても好きなんです。あの音楽も音も。先生は「あのときの音はあんまり好きじゃない」っておっしゃっているみたいですけど、自分はとても好きです。レコードを聞いたことはないのですがＣＤの全集は好きで……。先生がブラームス全集を作られたのは、１９８３～84年の録音って書いてあったので、40～41歳にかけてなんですよね。タワーレコードが、ブラームス全集のＣＤを紹介するときに、フォンテックのコメントを使っていて、「精力的な演奏活動を繰り広げているピアニスト杉谷昭子。彼女が１９８３～84年に録音し、84年9月に発売されたレコードのＣＤ化です。発売当時、世界初の女流ピアニストによる快挙。ブラームスへの驚くべき傾倒と愛着が生んだ演奏として話題を呼びました」という宣伝をしていました。ブラームス全集のことを、この座談会があるのをきっかけに調べたのですが、ショパンとかベートーヴェンに比べたら、ブラームスのピアノ曲全集ってそれほど多くはない。他の作曲家の全集ほど目にする機会が多くないと思います。まして、女流のピアニストとなると、杉谷先生は世界初だったわけですけど、その後も女性のピアニストでブラームス全集を出した人はそれほどいないと思います。アン・デア・タステやハーフタッチのピアノ奏法は、藝大の時代やブラームスを男性的に弾かれていた時代があって、最初からハーフタッチを身につけていた人にはない、先生独自のものだと思います。もともとは、先生がハーフタッチをする人ではなかったから、ああいう凄みのある世界になったと感じます。だって、ブラームスのＣＤを聴いていても、決して乱暴な演奏でも音が汚い訳でもないですよね。でも、すごく男性的で野生的でありながら、愛情に溢れるというか……独特の世界で。

秋田　先生、女性の割には筋肉がすごかったですもんね。僕は、生意気だったので、気になったことはすぐに先生にお聞きしたり、あるいは口答えしたりしていたのですけど、先生はとにかく小さい子どもにも呪文のように「ハーフタッチ、ハーフタッチ」っておっしゃっていたので、気になって聞いてみたのです。「先生、鍛えた指じゃないとハーフタッチはできないのではないですか？　先生も、紆余曲折、辿ってきた道と時間があって、今のハーフタッチがあるんですよね？」って。今考えると、こんな生意気なことを言ってよく破門にならなかったなと思うのですけど（笑）。そうしたら、先生はかたくなに、「あんな弾き方をする経験はいらないの！　小さい時からいい音で弾き続ければ、いずれはハーフタッチでいい音を出す経験が積み重なっていくんだから」って。僕は藝大出身ですし、

下村泰斗氏

ハイフィンガーに近い奏法だったと思います。指が鍛えられているからできることっていうのがあると思っていたのですが、先生から１００％否定されました。「その道中はいらない！」と。

渡辺　私の小学1年生の生徒に、左手の伴奏を大きく弾いてしまう子がいて、しょうがないかなと思っていたんです。あるとき、その生徒を先生にレッスンしていただいたとき、左手の伴奏を「ここはハーフタッチでね、こう弾くのよ。右のメロディーが引き立つように」とご指導なさったんです。最初はやっぱりなかなかできないですよね。でも、「こうやるのよ！！！」ととても真剣に教えられて……そうしたらできたのです、子どもなのに！

下村　たぶん、先生の奏法は将来的に「ハーフタッチにたどり着けるハイフィンガー奏法」だったと思うのです。だってそんなに汚い音じゃないですよね、ハーフタッチの前の録音も。『ハイフィンガーをとりあえずやって指を鍛えておいて、いずれハーフタッチを身につければいい』というのは、先生は言えなかったのではないでしょうか。

■誰でも分け隔てなく、常に全力で音楽を伝えていた

秋田　プロにしろ、趣味の方にしろ、子どもでも大人でも、レッスンの内容は変わらない。ピアノを弾く以上、全員を「ピア

ニスト」として同じように見てくださって、いつでも本気でしたよね。先生も、先生である前に音楽家であってピアニストであって……。音楽を分け隔てなく後世に伝えていくことに、常に全力でいらっしゃったと思います。だから、子どもに対しても手を抜かなかった。

下村　中学生に「ピアノで一生生きていきたいと思うなら、今決めなさい」と強く迫っていましたもんね。「その覚悟が感じられない！」と。

安田　小さい子にハーフタッチって言っていたのは、「子どもはあんなきつい音を出したり力入れたり出来ないでしょう。だからハーフタッチで充分よ」って。5歳くらいのお子さんのことを「あの子の音聴いてごらんなさい、綺麗でしょ！」って言っていました。

秋田　「子どもの音が1番綺麗だもの」ってよくおっしゃっていましたね。

岡田　まず、とにかく音楽的であれということを言っていました。今の子どもたちの話にしてみても、音楽的であれば技術はついてくるのだということですね。

小田島　レッスンに行ったときに、前にいた中学になるかならないかくらいの子が、ショパンの《バラード第4番》も弾きたいと言っていて。僕はちょっとびっくりしたのですけど、先生は「いいじゃない、弾きなさいよ。自分がやりたいっていう曲が自分を一番成長させるのだから。ただ私のやって欲しい曲も弾いてね」と。先生は、順序立てて「これをやらないとこれはできない」っていう指導は絶対にされない方でしたね。僕のついていた前の先生は「ベートーヴェンのこのソナタ弾きたい」って言ってみても「それはまだダメだ」とか「子どもがお父さんの靴を履いて歩くようなものだ」というような先生だったのです。でも、杉谷先生のところに行ったら、僕が今まで弾きたかった曲を先生の方からぽんぽん言ってくれて、「え、弾いていいのですか！」って嬉しくなったのを覚えています。

下村　コンチェルトとかも、（一般的に）だいたい1曲目はハイドンのD-durって言われるのですけど、「私は1曲目がチャイコフスキーでも別にいいと思うわよ」とおっしゃっていました。「やりたいものからやればいいの」って。

羽住　杉谷先生はその人を見抜いているっていうのがあると思うのですね。小田島さんや下村さんにそれを言ったのは、二人にはできるから許したのでは……。

下村・小田島　いや～～～～！！！！！　それは違うと思います。

安田　私が教えていた生徒が、杉谷先生に「これをやりたい！」って言ったら、「そんなとんでもない曲ダメよ！」っておっしゃっていたことがあるから、やっぱり人を見ていると思いますよ。

下村　見抜いているのは、その人の技術じゃなくてその人の性格なのだと思います。性格とか人間性を見抜かれているんですよね。「今こういうことをこの人に言っておいてあげたほうがいい」ということが分かっていて、「自分で気づかない自分」というのを先生は常にわかっているような気がします。

羽住　音一つ一つに対するこだわりとか愛情が、杉谷先生は「言葉」にも当てはまっていて、言葉一つ一つも無駄がないのですよ。この人にこの言葉を一つかけると変わるっていうのを一発で見抜く。なんというのでしょうか。魔力というか……。

■人間の本質や才能を見抜く力が卓越していた

岡田　ときどき感じるのは、才能を見抜く力があるということですね。短い言葉で「あの人は○○なのよ」って言うことがあるんです。それが後になってその通りだなあと思うことがあってね。プラスにしてもマイナスにしても、ズバっと言い当てるということがよくありましたね。

下村　見抜き方がすごいんですよ。僕、実は、芸高（東京藝術大学音楽学部附属音楽高等学校）を受験したのです……ご存知でしたか？

安田和代氏

全員　知らないです！　そうだったのですか？

下村　桐朋の『子どもの音楽教室』に行っていたのですけれど。でも桐朋ってすごくお金かかるでしょ？　寮も女子寮しかないし、兄弟もいる中で両親共働きの一般家庭なので、「東京で一人暮らしもさせてピアノも借りて桐朋の学費はうちでは払えない」って母に言われて、国立だったらなんとかかって言うので芸高を受けたのです。後ろ盾もなかったのですけど、「それでも芸高に入りたい」って杉谷先生に伝えたら、ある先生をご紹介いただいてレッスンに行ったのです。そうしたら、「あなたは音楽的だし、なにか持っていると思うけど、横一線で切った時に多分合格は無理だと思う。１００m走を30秒くらいかけて走っている人がオリンピックに出たいと言っているようなものよ」と言われてしまって……。そのレッスン以来、うちの両親は「もうやめた方がいいのでは」と完全に消極的になってしまって、勉強もちゃんとやってピアノ一本はもうやめなさいという感じで態度が一変してしまったのです。でも、杉谷先生だけは「誰に何と言われても意を決してやり遂げなさい」と応援してくれました。結局不合格だったのですけど、「私だったら受かっても普通高校に行ったわよ」と励ましてくださいました。芸高に受からなかったということは、3年後に藝大を受けても可能性はないというのが両親の捉え方で、高校でダメだったら諦めるというのが親との約束だったので、それから一切地元の先生のレッスンも中断ということになってしまい、高校3年間は先生のレッスンに通わずに過ごしました。でも、中断されると余計に燃え上がる年頃だから、溜まっていたものが爆発して、大学に入ってすぐ杉谷先生のところに連絡して「またレッスン受けたい！」って通い始めました。僕は30歳までにリサイタルをするのが目標だったので、２００７年の30歳になった時に、ジョイントでリサイタルをしたのです。そのＤＶＤを先生に見てもらったら「このままだと『この程度でリサイタル？』と言われるような人になるわよ。もう一度テクニックを一からやり直しなさい。あなたはやれって言われたらやり遂げる人だから」って言われて、それから1年間全く曲は弾かせてもらえず、ハノンとピシュナとドホナーニとコルトーと、指のテクニックの曲だけ1年間。その1年間が終わった後に、ラヴェルの《水の戯れ》を先生は選んでくださって、それだけ2年間やって、ようやくハーフタッチに近づけたかなと思います。

羽住　《水の戯れ》、覚えています。素晴らしかったです。

小田島　僕の最初のレッスンは中学2年生の時だったのですが、ヘンデルの曲を持っていきました。最初ミの音から始まるのです。フェルマータがついて長く伸びるのですが、弾いたら「ちょっと違う、もっと音を上に出すのよ」って言われました。「ミ〜」「違う！」って30分間「ミ」だけでした。左手でいい音を出すのが難しかったんです。ラヴェルを弾いた時も、右手と左手交差して同じ音を弾くところがあるのですけど、「全然違うでしょ、音」と言われて。左手でまだハーフタッチができてないと言われて……。本当に厳しかったですね。

秋田　先生のレッスンの「あるある」だよね。1音に30分かけるんです。だからベートーヴェンの《アパショナータ》は出だしの「ドーラファー」だけで、1音30分以上ですね、2時間のレッスンがそこだけで終わりました。20時から22時まで。この頃からベートーヴェンのソナタを見ていただく機会が増えて、1回のレッスンが長くなるので、自分のレッスンの後に生徒さんが来ないように組んでくださるようになって。そのおかげで「あなた、今日はいくらでも時間があるから！」って夜の12時過ぎまでレッスンをしてくださって、マンションの上の部屋に泊めさせていただいたことがありましたね。

小田島　何色のパジャマだったんでしたっけ？

秋田　先生が着られてたピンクの。

全員　（笑）

秋田　「これならあなた入るでしょ！」ってピンクのパジャマを渡されて、それを着て、先生が買ってきてくださってたコンビニ弁当を一緒に食べて、「じゃあ寝るわよ！　おやすみ！」ということがありましたね。

安田　その後「秋田君、ピンク着たの！　可愛いでしょ〜」っておっしゃっていましたよ。

全員　（笑）

■どってこの手を使ってタッチの感覚を覚えさせる

秋田　だからあの「ドーラファー♪」の2時間と、《ワルトシュタイン》の出だしの和音の「ッタッタッタ」。これも1回目に持っていった時は、もちろん3楽章まで全部用意して持っていくのです。でも、レッスンで見てもらえるのは1パッセージで。「まずここが弾けるようになったら次に行くから」と。弾いて、「違う！」「違う！」「違う！　いいから見ていて！　聴いて！　ね、こうでしょ！　はい弾いて！」「違う！」って。今は自分もピアノ指導者でもあるので生徒さんによくやるのは、生徒さんの手を使ってこうだよって触ってみせる。聴く音だけじゃなくて、実体験させる。感覚的に肌で触れたり、よく『どってこ』（猫のぬいぐるみ）を使って「この猫のタッチ。このタッチが一番最高なんだから。これを使うのよ」とおっしゃっていて。この手の感触が強く残っていて、自分も生徒さんに手のひらで感覚を教えることが多いですね。

下村　最初の方で止めて、何度もやり直しさせる曲のときって、その人にとってその曲を勉強する価値があるときなのですよね。シューマンの《子供の情景》を持って行った時に1回も止められずに全曲いきなり聴いてくださったんです。「今年の浜離宮何弾くの？」「これです……」「何の吟味もしていないこの曲をよく弾こうと思うわね」って言われて。

全員　怖〜い（笑）。

秋田　通して聴いてもらったのに？

下村　そうそう。

渡辺　そういう意味なのですね。

下村　全く可能性がない……。完全にお蔵に入ってしまったのです。

安田　私もドイツものやりたいなと思って、メンデルスゾーンの《厳格なるヴァリエーション》を持って行ったんですよ。暗譜もできるくらいで持っていって、「先生どうでしょう？」って弾いて。先生は何も言わないで、猫に餌あげたりとか、花に水あげたりとか、全然聴いてないなあと思っていました。「終わりました」「合ってないわね、やめて」って言われて終わりました（笑）。

全員　え〜！

下村　だからね、最初で止められている時の方が、直す可能性があるときなんですよ。ブラームスの《左手のためのシャコンヌ》の時は、それはすごく徹底して言われて、やれるようになるまで言われて。大体通して聴いてもらえた時はもうアウトですよね。

渡辺　そうなのですね。逆だと思っていました。

安田　ベートーヴェンを弾いている時も、いつも花に水をあげたり猫の世話をしたりしています。

下村　2〜3小節で遅々としてレッスンが進まないときの曲は自分にあっている曲なんですよね。

渡辺佳代子氏

安田　猫ちゃんも耳が良くって、しどろもどろやっているときは私の後ろを歩いたり目の前を歩いたりするんですよ。ちょっと弾ける曲になると寝ていたりするんですよ。あの子たちも耳がいいですよね。

下村　そうそう。しかも横で吐いたりしますよね～。

全員　（爆笑）

渡辺　吐かれたことはないです～（笑）。

下村　自分が弾いているとき、ごんちゃんがすぐ横まで来て吐きました。先生にすぐ電話して「先生横に来て吐いちゃったんですけど」「それあなたのせいじゃないと思う」って言ってくれたけど、「お前のその音ダメだ～」ってすごく言われている感じがしました。

羽住　それはショックですね……。

岡田　渡辺さんはよくベートーヴェンを弾いていたようですけど、さっきの出だしでも結構時間かけられたか、それとも素通りされていたとか……。どうだったのですか？

下村　渡辺さんは1番から順番にベートーヴェンソナタ全曲の宿題を出されたのですよね。

渡辺　そうそう。《ワルトシュタイン》を最初に持っていったときに、1小節で止められて、「あなた、合ってない！」って言われたんですよ。「でも弾いていいわよ」と言われたのです。「あ、弾いていいんだ」と思ってレッスンをずっと受けていて、《ワルトシュタイン》は何十回もみていただきました。先生はレッスンの時に「ビデオを撮りなさい」とおっしゃっていて、先生が弾いてくださるお手本を参考にしていました。先生のお手本のときにはチャプターを入れているんですけど、あるときチャプターが100以上になっちゃって。

全員　（笑）

渡辺　そうこうしていて、本番のカザルスホールで弾いたら、先生のおかげで自分のベストの演奏ができて。そのあと先生が半年くらい褒めてくださって。「あなたベートーヴェンのピアノソナタ全曲演奏会を開きなさい」っておっしゃってくれたんです。

全員　お～！　すごい！

渡辺　そうなんですよ！　それで一生懸命やっていて……。

岡田　それでベートーヴェンをやっていたんですね！

■3回目の挑戦で到達できたベートーヴェンピアノソナタ全曲演奏

渡辺　2回ぐらい挫折されたんですよね、先生ご自身も。1番から順番にやっていこうとされて、2回くらい途中でやめられていたと聞いたのですが……。

岡田　そうそう。そうでした。

渡辺　3回目で最後まで到達したから、「あなたも40歳くらいから始めて全曲いくといいわよ」って言われました。先生からの宿題を一生かけてやって行きたいなと思っています。

岡田　思い出しました。最初にベートーヴェン全曲を目指してやっていたときに、途中までいくんですけど、いつの間にかダメになっちゃって……。でも、また始めたんですね。それで3回目にやるって言ったときに「(バラバラにやるんじゃなくて)今度は作品順にやっていったら」って提案したら「そうしてみる」って。それでできたんですよね。

秋田　僕にとっての杉谷先生の代名詞といえば、あのベートーヴェン全曲リサイタルと、浜離宮での録音ですね。僕自身ベートーヴェンはすごく好きで聴いてはいたのですけど、自分のライフワークとして(ベートーヴェンが)特別な音楽家になっていたきっかけは、間違いなくあの杉谷先生のコンサート、ベートーヴェンとの向き合い方、レッスンに持って行った時の熱意のかけられ方とこだわりを感じたからですね。すごく影響されました。

岡田　杉谷がベートーヴェンのピアノコンチェルト全集を出したときに、「どうせやるんだったらヴァイオリンコンチェルトもやったらどう」と提案したら「やる!」と言って。それで全6曲になったんです。

下村　また綺麗ですもんね。でも、先生のベートーヴェンピアノ協奏曲第5番《皇帝》がまた特別で。

全員　うんうん。

小田島　その話をしましょうか。私は人生で2回経験があるんですよ、最初の音から最後の音が終わって、拍手からはけるまでずっと泣き続けるっていうことが。その1回目が杉谷先生の《エンペラー》なんですよ。忘れもしない、カジミエシュ・コルド指揮でワルシャワ・フィル・ハーモニーと一緒に新宿のオペラシティでした。漆原朝子さんがはじめにメンデルスゾーンの《ヴァイオリンコンチェルト》を弾かれて、次に先生が《エンペラー》を弾かれたんですね。最初の「ヤーン!ダダダダ」って聴いた瞬間、涙がぶわっと溢れて……。1番感極まったのが、1楽章の最後のes-mollの「ソファミファソファソソファソファソララ」のところで。なんていうんでしょうね……完全に、世界がすべて一体になる感じでした……。

下村　先生のその箇所、また特別なんですよね。

小田島　もうすごくて。それで最後の力強いはずの3楽章も、男らしいっていうよりも、扉が開いて飛んでいくような感じがして。もう、聴いたことがないんですよ!　普通皆さん「ジャァラチャ、チャンチャ」みたいな感じで弾くのですけど、「ファー!」って開くような感じがするんです。そうすると、オーケストラの音も、ホールにいる人たちものってきて、ティンパニとかも心地よく響く感じがして、あっちでもこっちでも音が聴こえて。世界が一つになるような。ピアノコンチェルトって、どうしても「ピアノ」と「オケ」になりがちなんですけど、全体で音楽が鳴っている感じがしました。

下村　杉谷先生の《エンペラー》って、冒頭から涙が出るんですよ。自分が聴いたのは２０１２年の広島の演奏なんですけど。

岡田　ベートーヴェンの録音をしたときに、朝ベルリンで杉谷の母親が亡くなったという知らせを聞いたんですよ。それを聞いた楽団員の方々も、みんな涙を流しながら「ご愁傷様でした」ということで心を一つにして演奏したんです。「あれは自分としても忘れられない演奏だった」と言っていましたね。

下村　それが《エンペラー》だったんですね……ブログに書かれていた覚えがあります。

岡田　羽住さんはレッスンのときの思い出はありますか。

羽住　皆さんのおっしゃるとおり、私の場合、ベートーヴェンが合っているか合っていないかは明確には言われなかったのですが、杉谷先生に「課題として必ず1曲持って来なさい」と言われていました。なるべく初期の方からやっていこうということで、残念ながら後期の方まではいかなかったんですけれども。なかなか1小節2小節で進まないっていう状況は同じでした。

下村　先生は与える課題が違うんですよね。

■一番鋭い意見を言っていたのは夫

岡田　あの人はやっぱりベートーヴェンが向いているんです。ピアニストである以上、ショパンとベートーヴェンをやらなければいけないのですが、ショパンっていうのは「感性の曲」なんです。感性が豊かであればショパンは弾けちゃうんですよ。ところがあの人のショパンは理屈っぽいの。僕は昔から「あなたのショパン理屈っぽくて面白くない」って言っていたんですけどね。だけど、ベートーヴェンは違うんです。ショパンとベートーヴェンは本質的に違うんですよね。ベートーヴェンっていうのは聴く側にも弾く側にも思想を求めてくるんですよ。

下村　先生は「主人は一番厳しい聴衆だ」ってよくおっしゃっていましたよ。

羽住　そうですね「滅多に褒めない」とおっしゃっていました。

岡田　私はピアニストの気持ちをよく知らないから勝手なことが言えるんですよ。杉谷と知り合った頃、彼女の演奏会を聴きに行った後、新宿かどこかの喫茶店で深夜、話をしていたときに、それまではレコードとラジオでしか音楽を聴いてないし、しかも流れてくるのは第一級の演奏家ばかりでしょう？　私の耳はそれが基準になっているんですよ。そんなわけで彼女の演奏をバンバン批判しはじめた。そしたら怒られてね。「あなたね、ピアニストっていうのはまず褒めないといけないのよ！」ってね。

全員　（笑）

秋田　やっぱり先生も人間なんですね……。先生も人間だから、のってるときって全身にものすごいオーラが溢れていて楽しそうに弾かれているし、音楽と一体化されているんですよ。でも、気分がのらないときとかもあるじゃないですか。僕も譜めくりでよく側にいさせていただいていたことがあったんですけど、先生の調子があまり良くない時とか、緊張されている時は、ピアニッシモの音を出される時に手が震えているんです。でも、狙った音が出なきゃいけないわけですよね。そんなにも震えているのに、音が抜けないんです。あそこでミスをしない。調子が悪くてもあそこまでの音を出し切るその精神力。先生でもあんなに震えるほど緊張されることがあるのだなと感じました。同じ舞台に立つ身として、勉強させていただきました。

羽住・渡辺　勉強になります。

下村　弾きながら泣いているときもありました。

羽住　ありましたね。

下村　シューベルトとか……。

安田　ベートーヴェンの32番とか、弾き終わってから1分くらい立ち上がられなかったことがありましたね。

下村　あとはやっぱりコンサートのトークがおもしろくて。1度だけ先生とジョイントでコンサートをさせてもらった時に、前半、自分のソロを弾く前に先生とトークすることになったんです。でも、先生上手だから特に打ち合わせもないじゃないですか。

岡田　僕は上手だと思わない。

全員　（笑）

下村　今から自分がソロのブラームスのワルツ全曲弾くっていうときに、「下村さん、何を食べてそんなに大きくなったの？」とか、「好きな食べ物はなんですか」みたいな、全然ピアノと関係ない話になって、集中が切れてしまって。普段止まったこともないようなところで止まりそうになったり、暗譜が飛んだりしてとんでもないことになってしまったのです。後半のソロの前に、「先生、もう弾く前に自分はしゃべりません」って言ったんですよ。そしたら僕のソロの前に先生が舞台に出てきてくださって、「なんかね、私がまた出てきたってみなさん思っているでしょ？　私はでしゃばって出てきているわけじゃなくて、下村さんがもうこれ以上しゃべれないっていうからね、出てきたんです」とか言って。

安田　それを言うために舞台に出て行くんですね。ああもう～言いそうですね！

下村　先生は、しゃべってちょっと笑ってもらって場を温めて、距離を縮めた方が弾きやすいんだとおっしゃっていました。

岡田　トークを始めたのがいつ頃からか覚えていないのですけど、何名かのピアニストがトークを交えるという演奏会を始めていたのです。おそらく杉谷は3〜4番目くらいに始めたのかな。でも僕は、昔の演奏スタイルが好きだったものですから、「演奏会にトークっていいと思わない」と杉谷に言ったんです。でも、皆さんの受け取り方が僕とは違うみたいで、おもしろいと言うのです。だから今はしょうがないかなと思っています。

羽住　トークがのってきたのは最近じゃないですか？　若かりし頃、日本に戻って来てすぐのコンサートのときとか、MCさんに話をふられても「はい」、「いいえ」しか言わなかったんですよ。

岡田　あ、そうなの？

羽住　もう固まっちゃって、人形を抱きしめて。本当に舞台の上で黙ってしまって……。杉谷先生、昔はこうだったんだって驚きました。どこかからスイッチが入ったんでしょうね。

下村　いつも品格とユーモアがあって、トークとセットの世界ができていました。《亡き王女のためのパヴァーヌ》を弾く前に、「とっても美しい曲だから、これ聴きながら寝てもらってもね、その次の《誰も寝てはならぬ》でちゃんと起こしますから大丈夫です」って弾き始めて。そんな先生も、ベートーヴェンの32番のソナタを弾く前は「これを弾く前は何もしゃべれないんです」って一言だけでした。これはよく覚えています。

小田島　それこそ《エンペラー》の本番が近いときは、「悪いけど今日は早く帰って」と言われていました。「私一生懸命練習しないといけないから」って。

下村　やっぱりベートーヴェンに対する並々ならぬ、命がけみたいな熱意と誠実さと情熱が一貫していますね。あんな《エンペラー》はもう聴いたことがないです。背もたれに一回ももたれたことがない。ずっと動けなくなるっていうか……。

岡田　僕は門下生発表会を毎年聴きに行くけど、お昼から夜の8時まで、トイレ行かないで背もたれにもたれることなくみなさんの演奏を聴いていますよ。いい音だから疲れないの、8時間聴いていても。だけど、日本の有名なピアニストでも音がキツかったりかたかったりすると、1時間も聴いていれば疲れてきちゃうのです。杉谷門下生たちの音っていうのは、疲れないですね。あれは見事！

■どんなリクエストにも応えた驚異的な初見

下村　リサイタルのリクエストコーナーも、休憩時間に「弾いてほしい曲を書いてくれたら弾きます」とかいって。そしたらみなさん弾き手のことを考えない選曲で、こんなの絶対練習してないと弾けないでしょというような、「平均律からどれでもいいので一曲弾いてください」とか、「ベートーヴェンの何番でもいいので、ピアノソナタの2楽章を弾いてください」とか、「幻想即興曲をできるだけ音楽的に弾いてください」とか。

全員　え〜！

下村　すごいことを求められているのに、全部に応えてくれるのです。僕はいつも楽譜を持ち歩いていないと安心できないタイプなので、仕事のカバンにも絶対楽譜が入っているのです。

全員　（笑）

下村　それで、先生のコンサートの時も楽譜を持っていたのです。休憩中に、先生が声をかけてこられて、「あなたなんか楽譜持ってない?」って。その時は平均律をたまたま持っていて渡したんです。とにかくどんなリクエストも応えてくれましたね。

岡田　エッセンの音楽大学の時に初見の試験があって、クラウス先生が「さあ昭子、じゃあ初見の試験だな。どうしようか」と言ってベートーヴェンの全集をパッと開いて「じゃあここを弾きなさい」っていう感じでした。だから、昔から初見は得意だったのです。

小田島　めちゃめちゃ早いですよね。ここはメロディーでここは少なくとも聴こえていないといけないっていう箇所をパッと読み取って。

秋田　先生は分析とか理論に強くて、それを経て歌心のある演奏をしているから、ものすごく説得力のある演奏ができていると思います。両面を持ち合わせているのではないかと。楽譜の読み解きも、書いてあることもとても大事にするけれど、書いていないことまでも読めるということに長けていらしたのではないかと思います。感覚も大事ですけど、その感覚が生まれるのは分析や理論だったり、作曲家のそれぞれの特徴や時代背景なども大切にされていらっしゃいました。晩年はそれを飛び越えて「杉谷昭子の音楽」になっていましたから、これは唯一無二のものになったのかなと思います。

小田島　時代によって、先生の演奏とか解釈とか、弾かれ方も変わっていてすごく面白いです。

秋田　譜読みの仕方も音楽もそれぞれじゃないですか。個々の個性をとても大事にされていて「私の生徒は個性がすごく豊かで、つまらない音楽が一つもない」と。「お互いに聴くこともとても大事」とおっしゃって、発表会のときも「人の演奏を聴きなさい」とよくおっしゃっていました。レッスンのときにお互いに刺激になるように、（小田島さんと自分を指して）ここもそうなのですけど、まずレッスン本来の時間よりも、早めに呼ばれるんです。前の人（小田島さん）のレッスンを聴かされるのです。前後に「えっ！　こんなすごい人がいるの」っていう、衝撃を受ける組み合わせを常に用意していて。

下村　レッスンに行ったら何人分も客席があって聴く体制ができていて。強制公開レッスンみたいな……。

秋田　前の人のレッスンも聴くし、次のレッスンも聴くし。生徒同士の刺激を大事にされていました。

岡田　エッセン音楽大学でしばしば一緒にレッスンに行った

のですが、クラウス先生のレッスンに行くと4～5名が一緒にいるんですよね。「他の演奏もちゃんと聴きなさいね」ってよくおっしゃっていました。

秋田　では、その頃の教えがずっと続いているということなのですね。個性も大事だし人のいいところを探して吸収するところっていうのをすごく大切にされていましたよね。弾くだけが音楽じゃなくて、いいものを聴いたり、いろんなものを感じたりすることが大切だと。

岡田　それこそクラウス先生は、「音楽は弾くだけじゃない」っておっしゃって、生徒を連れてエッセンの著名な画家の作品が展示されている有名な美術館にときどき連れて行っていました。

羽住　演奏家としてもそうですし、指導者としても杉谷先生は本当に魅力的で、そういうピアニストの方ってなかなかいらっしゃらないのでとても貴重な方ですよね。先生の一面として、先生のお人柄っていうのもみなさんの話題の中では面白いお話があるのでは。安田さんは海外の演奏ツアーに同行されています。

■海外でも生きる力がみなぎっていた

安田　海外だけでも8回くらい行かれていますね。私はほとんど参加させていただいたのですけど、最初にロシアに行った時は、クララシューマンのコンクールの後でした。その頃はビザが必要で、ロシアは怖い暗い街だったのです。タクシーで移動しないと絶対にホールまで行けない。そのときはベートーヴェンのピアノコンチェルト3番を弾かれて、そのあとに門下生の2～3人の方がコンチェルトをやって、最後に先生がコンチェルトをやるという7日間の旅だったんですけど、先生は本番を控えてらっしゃるのに、門下生の練習場所をちゃんと確保してくださってご指導くださったんです。ちょうど6月の白夜の頃だったんですけど、夜11時頃でも明るかったんですよね。ホテルに帰らなきゃと、先生がタクシーを手配してくださったんですけど、タクシーの方に「(手を片手、両手と広げながら) 5台用意して!」ってジェスチャーで伝えたら、15台来ちゃったということがありました。

全員　(爆笑)

渡辺　数字はいろいろありましたね。違うことが何度か……(笑)。

羽住　タクシーはキャンセルされたんですか?

安田　一人1台で乗って帰りました。そして、その頃のロシアは食べ物があまりなかったんです。トイレに行ってもペーパーがなかったり……。ホテルは4つ星くらいのいいホテルだったのですが。「みんな朝ごはん持っていかないとお昼ないわよ!」と先生に言われて、パンとトイレットペーパーをカバンに詰め込んで過ごしました。ロシアに行ったら、みんな痩せて、やつれてしまうし、カバンの中からペーパーが出てくるという不思議なロシアツアーでした。まだまだ面白いことはたくさんあります。

羽住　先生は生きる力がみなぎっていますよね。先生との旅は絶対に大丈夫っていう安心感があります。

小田島　先生は必ず歯磨きとフロスを3食後必ずやられるので、こういうまめなところが生きる力の秘訣かなと思います。

安田　食事の後必ずサプリメントを取られるんですよね。スロバキアで私が少し体調が悪くなったときに、「これあげるわ！」っていただいたのがこんな大きさ（のサプリメント）なんですよ（普通の錠剤の3倍くらいの大きさ）。「先生これどうやって飲むんですか？」って聞いたら「パンと一緒に食べるのよ！」って。

全員　え〜！！！

安田　「先に口に入れてパン食べたら飲み込めるでしょ」って。初めてこんな大きな薬食べました。「アメリカから取り寄せているの！」とおっしゃっていました。

秋田　ピアニストって自分の肉体が一番大事だから、健康への意識が本当に強かったですよね。レッスンに行くたびに、自分の今流行のおすすめの品を毎回出されるんですよ。ジュースとか「これ無添加でとにかく身体にいいから飲みなさい！」って。クエン酸がオススメの時期が長かったですよね。

下村　馬油もあったし、銀杏を炒って食べなさいって時もありました。

安田　私はＣＣレモン養命酒割り。

小田島　養命酒に一時期ハマっていましたよね。

下村　梅干しの種の中身を食べなさいとかもありました。割って食べるんだって。

岡田　結婚した当時、自分が奥さんだっていうことをすごく意識していて、やっぱり料理をしなきゃいけないっていつも思っているんです。でももう一つの頭の中ではピアノが第一なわけなんですね。料理をしなければいけないのだけど時間がもったいない。そうしたらまだ生煮えなのにどんどんおかずを出してくるんですね。それが重なっていって「もうあなたの料理はいらないから！」っていうことになって。

全員　（笑）

岡田　まさにみなさんが言っていたようにね、「これ食べなさい」「あれ食べなさい」ってもう押し付けてくるんですよ。押し付けだったら僕も食べませんから、結局彼女は諦めていましたね。

■夫の完全なバックアップのもとでこそピアノを弾いてきた

秋田　杉谷先生が諦める岡田先生……。だからうまくいくのでしょうね。

渡辺　私がお料理のことで少し悩んでいたとき、先生も「本当は旦那様が帰ったときに、お味噌汁の一つでも作って待っていたい」っておっしゃっていました。やっぱりそうなのだと思いました。

安田　私には「缶詰いろいろ出ているでしょ。出しておけば1週間もつじゃない」っておっしゃっていましたけど……。

全員　（笑）

秋田　相手によって言われることが本当に違いますね！

下村　コンサートの打ち上げの時に、「私、音楽さえあれば生きていける、そうゆうタイプの人間じゃないから！　私旦那様の愛がないと生きていけないタイプなの！」って言いはじめて。「え!?」ってあまりにも意外でみんなびっくりして。

岡田　愛情関係にしてみても、お互いに口に出さないですね。結婚して45年間の間で1年だけですよ？　一緒にいたのは。あとはすべて別々に暮らしていましたからね。それで年に4～5回会う程度で。よく続いたなと思いますけどね。やっぱりこれは離れていても心はどこかで繋がっているんですよね。非常に良くないのは誓いの言葉。約束は破っていいけど誓いは破っちゃいけないんです。ということは、これはもう別れられないわけ。結婚は意地だと思うの。

下村　でも、「(旦那様に)僕とピアノとどっちが大事なのって聞かれると困るわよね。ピアノって言えないじゃない」って言っていました。

岡田　家内はとにかくピアノ第一で生きてきましたからそれでいいと思っています。僕が家内を認めているということだし、そのもとで好きなようにやってきたのかなと思っています。

羽住　杉谷先生がご主人の岡田さんのことを話されている音源があるのでお聞き下さいますか。

杉谷昭子　病気がちの母が、「ドイツへ行け」と言った。私は決心できなかったんだけど……でも母が言ってくれたから「やっぱり行こう」って。両親との約束は1年半。でも行っちゃったら最後。私が武蔵野音楽大学にいたときデートレフ・クラウス先生の音を聴いて、「ああ、この音だ。私が欲しいのはこの音だ」と思って弟子入りを申し込みました。当時は入学試験なしで。ドイツ語をどうしようかと思った。全然やってない。クラウス先生に挨拶に行こうと思ったら、ドイツ語のできる上智大学の学生がいた。「あの人がいい。ちょっと声かけてみよう。ドイツ語の通訳をやってくれないかな」彼は二つ返事でＯＫ！　なぜかというと、私と結婚したかったから。でも、だめだめ。結婚なんかしたらピアノ弾けなくなっちゃうからだめ！「僕いつまでも待ってる」って。実際8年間、待ってくれた。それで結婚した。それが今の主人です。ちょっと変わった人ですけど、完全にバックアップしてくれています。彼のバックアップなしではできないですね。感謝しています。今でも。

（亡くなる1年ほど前に、地方の会場にて）

羽住　今でも感謝しているそうです。

岡田　私も感謝しているので、本当に結婚して良かったと思っています。

下村　岡田さんにお会いしたことはないのに、先生から話題にのぼることはちらほらありましたよ。

岡田　44年間別々に生活してきて、コンタクトが無いようにみえるかもしれませんが意外にあったんですよ。今だに忘れられない夫婦喧嘩っていうのがあってね。ちょうど家内が新しい奏法を目指しているときだったんです。ある日、音楽の解釈の違いで台所でやりあったんですよ。次の日に家内は日本に帰らなければ行けないのに大げんかになってね。翌日また、僕は車で駅まで送って行ったのですけどいまだに根が残っているわけですよ。その時代は携帯電話もスマートフォンもない時代ですから、フランクフルトに着いたら電話がくればいいなあと思っていたら、やっぱり仕事先に電話がかかってきて、それでお互いに話し合ってほっとしたんです。夫婦喧嘩といっても、僕たちは所帯じみたものじゃなくて音楽の解釈が原因だったんですよね（笑）。

全員　さすがだなあ。

岡田　今日はこのような素晴らしい企画を井澤社長さんに設けていただいて、本当にありがとうございました。杉谷については、ショパン社の内藤社長さんの時から本当に早い時からお世話になりました。杉谷はこれまで第一線でやってきました。１９７９年の音楽之友社のピアニスト名簿一覧からずっと名前が載っているんですけれども、第一線で活躍している著名なピアニストの中で、杉谷ほど生徒さんと密接なつながりをもっている方はどれくらいいるだろうかと思います。日本全国に生徒は２０００名くらいいるんでしょうか、そのような生徒たちと密なつながりができた。そういう意味で、杉谷昭子というのは稀有な存在だったのではないかと思います。

　今日の座談会に出席できなかった他の方々へお声がけできなかったことをお許しいただきたいと思います。そして杉谷の教えたピアノ奏法やピアノの精神を皆さま方がこれからも引き継いで培っていただければいいなと思い、最後の挨拶とさせていただきます。ありがとうございました。

杉谷昭子　ディスコグラフィー

（2009年7月、廃盤を含む）

［レコード］

1	**メンデルスゾーン＝バルトルディ**	「厳格な変奏曲」op.54　西ドイツSchwann VMS1019/1977（廃）
	ブラームス	ピアノソナタ　第3番 op.5
2	**ベートーヴェン**	ピアノソナタ　第17番 op.31-2「テンペスト」　フォンテック　FONC5025/1978（廃）
	ブラームス	ピアノ小品集 op.119
	シューマン	ベートーヴェンの第7交響曲第2楽章のテーマによる変奏曲形式の練習曲
3	**ベートーヴェン**	ピアノ協奏曲　第5番「皇帝」op.73 京都コンピューター学院 FO1820/1982（廃）
4	**ブラームス**	ピアノ独奏曲全集（LP 9枚組）　フォンテックFONX18001~9/1984（廃）
	同（CD）	同（CD 6枚組、復刻版）　フォンテック FOCD9421 ～ 6/2009
5	**グリーグ**	ピアノ協奏曲 op.16 京都コンピューター学院 FO2086/1985（廃）
	シューマン	「謝肉祭」op.9
6	**チャイコフスキー**	ピアノ協奏曲　第1番 op.23 京都コンピューター学院COB24/1984（廃）
7	**ベートーヴェン**	ピアノソナタ14番「月光」（ZDF ドイツ第2テレビ“局Gute Nachtmusik”から）

［CD］

8	**ブラームス**	ピアノ作品集 op.117,118,119）　フォンテック FOCD3212/1987（廃）
9	**ブラームス**	ピアノ作品集II op.76,79,116　フォンテック FOCD3232/1989（廃）
10	**杉谷昭子 in ライヴ（カザルスホール）**	バッハ、シャコンヌ他　フォンテック FOCD3271/1991
11	**ベートーヴェン**	三大ピアノソナタ「悲愴」「月光」「熱情」　ビクター VICC-136/1993
12	**R.シューマン**	ピアノ協奏曲 op.54　オランダ・Verdi Records/AU-32107/1994（廃）
	クララ・ヴィーク（シューマン）	ピアノ協奏曲 op.7 ビクター VICC-149/1994（廃）
13	**ベートーヴェン**	ピアノ協奏曲全集（含、「ヴァイオリン協奏曲」の、作曲者自身によるピアノ版編曲の全6曲）
		（CD 3枚組）　オランダ・Verdi Records 7243 5 55464-466（2-3 ～ 2-5）/1995（廃）
	同	同　ビクター VICC-40231~3/1995
	同	同　（BRILLANT CLASSICS 99035/2002?）
14	**珠玉のピアノ曲集**	「カタリ・カタリ」等、全18曲　ポリグラム　POCE-1501-1/1997:DCC-688/2001
15	**モーツァルト**	ピアノ協奏曲　第23番 KV.488＋第20番KV.466　ドイツ・トロフォン　CTH-2394/1999
16	**ベートーヴェン**	ピアノソナタ　第1番　op.2-1 ＋30番 op.109＋カンタータ「合唱幻想曲」op.80
		ミッテンヴァルトCl-1503/2000
17	**シューマン**	ピアノ五重奏曲 op.44（ベルリンフィル・アマーコルド弦楽四重奏団）
	シューマン	「子供の情景」op.15
	ショパン	2つの夜想曲第2番 op.9-2,第20番 遺作、2つの前奏曲　第4番、
		第6番　ユニヴァーサル　IMS-IDC10013/2006
18	**ベートーヴェン**	ピアノソナタ全集（32曲、CD11枚）　ユニヴァーサルIMS-IDC 10001 ～ 10011/2007
19	**珠玉のピアノ名曲選 Vol.2**	「誰も寝てはならぬ」等、全16曲　ユニヴァーサルIMS-IDC10012/2009
20	**珠玉のピアノ名曲選Vol.3**	「アモーレ」等、全15曲　ユニヴァーサル　POCE-3945/2013
21	**珠玉のピアノ名曲選Vol.4**	「カッチーニのアヴェ・マリア」等15曲　ユニヴァーサル　POCE-3945/2017
22	**ベートーヴェン**	ディアベリのワルツの主題による33の変奏曲 op.120 in Live
		ユニヴァーサルPOCE 3285/2011（浜離宮朝日ホール）
23	**シューベルト**	ピアノ五重奏曲「鱒」（ます）（ベルリンフィル弦楽五重奏団）in Live
		ユニヴァーサル　POCE 3295/2011（伊東市観光会館）

エピローグ

岡田　裕

亡き人への思い

家内、杉谷昭子が逝って3年になる。結婚して45年になるのに一緒にいたのは最初の1年だけであとはずっと別居、別に喧嘩別れをしていたわけではない。お互い仕事を優先しただけである。そのうち家内を「家外」と呼ぶようになり私の意識内ではそれが当たり前になっていた。ところがこの遺稿集編纂に携わるようになってから「家外」の存在感は次第に身近になりいつの間にか「家内」になった。

　私は70歳前後になってから改めて、そもそも霊魂と呼ばれるものは何だろうと考えてきたが、良く分からないまま、つまりその存在の痕跡も見つからず、あるいは認識出来ずに今日に至った。宗教や信仰は登場しない。「信仰」を入れてしまえばそれなりに何でも説明がつく。しかしそうではなくて理屈で納得できる説明が欲しかったのである。それにしてもそもそも霊魂や精神や心や意識とは一体何だろう。脳科学の大いに発展した今日では、脳内で生ずる観念も科学的には「物質」として、それ故数値化して説明出来るのだろうか？　感情や思想の生まれるメカニズムは一体どこまで解明されたのだろう。

　また私は遺骨には執着心も敬意も感ぜず、遺骨を納めるお墓も不要と思うようになった。それで両親のお墓を閉じて集合墓地に移し、私と同居していて89歳で他界した実姉は、私と話し合ってお墓不要に同意して文書にして散骨にした。私も散骨を希望している。ただ家内とは晩年散骨について話し合いマアマア承諾していたが、最終的に文書にしないままに亡くなったので、和歌山市の杉谷本家のお墓に入れて戴いた。家内のお墓が無くても私は構わないが御親戚にあっては安心されたかも知れない。

　遺骨への執心の無いことは上で書いた。家内の事を懐かしむには写真や沢山残したＣＤで充分である。もっとも今は難聴が酷くなり正しい音も聞こえないのでそもそも音楽も家内のＣＤも残念ながら楽しめない。

　何れにしても身近な「もの」で故人を偲ぶ事が出来るのであれば、何も遠方にあるお墓まで出かける必要はあるまいにと思う。死者の霊魂は無くてもその人への敬愛や様々な感情や思い出は充分あるのであり、家内に関してもこの3年間その思いは大いに増した。言うまでもないが、上で述べたお墓や霊魂や死生観や遺体、遺骨等への考えは私個人のもので、この種の考えは各人自由である。

門下生の座談会、『ショパン』誌での杉谷特集、杉谷遺稿集

２０２０年新年、月刊『ショパン』を発行しているハンナ社の代表取締役、井澤彩野さんに、昨年8月、浜離宮朝日ホールで開かれた杉谷門下生メモリアル演奏会に、お花を持参されてわざわざ会場にいらして下さったのに、お目にかかって御挨拶が出来なかったことのお詫びと、杉谷がショパン誌創刊以来、お父上の内藤克洋社長の御厚情を長年にわたって戴いてきたことへのお礼を述べて漸く肩の荷を下ろせた感じであった。因みにこの杉谷追悼記念演奏会には、河村建夫様（小泉内閣時の文部科学大臣、麻生内閣時の官房長官）と、小・中・高生時代に山口県の萩市で杉谷にピアノを習っていらしたお嬢様（今は検事さん）、それにＰＴＮＡ（一般社団法人全日本ピアノ指導者協会）の福田成康専務理事がお忙しい中を御来場下さり、打上げ会の最後までご参加戴けたのにはただただありがたくて恐縮するばかりであった。

ハンナ社では杉谷が生前『ショパン』誌などに寄稿していた記事を纏めてエッセイ集のような形で単行本の発行を考えているというお話であった。これを聞いて杉谷が話していた出版の話が引き継がれている事がわかり、心から安堵しありがたく思ったのであった。

そのような企画を伺ったのでちょうど良い機会と思い、杉谷門下生による座談会をどうお考えか伺ったところ、座談会は大好きですとのご返事でここから話は具体化し始めた。ただ杉谷がこれまでに発表した執筆ものだけでは単行本としては文量が少ない、ということからその他に、座談会、門下生や知人による追悼文、それに私と杉谷との係わりの話などを掲載しようとなった。

こうして先ず門下生による座談会が実現した。２０２０年6月27日中目黒のハンナ社で私も含めて7名が集まった。ただこの座談会の出席者と、単行本に載せ

る杉谷への追悼文をお願いする方々の選択についてはかなり困った。家内の生徒さんたちと言えば、私が2～3年に一度、デュッセルドルフから一時帰国した時に、メゾンドール青戸２０１号のレッスン室で顔を合わせるか、東京の浜離宮朝日ホールでの門下生発表会か、たまに名古屋や熊本などでの生徒発表会に家内に同行してたまたまお目にかかり、声を交わしたごくわずかの方々しか知らなかったからである。

ただ座談会にあっては見知っていて声を交わしていた6人から快諾を得られたので安心した。けれども追悼の辞をお願いする方々にあっては、全国各地でどの方が相応しいのか、その地区なりに上下の立場があるようで、全体を大体知っている方に推薦していただいた。全国には杉谷と深く関わっていた方が何人もいらしたようで、それだけに追悼の意を表したく思っていた方々にはお声をかけられず本当に申し訳なく、ここでお詫びする次第である。

２０２０年8月下旬、定期購読をしている『ショパン』9月号が届き、アルゲリッチと家内の、ドゥイスブルクの我が家でのツーショットを初め、ネルソン・フレイレも交えたデュッセルドルフ日本人学校での私達4人のスナップ写真、１９９４年5月デュッセルドルフでのクララ・シューマン国際ピアノコンクールの受賞者発表時の写真が目に飛び込んできた。目次を見たら「特別企画」とあり、上記のグラビア写真の案内の他に北島京子さんによる杉谷評と追悼座談会の案内が出ていた。座談会はほんの2か月前のことなのにもう雑誌に載っている事に驚いた。

座談会を読んで赤面した。本来門下生の座談の場なのに私が結構話をしていた事で、出席者の皆さんには申し訳ないことをしたと思う。ただ全文の載った校正版を読んだ時、新橋で最初にひらめいた予感は大いに当っていた。とりわけ秋田、下村、小田島の男性諸氏の発言内容は何れも興味深いもので、そうそうそれを多くの人に知って貰いたかったのです、という嬉しい感想であった。

本文の中で、『ショパン』創刊時の編集者でいらしたという北島京子さんの「杉谷昭子4つの功績」で、特に4番目の「恩師・井口秋子氏への敬愛と評価」を読んで、オこの方、杉谷の事をよく見ていらっしゃると内心感服した。杉谷がいつも批判、非難していたのは東京藝大が良しとする音（楽）のことで、強くて硬くてきつくて大きい音でミスなく速く演奏する事に対してであった。従ってその中に井口先生への批判も含まれていたのかも知れない。それでも最後まで恩師としての尊敬の念を失わなかった。そのことはドイツからの一時帰国中には、必ず成城学園の井口先生宅に御挨拶に伺っていたことからも明らかである。そしてその都度井口先生は杉谷が現在どんなことを学んでいるのか、奏法はどのようなのか等、大層熱心にお聞きになっていらしたそうである。井口先生が杉谷から「鍵盤に沿って」という奏法を聞いて、ご自身が試みたかは分からないが、杉谷が日本とは別の奏法に没頭していることは認識されたであろう。

　井口先生が他界された時も帰国したが、前述の北島さんが書いていらした通り、あれだけ著名な井口門下生が沢山いるのに誰も追悼文を書かない事を知り、家内はなんて恩知らずなんだろうと嘆いていた。

母のこと

他界した昭和5年生まれの公子姉は昔気質の人だったので、元気な時はお彼岸の頃は両親のお墓のある遠方の川越まで毎年出かけていた。しかし高齢になり墓参も次第に出来なくなり、私との話合いでお墓不要の考えとなり、昭和14年生まれの祚子《としこ》姉の了解も得て、公子姉の他界する少し前に両親のお墓を閉じて教会にお返しした。

　両親の思い出は写真を見ればよいのであるが、簡単でもよいので何か文章で残したいと思った。私の両親のことをここで書くのは本来この書の趣旨ではないが、家内は父のことは知らなくても、留学前に入間川の我が家の離れに住んでいた時は母との親しい付き合いがあったので、私の両親のことをここで少し紹介しても家内には許してもらえると思い、小さなエピソードを交えて残しておく。

私はそもそも「物書き」ではないのでこの遺稿集を書くのに随分苦労した。文章作法など何も知らないし、ましてや80歳になり目がよく見えないのでパソコンで打った文字もよく見えず、キーのミスタッチも多くて作業が捗らなかった。

「物書き」と言えば母の妹のみさ子叔母は本物の作家であった。明治38年（１９０５）京都の綾部に生れた母、佐藤はまは幼い頃、旭川の知人の上柿家の養女に出された。昔はよくあった話である。北海道で育った母はやがて文学少女になり北海道との係わりもあってか有島武郎に心酔、彼の作品はかなり読んだようであるが、大正12年（１９２３）関東大震災の年、『婦人公論』の記者波多野秋子と軽井沢の別荘で縊死《いし》心中を遂げた事が18歳の母に強烈なショックを与えた。私が高校生の時、母はこの事件の事を話してくれて、それからというものは男女の事についてはどんな係わりや背景があるかは他人には分からないので、勝手に意見を言う事はしなくなったと言っていたのでビックリした。

母は三姉妹の長女で9歳年下のみさ子ともう一人の妹よし子がいた。みさ子叔母も文学好きだったようで、25歳年上の『早稲田文学』の保高《やすたか》徳蔵氏と結婚、叔母は２０１０年に96歳で没した。このみさ子叔母が１９５０年に出版した『女の歴史』は終戦後のベストセラーといわれた。私がやはり高校生の時であったか、母が「みさちゃんがああいう小説が書けたのもああいう時代だったからよ」とポツンと言ったのでビックリしたが、文学好きであった母は小説家になった妹のことをどう思っていたのだろうか。小説の内容は戦後の一家庭内に起こる私小説であったと記憶している。

みさ子叔母は徳蔵氏が１９３３年に創刊した同人誌『文芸首都』の発行に協力し多くの作家を輩出した。ネットで見たほんの一部であるが、芝木好子、大原富枝、北杜夫、田辺聖子、佐藤愛子、なだいなだ、中上健次、林京子などなどで、みさ子叔母は『花実の森』のタイトルで小説文芸首都を残した。

母は旭川高女を出たあと、小樽で英国の宣教師ミス・エヴァンスの助手として働き、そこでキングズ・イングリシュを叩き込まれた。夕方会社員たちがエヴァンス先生に英語を学んでいるところを見た母は、先生が教えていることはそっくり自分が習っていたことだったという。終戦後我が家が旭川近くの村の櫻岡に疎開して40歳の母が畑仕事をしていた時、私より3歳上の祚子《としこ》姉が畑の傍に座ってよく母から発音、特にfとv、lとr、thなどを繰り返し習っていたのを思い出す。この姉は高1の時、第3回ＡＦＳ（アメリカン・フィールド・サーヴィス：米国野外奉仕団：海外の高校生の交換留学を推進する民間団体）の試験に合格し、高２の時ニューヨーク州の首

埼玉県狭山市入間川の自宅で。AFS（アメリカン・フィールド・サービス）による、早稲田大学留学生で、離れの部屋に１年間住んだ、アメリカ人のジョンさんと母。（1968年63歳）

都に1年間留学した。日米間の往復は、今は横浜の山下公園に係留している氷川丸を使っていた時代である。

ミス・エヴァンスが英国に帰国することになった時、助手をよく務めた母を英国に連れ帰って伝道婦にしようと思い、そのことを母に聞いたところ母も承諾し英国に渡ることになった。それを聞いて突然結婚話が持ち上がった。母が旭川にいた時の教師岡田三郎で、その後の２人の関わりのことは知らない。

母にとっては人生の大きな岐路に立たされたのであったが結婚を選んだ理由は聞いていない。結婚をしたとき母は19か20歳頃であったろうか。新婚時は四谷に下宿していたようで、下宿屋のおばちゃんが最近四谷に出来た大学は男子校なのに女子校よりもお便所が綺麗だとよく聞かされたと話していた。

父のこと

父は明治29年（１８９６）北海道の幌内／三笠で８人兄弟姉妹の5番目に生まれた。母より9歳上である。長兄保《たもつ》伯父が幌内の助役、二人の姉、愛子伯母が広島大学の櫻井役《まもる》先生に、秀子伯母が富山県高岡の松沢医院に嫁いだ以外は、皆教職関係についた教育一家であった。

父の母（つまり私の祖母）ぬゐは江戸時代の千葉県の堀田藩の漢学者土井（あるいは土居）家の娘であったとのことで、そういう血統もあってか岡田家では皆文字が上手であった。父は書道の先生でもあったので、ここに見える（2番目の公子姉に贈った）父58歳頃の短歌は実に見事な筆跡で、母も上手だったので明治の人には適わないとしばしば思い知らされた。父は体操、野球等も見事で万能であった。

岡田家は北海道では比較的有力なロシア正教徒の一団であったらしい。父は札幌師範学校を出たあと、旭川高女で教え、その後上京し日本大学で上代文学を学んだ。若い頃はお茶の水のニコライ聖堂に通った。

父は上代文学を学んだが本来の望みは検事になる事であった。当時天皇機関説を唱えていた美濃部達吉博士は東京大学を去ったあと中央大学で講義を持たれたようで、父は中央の法科に入り美濃部先生の教えを受けた。私が中学生の時、天皇機関説を説明してくれたが分かるはずもなかった。ただ父がこの学説を信じていたかどうかは分からない。我が家では自慢話らしきことは滅多に話されることはなかったが、父が卒業した時、美濃部先生を囲んだ卒業生の集まりの時の事を話してくれたことを今でも覚えている。その時美濃部先生は学生を前にして「今年の卒業生の中で、『上代日本文芸の底を流るる欽定憲法の精神』という大変素晴らしい卒論を出した学生がいる」という思いも寄らない評価を聞いて大層嬉しかったという事であった。

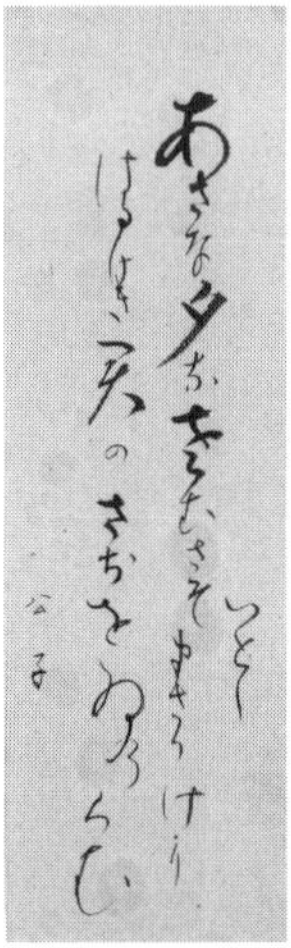

父の短歌

私は若い頃この卒論の下書きを何かの機会に偶然目にした事がある。下書きなので毛筆と鉛筆による普段の書体であったが、それでも何て綺麗な文字だろうと感嘆し驚いた事を今でも覚えている。父は日大で学んだ上代文学をここで活かしたのであった。ただ卒論の表題を見る限り普通なら「欽定憲法に流れる上代文芸の精神」となるところであろうが、なぜ逆にした表現をしたのか分からない。もしかするとその辺が美濃部先生のアンテナに反応したのかも知れない。

こうして父は検事になろうとして司法試験の準備に取り掛かった。そこに思いも寄らぬ反対が現れた。

母である。母の言い分は「検事であれ弁護士であれ人間の下す判断には間違いがある。他の検事や弁護士の事は分からない、でもおとうちゃまにだけはそのような役割を担わせたくない」と言って強硬に反対し譲る所はなかったという。そこで父は法律家の道を諦めて新たな職業に教員を選んだのである。ただ教員になるにはそれまでの札幌師範、日大、中央大の卒業では免許の取得教科は文科系なので理科系が必要と考えて都立大学の物理学科に通った。家庭の事を考えるとこの時は夜学だったのかよく分からない。いずれにしても都立大を終えてからは、教える教科の免許状が7教科だか8教科だったので、どこへ行っても日本でこんなに沢山の免許状を持っている人はいないと何時も言われたらしい。

私が高1の時、英語の教科書にAlexander Pope（1688-1744）の“To err is human, to forgive divine.”とあるのを見て、err（アー）がerror（エラー）の関連語、divine（ディヴァイン）がGodの関連語である事を知らなかったので「過つは人の常、許すは神の心」ということわざを英語と一緒に覚えた。そして後年母から父が検事になる事を反対した理由を聞いた時、ポウプと同じイギリス人で宣教師であるMiss Evansからこのことわざを習ったかどうかを聞きたかったが残念ながら聞きそびれてしまった。

父は私が高校を卒業した年の5月に病気で他界した。64歳という若さで実に惜しい死去であった。

当時住んでいた狭山市の入間川や近辺の所沢や川越には父の属していたロシア正教の教会など無かった。

母は大変困った。そこで母に話した。西武新宿線終点の本川越駅と川越高校の間に蔦《つた》の絡まる教会があり、そこに聖公会川越教会とあるのを見るたび、母の教会だと思いながら通り過ぎていた。今では川越は小江戸と呼ばれる綺麗な街であるが、私の通った１９６０年前後は白い埃だらけの町で、毎日通う「時の鐘」のある辺りから川越高校や、一方では本川越に向かう通りはいずれも埃だらけであった。

　そこで私が訪ねて父母の所属教会やことの成り行きを話し、牧師さんに葬儀を執り行っていただけないか聞いてみると、母は了解したので初めてこの教会を訪れた。突然の訪問と依頼にもかかわらず松平牧師と御夫人は私の話を穏やかに聞いて下さり司式を引き受けて下さった。本当に穏やかな方々であった。

　式台は我が家の周囲に住んでいた、元陸海軍将官クラスの家の方々によって立派に整えられた。こうしてロシア正教徒の父の遺骨は仏式の式台に載せられ聖公会の牧師さんに司式をあげてもらったのである。

　母や姉たちが涙を流しているのを見ながら、私は大いに不謹慎である事は承知しつつこの取り合わせに笑いをこらえていた。その後も神様と仏様との間に不和の様子など少しも見られなかった。母はそれからというもの、川越の聖公会の教会に折に触れて通うようになった。また私たちが日本に帰国してから家内はこの教会主催で演奏会を開き、父母に対する長年の御厚誼へのささやかなお礼としたのであった。

北海道三笠市立病院で療養中の父
（1955 年 59 歳）

ベートーヴェン

　今80歳になり数年前から思いもしなかった難聴になり、音楽はもう楽しめなくなったが、15~6歳から60年間多くの音楽を聴いて来た中で、60代70代になっていつも感じるようになったのはベートーヴェンの曲に対してであった。短い数小節であれ楽章や全曲を終わってであれ、至る所その気高い品位、品格、気品に打たれて「ああ生きていて良かった」と聴くたびに感じ、思うようになった。そして彼の緩徐楽章も！「皇帝」の第2楽章を、「ハンマークラヴィーア」の第3楽章を、「第九」の第3楽章を思い浮かべるだけで深い慰めとともに、このような曲を聴くことが出来て生きていて良かったと思うのである。

他の作曲家にはない。こうしてベートーヴェンは私の人生で特別な地位を占めることになった。

木之下晃さんのこと

１９９６年音楽写真家の木之下晃さんとともえ夫人が欧州で取材旅行をされたとき、私は運転手役で家内と一緒に何日間かご一緒させていただいた。デュッセルドルフからボンやアムステルダムへの道中の会話は楽しかった。その年末に木之下さんと堀内修さんの共著による『ベートーヴェンへの旅』（新潮社）が送られてきて、驚きながら夢中になって木之下さんの撮影された数々の写真のページを繰って行って最後のページを何気なく見ていてエエッ！　と驚いた。何とSpecial Thanksとして挙げられていた何人かの中に私と杉谷の名前が載っていたのである。この先生の濃やかで行き届いたご配慮には頭が下がった。

左から木之下ともえ夫人、木之下晃氏、ロベルト・シューマン協会設立者で理事であったDr. ギゼラ・シェーファー夫人、杉谷昭子、夫の岡田裕。デュッセルドルフR. シューマン協会にて。1996年3月

ドイツ滞在37～8年の中で東欧を訪れる機会は滅多に無かったが、この写真集にある多くの場所の中で、スロヴァキアのドルナ・クルーパには家内が生徒さんを引き連れてコンクールに行ったとき同伴した。ブルンスヴィック伯爵邸や「月光」を作曲したと言われる２階建ての可愛らしい小屋を見て、久しぶりに家内や生徒さん達と会話を楽しんだことを思い出す。

　チェコのテプリーチェ（独名テプリッツ）やカルロヴィ・ヴァリには在独中、観光の団体旅行で訪れ、温泉街やベートーヴェンの泊ったホテル近辺を散策したことは覚えている。

青木やよひさんのこと

　この地方をベートーヴェンが訪ねた時に残した１８１２年の手紙の相手は、名前が分からず長年にわたって「不滅の恋人」と呼ばれていたが、それをアントーニア・ブレンターノと突き止め、世界で初めて１９５９年に発表されたのが青木やよひ先生であった。その後１９８０年代末からさらにベートーヴェンの足跡を追い、その結果をいくつも発表しドイツ語訳も出て、今は先生のA.Brentano 説が世界的定説となっている。

　１５０年近く世界中の研究者によって捜し求められてきた「ベートーヴェンの不滅の恋人」が日本の女性によって解明されたのである！　この快挙は世界でも日本でももっと知られて良い事である。

　後年青木先生が「不滅の恋人」の手紙が書かれた宿や場所を訪ね、推測や実証を行なっていく先生の姿を、２０２１年1月と9月にＮＨＫ－ＢＳでドキュメンタリー風に作成された番組で興味深く見た。その青木先生が私の住んでいる伊東市の伊豆高原に、夫君で音楽社会学、科学認識論、構造人類学等の現代批評理論家でいらっしゃる北沢方邦《まさくに》先生と住んでいらっしゃると知って大変驚いた。すぐ近くではないか。

　２００９年10月に杉谷が伊東でベルリンフィル弦楽五重奏との演奏会があるので、そのご案内を青木先生にお出ししたところ、思いも寄らずお電話があり、「今『ベートーヴェンの生涯』を病気の中で執筆中で、あと僅かな命なのでこれに集中したいの。残念ながら演奏会には行けないので昭子さんによろしくおっしゃって」と伺って大変驚いた。そのような状況の中にいらっしゃるとは全く知らなかった。先生はそれから暫くして大作を閣筆されて２００９年11月25日癌のため他界、１９２７年静岡県生まれで82歳であった。

翌年（２０１０）４月９日、杉谷は伊東市川奈のミシェルガーデンコートでバッハ、ブラームス、ベートーヴェン『ディアベリ変奏曲』演奏会を持つので、ご案内を北沢先生にお送りしたところ、２００９年12月15日発行の青木やよい先生の遺書『ベートーヴェンの生涯』（平凡社）が送られてきた。その表紙裏に自筆で「岡田　裕様、４月９日の記念に　北澤方邦（青木やよひに代り）」とあって胸が一杯になった。またこれと一緒に北澤先生による「伊豆高原日記71」が同封され、２００９年11月の青木先生の病床記録を通して、お二人の文化人の係わりが分かってここでも胸が一杯になった。

主観と客観、私の美の本質論

この60数年間クラシック音楽を聴いてきたが、特に高校大学生の頃はよく感想文を自分用に残した。それらの感想はあくまでも主観的で、あくまで自分だけのメモであって公にする事など考えもしなかった。この遺稿集の第２章で挙げた「１９９３年クラウディオ・クリスマーニ演奏会私感〜ブーイングの背景〜」は私一人の主観的感想である事を徹底的に意識して書いたので、この書に掲載されるのは本懐ではない。それは主観的感想のほんの一例である。新聞音楽雑誌に載る多くの演奏批評も批評家の個人的な主観であろう。批判の正当性や客観性、演奏者への影響などは絶対的ではなかろう。それで主観の共通項を抽象して行ってそれを収斂して行った先の結果はどうなるか、がいつも私の意識の通奏低音で流れるようになった。

これを書きながら２０１７年７月にＮＨＫ－ＢＳで放

送された「死の都（ワルシャワ）に響いた（シューベルトの）『未完成交響曲』」を、前田昭雄先生がワルシャワで近衛秀麿記念オーケストラを指揮された番組を見、その後特に第２楽章のテンポの「解釈」で前田先生と長時間電話でお話しした事を思い出した。ここでも主観による解釈の問題であった。前田先生とはチューリヒ南のウンター・エゲリ湖を見下ろす瀟洒なご自宅にデュッセルドルフから何度もお邪魔して、いろいろとお話をしたのも懐かしい思い出である。

その、主観に含まれる客観性について、自分なりの回答をカントの『判断力批判』の「美の本質」に見出して、それを私なりに砕いて「美の本質は無関心の満足である」と形式化した。もちろんここにはいわゆる芸術作品への具体的な批評や感情の表現はない。本質定義には個別事例は出て来ないから。

２０１５年４月から16年７月まで上智大学の夜の公開講座に伊東から通い、同大学の哲学科教授でカント学会の会長も勤められた大橋容一郎先生による、カントの『純粋理性批判』西田の『善の研究』カントの『道徳形而上学原論』の講座を聴いた。純理批判以外、50年ぶりの哲学講座には歯が立たなかった。私の上記の美の本質についての考えを、指揮者でもいらっしゃる大橋先生は何とおっしゃるだろう。

もっともある作品に対する一切の感想や批評をこの「美の本質」の定義／形式で言ったところでものたりなさは残る。この「無関心の満足」を私は偶然に家内と一緒にフィッシャー＝ディースカウの歌とカラヤンの生演奏で経験した。意識の表面では「つまらない」ように思えたが、内実は満足していたのであろう。

最後に

「プロローグ」にマルタ・アルゲリッチのメッセージをいただこうと提案して下さった井澤さんと、本当にメッセージを下さった御多忙のアルゲリッチさん（自筆でドッテコの事まで触れて下さり、杉谷の事を本当によく見ていらっしゃると感激した）そしてアルゲリッチさんへの仲介を取って下さったアーリンクアルゲリッチ財団（ＡＡＦ）のアーリンク明美さんと夫君グスターフさんにも心から御礼申し上げる。また杉谷の死を悼む追悼文や、思い出をお寄せ下さった皆様方にも心から御礼を申し上げる。杉谷が２００３年から２００７年にかけて「わかやま新報」に寄稿した『反逆児の半生』では、本書への再録に当り20年近く前から15〜６年前までの掲載を一つ一つ調べて下さった同紙編集部長の千田麻代さんには大変お世話になり、ご面倒な作業に御礼申し上げる。最後に家内と私が長い事私淑していた黒川剛大使から、大使らしいご挨拶を賜り、家内も悦んでいるに違いない。

２０２２・６・伊東で。

杉谷昭子プロフィール

矢田映子に師事し高校時代「全日本学生ピアノコンクール」入賞。井口秋子に師事して東京藝術大学を卒業。１９６８年2月東京文化会館でデビュー演奏会。１９６９年秋西ドイツに留学。エッセン、ミュンヒェン、ハンブルク、ケルンで、デートレフ・クラウス、ルートヴィヒ・ホフマン、エリーザ・ハンゼン、カール・ゼーマンに師事。スペインのマリア・カナルス、イタリアのヴィオッティ国際ピアノコンクールで上位入賞。１９７６年ケルン音大マスタークラスの演奏家国家試験（Konzertexamen）でブラームスのピアノ協奏曲1番を秀演し最高位を得て卒業。大手マネージャーに認められ同年デュッセルドルフでヨーロッパでの公式デビュー。その後ブルーノ＝レオナルド・ゲルバー、アレクシス・ヴァイセンベルク、クラウディオ・アラウの許で芸術上の助言と指導を受ける。

ロンドン・ロイヤルアルバートホール、アムステルダム・コンセルトヘボウ、ベルリン・コンツェルトハウス、ライプツィッヒ・ゲヴァントハウス、ウィーン楽友協会、シドニー・オペラハウス、台北国立演奏会場、東京・サントリーホール、オーチャードホール、東京オペラシティなどでソロ演奏会の他、北ドイツ放送交響楽団、ベルリンシンフォニカー、ヴュルテンベルク室内管弦楽団、ワルシャワ国立フィルハーモニー管弦楽団、プラハ放送交響楽団、モスクワ室内管弦楽団、ＮＨＫ交響楽団、新日本フィルハーモニー交響楽団等と、指揮者ではヘルベルト・ブロムシュテット、カジミエシ・コルド、マルク・アンドレア、アラン・フランシス、エドゥアルト・マルトゥレット、山田一雄等と共演。

１９８３年のブラームス生誕１５０周年記念年には、難曲揃いのピアノソナタ全3曲を、東京、大阪、ベルリン、ロンドン等で一晩のプログラムで演奏し大きな反響を呼んだ。翌１９８４年には女性ピアニストとして世界で初めてブラームスのピアノ独奏曲全曲録音（ＬＰ９枚、２００９年ＣＤ版復刻）、１９９４年にはロベルトとクララのシューマン夫妻のピアノ協奏曲をベルリンシンフォニカーと録音。ちなみにクララ・ヴィーク（シューマン）のピアノ協奏曲の日本初演は１９８６年、杉谷、荒谷俊治、名古屋シティフィルによる。１９９５年ベートーヴェンのピアノ協奏曲５曲とヴァイオリン協奏曲の作曲者自身によるピアノ版協奏曲の全6曲をベルリンシンフォニカーと録音。これも女性ピアニストでは世界初の偉業。２００１年に開始されたベートーヴェンのピアノソナタ全32曲のＣＤ録音と、その後開始された全曲リサイタルはそれぞれ２００７年９月と10月に完了。

１９９４年5月にデュッセルドルフで開かれたクララ・シューマン国際ピアノコンクールでは、マルタ・アルゲリッチ、ヴラディミール・アシュケナージ、ネルソン・フレイレ、アレクシス・ヴァイセンベルク等と、以後3回にわたって審査員を務めた。審査委員長は世界的な批評家ヨアヒム・カイザーであった。

近年はライプツィッヒ・ゲヴァントハウス弦楽四重奏団や同八重奏団と、日本とライプツィッヒで何度も共演。またベルリンフィルやウィーンフィルのトップメンバーと室内楽の夕べを開催。２００８年大晦日、「16人のピアニストによるベートーヴェンピアノソナタ全曲演奏会」に出演。２００８年演奏活動40周年を迎えた、日本を代表するピアニストの一人。

東京音楽大学学長で、著名なヴァイオリニストの海野義雄氏評

「やわらかく美しい音色を持ったピアニスト」

杉谷昭子さんとは２００４年の冬、熊本県立劇場で共演の機会がありました。私の長い演奏活動を振り返って、杉谷さんほどやわらかく美しい音色を持ったピアニストに出会ったことは多くありませんでした。その上、杉谷さんの音楽の運びが自然で和声感に富んでおり、弦楽器奏者として共演をらくにしてくれます。また、今は亡き世界の巨匠、クラウディオ・アラウ氏が彼女を絶賛したように、素晴らしい*pp*と燃えるような*ff*が生き生きと語りかけてきます。２００５年９月のサントリーホール（大）での共演の感動を私は、忘れないでしょう。

2018年演奏活動50周年記念ピアノコンサートプログラム〝あいさつ〟より

近年まれにみるお寒い日々が続いております。
如何お過しでいらっしゃいますか？
私事でございますが、今から8年前に背中に圧迫骨折を
起こし、背骨がひどく曲がって、方々の痛みも伴います。
又、他の方々には移りませんが、2年前から肺の一部が
繊維化する間質性肺炎を発症し、息をするのも
苦しくなりました。
75歳にならんとする今、健康そのものだった私は、
色々な症状をかかえ、ひどい時は、2歩歩いては
3分休むという状態ですが、全国各地に出張したり、
自宅レッスンもがんばっています。
皆様の御助力のお蔭でございます。
こうなってから、天から降ってくる魂を感じ、今迄では
決して出せなかった音が出て、感動で胸が
いっぱいになります。

ある意味では、健康だと決してわからない境地に
来たように思います。この音を少しでも多くの皆様に
体感していただけたらと存じ、このコンサートの御案内を
させていただきました。
万障お繰り合わせの上、是非御来場賜りますよう
お願い申し上げます。

杉谷昭子

病気のため、
3日前に公演
中止決定

岡田　裕 プロフィール

１９４２年東京生まれ。４人姉弟で上３人は姉。３歳時のある夜、家の前の通りからごうごうとした地響きが聞こえてきたので飛んで行ったら何台もの戦車が左の田園調布駅の方に向かっていた。と暗闇の空に何本もの白い柱が無音でサッサッと立ち、その白いサーチライトの高い先端を見ると黒いトンボが何機も右に向かって飛んでいた。昭和20年３月10日、Ｂ29による東京大空襲の前哨に偶然遭遇したのであった。

一家は旭川の近くの農村櫻岡《さくらおか》に疎開し、４年後岩見沢の近くの三笠に移り、高一の終わりまで過ごした。両親はクリスチャンで特に母は歌が好きだったので私達はよく讃美歌や学校唱歌を歌った。当時音楽を耳にするのはラジオだけ。ラジオ歌謡、演歌、浪曲、戦前戦後の歌などよく聴きよく歌った。「お富さん」や広沢寅造を真似て浪曲「森の石松」を唸るのも好きであった。小４の時先生がレコードでメンデルスゾーンの「春の歌」を聴かせてくれた時、また中学生の時姉たちが「美しき青きドナウ」や「ウイーンの森の物語」を聴いているのを聴いて、世の中にこんなにも明るく清らかで美しい曲があるのかと衝撃を受けた。中学の授業では作曲家や音楽史や楽典を覚えるのが楽しかった。

高校生の時、国立駅の一橋大学に通うクラシック好きの従兄弟が入間川（現狭山市）の我が家に時々来ていろいろ教えてくれた。当時『音楽写真文庫』という写真中心の作曲家伝記の小型版シリーズが音楽之友社から出ておりその中で『ベートーヴェン』を愛読した。大きな関心を抱いたのは「ハイリゲンシュタットの遺書」と「不滅の恋人への手紙」の縮小された自筆写真であった。古いドイツ文字の筆記体の実例を見るのは初めてで、このような読み難い文字からどうしてあのような日本語が出てくるのが不思議であった。ならば自分で読もう！　こうして高校２年生の４月からＮＨＫの基礎ドイツ語講座を聞き始めた。講師はドイツ語界の大御所、関口存男先生で毎朝６時からの生放送であった。毎号のテキストには古いドイツ文字の活字体（Fraktur）と筆記体（Kurrentschrift）が載っておりこれは有難かった。この文字を学ぼうとする動機が明白で若かったので覚えるのも早かった。が悪筆で悪名高い彼の文字は読めなかった。

この文字を知っていたため後年面白い経験をした。２０１５年ころＮＨＫの「第九」の番組でひげ文字のシラーの原詩が画面のバックに出て来てその上に従来の訳が載ったので「お?.」。画面には１８０３年に改訂する前の‘was der Mode Schwerd getheilt’で「世の習いが厳しく分け隔てたものを」でよいのだが「オ!?」となったのは、画面には‘Bettler werden Fürstenbrüder’（物乞い達は領主の兄弟となる）とあるのに堂々と「全ての人々は兄弟になる」と出ていた！

ラジオはＮＨＫの他に民放もクラシック番組があり、夕方学校*からの帰宅後は毎日深夜まで聴きに聴いた。（＊埼玉県立川越高校で同校出身の梶田隆章さんが２０１５年ノーベル物理学賞を受賞した）。聴くのは管弦楽曲が多かったがピアノ、弦・管楽器、独唱等広範囲に聴いた。ラジオで曲の途中から聴く時は楽しかった。聴き始めてすぐに誰の何の曲で作品番号や調を言い、さらに演奏者（ソリスト、団体名、指揮者）を演奏後の紹介で当てるのが楽しいクイズで７割近くは当てた。この頃初めてレコードを買った。入門とも言える「運命」「未完成」で、次がミュンシュの「エロイカ」で総譜まで買い、ベートーヴェンの管弦楽曲はほとんど総譜も買って耳と目で覚えて行った。受験勉強の時間は無く入試に落ちても別に残念に思わなかった。感受性の豊かな時期に優れた世界に打ち込めたからである。

高校時代はブラームスとベートーヴェンを多く聴き、指揮者ではフルトヴェングラーに傾倒。大学の学部４年の時アルバイト掲示板でポーランドのピアニストの通訳の募集があったので申し込んだら、１９６６年初来日のレギーナ・スメンジャンカで実に３カ月近く北海道から四国まで随行、練習でも本番でもショパンに浸った。５月末に離日して別れた時は暫く虚脱状態であった。院生の時はライプツィヒ・ゲヴァントハウス弦楽四重奏団（トップはG.ボッセ）と北海道から九州まで１か月随行、「ラズモフスキー」など堪能した。この時代慶應大学の猿田悳《とく》先生の「フルトヴェングラー」を何度も読んだ。

院生の時アルバイト先の放送局で杉谷昭子と知り合い、独奏会やドゥオやトリオの演奏会に行った。

１９６０年代後半は学生運動が盛んで上智も他大学の学生に占拠され授業どころではなかった。そこでドイツに留学しようと思い始めた時、杉谷のエッセン音大の留学が決まり通訳をしてくれないかとの依頼が重なって渡りに船と渡独、エッセンでは通訳をしデュッセルドルフの日本企業でアルバイトをしながら自分の留学先を捜していた。そこに欧州北米では初めての全日制日本人学校を設立する話が生じ、私に手伝わないかとの照会があり教育には関心があったので受けたのが運のツキであった。

デュッセルドルフ日本人学校（以下ＪＩＳＤ）では１９７１年２月から２００７年１月までの36年間事務勤めをして65歳で定年退職。１９７１年４月開始の小５／中３の43名から１９９２年１０００名のピークを経て日本のバブル崩壊で一気に生徒数が減少し、２００７年１月には５６０名という興亡を経験して37年ぶりに帰国した。

ＪＩＳＤのことを大雑把にまとめてみる。１９７１年４月欧州、北米で初めての全日制日本人学校として発足。参考となる前例が無く、あらゆる面で無からの出発。暗中模索、試行錯誤の連続であった。教育に理解と熱意ある保護者と優れた能力と向上心の強い子どもたち、それに触発されて授業研究に専心する文部省（当時）からの派遣教員の多い、内外で評判の高い学校に設立準備から36年間も携わる事が出来たのは幸せであった。

私が36年間に関わった「施設」だけ挙げておく。開校して困ったのは１年間に生徒総数の３分の１が転入転出で入れ替わり、右肩上がりの生徒数の傾向でもいつ仮校舎を市から賃借するか、またどれ位の規模の増築を何時してよいかの予想がなかなかつかないことであった。

１９７１年開校の小５～中３は教会付属施設の仮校舎、一般集合住宅を賃借しての事務室兼職員室兼私の住居、市立女子高校の理科室借用、72／73の小１～小４の現地市立小借用、72／73の新校舎建設（後年旧校舎と呼ばれる）、74／75の第１回増築、78／79の第２回増築、83年小４の市立小再借用と市立音楽学校借用、１９８３～２００１中学部は空いた市立学校賃借、92／93の第３回増築で計25学級１０００名収容とする。

２００１年に中学部が小学部に戻り18年ぶりに統合した。こうして４回の校舎建築と７回の借用施設の交渉に携わった。

上述のようにＪＩＳＤは何度か施設を拡大して来た。そのために積み立てを行い寄付金を募った。特に大きい建築には、ＪＩＳＤと同じ１９７１年に発足した（財）海外子女教育振興財団に、日本側の寄付金取りまとめなど２回ほど大変お世話になった。その他この財団には長年にわたり教材教具の斡旋や援助を受け、多大の恩恵と御好意に深く感謝している。

なお建設費用を挙げると、最初の校舎新築は２億円、第１回増築は１億、第２回増築は１億６千万、タータングランド敷設は３回で９５００万、第３回増築は７億７千万円であった。

ＪＩＳＤ開校で大忙しの時、エールフランスの駐在員をしていた先輩から、急に帰国命令が出た、これまでＤＳＤＦ市のフォルクスホホシューレ（ＶＨＳ成人学校）で日本語を教えていたが止さなければならなくなったので後を引き受けて下さいと懇願された。他に人材の見当たる時代や環境ではなく引き受けた。

こうして開校後２～３年は、午前中は事務関係、派遣教員の家捜し、中２、中３の社会科、午後はドイツの校舎で高校生への補習日本語、事務室に戻り夜はＶＨＳで日本語、その後初めて食事、夜中まで事務、といった生活であったので毎週土曜日は爆睡した。こういう毎日が送れたのも矢張り若かったからであろう。結局日本語の講師はＤＳＤＦ市のＶＨＳは１９７１～２００２まで31年、ＤＳＤＦ大学では74／75の２年間、ケルン日本文化会館（国際交流基金）では１９７６年から２００２年まで26年勤めた。

毎夜事務の仕事をしながら慰めてくれたのはレコードでＢＧＭに聴いたエッシェンバッハの「ハンマークラヴィーア」で、何度も何度も繰り返し聴いた。

日独協会の宮井理事が主催するドイツの新聞講読勉強会「独逸塾」に２００７年６月から参加、当初は協会所在地の麹町、２０１０年年末に信濃町に移転、そこに毎月１回伊東から参加、記事選択や司会という（２代目）お世話役を５年間引き受けて、今はオンラインでの勉強会に自由参加、今やドイツからの参加者もあり30名前後。私と同じ年齢の森永世話役は大変元気で、提供される「デア・シュピーゲル」の記事は量が多くて毎月予習が大変。それでも80歳にして目が悪いのを我慢しながら辞書を一所懸命引いて学生時代に戻れるのはありがたい催しです。（公財）日独協会評議員。

反逆のピアニスト 杉谷昭子

2022年 9月 1日 初版発行
10月 10日 第2版発行

著 者 杉谷昭子 岡田 裕

発行人 井澤彩野
発行所 株式会社ハンナ
〒153-0061 東京都目黒区中目黒3-6-1 中目黒NNビル2F
Tel 03-5721-5222 Fax 03-5721-6226

表紙・扉デザイン 色えんぴつ 光本 淳
本文レイアウト 根津美樹
譜例（一部） 株式会社ホッタガクフ
印刷 モリモト印刷株式会社

 ISBN 978-4-907-121334